普通高等教育经管类专业"十二五"规划教材

跨国公司管理

宋亚非　刘明霞　高静美　编著

清华大学出版社

北　京

内 容 简 介

在经济全球化的今天，跨国公司在世界市场和全球产业链中具有举足轻重的影响。作为现代企业组织的高级形式，跨国公司在管理理论和商业模式创新、组织结构和管理体制演进、管理技能和方法变革等方面，都具有前沿性和先导作用。本书归纳跨国公司上述方面的最新研究成果和实践经验，主要包括跨国公司的基本理论、经营环境和全球战略；跨国公司市场营销管理、生产运营与技术管理、人力资源管理、组织结构与管理体制和财务管理；以及跨国文化管理和公共事务管理等方面的内容。

本书力求理论与实务技能、系统知识与实战方案相结合，并选配适时、翔实的数据资料和案例，适合各类高等院校工商管理专业的学生作为教材使用，也适合跨国公司和涉外企业的经营管理人员自学使用。

本书配有课件，下载地址为：http://www.tupwk.com.cn/downpage。

图书在版编目(CIP)数据

跨国公司管理 / 宋亚非　刘明霞　高静美　编著. —北京：清华大学出版社，2014（2023.7重印）
(普通高等教育经管类专业"十二五"规划教材)

ISBN 978-7-302-36135-0

Ⅰ. ①跨… Ⅱ. ①宋… ②刘… ③高… Ⅲ. ①跨国公司—企业管理—高等学校—教材

Ⅳ. ①F276.7

中国版本图书馆 CIP 数据核字(2014)第 069752 号

责任编辑：施　猛　马遥遥
封面设计：周晓亮
版式设计：方加青
责任校对：邱晓玉
责任印制：朱雨萌

出版发行：清华大学出版社
　　　　　网　　　址：http://www.tup.com.cn，http://www.wqbook.com
　　　　　地　　　址：北京清华大学学研大厦 A 座　　　邮　　编：100084
　　　　　社 总 机：010-83470000　　　　　邮　　购：010-62786544
　　　　　投稿与读者服务：010-62776969，c-service@tup.tsinghua.edu.cn
　　　　　质 量 反 馈：010-62772015，zhiliang@tup.tsinghua.edu.cn
　　　　　课 件 下 载：http://www.tup.com.cn/，010-62794504

印 装 者：三河市铭诚印务有限公司
经　　销：全国新华书店
开　　本：185mm×260mm　　　印　　张：23.75　　　字　　数：492千字
版　　次：2014 年 6 月第 1 版　　　印　　次：2023 年 7 月第 9 次印刷
定　　价：68.00 元

产品编号：051760-03

前　言

PREFACE

经济全球化(Economic Globalization)是21世纪以来令人倍加瞩目的经济现象，国际经济一体化已成为当代世界经济的主要特征。随着国际分工的不断深化，带动生产要素在全球范围的流动和重新配置，任何一个国家的经济和社会发展都不再仅仅依靠本国的资源、资金、技术、人才、信息和市场，生产活动与资本的运动已跨越了国域疆界，实现了全球化。联合国贸易和发展会议发布的《2013年世界投资报告》指出，2012年全球外国直接投资达1.35万亿美元。发展中国家吸收的直接外资有史以来首次超过发达国家，占全球直接外资流量的52%，处于历史第二高位，达到7030亿美元。在对外投资方面，发展中经济体也占了全球经济体投资总量的近1/3，继续保持稳步上升的趋势。联合国贸易和发展组织预测，2013年全球外国直接投资仍将接近2012年的水平，其上限为1.45万亿美元。随着宏观经济状况的改善，以及投资者在中期内信心的恢复，跨国公司有可能将其创纪录的现金持有量转化为新的投资。全球外国直接投资流量可能在2014年攀升至1.6万亿美元，在2015年达到1.8万亿美元。

进入21世纪以来，中国一直是国际资本最大的目的地。虽然2012年中国吸引的外资下跌了2%，但仍是外资流入量最大的发展中国家，吸收外资保持在1210亿美元的高水平，在全球范围内仅次于美国，排名第二。从中期看，中国仍是跨国公司首选的投资目的地。有关调查显示，在跨国公司看好的前五大投资东道国中，中国排名第一。

中国海外直接投资的增长更加令人瞩目。2012年，中国对外直接投资创下了840亿美元的历史纪录。中国已经成为世界第三大对外投资国，仅次于美国和日本。受寻求市场、提高绩效、获取自然资源和战略资产等多元目标驱动，中国公司对外投资的行业和国家范围不断扩大，参与全球价值链的广度和深度不断提升。中国企业已经成为诸多行业全球价值链的重要一环，成为通过吸引外资在全球价值链中不断升级，进而创造更多国内增值的成功范例。例如，中国已成功地扩展到越来越多的以高科技出口为导向的经济活动中，基于知识的高端服务业的出口在2000年和2010年之间增加了8倍。这表明，中国在高技术全球价值链中的生产能力得到了进一步的提升。

基于经济全球化和中国在世界经济格局中的地位，中国应积极调整原有的"走出去"模式，确立以建立中国自己的全球价值链为核心的对外投资战略。这一战略要求通过集群式投资，而非以往点式的、分散的对外投资，推动中国制造企业通过投资、贸易以及非股权模式(如合同生产等)，将产业链延伸到海外，建立自己的区域和全球产业链，在全球范围内最有效地配置和利用各地的资源。实施这一战略的目的，是建立自己的全球价值链和全球生产体系，由参与全球价值链向建立自己的区域及全球价值链转变，进而提高中国在全球价值链中的竞争优势，并推动国内产业升级。考虑到中国对外投资进入了快速增长阶段，通过对外投资打造自己的全球产业链应成为中国对外投资战略的重点。

　　跨国公司作为跨国投资、经营和管理的组织载体和国际市场的行为主体，得到了空前的发展，几乎所有的经济发达国家和许多发展中国家都有一批跨国公司活跃于世界经济舞台。跨国公司进入中国，不仅带来了资金、技术，还带来了现代化的企业管理经验和公司治理结构，以及企业社会责任、环境责任等先进的理念。中国企业跨国直接投资起步较晚，缺乏理论指导和实践经验。因此，我们必须深入分析跨国直接投资理论的发展过程，对各种跨国直接投资理论和方法进行比较和借鉴；要了解和掌握跨国公司发展的一般规律和国际投资惯例；要结合中国的实际和企业的特点，探索中国企业跨国直接投资的理论和方法，制定企业跨国经营发展战略。为此，我们编写本书以期对上述方面进行探讨和总结。

　　本书力求理论知识与实际应用相结合，使内容的科学性、前沿性和实用性统一起来，并使其体现以下特点：①纵向考察与横向比较相结合。通过对跨国直接投资发展轨迹及国际上跨国公司发展历史的考察，总结经验和教训，认识跨国直接投资的一般规律；通过对有关国家跨国直接投资活动的横向比较，吸收他人长处，补己之短。②规范研究与实证研究相结合。用跨国直接投资的一般规律，阐释企业跨国直接投资应遵循的基本规范及国际惯例；运用实证研究方法探索企业跨国直接投资的特点和发展道路。③定性分析和定量分析相结合。除了必要的定性分析，本书充分运用数量分析和数据资料来描述有关经济变量间的关系，进一步阐释跨国直接投资这一经济现象的内在规律。④理论研究与对策研究相结合。本书不仅着力对跨国直接投资基本理论加以阐述和思辨，更希望在理论分析的基础上，探索可供企业跨国直接投资借鉴的战略对策和管理模式、管理方法及手段等。因此，本书可以作为普通高校相关专业学生的教材，也可作为企业实际工作者指导实践的参考。

　　本书的编写分工如下(按章节顺序)：宋亚非(第1章、第2章、第11章)；刘明霞(第3章、第5章、第6章、第9章)；高静美(第4章、第7章、第8章、第10章)。宋亚非负责全书的统稿，徐雯、蔚琴、原明敏、师展参与了部分章节的资料收集、整理工作。

　　本书在编写过程中，参考和引用了大量的国内外文献，但是限于篇幅，没有一一标注，在此向相关学者一并表示感谢！书中若有不当和疏漏之处，敬请理论界和企业界的同仁及朋友批评指正。反馈邮箱：wkservice@vip.163.com。

宋亚非

2014年1月

目 录
CONTENTS

第1章 导 论

1.1 跨国公司概述

1.1.1 跨国公司的含义

跨国公司是指在两个或两个以上国家或地区设立生产或销售机构，并从事跨国生产与经营活动的企业。跨国公司的跨国经营活动涉及商品、劳务、技术、资本等在各国间的转移，具体包括以下几种方式：①商品在各国间的交换，即国际贸易。②国外直接投资，投资的领域包括制造业、采掘业、农业、建筑业、商业、公共事业等。③专利授权与特许权，包括商标、专利权、专有技术及具有财产价值的知识产权的使用。④劳务输出，包括市场广告、法律信息咨询、保险、货物运输、会计以及管理技术咨询等服务。⑤证券及不动产投资等。

1.1.2 跨国公司的发展历程

19世纪出现了现代跨国公司，第二次世界大战后跨国公司的影响遍及全球，在世界经济中扮演着重要的角色。21世纪跨国公司又出现了新的公司形态——全球公司(Global Corporation，GC)，它将跨国化经营推向更高的形态。

跨国公司的形成与发展是基于社会生产力和科技水平的突飞猛进。资本输出的扩大，尤其是国外直接投资的快速发展，使得生产国际化和资本国际化造就了新的国际分工模式，而跨国公司成为其重要的载体，客观上推动了世界经济全球化的发展。

1. 早期跨国公司的形成和发展

早在17、18世纪，新航线和新大陆的发现，扩大了国际商业活动的空间范围。新的企业组织——特权贸易公司的出现，意味着以往商人的个人冒险家事业的消亡和现代企业的诞生。它们持有王室颁发的特许状，专营对殖民地的垄断贸易。其中，著名的特权贸易公司有东印度公司、英国皇室非洲公司、英国哈德逊湾公司、荷兰东印度公司和英资汇丰银行，这些公司以经营贸易和航运业为主，后其业务逐步扩大到银行业和金融业。

特权贸易公司的出现是当时的一种特有现象，它们既有经济贸易方面的职能，又有政治治理方面的职能。有鉴于此，特权贸易公司不是现代意义上的跨国公司，只具有跨国公司的某些特征。由于它们是从事掠夺性经营的殖民地公司，不利于各国民族经济的发展，故遭到了各国的强烈反对。1856年英国正式颁布股份公司条例后，一大批股份公司出现，标志着现代资本主义企业的问世。

欧洲工业革命之后，那些广泛使用机器生产的股份公司急需廉价的工业原料，于是它们改变海外经营策略，由非生产性投资转向大规模的成产性投资：探采矿藏、开发土地、修建铁路、建设港口和发展加工装配业。从19世纪产业革命至第一次世界大战，跨国企业的先驱，其资本输出是以间接投资为主，直接投资仅占总投资额的10%。

先驱的跨国公司通过对外直接投资，在海外设立了分支机构和子公司。当时具有代表性的制造企业有：1865年，德国弗里德里克·拜耳公司在美国纽约的奥尔班尼开设的一家制造苯胺的工厂；1866年，瑞典制造甘油、炸药的阿佛列·诺贝尔公司在德国汉堡开设炸药工厂；1867年，美国胜家缝纫机公司在英国的格拉斯哥创办的缝纫机厂；英国最大的油脂公司尤尼莱佛公司的前身英国利华兄弟公司，1885年在利物浦用椰子油做原料制造肥皂，并在所罗门群岛和西非开发椰子种植园。美国的威斯汀豪斯电气公司、爱迪生电器公司、伊斯特曼·柯达公司以及新泽西州的美孚石油公司等也纷纷在国外投资设厂，开始跨国性经营，成为现代跨国公司的先驱。其中一些公司发展至今已具有百余年的历史。

跨国公司由小到大，由弱到强的跨国经营活动有两大特征：一是业务活动的重心由各自的殖民地向其他国家扩张；二是由经营商品买卖转向投资生产活动。资本输出是跨国公司形成的基础。资本主义自由竞争时期已有资本输出活动进入垄断资本主义时期，在工业发达国家，资本输出成了普遍和大规模的现象，此时真正意义上的跨国经营已经形成，并进入一发不可收的状态。

2. 二战后跨国公司的发展与壮大

二战后跨国公司的发展进入了高速增长时期。生产的集中和资本的积累使得各大垄断企业已不能满足狭小的国内市场，它们迫切需要通过国外投资、国外生产和国外销售等方式来获得垄断竞争优势。它们通过对国外直接投资，将资本转移到资源丰富、劳动力充裕、市场广阔而资金短缺的国家和地区，使垄断资本充分发挥其潜能，使企业发展柳暗花明。因此，二战后的跨国公司对外直接投资迅猛发展，跨国公司的对外直接投资占主要发达国家对外投资的70%以上，且主要为私人直接投资，跨国公司成为私人对外直接投资的物质载体。

1) 发达国家的跨国公司

在工业发达国家中，美国的海外投资在工业发达国家中遥遥领先。因为战争的破坏，欧洲各国满目疮痍，急需美国的投资。1948年美国国会通过了"马歇尔计划"，它是以援助欧洲复兴为名企图控制西欧的计划。美国要求接受援助的西欧各国购买美国国货，取消和放宽对美国投资和商品输出的限制，该计划为美国资本和商品进入欧洲市场大开绿灯。1950年美国对外直接投资总额达118亿美元，为1940年的170%。

1971年美国对外直接投资高达860亿美元，即20年间增长了629%。据美国商务部的统计，在汽车、炼钢、铝电机、化学、烟草等行业中，美国4家最大的跨国公司控制了行业全部产量的75%～100%。其规模已达到惊人的程度。

美国的对外投资方式不同于英国。第二次世界大战前，英国是世界上最大的资本输出国，它主要的投资方式是证券投资，及购买外国的股票和债券。如购买铁路债券和政府公债等。而第二次世界大战后美国主要采取对外直接投资，即在国外投资设厂，从事生产和销售活动。1971年美国对外直接投资额为860亿美元，而对外证券投资总额为299亿美元。20世纪70年代至80年代，美国公司由盛转衰，在跨国公司中的地位相对下降。这是由于美国经济自身发展矛盾的加深和资本主义经济发展不平衡规律的作用，使得美国公司地位相对下降，西欧和日本公司地位上升。但美国投资的绝对数仍保持领先地位。

1990年至1998年美国经济连续增长，失业率和通货膨胀率则维持在历史最低水平。促进美国经济恢复上升态势的一个重要因素是劳动生产率的提高。1990年以前的前20年里，非农业部门的劳动生产率平均增长1%，到1995年后每年平均增长2%，1999年第一个季度的增长率达4%。

20世纪末至21世纪初，美国公司在世界500强跨国公司中占1/3，它们的营业额占500强的1/3，在500强中利润最大的前50名中，美国公司占1/3。美国公司的这种特殊地位可归因于美国对外直接投资的领先地位。美国高速发展的高新技术，不断增长的巨大的国内市场，政府的积极推动，这些因素都有助于增强美国公司在国际市场上的竞争力。

美国公司的竞争压力，加速了欧洲企业恢复和壮大的进程。进入20世纪70年代，并购后的欧洲大公司，在争夺世界资本和商品市场中，向美国公司发起挑战。在世界500强跨国公司中，法国、德国和英国的跨国公司挤进了前十名。荷兰、瑞士、比利时等国的跨国公司也进入了大公司的行列。日本海外直接投资起步晚，但发展速度很快。日本综合商社是后起之秀，1997年在世界500强跨国公司中仅次于美国已占第二位，拥有126家分公司。更加值得一提的是，跨国公司世界前10名中日本占6席。总之，美国、欧盟、日本的跨国公司既有共性又有个性。它们的各自特点是：美国跨国公司在国外生产方面占优势，欧盟的跨国公司在商品输出和国外生产方面都获得发展，而日本则在产品输出上见长。

2) 发展中国家新兴的跨国公司

二战后西方跨国公司在全球范围内掀起并购浪潮，进行了一场全球性的结构调整。发展中国家和地区在国际直接投资中的地位上升，吸收外资水平增强，促进了当地企业的发展和壮大。发展中国家的企业因外向型发展和参与国际竞争，形成了自己的跨国公司。发展中国家和地区称之为多国公司、多国企业。

"新兴的"跨国公司有别于西方发达国家"传统的"跨国公司。多国公司，无论是其数目或规模都尚小，但极高的增长速度却给人留下极为深刻的印象。1978年联合国跨国公司中心的《再论世界发展中的跨国公司》的报告把发展中国家的多国公司称为发达国家跨国公司的"竞争新对手"。2007年中国内地已有22家企业进入世界500强企业，其他的发展中国家和地区入围的企业数也在增加，它们分别来自韩国、巴西、中国台湾、中国香港、印度、马来西亚、土耳其等国家和地区，成为世界跨国公司价值链上的重要环节。

3) 21世纪跨国公司发展的新趋势

进入21世纪，以知识为基础，以金融为中心，以信息为先导，以跨国公司为依托的新世纪经济全球化的特征越来越明显。身为全球化载体的跨国公司的发展也进入了一个新阶段。新阶段的发展趋势有如下几个。

(1) 无边界"的跨国公司发展。为了更好地适应经济全球化的发展，出现了"全球公司"这样一种新的公司形态。全球公司是"无边界"的组织。它们使跨国公司脱离母国身份，进行无边界的开放经营。它们在全球范围内进行资源的优化配置，以全球化的最高利益进行研究开发、财政金融安排、统筹生产体系和集中销售，建立全球范围内的价值链关系。全球公司成为最高形态的跨国经营。它们的"国家属性"开始慢慢明显地弱化，强化了"无边界"的开放性，越来越多的跨国公司正在变成"国籍"不明的全球公司。

(2) 全球公司以全球性创新为天职。世界唯一不变的东西就是"变"，变化的世界要求理念的变迁。新世纪经济全球化趋势的迅猛发展和国际竞争日趋激烈，全球公司的全球性创新工作，无论是产品创新、服务创新，还是管理创新都要适应世界市场的复杂性、产品和服务的多样性。消费口味的差异性要求，彻底改变了商业流程和整合方式，改变了企业与社会和消费者获利的方式，全球公司将全球化经营作为经营的出发点和归宿。

全球公司的研发创新工作，可采用三种方式和途径：一是选择最佳的地区建立独立的研发中心；二是在地区分部具体业务部门内部设立研究部门；三是与各国著名的大学、研究机构合作成立专题研发中心，充分利用多家之长，集中攻克技术难题。

(3) 全球公司采用跨国并购扩大经营规模。全球公司在全球范围内整合企业，改革其战略、管理和运作，采用新技术和创新商业模式。全球公司将各种职能业务分别对待，判断自身需要在哪些方面做得最好，哪些方面要交给合作者去做。这就要发挥公司的核心竞争力，把其他业务都外包出去，从而使得公司能够把时间、精力和资源集中在对公司的战略至关重要的活动上。这种决策不是简单地剥离非核心业务，也不是劳动力套利(即把工作转移到工资较低的国家和地区去)，而是因为这些措施已不能适应世界市场对全球整合企业的需要。经济全球化和开放的世界市场，一则要求全球公司提供大规模的产品和服务，以实现规模经济效益；二是公司面临全球范围的激烈竞争，原有的市场结构和垄断格局将不可避免地进行全球性重组。全球公司在这样一种外部压力和内在战略要求下，积极主动地采用战略性并购、强强联合的措施，扩大规模和抢占市场，以利于自身的生存和发展。

1.1.3 跨国公司的基本特征

作为现代国际型企业，跨国公司具有以下共同特征。

1. 资源配置的"全球化"

跨国公司至少在两个以上的国家或地区之间从事生产经营活动，大型的跨国公司通常在20个以上的国家开展业务，它们的子公司及分公司等分支机构遍布全国各地，在经营管理上带有明显的"全球战略"特色，即放眼全球资源和市场，把各种智能行为——融资、研发、总装、会计、培训等——安排到最能、最好地实现公司全盘战略的地方，并实现统一控制，这样便创造了企业内部的国际分工。在经营形式上，跨国公司以对外直接投资为主，而经营的范围则十分广泛，涉及各个领域。公司子公司以股权为纽带互相联结，构成跨国公司的网状组织。近十几年来，跨国公司越来越多地采用非股权安排的形式，如专利权许可证、各种合同安排、经济合作、提供或出租工厂、承包加工等，跨国公司不进行直接投资或不再保留股权，而转以承包商、代理商或经销商的身份分得产品或收益。

2. 规模庞大

据2013年世界投资报告显示，跨国公司的外国子公司创造的销售额达26万亿美元(其中7.5万亿为出口额)，子公司贡献的附加值达6.6万亿美元，增长了5.5%，高于全球国内生产总值2.3%的增幅。由跨国公司及其外国子公司主导的全球价值链约占全球贸易的80%。

规模大有利于跨国公司降低产品成本，获得规模经济效益，凭借雄厚的资金，从事研究和发展活动，并利用遍布全球的公司网络收集信息，作为决策参考。

3. 具有寡头独占性质

大型跨国公司凭借先进技术、多样化的产品、雄厚的资金、规模优势、较高的商业信誉和驰名品牌，以及遍布全球的广告宣传和机构网络，在其经营活动的市场中处于寡头竞争的地位，其他企业若要与跨国公司展开竞争，打入其经营领域，将是很困难的。

4. 跨国战略联盟纵横化

面对不断变化的消费者，战略联盟一般有以下三个特点。①所有的战略联盟都涉及三种筹码的"交易"：技能、现金和机会；②战略联盟只局限在某个或某些特定领域，并明确提出合理的战略目标，比如研究开发、市场营销以及某种特殊产品的制造等；③联盟伙伴保持着既合作又竞争的关系，即在部分领域进行合作，但在协议之外的其他领域以及在公司活动的整体态势上保持着经营管理的独立自主，相互间仍是竞争对手。1993年摩托罗拉公司与索尼公司、三菱公司和加拿大贝尔公司签订联合协议,共同开发新一代芯片。据统计,在世界150多家大型跨国公司中,以不同形式缔结成战略联盟的高达百分之九十。跨国公司依靠与其他跨国公司在从研究与开发到销售等系列经营活动方面形成的网络,将自己的触角伸向世界各地,寻求一切对自己的发展有利的知识、技术、人力资源方面的优势和机会。

5. 实行高度的内部分工

跨国公司设立在世界各地的子公司、分公司及其他经营单位,实行内部专业化生产和国际分工,彼此进行内部交易,并利用国与国之间比较成本上的差异,获取比较利益。许多跨国公司还通过转移价格来达到获得高额利润和转移风险的目的。科技成果国际转移的内部化在跨国公司中也较为普遍,这样既可以避开外部市场的阻碍和高成本,占据科技制高点,而且凭借先进技术的优势,可以迅速对市场作出反应,在企业内部合理安排产品的生产和分配。

1.1.4 跨国公司的类型

按不同的标准划分,跨国公司有多种类型。

1. 从分工和组织结构看,跨国公司可分为以下类型

(1) 水平型。母公司和子公司之间没有严格的专业分工,基本上生产同种产品,经营同类业务。这种跨国公司主要利用各种有利条件,通过内部转移技术、商标、专利等无形资产,加强母公司与子公司的合作,扩大经济规模。

(2) 垂直型。母公司与子公司之间实行专业分工,制造不同的产品,经营不同的业务,但其生产过程是相互联系和衔接的。垂直型又可分为两种。一种是母公司与子公司属同一行业,只是生产和经营不同加工程度或不同工序的产品。另一种是母公司与子公司生产和经营不同行业的相互有关的产品,是一种跨行业的跨国公司,主要涉及有关原材料及初级产品的生产和加工的行业。

(3) 混合型。母公司与子公司生产经营的产品不仅跨行业,而且互相间毫不相关,范围也很广泛。

2. 从经营的角度看,跨国公司可分为以下类型

(1) 资源型。即直接投资于资源所在国以获取本国所短缺的各种资源和原材料。

(2) 制造型。即主要从事加工制造业,开始是以加工装配为主,随着当地工业化程度的提高,投资转向资本货物部门和中间产品部门。

(3) 服务型。即提供技术、管理、金融、保险、咨询等服务的跨国公司。

3. 从经营的价值取向看,跨国公司可分为以下类型

(1) 母国取向型。以母国为中心进行决策,经营中也优先考虑母国企业的利益,

在东道国直接搬用母国的经营方式。虽然也雇用当地员工，但当地企业的主管仍由母国企业派遣，对母国员工的评价和信任要高于当地员工。

当然，以母国为导向的跨国经营在短期内对企业是有益的，因为它结构简单，母公司与海外子公司进行专门知识的交流比较便利，对国外子公司的高级管理人员外派也拥有控制权。但以母国为导向的跨国经营有两个明显的缺陷，即对国外市场的商业机会可能缺乏足够的认识；对来自国外竞争对手的潜在竞争压力认识得不够，许多企业由于持有不在当地生产制造就不构成竞争的观点而深受其苦。

(2) 东道国取向型。决策权逐步分散和下放给东道国的公司，不再集中于母国总部，经营中既考虑母国的利益，也兼顾国外当地企业的要求，考核国外企业的经营业绩时，已转向以当地的环境和条件为依据。东道国导向的主要代价包括重复建设，由于生产适合东道国市场需求的产品可能使母国企业的特定优势得不到充分利用等。东道国导向的主要风险在于过于强调当地消费者的传统和市场增长水平而导致企业的全球扩张速度延缓；主要优势是可以充分开发当地市场而获得更多的当地市场份额，在新产品开发方面会有更多主动性，有助于充分调动当地管理人员的积极性。

(3) 世界取向型。从全球竞争环境出发进行决策。在经营中母国企业与国外企业的相互依存和配合协作大为加强，要求不论母国企业或国外企业均须服从全球范围内的整体利益，故考核业绩的标准也面向全球，对母国职工或东道国当地职工同等重视，当地职工人数增多，地位也提高。通常，只有当企业的价值和战略是"世界取向"时，企业才可以说是真正的跨国公司。当然，世界导向必然会导致企业能力和资源过于分散，而且会产生许多人力资源管理与研究开发方面的问题。

4. 从企业积极参与国际分工的地理导向看，跨国公司可分为以下类型

(1) 内向型。即通过进口、作为许可证交易的受约人、购买技术专利、在国内与外国公司建立合资企业、成为国外跨国公司的分支机构、成立国外企业全资的子公司(或被国外企业并购)等方式，发展国际化经营。

(2) 外向型。即通过出口、技术专利出让、向外国公司发放许可证、在国外与外国企业建立合资企业、建立或收购外国企业、兼并外国企业、进行国际战略联盟等方式，发展国际化经营。

跨国公司在经营国际化的进程中，内向国际化是其外向国际化的必要基础和条件。这是因为：①技术、设备进口及合资企业的建立是企业跨国经营的前期准备；②内向国际化的方式、速度、规模影响外向国际化的方式和发展速度；③内向国际化的经验积累直接影响企业跨国经营的成功率；④企业内向国际化对外向国际化的联系和影响并不限于企业跨国经营的初期，而是贯穿于企业国际化的全过程；⑤企业的外向国际化也会在一定程度上影响其内向国际化的深度和广度。

1.2 跨国公司的发展与经济全球化

1.2.1 经济全球化的概念

1. 经济全球化的基本含义

经济全球化是指世界各国经济无一例外地参与国际分工和国际交换。其核心是无歧视的、公平的自由竞争；是物流、资金流、技术流和信息流的加速运动，实现资源在世界范围内的优化配置；是社会化大生产冲破国界的限制，实现资本全球化和生产全球化；是多边经济贸易规则和惯例的不断发展和健全。正如多才多艺的先哲歌德曾经教诲人们的那样，概念与感情的自由交流与工业品和农产品的互换同样扩大着人类的财富和满足人们普遍富裕的要求。因此，知识和产品的交流已成为全球化进程的重要因素。

2. 经济全球化的要求

(1) 各国实行开放的经济政策。只有这样，才能使世界各国和地区的经济真正联结成一个统一的整体。各国只有参与经济全球化的活动，根据自己面对的客观环境和具体条件，积极采取合适的对策和步骤，逐步开放国内市场，同时主动打入国际市场，才能在世界经济加速发展和激烈竞争的形势下争取有利的地位。

(2) 各国经济在全球范围内进行资源优化配置，减少各种人为的障碍和壁垒，实行商品贸易和生产要素的自由化流动。

(3) 宏观经济调控国际化使各国经济改革政策与国际经济接轨，使得国际市场竞争既充满活力，又能有序进行，是各国共同遵守统一的、有效的"游戏规则"。

3. 经济全球化活动的现状

在经济全球化浪潮的推动下，全国各国之间的贸易也得到了快速地发展。世界贸易组织于2011年4月7日发布的《2010年全球贸易报告》揭示，2010年全国货物贸易出口增长14.5%，创下了1950年有该统计以来的最大增幅记录，大大高于世界经济同期增速。其中，发达经济体增长12.9%，发展中国家和独联体增长16.7%。1991—2010年世界贸易货物和服务贸易出口额增长情况，如表1-1所示。

表1-1 1991—2010年世界贸易货物和服务贸易出口额增长情况 %

年 份	货物出口增长率	服务出口增长率	年 份	货物出口增长率	服务出口增长率
1991	1.7	5.6	2001	−4	−1
1992	7.1	12.8	2002	4	5
1993	−0.3	0.04	2003	17	15
1994	13	9.1	2004	22	10
1995	18.9	12.6	2005	14	11
1996	4.5	6.7	2006	15	11
1997	3.5	4	2007	16	20
1998	−1.5	0	2008	15	12

年　　份	货物出口增长率	服务出口增长率	年　　份	货物出口增长率	服务出口增长率
1999	3.5	1.5	2009	-22	-12
2000	13	6	2010	22	8

资料来源：WTO Annual Report. WTO Press Release 2001, 2002. World Trade Report. WTO Press Release 2006、2007、2008、2009、2010年数据来自WTO秘书处，转摘自中华人民共和国商务部综合司，世界贸易形势。

　　表1-1总结了世界贸易发展的趋势。随着世界经济的迅速发展，国际贸易开始呈现出一些新的变化：高新技术的产品在世界范围增长速度加快。随着科学技术全球化的加强，高新技术产品在国际贸易中的地位日益增强。如在20世纪的90年代，OECD成员国的高新技术出口已占制造业产品出口份额的20%~50%。美国十大类高新技术产品出口以两倍于全部商品出口的速度增长。到2002年，高新技术产业在制造业出口总额的占到1/4，而一般急速产业的份额从1985年的58%降到2002年的47%。服务业出口的增长率会逐渐接近或超过货物出口的增长率。人们已经注意到，从1985年到2010年，世界服务业的出口额从4044.9亿美元增长到36638亿美元，增长了8倍多。2010年世界货物贸易额为15.24万亿美元，比2009年增长22%；世界服务贸易额达3.6万亿美元，比2009年增长8%，占世界贸易额的23.6%。仅在2007年，美国作为世界上服务业最大的出口国，其服务业的贸易顺差就达到了1180亿美元(服务出口4540亿美元，服务进口3360亿美元)。服务业进口的快速增长也表明，服务业进出口也正顺应着经济全球化的趋势加快了自我发展的步伐。

1.2.2　经济全球化进程中跨国公司的发展

　　跨国公司已经成为国际经济关系中的行为主体，是国际竞争和国际垄断相互作用的产物。跨国公司的演变和发展，既推动了国际竞争，又发展了国际垄断。跨国公司的个体利益与国家的整体利益并不完全一致，实现个体利益要遵从"市场规则"，而实行整理利益则要服从"博弈规则"。因此，传统主权原则的绝对性受到跨国公司个体利益的挑战。

　　1. 跨国公司的国际竞争优势

　　1) 跨国公司营造了国际竞争的新格局，使其有了新特点

　　(1) 国际竞争新格局。世界市场上的国际竞争格局表现为：一方面是发达工业国家之间的竞争，包括自由贸易竞争和国际垄断竞争。另一方面是发达工业国家与发展中国家的竞争，竞争主题始终是发达国家，其具体代表是西方跨国公司。

　　随着当代国际经济关系的变化，国际竞争格局越来越呈现出多元主体和多种关系相互交错的态势。这种国际竞争具体表现为四股竞争力量的激烈较量：第一，发达工业国家之间的竞争。第二，发达工业国家与发展中国家之间的竞争。第三，发展中国家之间的竞争。第四，地区经济集团之间的竞争。

　　国际经济竞争中，跨国公司已经成为国际竞争中的主体。跨国公司的参与给国际

竞争注入新的内容：一是跨国公司之间的竞争；二是跨国公司与非跨国公司之间的竞争；三是跨国公司母公司与子公司之间的竞争；四是各跨国公司子公司之间的竞争。

(2) 国际竞争的新特点。当代国际竞争格局和内容的变化，使国际竞争呈现出新的特点：①国际竞争的广度和深度已经达到前所未有的程度，涉及世界经济的方方面面，且愈演愈烈。②国际竞争主体之间的经济关系开始朝着公开、公平、互利的方向发展。③国际市场上的竞争逐步由传统的价格竞争向非价格竞争转变。④各国竞争主体受到政府的干预和保护。

2) 跨国公司的国际竞争地位和竞争优势

(1) 跨国公司的国际竞争地位。跨国公司在世界经济国际化中的地位，还可以从宏观、中观和微观三个层面进行考察。

① 宏观层面。世界经济发展中的经济增长速度、金融货币体系、劳动就业等，都与跨国公司经营战略有关。

② 中观层面。资源利用、能源供应、工业结构等问题，都与跨国公司的投资计划密切相关。

③ 微观层面。企业的经营、技术改造、营销安排等，都与跨国公司的经营方式和经营策略联系紧密。

(2) 跨国公司的竞争优势。跨国公司是由规模宏大的厂商组成的。它集诸种职能于一身，被称为拥有"一揽子的功能"。跨国公司既能进行国际贸易，又能进行国际生产；既从事商品转移，又从事资本转移、技术转让和信息传播。在当代世界经济中，跨国公司具有强有力的竞争能力，主要表现在以下几个方面。

① 拥有巨额资产，经济实力不断增长。跨国公司采用股份制，以少量的自有资本控制他人的巨额资本。大公司利用自己手中金融资本，把触角伸向世界市场的各个角落。目前，跨国公司资产额已达数十亿、数百亿美元，甚至有超千亿美元的"富人俱乐部"。

② 富有开创力和应变力，保持企业生存和发展的活力。许多大型跨国公司趋向于综合型的多种经营，凡是有利可图的没有它不经营的，就是说"从导弹到方便面"，几乎无所不包。这样做的好处是：回旋余地比较大，便于以丰补歉，软硬搭配，互相配合，协调行动，把生意做活。跨国公司形成生产多种产品的综合体系，使企业保持持续的开创力和应变力。企业开创力是其发展之道，企业应变力是其生存之道。没有生存就没有发展，没有发展就无法生存。尤其在宏观经济不景气时期，企业稍微欠缺应变力，即无法与人竞争。

③ 仰仗研发和创新，始终保持技术领先。跨国公司的基本经营优势在于技术垄断。通常公司拨出其销售总额的4%~10%用于研究和开发新技术、新工艺、新产品。由于跨国公司按照纵向一体化(Vertical Integration)的模式进行投资布局，新技术的使用和关键设备的生产都集中在母国或者位于西欧和北美的嫡系子公司，而分散在世界各地的子公司只是进行一种配套性的和市场适应性的生产，因此，新技术产品不大容易被其他竞争对手模仿。

④ 开创内部化优势，发挥企业经营的纵深潜力。跨国公司企业内部化，是为了克服市场的不完备，在企业内部创造市场。企业的内部化市场作为一般市场的替代物，是用企业组织的"有形之手"来代替外部市场的"无形之手"。跨国公司内部交易越频繁，单位组织成本就越低；公司内部化交易越广泛，追加的组织成本相对来说就越少。公司内部化市场的形成与发展，成为跨国公司经营多样化、国际化和分权化的内在动因之一。企业内部化，一方面有助于扩展内部的供需领域，避免由于向海外产业转移而带来的空缺；另一方面亦有助于新兴的发展中国家的子公司得到新技术和新产品，扩大其产品的出口，同时，又可以起到缓和贸易摩擦的作用。目前，跨国公司的内部交易约占世界贸易的1/3，并随着公司规模的扩大，呈现上升趋势。

⑤ 享有最佳的资源要素，获得规模经济优势。跨国公司在全球范围内配置生产力，能够享有资料来源和商品销售的全球统一调配的好处。公司通过投资计划，科学安排生产活动，可以把生产过程按规模经济的要求，分配到投入成本最低的地区，充分利用当地廉价的生产要素，达到利润最大化的目的。

⑥ 利用有限性贸易做法，巩固其垄断地位。跨国公司利用市场的优势地位，进行一系列限制竞争、垄断市场的活动。他们以正式的、非正式的或者口头的协议，规定生产设备和原材料的购买来源，限制产品生产的种类和数量，限制产品的出口量，规定商品的出口价格，划分销售市场和分配销售渠道。跨国公司的限制性贸易的做法，目的在于瓜分市场，操纵市场价格，排斥竞争对手，确保自身垄断地位和获得高额利润。

有实力才有竞争力。跨国公司经营的好坏，一方面，取决于公司综合利用自己的竞争优势的能力，另一方面，取决于是否适当地选择跨国的经营方式。公司的竞争优势是一个动态的因素，随着科技的发展、生产结构的变化、产品的更新换代，有些原有竞争优势会逐渐变为劣势，劣势也会变为优势，其关键在于公司的决策人是否善于因势利导，趋利避害，选择最佳的跨国经营方式，获取和巩固自身垄断地位。

2. 跨国公司在国际经济中的地位与作用

1) 跨国公司推动了世界经济的全球化

跨国公司的全球经营推动了世界市场全球化，世界市场全球化给跨国公司提供了施展竞争的舞台。世界经济全球化主要表现在以下4个方面。

(1) 市场范围的全球化。全球经济的出现，带来了市场范围的全球化，也带来更大的机遇。随着时间和空间的缩小，创造财富的范围在扩大。

(2) 竞争的全球化。除了西欧和美国外，后起之秀日本已成为国际贸易的主要力量，还有新兴的发展中工业国家和地区也已能生产在世界市场上有竞争力的廉价优质的产品。据世界银行的统计，巴西、中国香港地区、韩国和新加坡现在已居世界工业制成品出口前十几名之列。

(3) 产品的全球化。

(4) 产品价格和数量的全球化。

2) 跨国公司通过国外直接投资控制国际贸易

跨国公司通过对外直接投资，带动了资本、货物的出口；扩大了企业内部贸易；促进了大量相关服务、技术、原材料和零部件的贸易。同时，它也给国际贸易带来消极影响，它垄断贸易、操纵价格、进行不等价交换、逃避税收和外汇管制等，直接和间接地影响了所在国的贸易收入和国际收支。跨国公司在国际贸易中的垄断地位，主要表现在控制初级产品贸易、农产品贸易、工业品贸易、高科技产品贸易以及技术贸易等方面。

(1) 控制初级产品贸易。初级产品出口大部分掌握在跨国公司手里。例如，许多年来，7家跨国石油公司控制着北美和前苏联东欧社会主义国家以外所生产和销售原油的43%；6家跨国公司拥有世界铝矾土生产的46%、氧化铝生产的50%和铝制品生产的44%；7家跨国公司拥有资本主义世界铜生产的23%；2/3以上的铬为9家跨国公司所掌握；镍为4家、钼为4家、铂为2家跨国公司所掌握。虽然初级产品生产因国有化运动在收回所有权方面取得长足的进展，但是在加工和销售方面，跨国公司仍处于主导地位。

(2) 控制农产品贸易。农产品的生产技术、加工、销售和分配、仍由跨国公司所控制。跨国公司在农产品世界贸易所占的份额从40%到90%不等。被称为"五大谷物巨人"的5家跨国谷物公司——卡吉尔、大陆、邦奇、达孚、安德烈公司，控制着世界绝大部分谷物的加工和分配，并控制美国谷物出口的90%。

(3) 控制工业品贸易。在制成品贸易方面，少数工业国家控制着绝大部分机器、设备和运输工具的贸易，占资本主义世界机器和设备出口的91%、进口的74%。少数跨国公司控制着许多重要的工业制成品的贸易。例如，美国的三家大公司控制了人造丝销售的2/3，其中杜邦公司一家即占销售总额的37%。50家药品工业公司控制了世界药品工业的75%～95%，其中最大的4家占25%～50%。全球最大的5家钢铁公司的产量占全球市场1/5的份额，中国的钢铁产量居全球之首，约占全球总产量的1/3。

(4) 控制高科技产品贸易。高科技产品领域更是跨国公司一统天下。10家跨国公司控制了世界半导体市场，美国公司在世界计算机市场上所占的份额为75%～80%，日本、美国、瑞典和德国4国跨国公司控制了世界机器人生产和销售的73%，而日本一国即占世界的一半。

(5) 控制技术贸易。在技术贸易方面，一方面，跨国公司在研究开发和运用新技术方面占据绝对领先地位，另一方面，跨国公司之间以及母公司和子公司之间的技术交流往往也占到很大的比重。据统计，世界上最大的422家跨国公司掌握和控制了资本主义技术生产的90%和技术贸易的3/4。

3) 跨国公司操纵垄断价格获得高额利润

(1) 运用卖方垄断价格与买方垄断价格获取高额利润。跨国公司凭借经济实力和市场控制力，操纵垄断价格，在国际贸易中获取高额垄断利润。垄断价格是特种价格，在世界市场上，国际垄断价格由卖方垄断价格和买方垄断价格组成。卖方垄断价格是高于商品的国际价值的价格。跨国公司向发展中国家推销工业制成品和转让技术的价格，就是卖方垄断价格。买方垄断价格是低于商品的国际价值的价格。跨国公司从发展中国家采购的初级产品的价格，就是买方垄断价格。

在两种垄断价格下，均可取得垄断高额利润。垄断价格的上限取决于世界市场对于国际垄断组织所售的商品需求量，下限取决于生产费用加上国际垄断组织所在国的平均利润。由于垄断不排除竞争，故垄断价格也有一个客观规定的界限。影响垄断价格上限的因素有：市场对跨国公司所售商品的需求量、代用品、跨国公司间的相互竞争。垄断价格既不会过高，也不会过低。影响垄断价格下限的因素有：生产费用和国际垄断组织所在国的平均利润。如果垄断价格结构中所包括的利润长期低于平均利润，跨国公司就会停止生产，转移资本，退出市场。因此，垄断组织在其垄断价格上下界限的幅度内不断调整其销售价格。

(2) 运用垄断与竞争两手获取高额利润。在生产国际化和资本国际化的过程中，世界经济不仅需要资本自由化，而且需要贸易自由化。跨国公司凭借自己的竞争优势和实力，极力主张和支持自由贸易。这是因为打着自由贸易旗帜，有助于推行跨国公司的全球经营策略，获得更大的实惠和利益，也有助于促进世界贸易的发展。

在经济不景气、投资疲软、需求停滞时，争夺世界市场的竞争会加剧。为了摆脱困境，跨国公司之间明争暗斗，相互之间的离心力越来越大，各类贸易保护政策也层出不穷。与此同时，垄断和竞争是相辅相成的。在国际贸易中，跨国公司从垄断地位出发进行强有力的竞争，而竞争的结果又加强了垄断，最终使其获得垄断高额利润。根据美国联邦经济分析据的数据，自进入21世纪以来，美国跨国公司在国外获取的利润占美国公司所得利润的25%。

1.3 跨国公司的管理科学

1.3.1 跨国公司管理的研究对象和内容

跨国公司管理是顺应企业管理的国际化和全球化的需要而建立和发展起来的一个新学科。它借助于社会学、人类学、政治经济学、国际经济、国际贸易、国际商法以及工商管理等学科的理论，在过去的四十多年中形成了一个完整的体系，成为管理门类(一级学科)工商管理(二级学科)下一个独立的分支。跨国公司管理学科，见图1-1。

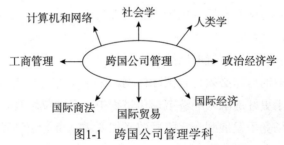

图1-1 跨国公司管理学科

对跨国公司管理的研究侧重于跨国公司经济活动过程中的各种管理关系及其发展和变化的规律。这些规律相互影响，又相互制约，其关系变化直接或间接地决定着管理关系的发展变化，具有一定的规律性。研究和掌握这些客观规律性，可以使跨国公司以最少的耗费和投入，完成有形和无形商品的流通，获取最佳的社会效益和经济效益。

20世纪中叶以来，随着国际工商业的蓬勃发展，从事国际工商业活动的企业数量和规模迅速增长，大批企业在世界范围内开展跨国经营活动，成为国际经济舞台上的主角。

跨国公司管理不同于一般的企业管理，也不只是一般企业管理专业的简单延伸和发展，它具有相对的独立性。首先，企业面临的环境不同。国际环境比国内环境更为复杂，包含更多的不可控因素。其次，企业承担的风险不同。从事国际工商业活动的企业除了要承担国内企业应承担的风险外，还要承担因跨国经营可能招致的其他风险，如汇率风险、政治风险、远途运输风险等。最后，企业采用的管理方式不同。由于国家间存在着政治、法律、和文化等方面的差异，在国内适用的管理方式在国外不一定适用。因此，国际化经营的企业在人事、财务、营销和生产诸方面应根据各国的具体情况采用相应的管理方式、决策程序和策略手段。

1.3.2 企业管理的国际化趋势

1. 企业国际化的内涵

任何企业若要在世界经济全球化迅猛发展的今天获得生存与发展，都不可避免地要参与国际竞争。一般而言，当企业经营管理活动与国际经济发生某种联系时，企业的国际化进程就开始了。这种联系既可以是生产要素方面的，如资金、技术、人力资本等；也可以是商品和服务的中间产品和最终产品的交换；此外，还应该包括各种海外生产经营活动(鲁桐，2000)。

Johanson&Wiedershein Paul(1975)提出，企业国际化是一个缓慢并且逐渐增强的过程。他们认为，企业的国际化过程由若干个阶段组成，是一个包含花费时间进行组织学习的过程，其国际化的地理范围和规模的扩大、程度的加深，就仿佛"水中的波纹"一样逐步增大。理查德·罗宾逊(1989)认为，企业国际化是企业有意识地追逐国际市场的行为体现。国际化的过程就是在产品及生产要素流动性逐渐增大的过程中，企业对国际市场而不是对某一特定的国家市场所作出的反应。鲁桐认为，企业的国际化，是指企业积极参与国际分工，由国内企业发展成为跨国公司的过程。马秀贞、刘兴永(2004)提出企业国际化就是企业按照国际惯例在全球配置资源的论断。这其中包括两层含义，一是企业资源配置的国际化，也就是充分利用国内国外两个市场、两种资源。二是要求企业的运作必须符合国际惯例，采用先进的企业制度、管理方式和运营方式。其根本在于更好地融入经济全球化进程中，全方位培育企业的国际竞争力。企业的国际化是市场竞争发展到一定阶段的必然要求。市场经济发展以分工和交换关系的扩大为基础，以竞争为动力，以获得建立在比较优势上的经济利益为目的，而一国内部所能提供的资源和市场是有限的，市场经济的内在发展推动着经济全球化的发展，这使得企业能够获得更广阔的市场和赢得更多的机会，在更大的范围内配置资源并提高资源配置的效率。胡德、扬(Hood&Young，2006)认为，国际化是"企业进行跨国经营的所有方式"。这些活动包括产品出口、直接投资、技术许可、管理合同、交钥匙工程、国际分包生产、特许经营等。

综上所述，企业国际化即企业积极参与国际分工，不断进行组织学习以应对市场变化，有效利用全球资源，配置和整合生产要素，由国内企业发展成为跨国公司的过程。其中生产要素包括资本、技术、劳动力等企业经营所需的一切资源。跨国公司是指：①由在两个以上国家的实体所组成的公营、私营或混合所有制形式的企业，不论这些实体的法律形式和经营活动领域如何；②该企业在一个决策体系中运营，通过一个或一个以上的决策中心使企业内部协调一致的政策和共同的战略得以实现；③该企业对其中各实体的活动施加有效的影响，特别是与其他实体分享知识、资源和分担责任。[①]

2. 国际化的两种视角

Paul W.Beamish在1999年提出了国际化双重视角的观点，认为国际化可以从内向和外向两个视角来看，内向视角注重分析国际化竞争对以国内经营为主的企业的影响，外向视角实际则体现了企业对国外市场的认识，见表1-2。

表1-2 企业国际化的两种视角比较

项 目	内 向 视 角	外 向 视 角
贸易活动	进口	出口
技术转让	购买技术专利	出售专利技术和技术援助
合同安排	补偿贸易、加工装配	许可贸易、特许经营、管理合同、交钥匙工程、国际分包
合资企业	国内合资	国外合资
独资企业	成为外国公司的子公司	国外子公司或分公司

从内向视角来看，国际化对企业的发展有着重要的影响，企业国际化采取的模式有：进口产品、寻求资源、从外国企业取得许可证、在国内与外国企业建立合资企业、成为外国企业的全资子企业。由此可见，内向视角的企业国际化进程是被动的，也说明了企业国际化的进程是不可避免的。所以，企业应该主动适应国际化的变化，从国际化进程中获得积极影响。

外向国际化是对国际市场竞争特点的认识。Franklin(1987)认为，一个企业会从间接或者少量出口发展到积极出口和颁发许可证，然后发展到与国外制造业进行权益型合作，最后到全方位的跨国生产和营销。外向视角的企业国际化有如下行为模式：出口产品、向国外企业颁发许可证、在国外与国外企业建立合资企业、在国外建

---

① 选自1986年联合国在《跨国公司行为守则》中的定义。

立或者收购全资企业。芬兰学者Welch&Luostarinen(1988)认为：企业内向国际化进程会影响其外向国际化的发展，企业内向国际化的效果将决定其外向国际化的成功。

3. 企业管理国际化的原则

纵观跨国公司经营的成功经验，企业国际化经营应当遵循以下7个原则。

(1) 循序渐进原则。国际化经营并非一朝一夕之事，而是需要立足本国国情，通过制定合理有效的国际化经营战略，进而积极稳妥地开展国际化经营。

(2) 效益最大化原则。跨国公司不宜随意开拓市场和盲目追求市场份额，而应当遵循利益最大化的原则，通过成本-收益分析进行国际化经营。

(3) 国内外一体化原则。国际化经营的根本在于国内，跨国公司很大一部分人才、资金、技术均来自国内。同时，国际化经营也需要驻外机构的协调合作。

(4) 可持续发展原则。跨国公司的国际化经营需要认准市场，合理投资。不可因短期利益而动摇长期策略，也不可因短期无利益而放弃长期的潜在利益。

(5) 规模效益原则。一般而言，规模过小将难以企及较大利益。因此，跨国公司在国际化经营过程中应当在风险可控的范围内培育企业规模，实现规模效益。

(6) 风险利益共存原则。跨国公司在国际化经营将比单纯的国内经营面临更大的风险。这就需要跨国公司在追求利润的同时，注重风险控制，在同等利润下实现风险最小化。

(7) 品牌效应原则。跨国公司要想跻身并长久处于世界企业之林，拥有其自主品牌是必不可少的条件之一。自主品牌是跨国公司的核心竞争力，也是维持其国际化经营的基石。

本章思考题

1. 何为跨国公司，它们有何特征？
2. 按照不同的标准，跨国公司可以如何分类？
3. 试述21世界跨国公司发展的新趋势。
4. 什么是经济全球化？
5. 企业管理国际化的原则有哪些？
6. 跨国公司管理与一般企业管理有何区别？

●案例●

宜家的国际化道路

宜家(IKEA)是瑞典家具卖场。截至2013年12月，宜家在全世界的26个国家和地区中拥有303家大型门市(其中258家为宜家集团独自拥有，34家为特许加盟)。大部分的门市位于欧洲，每年印刷量高达一亿本的IKEA商品目录中，收录有大约12 000件的商品。

宜家家居(IKEA)于1943年创建于瑞典，"为大多数人创造更加美好的日常生活"是宜家公司自创立以来一直努力的方向。宜家品牌始终和提高人们的生活质量联系在一起并秉承"为尽可能多的顾客提供他们能够负担、设计精良、功能齐全、价格低廉的家居用品"的经营宗旨。

在提供种类繁多，美观实用，老百姓买得起的家居用品的同时，宜家努力创建以客户和社会利益为中心的经营方式，致力于环保及社会责任问题。今天，瑞典宜家集团已成为全球最大的家具家居用品商家，销售主要包括：座椅/沙发系列，办公用品，卧室系列，厨房系列，照明系列，纺织品，炊具系列，房屋储藏系列，儿童产品系列等约10 000个产品。

宜家家居在全球38个国家和地区拥有311个商场，其中有14家在中国内地，分别在北京(两家)、天津、上海(三家)、广州、成都、深圳、南京、无锡、大连、沈阳、宁波、重庆。宜家的采购模式是全球化的采购模式，它在全球设立了16个采购贸易区域，其中有三个在中国内地，分别为：华南区、华中区和华北区。宜家在中国的采购量已占到总量的18%，在宜家采购国家中排名第一。根据规划，至2012年，宜家在中国内地的零售商场将达到11家，所需仓储容量将由10万立方米扩大到30万立方米以上。中国已成为宜家最大的采购市场和业务增长最重要的空间之一，在宜家的全球战略中占有举足轻重的地位。

2008年12月30日，世界权威的品牌价值研究机构——世界品牌价值实验室举办的"2008世界品牌价值实验室年度大奖"评选活动中，宜家凭借良好的品牌印象和品牌活力，荣登"中国最具竞争力品牌榜单"，赢得广大消费者普遍赞誉。

宜家国际化道路如此成功，从产品设计、采购、生产、管理到营销模式等环节无不蕴藏着许多成功企业共有的闪光点。

在产品设计上方面，宜家实行以"模块"为导向的研发设计体系，同时坚持瑞典设计方法。IKEA的设计理念是"同样价格的产品比谁的设计成本更低"，用"简单"来降低顾客让度成本，用"美"来提高顾客让渡价值，将低成本与高效率结为一体。迄今为止，宜家产品系列都是在瑞典开发出来的。通过对颜色和材料的选择，宜家产品系列虽然不是最流行的，但却是现代的、实用的，仍不失美观，是以人为本和儿童友好型产品，代表着清新、健康的瑞典生活方式。这些与宜家起源于瑞典南部斯莫兰有着密切的关联，在那里，人们以勤劳、生活节俭和将他们所拥有的有限的资源最大限度地加以利用而著称。

宜家家居的采购模式是全球化的采购模式。宜家的产品是从各贸易区域采购后运抵全球26个分销中心再送货至宜家在全球的商场。宜家的采购理念及对供应商的评估主要包括4个方面：持续的价格改进；严格的供货表现/服务水平；质量好且健康的产品；环保及社会责任。宜家家居在全球的16个采购贸易区设立了46个贸易代表处，并分布于32个国家。贸易代表处的工作人员根据宜家的最佳采购理念评估供应商，在总部及供应商之间进行协调，实施产品采购计划，监控产品质量，关注供应商的环境保护，社会保障体系和安全工作条件。如今，宜家在全球53个国家有大约1300个供应商。

在生产方面，宜家厉行严格的成本控制。宜家以独特的"模块"设计为导向，能够把低成本与高效率结为一体。宜家自己设计产品，制造实行外包，在全球范围内，每年有2000多家供应商展开竞争，只有保证质量同时又保证最低成本的供应商，才可能拿到大额订单。同时，宜家在产品运输中推行"平板包装"，把所有的产品都做成顾客可以方便安装的零部件，这大大地降低了运输的成本和难度并提高了运输的效率。

在内部管理方面，宜家经营的原则分为"有形的手"(一切看得见的商品、商店等)和"无形的手"(经营理念和管理流程)，由宜家内务系统公司、宜家服务集团、宜家支持机构和宜家贸易公司组成。这种扁平化的组织管理结构使得宜家设计、采购、生产、销售等各个环节被安排得井井有条，不仅提高了管理效率，而且在跨国的内部交易中也能合理地避税，降低管理成本。宜家的内部管理体制相当独特，其中最著名的就是强调每个员工都是平等的，都具有完美的创造力。宜家规定各家分店的管理人员必须定期到一线从事营销活动和普通员工一起体验甘苦。崇尚节俭，浪费可耻是宜家创始人确定的企业精神。这种精神就像"无形的手"一样伴随着企业的发展，宜家的企业家精神体现在产品开发、销售等各项业务中，类似武林高手的暗器，是宜家最神秘的市场利器。

营销方面，宜家倡导目录文化。宜家目录即DM。宜家的DM制作从设计到印刷成册，不得不用"精致与完美"来形容，融家居时尚、家居艺术于一体，让消费者从中学到不少家居知识。在这里，宜家目录不仅仅是一种告知消费者信息的手段，更是向消费者宣传一种有品位的生活理念，使得这种理念成为宜家文化的重要组成部分。宜家实行"体验式营销"，通过营造出相对自由的宜家商场、餐厅环境，把家居当作积木来经营，充分发掘消费者的天性与童真，让你按照自己的心意进行组装，平板式的包装再次降低了物流费用，重要的是宜家恰好顺应了现代家居个性化的大趋势。

资料来源：程君凤，张林娜，牛芳明. 宜家的成功之道[J]. 商场现代化，2009(2).

案例分析

1. 结合案例，谈谈宜家走国际化道路对其经营的影响。

2. 宜家国际化经营为何会成功，给我国企业经营者的启示是什么？

第2章 跨国公司理论

2.1 传统跨国公司理论

2.1.1 垄断优势理论

美国学者斯蒂芬·海默(Stephen Hymer)在其博士论文《一国企业的国际经济活动：对外直接投资研究》中，首次提出以垄断优势来解释跨国公司对外直接投资行为的理论，后经其导师查尔斯·P.金德尔伯格(Charles P. Kindleberger)教授等人的补充和发展，使之成为研究对外直接投资最早和最有影响的独立理论。

传统的国际投资理论假定市场是完全竞争的。企业不具有支配市场的力量，它们生产同类产品，有获得所有生产要素的平等权利。这时，由于对外投资不会给企业增加什么优势，因而也不会发生对外直接投资。现实中的市场条件更多的是不完全竞争，正是这种市场的不完全性导致跨国企业拥有垄断优势，从而获得比当地企业有利的竞争优势，并通过对外投资在国外生产加以利用，获得比当地企业更多的利润。由此，海默总结出企业对外直接投资的两个条件：一是企业必须拥有垄断优势，以抵消在与当地企业竞争中的不利因素；二是不完全市场的存在，使企业能够拥有和保持这种优势。

金德尔伯格进一步将市场不完全作为企业对外直接投资的决定因素，并列出市场不完全的4种类型：①产品市场不完全，包括产品差异、商标、市场技能(广告、促销、服务等)或价格联盟等；②要素市场不完全，包括专利、专有技术、管理经验上的优势和进入资本市场的差异等；③在企业规模经济和外部经济上的不完全竞争，具有规模经济的企业可以降低成本，提高竞争力；④政府政策造成的市场扭曲，如政府有关税收、关税、利率和汇率等政策可能造成市场不完全。前三种市场不完全使企业拥有垄断优势(这是东道国当地企业所不具备的)，从而足以抵消跨国竞争和国外经济所引起的额外成本。第四种市场不完全则导致企业对外投资以利用其优势。

构成跨国企业垄断优势的多种因素可以归纳为以下几个方面。

1. 技术优势

技术优势包括技术、知识、信息、诀窍、无形资产等要素。其中，新产品、新生产工艺和产品特异化能力是最具实质性的构成部分，它们不仅使投资企业具有独立性，而且常常是东道国市场最需要的。企业的垄断优势主要来自对知识产权的占有，而知识产品具备公共产品的性质，即可以多次重复使用而不减少其使用价值。同时知识资产在跨国公司内部转移的成本很低或等于零，国外子公司可以在不增加成本的情况下利用它来获得当地企业不具备的竞争优势。凯夫斯则认为，跨国公司拥有产品特异化的能力，这在技术已变得标准化的地方更具重要性。依靠对产品作少量变化，或者通过广告形成商标认识，以及给予产品不同的销售条件和附加利益，跨国公司可以控制这些生产和销售差别产品的技术，避免产品被当地企业直接仿制。还有些学者从资本、劳动力等要素市场不完全来阐述对外直接投资的动机。例如，由于劳动力不能自由流动，一些国家的劳动力相对便宜，通过对外直接投资可以利用当地廉价劳动力。又如，由于证券市场不完全，国家间存在利率差异，使得资本在一国的边际效率或利润高于另一国，导致直接投资流动。

2. 规模经济优势

传统理论强调规模经济有利于生产集中、降低成本，从而增强大企业在市场上的竞争能力，但它并不能有效解释对外投资。跨国公司垄断优势主要来自非生产活动的规模经济性，它主要包括对集中性的研究与开发，建立大批规模销售网络，进行集中的市场购销、资金筹措和统一管理等。而技术的密集程度与企业规模大小有更紧密的联系，当企业发现它的某些技术资源未能被充分利用时，就会在国内乃至国际市场进行多样化地扩展，以充分利用现有技术优势，最终形成当地企业没有的规模经济优势。

3. 资金和货币优势

进行对外直接投资的企业通常是实力雄厚的大企业，它们或者有丰裕的资金需要寻找投资场所，或者有较强的资金筹集能力和来源广泛的渠道。它们对外投资的重要动因来自于想为这些资金寻找较高的收益。此外，外汇市场的不完全也是对外投资的重要原因。投资企业拥有相对坚挺的货币，可以使它首先在汇率上获得通货溢价的额外收益，这是当地竞争对手通常无法具备的特殊优势。例如，美元高估是刺激美国企业收购东道国当地企业或在当地投资的重要因素。同时，美元高估使美国生产成本高于外国生产成本，从而促使美国企业把生产转移到国外。

4. 组织管理优势

跨国公司通常拥有受过较好训练和教育并具有丰富经验的管理人员，其组织结构也具有高效率的特点，能够帮助迅速作出决策。这些管理上的潜能和优势在企业规模较小时不能得到充分利用。通过对外直接投资，扩大企业经营规模，可以充分利用管理资源的优势，扩展这些管理潜能，使它们由原来狭小的作用空间延展到更大的作用空间，从而驱动更多要素，释放出更大能量。

2.1.2 劳动的国际分工理论

20世纪70年代末，小岛清(Kiyoshi Kojima)运用比较优势原理，把贸易与对外投资结合起来，以投资国和东道国的比较成本为基础，着重分析对外直接投资的贸易效果，试图建立国际贸易和国际投资的统一理论。小岛清将自己的理论称为劳动的国际分工理论或对外直接投资的宏观经济理论。

小岛清认为，李嘉图的比较优势原理可以解释不同规模、处于不同发展阶段和具有不同消费偏好的国家，在生产要素不能移动的情况下，通过生产对于自身来说相对成本较低的产品，然后通过贸易交换产品，这样，在既定的劳动资源下，可以生产出更多的产品。因此，只要存在相对成本差异，并有合适的汇率，国际贸易对参加贸易的双方都有利益。虽然通过自由贸易可以给参加贸易的国家都带来益处，但生产要素不能在国际上自由流动，在国际范围内实现生产要素价格均等化是不切实际的。

小岛清指出，对外直接投资是促进国际上生产要素价格均等化的重要因素。他认为，对外直接投资应该从投资国已经或即将处于比较劣势的产业(他称之为边际产业)中，投向东道国比较优势或潜在比较优势的产业中。因此，一国对外直接投资应该按边际产业为序依次进行。小岛清称这一国际分工的原则为"补充比较优势原则"或"对外直接投资产业与边际产业原则"。从宏观角度看，这种类型的投资将为东道国提供其缺乏的资本、技术和管理经验，促进当地熟练劳动力和管理人员的成长，推动东道国经济的发展。对投资国来说，将在本国丧失比较优势的产业转移到东道国能保持优势的部门，使投资国集中发展那些具有比较优势的产业，进一步优化和提升本国的产业结构。同时，通过这种投资，投资国会为东道国的产品提供市场，东道国通过出口会增加自己在国际市场上的购买力，从而为投资国较高层次的产品出口开拓更为广阔的市场。这种投资不仅不会替代贸易，相反会促进贸易更加和谐地发展，使投资国与东道国都能从以比较优势建立的国际分工中得到贸易的利益。

2.1.3 跨国直接投资的折中理论

英国里丁大学教授邓宁在1981年出版的《国际生产与跨国企业》一书中提出了国际生产折中理论。在此之前关于对外直接投资的理论都是从导致对外直接投资的个别方面孤立地研究跨国投资行为的，这些理论或是从企业内部，或是从外部环境分别寻找跨国投资的动因和行为机制，不可避免地具有一定的片面性。邓宁归纳和吸收了以往各派学说的成果，综合了垄断优势论、内部化理论和区位优势理论，提出了国际生产折中理论。邓宁的理论认为应把一个国家的对外投资动机、条件、能力、区位等因素综合起来考虑，全面解释为什么要进行对外直接投资、到哪里投资和如何投资，以及企业在跨国直接投资、出口贸易和技术转让等国际化经营形式中作出选择的条件和动因。邓宁的理论为研究跨国经营问题提供了统一分析的理论框架，成为对外直接投资和跨国公司理论的主要流派。

邓宁的折中理论的核心是三优势模式，即所有权优势、内部化优势和区位优势。他认为只有具备这三个优势，才完全具备了对外直接投资的条件。

所有权优势是指企业拥有或掌握某种财产权和无形资产的优势。具体包括专利、专有技术、管理技能、创新能力、企业规模、金融与货币、获得和很好地利用资源的能力、市场控制能力等。企业是否拥有所有权优势是决定是否对外直接投资的前提条件。只有具备某些优势，才能弥补企业在国外生产中的额外支出；具备的优势愈多，企业将其内部化的动机就愈强，在国外进行生产经营的获利机会就愈大。但所有权优势并非是对外直接投资的充分条件。因为所有权优势不一定非通过对外直接投资实现，通过出口和技术授权的方式也可以充分发挥这些优势的作用。

内部化优势是指拥有所有权优势的企业，通过扩大自己的组织和经营活动，将这些优势的利用内部化的能力。企业仅拥有所有权优势，还不能决定其是否应该进行对外直接投资。因为拥有所有权优势的企业在利用其优势时会面临两种选择：是转让其优势还是在内部利用这种优势。市场状况是作出选择的依据。如果市场不完全，存在竞争障碍、对供给稀缺资源的垄断、信息不对称和市场的不确定性等，就会增加交易费用，这样会促使企业把优势利用内部化，从而避免由于外部市场不完善给企业造成的不利影响。如果市场竞争是完善的，价格机制可以更好地协调企业之间的活动，企业内部化的动机就会减弱。在外部市场不完全的条件下，企业通过投资，将其优势经过内部市场转移到国外子公司，反而会取得更多收益。例如，将独占新技术等中间产品，经过内部通道，即非外部市场进行转让后，再将产品及服务出售，获得比非股权式的外部转让更多的收益。内部化优势包括所有权资产使用内部化的能力，市场信息内部共享，创造内部市场，消除贸易障碍和避免转移所有权优势的成本等。作为买方时，企业可以通过市场内部化避免技术等投入物价值和种类的不确定性，控制供给投入物的销售和条件；作为卖方时，企业可以保护中间或最终产品的质量，补充市场不足，抓住独立经济活动的效益，避免或减少政府的干预。跨国经营企业还可以利用市场转移价格机会来控制市场产品。总之，通过内部化，能够使企业在内部市场实现供给与需求的交换关系，用自己控制的程序配置资源，从而使企业拥有的优势发挥出最大效用。

企业具备了所有权优势并将之内部化后，仍只是具备了对外直接投资的必要条件，而非充分条件，因为出口亦能发挥这两种优势，并非一定选择对外直接投资。因此，等具备了企业优势和内部化优势后，企业是否应该进行国外直接投资的关键就在于国外生产是否具有区位优势。区位优势是指特定国家或地区存在的阻碍出口而不得不选择直接投资，或者选择直接投资比出口更有利的各种因素。这些区位因素包括关税和非关税贸易壁垒、资源禀赋和市场空间的分布地域、劳动力成本的高低、吸引外资的政策等。对于一个拥有了所有权优势和内部化优势的企业，如果能确认其生产的区位优势在国外而不在国内，即在国外生产的产品无论在当地市场，还是在其他市场上出售的成本比在国内生产的产品运到这些市场还要低，那么企业就应该选择在国外直接投资，这也是对企业最有利的选择。

尽管上述优势的内容、形式、特点、组合因国别、行业或企业特点而不尽相同，但仍可用来解释大多数企业跨国经营活动的一般规律。当企业只具备所有权优势，而不具备另两项优势时，企业可以进行技术转让等国际经营活动，并在实践中摸索和取得其他优势，因为这时企业还不具备在内部利用优势和对外直接投资的条件；如果企业只具备了所有权优势和内部化优势，而暂不具备区位优势，即缺乏良好的国外投资场所，那么企业就应该在国内生产出具有优势的产品向国外出口；如果企业具有所有权优势和区位优势，而暂不具备内部化优势，企业可以试作对外直接投资，并在向复合一体化战略目标努力过程中逐渐创造内部化优势，成为职能齐全的综合性跨国经营实体；只有同时具备三个优势，企业才能开展对外直接投资。上述企业跨国经营的方式与其所具备优势的关系，见表2-1。

表2-1 跨国经营方式与优势的关系

优势 经营方式	所有权优势	内部化优势	区位优势
对外直接投资	有	有	有
出口贸易	有	有	无
技术转让	有	无	无

2.1.4 产品生命周期理论

美国哈佛大学教授弗农(Vernon)认为，比较优势伴随产品生命周期的演进而呈现动态转移过程，在这一过程中的各个阶段，贸易格局和产品流向发生颠倒性的变化，企业可以根据自己的资源条件生产某一生命周期阶段的、具有比较优势的产品，从而获取更多利益。对外直接投资就是伴随产品生命周期运动而进行的，企业只要拥有特殊优势，并且在东道国取得区位优势，对外直接投资最终才会发生，并替代出口贸易的方式。

弗农根据对美国制成品的研究，把产品生命周期划分为三个阶段。在产品开发阶段，企业具有产品和技术优势，美国企业不仅供应国内市场，也享有出口垄断地位。在产品成熟阶段，技术也已经比较成熟，国内生产能力日益扩大，国内市场日趋饱和。而在其他发达国家会出现对这种产品的需求，这时企业必须出口。为更好地扩展国外市场，必须实现规模经济，降低成本，抑制外国企业的竞争，这时美国企业将向拥有产品市场的其他发达国家投资设厂。因为在接近供应市场的区位进行生产，可以节省运输成本和关税支出，这对美国厂商来说日显重要。在标准化阶段，由于产品和技术都已标准化，美国企业原有优势日渐丧失。市场竞争转向以生产成本为基础的价格竞争，便宜的劳动成本和资源条件日益成为决定产品竞争的重要因素。因此，美国企业的跨国直接投资将向一些欠发达国家转移，以期获得分布于不同国家的区位优势。随着企业生产区位的转移，一个国家的进口结构和方式也会变化，美国反而要进口最初由本国开发并出口的这些产品。弗农的产品生命周期模型，如图2-1所示。

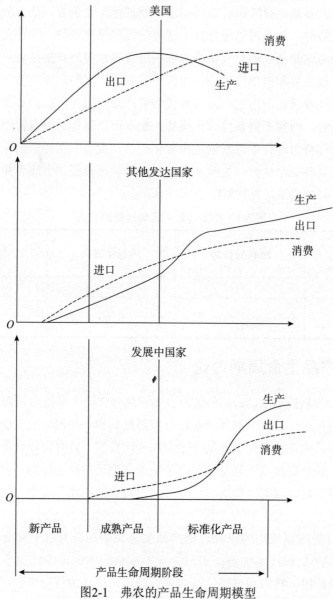

图2-1 弗农的产品生命周期模型

总之，企业拥有特殊优势并在东道国获得区位优势是对外直接投资的动因和基础。此外，对外直接投资除了可以利用东道国的区位优势外，还可避免当地企业的仿制，保护本国最初通过出口所占据的那部分市场，延长其产品优势。

2.1.5 跨国公司形成与发展的内部化理论

内部化动因理论的思想基础可以追溯到20世纪30年代美国学者罗纳德·科斯(Ronald Coase)的著名的交易费用理论。科斯在1937年发表的论文《企业的性质》中，提出了企业均衡规模和市场交易内部化的思想，后称为交易费用理论或科斯定理。科斯在阐述企业产生的原因时指出，市场交易是有成本的，由于市场不完善，缺乏效率，企业通过市场交易会支出很大的交易费用。为节约市场交易费用，企业通过一定的组织形式，将各项交易纳入企业内部进行，即以统一的行政管辖取代市场机制。因此，企业的性质就是以企业家的行政命令替代价格机制，这也是企业形成的原因。科斯关于交易费用的思想一直贯穿于现代企业理论研究中。而这一理论的提出，最初只是用来说明企业在一国内的组织规模是如何扩展的。

把科斯的交易费用理论引入跨国公司理论，并形成内部化理论的是英国学者巴克利(Buckley)、卡森(Carson)和加拿大经济学家拉格曼(Ragman)。巴克利和卡森在1976年出版的《跨国公司的未来》一书中提出了内部化理论，拉格曼在1981年出版的《跨国公司的内幕》一书中进一步发展了这一理论。

内部化理论被认为是研究跨国公司问题的一般理论。内部化论者把市场分为两类：一类是存在于跨国公司之外，受供求关系影响和价值规律作用的外部市场；一类是存在于跨国公司内部的市场，这个内部市场是为公司整体利益服务，不受供求关系影响，通过转移价格来运转的。而所谓内部化，就是把市场建立在公司内部的过程，以内部市场替代原来的外部市场。那么，为什么会发生内部化呢？外部市场通常是不完全的，存在许多不确定因素，交易成本较大。更重要的是中间产品市场的不完全竞争致使企业很难利用外部市场有效地开展经营活动，获取满意的收益。这些都促使企业将这些中间产品在其组织体系内实行内部转移，即把交易纳入一个更大企业的内部来进行，从而节省交易费用，避免外部市场不完全带来的风险。中间产品市场不完全，尤其是知识产品市场不完全是内部化的重要因素。公司在跨国经营活动中，需要面对各种市场障碍，如关税、配额、外汇管制和汇率政策等政府干预，都将引起国际中间产品市场的不完全竞争。特别是知识、技术、信息等知识产品市场不完善，是决定内部化的重要因素。这主要是由于：①技术、知识等产品的研究与开发耗时长、费用大，并具有自然垄断性质，企业必须利用差别性定价来获取垄断地位所带来的利润，尽快收回在研究开发上的投资；②知识产品市场的买方存在较高的不确定性，买方可能对尚未被转化为生产力的无形知识产品的价值缺乏充分的认识，外部市场也难以对知识产品准确定价，如果将买卖双方置于一个企业组织体系内便可消除这种不确定性，并借助内部市场定价机制充分实现知识产品的价值；③知识产品的公共产品性质决定其通过市场转移会发生泄密的潜在风险，而在公司内部市场转移使用，可避免技术向外扩散，维护公司长期的技术垄断地位。

决定市场内部化过程的一个重要因素是行业特定因素。当一个行业的产品需要多阶段的生产时，如果中间产品的供需通过外部市场来进行，供需双方的关系既不稳定，又难以协调，那么，通过内部市场来稳定和调节中间产品的供需关系就显得尤为重要。企业管理能力也是极为重要的因素。因为市场交易内部化也不可避免地要付出成本。比如，由于组织规模扩大而增加管理费用和降低效率，计算和控制增加的信息以及进行通讯传递等也要增加额外的开支，只有具有先进的管理技术和组织能力的企业，才能使交易内部化的成本低于外部市场交易的成本，内部化才是有利的。这里说的内部化利益主要包括统一调节不同生产阶段的长期供求关系的收益，利用差别价格维持其在中间产品市场上的优势所取得的收益，实行内部转移价格带来的避税、转移资金、回避干预等的收益。

当企业开展国际化经营时，会遇到贸易壁垒和其他市场不完全的限制，从而可能增加外部交易成本。因此，企业不论在国内还是国外，都需要建立内部市场，以替代效率低下的外部市场。企业在国外建立内部市场，即建立自己控制的生产销售单位来取代独立的外部企业，这个过程也就是对外直接投资的过程，即跨国公司形成的过程。可见，决定企业实行市场内部化的因素也就是决定其对外直接投资的因素。通过建立内部市场，跨国公司在不同国家之间建立了自己的一体化市场空间，凭借这个得天独厚的内部市场，跨国公司可利用一体化市场空间的统一性和国家间差别性的矛盾保持优势，赢得内部化所具有的优势和所带来的利益。

2.1.6 寡占反应——防御性投资动因

寡占反应论是尼克博克(Knickerbocker)于20世纪70年代出版的《寡占反应与跨国公司》一书中提出来的。尼克博克循着与海默不同的思路解释对外直接投资的动因，他认为战后美国企业对外直接投资主要是由寡占行业的几家寡头公司进行的，而且这些投资活动大都在同一时期成批发生，美国企业这种大举对外直接投资是由寡占反应所致的。尼克博克把对外直接投资区分为两类：率先进行对外直接投资为进攻性投资，而随后跟进进行的对外直接投资为防御性投资。作为弗农的学生，尼克博克把自己的论述放在弗农的产品生命周期理论的框架之内。他认为，弗农的理论可以很好地解释进攻性投资，而他自己研究的是防御性投资，他认为防御性投资可以用寡占反应论来解释。所谓寡占反应就是在由少数几家大企业构成的行业中，由于每一企业的任何行动都会影响其他几家企业，因此任何一个大企业都对其他几家企业的行动很敏感，并针对某一企业率先采取的行动而随后纷纷采取类似的行动。

寡占反应现象的成因主要在于寡占行业中的企业尽量避免不确定性和减少风险的动机。寡头企业的主要目标是盯住本行业中的其他几个竞争对手，以保持自己的竞争地位。当某一企业率先对某个外国进行直接投资时，该企业在国内行业中的竞争地位无疑会得到加强，这样就会给国内本行业中的竞争对手造成威胁。虽然在国外直接投资会面临比国内投资更大的风险，但由于获得信息，可以减少其面临的不确定性。如果说，企业在国外的直接投资成功，其他寡占企业就会面临严峻风险，这些企业在该地的出口地位和市场份额将会下降。更为严峻的是，企业在国外投资可能获得新的竞争优势，从而使其他企业在国内与国外的竞争地位都受到威胁。在这种情况下，出于减少竞争中的不确定风险的考虑，其他企业会倾向于紧随竞争对手进行对外直接投资，以恢复与竞争对手的均衡。这样做至少不会使自己面临很大的不确定性风险，因为如果投资都失败，竞争对手之间的相对地位不会有太大的改变；如果投资都获得成功，竞争的相对地位也不会有很大变化。所以，跟进策略是寡占行业中竞争企业的一种风险最小的策略。这种策略是形成防御性投资的基本原因，企业一旦采取这种策略，就会出现一家企业率先在国外直接投资，其他企业随后纷纷效仿的局面。

防御性投资有时也产生于对某一销售市场的过分依赖，如果某个市场对一个企业来说是至关重要的，为防止贸易壁垒风险对企业形成威胁，该企业也会在该市场进行防御性投资。另外，在国内市场趋于饱和的情况下，如果某企业进一步扩张将导致与其他企业关系恶化。政府将采取反垄断措施，通过对外直接投资或兼并国外企业，寡头企业可以在发展中求生存。防御性投资的另一种解释是寻求知识，即通过对外直接投资获取某一竞争性因素的优势，如改进管理、技术、产品等，其途径就是兼并国外某一拥有这些优势的企业。此外，跟随客户也是防御性投资的一种解释。尤其在服务性行业如金融、保险、咨询、广告代理、律师事务所、会计事务所等，为防止竞争对手拉走他们的客户，便会跟随客户向国外进行直接投资。

2.1.7 国际竞争优势——跨国直接投资的动因与条件

传统的比较优势理论认为，对外直接投资应从投资国已经处于或即将处于比较劣势的产业，即边际产业(其成本高于东道国的成本)开始，并依次进行，转移到东道国后继续保持其优势。然而这一理论难以解释这种现象：许多国家的某一特定产业虽然成本较高，却具有明显优势。例如，瑞士是一个内陆国家，劳动力成本高，自然资源贫乏，也不出产可可，然而它的巧克力生产却闻名世界。美国哈佛大学教授波特(M. Porter)在1990年出版的《国际竞争优势》一书中，提出了对外直接投资的新观点：一国若要在全球竞争中战胜对手，国内需要有激烈的竞争，这样的竞争一方面促使企业发展海外直接投资，另一方面，又为企业在国际竞争中获胜创造条件。

波特认为构成国际竞争优势有4个方面的因素。①因素状况。即一个国家的基本条件，包括国家资源、教育、基础设施转化为专业优势的能力。例如，荷兰花卉业居世界首位，并不是因为荷兰的气候条件优越，而是荷兰在花卉栽培、包装、运输方面有高度专业化的研究机构。②需求状况。即一个行业的产品或服务的国内需求量，而且更重要的是国内顾客的精明程度。例如，顾客对购物的方便性及产品的实用性、可处理性和价格合适的要求使美国成为世界首屈一指的大量生产和大量销售的社会。③相关的支持性产业，即一个企业和与之相关的产业的支持。一个快速发展的产业需要一流的供应商。一个快速发展的企业需要一流的供应商，并从与自己经营领域相关的企业间的竞争中获益，这些企业与供应商形成一个有利于加速革新的行业群体，美国的硅谷就是这样一个范例。④公司战略、结构和竞争。这是决定一个国家的企业如何创立、组织管理以及开展国内竞争的条件。波特认为，日本公司间展开的激烈竞争是日本获得成功的关键。

波特的理论——国际竞争优势理论，用图2-2来表示。

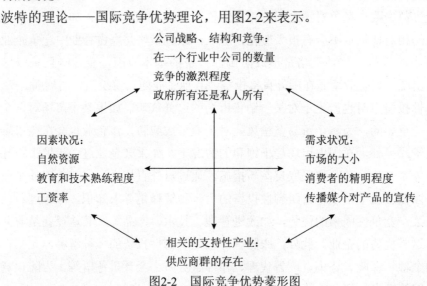

图2-2　国际竞争优势菱形图

波特指出，只具备菱形图中的一两个优势往往是不能持久的，因为竞争对手能轻而易举地战胜这一优势。例如，韩国的建筑业通过雇佣最低成本的劳动力来完成不需复杂工程技术的项目而获得迅速发展，但当劳动力成本更低的印度也进入这一行业时，韩国便处于劣势。同样只具有资源上的优势也会面临同样的问题。而发达国家的尖端行业在4方面因素上都处于优势。

2.2　现代跨国公司理论的研究方向

传统跨国公司理论的核心是经营优势分析，以解释跨国公司存在的原因和机制。20世纪80年代以来，经济全球化的进程大大加快，跨国公司的经营环境越来越呈现出动态、复杂的特征。传统理论设定企业拥有某种竞争优势，再探讨跨国经营问题的静态分析，已显现出局限性。近些年来，许多学者认为，企业已具有的跨国经营优势是其过去活动的报酬，是跨国经营的潜力，而不是跨国经营的充分条件。企业跨国经营的实质在于保持及扩展原有优势并寻求新的优势。跨国公司的竞争优势越来越源自其掌握或可以利用的资源。如何在全球经营活动中有效地获取、整合和运用这些资源，将其转化为新的竞争优势，是跨国公司全球经营活动的实质所在。基于这一思路，现代跨国公司理论的研究发展方向及内容可以归纳为以下几个方面。

2.2.1　国际战略联盟——新博弈观

博弈观是研究博弈对局中人各自所选策略的理论和方法。或者说，博弈论是研究在某种竞争中，当成果无法完全由个体掌握，而结局必须视群体共同决策而定时，个体为了取胜而应采取何种策略的一门科学。博弈方法可以应用于一切互斗情形。在博弈模型中，依据全体局中人的支付总和是否为零分为零和博弈(Zero-sum Game)与非零和博弈(Non-zero-sum Game)。对任一局势而言，如果全体局中人的支付总和为零，则是零和博弈；否则为非零和博弈。在零和博弈中，一方的所得就是另一方等量的损失。当局中人超过两个时，就会产生其中几个局中人结成联盟的问题。联盟的两个极端情况是：非零和博弈(即无联盟)与所有局中人结成联盟而使它们的总收入达到最大的博弈。

由于国际市场的不完全和规模经济的存在，市场竞争已变成少数企业的"博弈"，谁占领了市场，谁就能获得超额利润。在很长时间里，这种竞争表现为一方的所得，也意味着另一方的损失。随着跨国公司经营战略的推行，跨国公司的竞争观念发生了某种变化，它们正寻求一种非零和博弈与战略联盟。局中人合作的博弈称为结盟博弈，局中人不合作的博弈称为不结盟博弈。在结盟内，结盟的总赢得可能归集体所有，也可能还要重新分配给结盟中的各局中人。如果两个寡头企业之间达成一个协议，并各自按协议生产，就是合作博弈。它们面临的问题是如何分享合作带来的利益。合作博弈强调的是团体理性，是效率、公正和公平。而非合作博弈强调的是个人理性、个人最优决策，其结果可能是有效率的，也可能是无效率的。

"非零和博弈"与"合作博弈"给跨国公司决策者以启示。在日趋激烈的国际竞争中，大跨国公司可以根据环境的变化，采取不同的竞争战略和手段，调整自己与竞争对手的关系，判断何时与对手合作，何时与对手竞争，方能在国际竞争中立于不败之地。自20世纪80年代中期以来，跨国公司之间产生了一种新型的博弈关系，即越来越多的跨国公司建立起多种形式的战略联盟，以提高自己的竞争力或共享市场份额。

跨国公司缔结的国际性战略联盟也称为合作性安排，是一种新的国际竞争形式，指两个或两个以上的跨国公司出于对整个世界市场的预期目标和企业各自经营目标的需要，而采取的一种联合的经营方式。联合是自发的、非强制的，联合各方仍旧保持着本公司经营管理的独立性和自主的经营权，彼此之间通过达成协议结合成一个松散的联合体。这种战略联盟伙伴关系是一种既联合又竞争的关系。在协议合作的领域内，合作各方要相互协调，为共同目标而采取一致行动。但合作各方在协议之外的领域，以及在公司整体活动态势上仍保持独立性，相互间仍是竞争对手。

近年来，跨国公司间各种战略联盟急剧增多，出现界限模糊的混合型跨国公司的经营方式。这里，跨国公司可以被看做是一个由彼此套牢的准市场关系组成的联合体。许多学者从交易成本、价值链、技术创新、战略管理、网络组织以及资源依附等方面，多视角地对战略联盟进行理论探讨和诠释，见仁见智。但是，无论哪一个理论学派都强调环境变化因素在战略联盟发展中的决定性作用，承认跨国公司战略联盟的发展是跨国公司对国际经济、技术及竞争环境变化的一种战略反应，是国际总体竞争环境变化的产物。企业战略联盟作为市场化的组织(基准组织)和组织化的市场(即准市场)，既可以规避高额的市场交易费用，又可以避免完全内部化所导致的较高组织成本，战略联盟视为有效利用组织和市场双重优势的一种组织创新。

战略联盟对跨国公司理论研究产生了很大影响。现在，单就跨国公司论跨国公司、或单纯讨论跨国公司母子公司之间关系的文章已不多见，而这些文章则更多地认同企业间既竞争又合作的现实，因此，可以由此观察跨国公司自身所形成的或所参与的群体网络，并分析这些网络和群体行为。不同国家的企业及其员工之间结成全球性战略联盟或网络，这本身就使企业有一种长远的竞争优势。

跨国公司之所以倾向采取准层机制或准内部一体化的安排胜于完全的内部化，其原因则必须从战略联盟的"战略"来考虑。现代企业间的竞争很大程度上表现为对外部战略资源的争夺。而通过战略联盟的方式可以改变企业自身的弱势反面，因此其倾向于利用"非内部化"的方式来进行技术创新，特别是通过战略联盟的方式。跨国公司战略联盟的飞速发展及其联合和竞争网络的形成，正是跨国公司为适应国际竞争环境变化趋势而进行的战略调整。在当今的国际竞争中，一个公司的竞争地位已不完全取决于公司内部所拥有的能力和资源，而在相当程度上取决于世界范围内其他公司或企业所结成的战略联盟网路的广度和深度。

资源基础理论主要从联盟中组织学习的角度对国际战略联盟进行研究。Hitt(2000)的研究发现，向战略伙伴学习是企业加入战略联盟的主要动机，对于跨国公司来说，从本地战略伙伴那里进行高密度多样性的学习，有利于跨国公司获取本地知识，同时也可以巩固和提高跨国公司在当地市场的经营业绩。对于本地企业来说，向跨国公司的母国公司学习也有益于公司长期的生存和发展。还有一些战略联盟的目的是为了开发关系型资源，"学习竞赛"不是很明显。Dussauge、Garrette&Mitchell(2000)认为，在竞争者之间会出现两种战略联盟：①关系型战略联盟，这种联盟的战略伙伴之间相互提供的知识不对称；②规模性战略联盟，这种联盟的战略伙伴之间相互提供的知识很相似。Dussauge、Garrette&Mitchell(2000)的研究还发现，和规模型战略联盟相比，关系型战略联盟的战略伙伴之间的学习行为更加频繁。

2.2.2　区位和集群理论

传统理论认为区位优势独立于跨国公司所有权优势之外，被视为影响跨国公司对外直接投资的外生变量。因而，从资源学派的观点来看，区位优势既然是外生变量，则容易被竞争对手所复制和模仿，比如跨国公司进入某区域获取自然资源或低廉劳动力成本的优势，很容易被竞争对手的跟随战略所抵消。因此传统理论的区位优势不能成为跨国公司核心竞争力的来源。

然而，20世纪90年代之后，知识取代资本和一般性自然资源成为企业获取区位优势的关键要素。跨国公司对外直接投资不仅仅是对母国所有权垄断优势的转移运用或适度调整以适应当地化的需求或特殊的消费者偏好，而更倾向于获取可应用于全球的区域性知识资源和战略性资产。这些区位优势不仅仅提供了当地化的市场机会和地理优势，更重要的是为跨国公司提供了可应用于全球性战略的地方优势。尽管从地理上，区位优势对任何跨国公司是平等的，但是由于不同的跨国公司组织在知识存量和能力上的异质性，导致了它们在知识资源和战略性资产上吸收、获取、利用和整合能力上的差异。因而新型区位优势的开发与跨国公司所有权的特定优势彼此相互联系，共同成为跨国公司竞争力的优势源。库格特(Kogut)曾将跨国企业的优势分为"初始优势"和"后续优势"，初始优势是企业在母国建立的优势，后续优势是企业通过国际化经营所带来的优势。其中区位优势作为跨国公司国际化经营的后续优势之一越来越发挥着重要的作用。

伴随经济全球化的发展，跨国公司对外投资的区位选择有几大重要变化。

(1) 知识要素和战略性资产取代传统的自然资源等地理上的优势成为区位选择的主流。区位优势超越了单纯的要素禀赋、东道国政策环境等地理优势。

(2) 跨国公司国外分支机构更加根植于东道国，体现在当地价值链的深化，高层次活动的定位等，如现实中跨国公司更多专利来自于东道国的分支机构。

(3) 价值链活动属知识密集型时，跨国公司追求的区位特定资产发生变化，如经济、制度结构对投资活动更重要，而更为突出的是空间集群成为重要的区位吸引因素。

对新型空间产业集群的关注始于波特(Porter)1998年在哈佛商业评论上发表的文章。继钻石模型对区域竞争力发展做了深入研究之后，波特在此基础上又提出了集群区在提升地方生产效率、孕育新企业产生、促成区域创新网络方面所带来的勃勃生机。这一观点突破了传统国际贸易理论所认为的区域竞争优势主要集中在生产要素、资源禀赋差异以及便利交通所形成的成本优势基础之上。

集群作为吸引跨国公司进入的重要区位优势，为跨国公司提供了与地方无形知识、思想和学习交流的机会，这种战略性资产和知识根植于集群区域，但却对全球性的竞争地位产生深远的影响。因此区位优势与全球化不仅不对立，而是彼此密不可分，相互促进，即"全球化竞争区域化、区域化竞争全球化"。而跨国公司作为集群的重要参与者不仅直接促进了集群的形成，更与集群发展的动态演化过程紧密相关，除了跨国公司与集群的互动关系，还有一些其他的变量对跨国公司参与的集群具有重要的影响，如技术的复杂性程度，政府及其他外力的推动作用，集群网络关系的强度与深度，跨国公司子公司在集群中独立自主决策的能力等。不仅如此，集群作为竞争优势的知识源，对跨国公司参与的子公司或其他分支机构提出了更高的要求，例如，地方根植性提高，网络外部与内部知识流的整合与转移能力加强，集群中这些跨国公司子公司或分支机构性质的改变都对跨国公司的整体战略以及母子公司的组织结构带了深远的影响，这为具有现实意义的理论与实证研究提供了广阔的空间。

2.2.3　新子公司论

跨国公司在跨国经营的过程中，其子公司能够在跨国公司的专用资产或者核心资产的形成和发展中起到重要的作用。Birkinshaw(1996)通过研究指出，子公司自身在经营过程中形成的特有的能力和资源优势推动了子公司的成长，这一独特的优势起先并不是直接来自母公司，而主要是来源于子公司的企业家管理资源。

Birkinshaw进一步研究指出，子公司的能力和资源优势只有在全球范围内充分得到运用，而不是局限于子公司当地，这种独特的资源优势才能发挥成为跨国公司的专用资源优势。Birkinshaw的这一研究成果说明了，跨国公司如果要想在全球范围内获取新的专用资源优势，必须在全球范围内寻找这些具有专用资源的公司，通过对企业的兼并收购或者结成联盟的形式，将该企业纳入到跨国公司全球统一体系中，广泛运用和推广这种独特资源优势，使其和跨国公司原有资源优势协同和结合，产生新的资源优势。

至于对子公司的核心资源如何在跨国公司全球统一体系中转移和运用以及和跨国公司其他战略联盟资源的结合的研究，Gupta(2000)研究指出，子公司管理者促进本公司核心战略资源的对外转移在两种情况下可以成功：第一是以激励和转让相容，第二是目标企业(包括其他子公司和母公司)有对该资源的需求。由此可见，跨国公司要想顺利地在其自身的全球统一体系下推广该企业的核心资源，必须首先建立促进该种核心资源转移或者与其他核心资源相结合的激励机制。

关于对跨国公司战略性核心资源的形成和载体的研究，我们可以从三个层次来看。

(1) Athanassiou&Neigh(1999，2000)指出，母公司的高层管理代表了跨国公司最有价值、最独特和难以模仿的异质资源。跨国公司的国际化程度越高，高层管理的国际管理经验就越丰富，对于全球范围内的其他的异质性资源的配置和整合能力也就越强，从而使得跨国公司能够获得更加优秀的业绩。

(2) 在子公司层面上，跨国公司注重开发和利用那些拥有企业家型管理者的子公司的能力和资源。

(3) 在员工层面上，Bae&Lawler(2000)以及Lee&Miller(1999)的研究成果表明，对企业员工的重视将使得跨国公司取得更加良好的业绩。

2.2.4　国际创业与创新

传统的国际化理论认为企业应首先在国内经营，然后通过一系列渐进的阶段，逐步涉足国际市场。因而，国际商务通常被认为是资源丰富的大型、成熟企业主导的舞台。然而，最近十几年，随着通讯和交通技术的发展、经济全球化趋势的加强，越来越多的企业在成立之初、规模尚小，在并不具备传统跨国公司所拥有的资源和优势的情况下，就开展国际化经营，形成了国际创业的独特现象，引起了实业界和学术界强烈的兴趣与关注。

"国际创业"(International Enterpreneurship)一词最早出现在1988年Morrow的《国际创业：新的成长机遇》一文中，引起了人们对国外市场上新创企业的注意(Zahra, 2000)。McDougall(1989)通过实证研究对国内新创企业与国际新创企业进行了比较，揭示了国际新创企业的特征，为国际创业研究的学术化奠定了理论基础。在早期概念及实证的铺垫之上，Oviatt&McDougall于1994年在《国际商务研究学报》(*Journal of International Business Studies*)发表的"国际新创企业理论"一文，是国际创业理论发展的重要里程碑，这篇论文对传统的国际化阶段模型提出了挑战，并通过相关理论和案例研究来解释国际新创企业的形成机理，开创了国际创业研究的新天地。此后，国际创业研究得以迅速发展。新近的发展趋势表明，吸收创业理论的有机营养，对以优势利用(Advantage Exploitation)为核心的传统国际商务理论的"硬核"进行革命性改造，从优势开发 (Advantage Exploitation)、全球资源整合及价值创造等视角来解释企业国际化动机和行为已得到广泛的认同，并逐渐形成了国际创业的全新范式。

关于国际创业，早期的研究把其视为新创企业利用国际资源或市场实现国际化成长的方式，强调的是初创或成长阶段的企业迅速国际化的问题，其研究对象是国际新创企业即从创始就致力于国际商务活动的小企业。进而把大公司内部创业也包括在内。最新的研究通过整合各种观点，对国际创业作出了新的界定，把国际创业视为"发现、设定、评估、利用跨越国界的商机以创造未来的商品和服务"的过程。

国际创业实质上是跨越国界的新价值创造活动，对于这一新现象，当前研究的主要内容集中在以下两个方面。

(1) 国际新创企业的成因，即新创企业何以能够在创始阶段就开展国际商务活动；

(2) 跨国公司如何通过创业活动开发和维持竞争优势以产生新的经济租金。

对于以上内容，来自不同学科、不同领域的学者从不同的视角切入，衍生出多种理论观点，其中影响较大的有资源观、网络观、知识观、机会观等。

与此密切相关的是关于跨国公司中企业家的作用问题，优势分析是跨国公司研究的核心，在分析层面上，现有的跨国公司理论分析了宏观(比如宏观经济发展理论)、中观(产业组织理论、竞争性国际产业理论等)、企业(内部化理论、资源基础理论、知识观等)问题，即便对基于企业的优势分析也只是深化到物，并没有深化到人，更没有深化到企业家的层面，而企业家对企业国际化战略的影响是实实在在的。如何从企业家的角度分析企业国际化的动因、战略、进入模式选择跨国公司理论的一个新的生长点。这一问题不仅具有理论意义，而且也具有重大的现实意义。人们认识到新创企业也拥有独特的资源优势，这些资源优势能够强化并加快企业的国际扩张，其中企业家能力是国际创业资源基础的一个重点。Alvarez&Barney(2000)认为企业家能力，如灵敏与灵活的决策、创造力，独创性和远见等，在本质上都是不可模仿的独特资源——这些企业家能力成因不明，经过多少次也无法模仿。

2.2.5 公关管理——与东道国的关系

跨国公司对外直接投资过程中遇到的最大问题，是如何处理与东道国的利益关系。跨国公司与东道国之间各自追求的目标存在很大差别，具体表现在：①跨国公司追求其投资的收益和资产的增值，以及在市场中的份额和竞争地位，东道国追求的是本国经济的发展和国民收入的增长；②跨国公司要求东道国提供自由投资和自由贸易的环境，东道国则根据本国经济发展的重点制定相应的产业政策来扶持或限制外资的投向；③跨国公司追求生产的高效率和低成本，东道国则更多地考虑吸收先进技术和增加就业机会；④跨国公司为扩张规模力求兼并当地企业，东道国往往考虑保护民族工业；⑤跨国公司偏好在较发达地区投资，而东道国则希望外资投向落后地区，以达到经济发展的地区平衡；⑥跨国公司对外直接投资的目标之一是挤入当地市场并扩大市场份额，东道国主要考虑利用跨国公司的全球营销网络，达到产品外销的目标；⑦跨国公司根据全球经营的需要进行利润转移和再投资，东道国考虑更多的是维护本国的国际收支平衡。

东道国为达到自己的目标，往往通过政府管制和各种政策、法规，对跨国公司实施限制，这种限制往往给跨国公司的经营活动带来诸多困难和障碍。跨国公司为实现自己的战略目标，必须正确处理与东道国的关系，利用自身的优势，如先进的技术和管理，有效的营销网络和技巧，雄厚的资本和高素质的人才等，灵活地应对东道国的限制。

(1) 适时调整经营活动，尽量减少因东道国控制而遭受的损失。具体措施有：①将商务活动从东道国限制的领域，转向资本和利润最不易因政府控制而受损的领域，如避开公用设施和能源等基础部门，选择生产中间产品和半成品的行业；②分散公司的经营活动，在不同的国家设立同一公司组织内部的竞争机构，建立国际生产网络，通过内部贸易减少对东道国的依赖；③牢牢控制公司的研究开发能力、技术和管理诀窍、营销技巧、商标和品牌等无形资产，作为与东道国限制措施进行讨价还价的筹码；④当产品的销售市场在另一国时，跨国公司可通过保持对该市场的控制，以加强自己与东道国谈判的地位；⑤跨国公司可以通过对资产所有权和经营范围的安排，利用一国公司的资产来支持在另一国公司的借款，或通过公司内部贸易来转移价格及改变利润来源，以应对东道国对利润汇回和使用当地资金的限制。

(2) 从多方面获得对公司的支持，分散和化解东道国实施限制的压力。①与当地企业通过各种形式进行合作，使当地企业与跨国公司发生千丝万缕的联系；②通过建立合资、合作企业，与当地国民分享所有权，或有选择地出让所有权，自己仅保留对商业和技术的所有权，以所有权为纽带将公司与当地国民联结起来；③将公司所有权多国化，以增强与东道国的谈判地位；④在与东道国的双边关系中引入想输入资本的第三国，使其与东道国在引进外资和技术的优惠政策方面形成竞争局面；⑤获得母国政府的支持。

(3) 进行直接的反限制活动。①说服和动员与公司有利益关联的当地企业、社会团体或个人去游说政府改变对跨国公司的限制政策；②通过谈判迫使政府改变可能对跨国公司实施的限制措施，跨国公司谈判的筹码可以是抽回资金、技术或拒绝供应东道国短缺的资源；③针对东道国政府对外资在当地企业所占股份的限制，跨国公司可以赢利水平未达到目标为由，要求政府作出让步；④如果跨国公司在当地生产的产品主要供应出口时，可使用停止出口的手段来迫使政府改变或收回可能要采取的限制措施；⑤可以通过改变跨国公司国籍的办法来回避政府的限制，或者以拒绝进行新的投资来对东道国的限制作出直接的反应；⑥依据当地法律或母国法律，以及有关国际法、国际公约等，寻求法律保护。

在何种情况下采取何种反限制措施，主要视双方力量对比、利益的相互依赖程度、关系质量及冲突结果的利弊得失等因素来确定。当跨国公司力量强大，与东道国利益的相互依赖性和关系质量很低，在冲突结果会使公司受到很大损失的情况下，应采取不合作的态度，对东道国政府的限制予以直接反击；当公司力量较弱，与东道国利益的相互依赖性和关系质量却很低，公司受损又不大时，可对东道国政府的限制不作反应，以保持实力另谋发展；当跨国公司力量较弱，受损失程度不大，且与东道国利益的相互依赖性和关系质量正处于积极的发展时，可采取合作的态度，尽力设法适应东道国的政策；当跨国公司力量较强，公司正与东道国积极发展相互利益的依赖性和关系，与东道国的利害关系又较高时，可通过合作采取积极的行动，使跨国公司与东道国都实现各自的目标；当双方力量均衡，利益的相互依赖性和关系质量中的消极成分和积极成分相当，公司受损适中时，可选择一种折中的态度来迎合迁就政府的限制政策。在实际中，跨国公司在对待东道国的限制时，很少采用武断、对抗的措施，更多的是希望通过合作，采取一种折中的办法来解决冲突。

2.2.6　全球学习

从全球学习的角度来解释跨国公司的行为和竞争优势的来源，正是试图对公司战略和环境的正反馈机制有一个新的认识。在传统经济向网络经济转变的过程中，知识作为一种生产要素的重要性日益显现，而知识产生、更新、传递及其转变为生产力，自始至终都贯穿着学习，因此，学习成为运行在非凯恩斯经济学理论中的正反馈机制的核心部分。

认知科学认为学习是通过实践获得的对行为模式的改变，生物学上对学习的定义很广，不只限于语言材料的学习和新技艺的掌握，原有习惯的放弃也属于学习的范畴。而组织理论把学习看作运用企业相关工具与技能来加强企业适应性与竞争力的方式。这里我们讨论的全球学习，则是企业跨越国界不断调整自身以适应多元的、变化的环境的创新过程。

全球学习能力已经成为跨国公司在动态环境中赢得竞争优势的关键。这种能力包括觉察新趋势、发展创造性回应以及在全球范围内的创新扩散(Bartlett&Ghoshal，1991)。

只要我们假定市场是有效的，企业竞争优势不完全源于信息不对称或竞争对手的愚蠢，那么，这种企业经济租金的生成能力就必须从企业内部寻找答案。因为所有的有形资源都外在于企业所处的市场中，它们之所以能够给企业带来竞争优势，很可能是由于企业本身无形的专有知识，以某种独特的方式带来了有形资产价值的增加(Spender，1996)。因此，可以说，在一个"不确定"是唯一可确定之因素的经济环境中，知识无疑是企业获得持续竞争优势的源泉。只有那些持续创造新知识、将新知识传遍这个组织，并迅速开发出新技术和新产品的企业才能成功(Nonaka，1991)。不仅是企业的知识，还有企业产生知识的能力(Spender，1996)都是企业重要的资源。从这个意义上讲，动态环境中的企业必须通过持续的组织学习过程维持其知识与能力的独特性。这也就意味着，企业对学习过程的有效管理以及知识与能力的转移将直接影响跨国公司在全球范围内的竞争优势。而所有这些，都可归纳到跨国公司全球学习的范围来讨论。

从企业知识理论(The Knowledge-based Theory of the Firm)的角度看，企业的异质性源于各自拥有的知识的差异性。由于各企业所吸纳的人员的知识专业化方向和程度不同，知识结构与认知能力不同，各类人员之间相互作用的过程和持续的时间也不同，从而导致各个企业所积聚的知识和能力各有差异。更进一步地，企业特有知识和能力的这一积聚过程是与企业的演化历史紧密相关的，或者说，不同企业由于其成长、演进路径不同，会学习、积累不同的知识和能力，即这种异质性具有很强的路径依赖特征。

基于上述这种认识，由于跨国公司各个子公司之间，以及子公司与母公司之间通常在地理距离与文化距离上存在着较大差异，因而特别容易形成国别性专有知识(Country-specific Knowledge)。这种基于当地市场、管理实践与经营环境积累起来的企业知识，有助于企业提高当地承诺、减少运作不确定性及增强企业经济效率。由于这种知识产生于不同的任务与制度环境中，被认为是隐藏在跨国公司国际化扩张绩效背后的关键驱动力，又因为这种知识很难从要素市场上得到，因此，国别性专有知识成为跨国公司无形资产租金和垄断力量的一个源泉。而每一个海外子公司都是这种国别性专有知识的集合体。

2.2.7 履行全球社会责任

企业首先是一个经济实体，它要通过经营活动追求利润最大化的目标。同时，企业又是一个社会组织，它只有兼顾赖以生存的社会的利益，才能更好地实现自身的经济利益。企业这种双重身份决定了自身利益与社会利益的共存，这一规律给经营者的启示是，在开展经营活动、追求赢利目标时，别忘了肩负的社会责任。古典经济学家亚当·斯密指出，满足人类利己主义本性的最佳途径是推行经济自由，由此资本才能得到最好地利用，社会福利也才能得到最大地改善。但这种以完全自由经济为前提的企业与社会利益假定，在实际中是很少存在的。在不完全竞争和垄断的条件下，垄断企业控制着资源的分配和市场份额，企业利益的实现往往以牺牲社会利益为代价，很难谈到企业利益与社会利益的和谐统一。

然而，随着社会的发展、人类文明的进步，企业制度也发生着变化，企业家的素质也在不断提高，企业的社会责任意识也在逐渐增强。企业是由经营者、员工、股东、消费者、销售者所组成的一个联合体，企业一开始只有参加者个人的目的，并无企业目的。企业内各成员之所以能共处于一体，就是通过诱因与贡献的平衡来实现的。如股东为了高利润必须投资；员工为了工资必须工作；消费者为了获得商品必须支付货币等。所以企业要能够生存，必须使参加者在诱因和贡献之间取得平衡，实际上，也就是要满足各方面的目的，从而形成企业经营的多元化目的。企业目的的多元化决定了企业必须考虑其社会责任，那种企业可以不理会社会环境的时代已经过去了。

在一个开放的现代社会中，企业开展经营活动、赢得利润，与它的生存环境是息息相关的。社会为企业创造着自主经营的各种外部条件，如基础设施建设，保障企业合法权益的各项法律法规的制定和实施、安定的经营环境和优秀人才的培训输送等。企业除了通过正常的经营活动，为社会提供商品和服务，照章纳税外，还应给社会以更多的回报，即承担起更多的社会责任，如尊重消费者权益，提供更多就业机会，维护社会安定，保护生态环境等。企业利益与社会利益的共生共存性，决定了企业与社会之间达成一种"心理契约"，各自享有一定的权利，并承担相应的义务和责任。从社会角度看，政府通过法律、法规和政策对企业进行管理，行业协会等社会团体组织对企业实施规划和指导，新闻媒介和消费者对企业实行约束和监督。从企业本身来说，从所有者、经营管理者到每个员工，都要增强社会责任意识，树立企业生存与社会发展共生共存意识，并把这种意识贯穿于企业经营活动中，自觉地承担起社会责任。

随着对外直接投资的发展，国与国之间在经济发展上的相互依存和互补关系日益密切，也随之产生了诸多的全球性问题。如能源问题、债务问题、人口问题、落后国家和地区的发展问题、生态环境问题等，这些问题必须在超国界的层面上才能获得解决。作为国际经济重要角色的跨国公司，既应对这些问题的产生负有一定责任，又应对解决这些问题承担不可推卸的义务。越来越多的跨国公司已经意识到，在寻求全球利润最大化的过程中，承担更多的全球责任，不仅可以改善经营环境，提高公司的威望和竞争力，而且会给社会和公众留下良好的公司形象，促成公司长期利益目标的实现。

在近年跨国直接投资活动中，最能体现跨国公司全球责任意识的是与生态和环境保护有关的"绿色管理"观念。

随着20世纪80年代中期以来世界范围内的绿色消费运动的兴起，越来越多的国家和个人日益关注环境保护问题，企业家的环境管理思想也发生了很大变化。过去，人们对环保的注意力主要集中于生产过程的终端，现在企业已把环保措施向前延伸到研制、设计和原材料准备等生产过程的起点，树立起全方位、全过程的环境管理新思想。环境管理的手段也从单纯的法律、行政命令等转向强化市场取向，运用市场杠杆的作用。所谓绿色管理，就是把环境保护意识贯穿于企业经营活动全过程的管理观念和管理方法。其主要内容包括：①把环境保护作为企业决策的重要因素，制定企业的环保对策；②运用新技术、新工艺把企业有害废弃物的排放减少到最低限度；③对废旧物品回收利用；④使产品符合环境要求，争取"绿色商标"；⑤积极参与社区环保活动，树立"绿色企业"形象。

"绿色产品"来源于"绿色管理"，"绿色管理"来源于"绿色观念"，企业首先要树立"存续观"，即保持企业良好的共生环境，保护和节约资源，促使资源再生利用，以有利于企业持续性发展。这种"存续观"在企业经营活动的全过程都将得以体现。

2.3 跨国公司国际直接投资理论

2.3.1 发达国家跨国公司国际直接投资理论

1. 特有优势理论

发达国家跨国公司向发展中国家和落后国家进行国际直接投资和经营，面对的是东道国企业较弱的竞争，能够充分体现出跨国公司的垄断优势。但是，发达国家之间的国际直接投资的情况则不同，一般而言，外来投资企业相对于东道国企业而言，则处于明显的劣势。主要表现为：第一，经营环境有利于东道国企业，而不利于外来投资企业。由于历史原因，东道国企业拥有当地经济、政治、法律、文化、传统、习惯等方面丰富的知识和经验，而外来投资企业对东道国经营环境的认知是不足的。第二，市场认同方面，东道国企业优于外来投资企业。东道国企业长期的当地经营形成了市场认同，而外来投资企业则不具有这样的优势。第三，外来投资企业还会面临外汇和政治风险。在以上与东道国企业相比较的劣势条件下，外来投资企业只有拥有了特有优势才能抵消种种劣势，获得成功的对外直接投资。

理查德·E.凯夫斯(Richard E. Caves)论述了跨国企业国际直接投资的特有优势由三个部分构成。这三个部分是：①技术优势。凯夫斯认为，在母国拥有技术优势不等于在东道国就能够发挥出技术优势，在对外直接投资中，技术优势的运用受两个条件的约束：一是技术资产跨国转移时的流动资本。技术或专利的沉没成本越大，则技术优势转移的成本越大。二是技术的可模仿程度。国内外竞争者研发替代品的成本越大、技术保护越强，技术优势越可能为对外投资企业所专有，因为只有这样，才能有效保证技术优势在跨国经营企业内部具有公共品性质，而不会成为社会公共品。②管理技能优势。在发达国家，受市场规模约束，管理技能过剩，管理技能优势得不到充分发挥，管理技能的边际收益小于0，但是，在东道国投资中的管理技能优势却可以得到充分利用，管理技能的边际效益会增加，至少可以大于东道国企业。管理技能的海外延伸，还必须满足两个条件：一是要能够创造产品差异性的管理技能，二是要与特定的企业产品生产或者营销管理相关的专门技能。③多厂经营优势。当单个工厂规模超出最佳效率规模(规模经济)上限时，厂商就会增加工厂数量，获得多厂经营经济(Multi-plant Economies)。而当国内市场容量饱和，无法进一步增大国内多厂经营经济时，厂商就会对外直接投资，在更大的市场空间内实现多厂经营经济。

特有优势理论解决了母国企业垄断优势能否在东道国延伸的问题，但是，这个理论仍然是静态分析。需要进一步分析研究。

2. 竞争优势理论

波特在分析企业竞争战略和竞争优势的过程中发现，一个国家的实力和国家竞争的优势与该国是否拥有高层次竞争优势的产业和企业密切相关。后来，波特将企业竞争力概念延伸到国家竞争力的分析，提出了波特钻石模型(Porter's Diamond)的分析框架(如图2-3所示)。

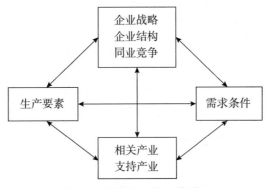

图2-3　波特的"钻石模型"

波特认为，一个国家的竞争优势是由一组决定性因素和辅助性因素决定的。一个国家的竞争优势的决定性因素可以通过上图的波特"钻石模型"揭示出来。图2-3中，4个方面的因素相互作用决定了一个国家的竞争优势。这4个方面的因素如下所述。①生产因素。包括人力资源状况、自然资源状况、知识资源状况、资本资源状况以及基础设施条件等。生产要素又有初级要素与高级要素之分，所谓初级要素是指地理条件与自然资源等。所谓高级要素，是指个人、企业和社会的投资和努力所创造的各种要素，后者对于一个国家的竞争优势更显得至关重要。②需求条件。一个国家市场需求条件对于该国的竞争优势起到关键作用。主要表现为：其一，一个国家国内产品需求巨大，有助于发展规模经济，有利于确定相关产业的国际竞争优势；其二，一个国家市场需求层次较高，能够形成改进产品质量、性能和服务的压力，有助于提升相关产业的国家竞争优势；其三，一个国家的需求如果具有超前性，服务于本国市场的本国厂商也就走在了竞争者的前面，为满足国内超前性消费的生产技术、工艺和营销策略使本国厂商具有强大的国际竞争优势。③相关产业和支持产业。任何一个产业的发展和竞争优势的确立都离不开相关产业和支持产业的发展，产业竞争优势如此，国家的竞争优势也是如此。一个国家要获得长久、持续的竞争优势，产业发展必须有相关产业和支持产业的支撑。④企业战略。企业结构和同业竞争。一个国家企业战略、企业治理结构和同业竞争环境的特点，决定了企业的经营目标、经营策略和盈利模式，影响着企业技术创新态度和管理知识，最终影响国家的竞争力。波特认为，除了上述决定因素外，还有一些辅助性因素决定或影响着一个国家的竞争优势，他们是指历史机遇(如重大发明和创新、生产要素的重大变化等)、突发事件(如自然灾害、战争等)以及政府政策(如政府财政支持等干预政策可以创造竞争优势)等。

2.3.2　发展中国家跨国企业国际直接投资理论

1. 发展中国家跨国企业国际直接投资动因

西方学者关于跨国直接投资的各种理论学说，都是以发达国家的大跨国公司为研究对象来构筑的。主流派的各种优势理论认为，大垄断企业在发展跨国直接投资以前就已具备既有的优势，这些技术上的垄断地位、创新的产品、内部化的组织管理能力等，是促使其跨国直接投资的主要动因，这些既有优势足以抵消其在东道国跨国经营的额外成本。这种分析有其合理的一面。但是，把这种优势强调到绝对的程度，或者说，不具备这些优势的企业就一定不能进行对外直接投资，这是不符合事实的。二战后，在发达国家的大企业发展对外直接投资的同时，许许多多发展中国家的企业也开始了跨国经营的实践，就是在发达国家中也有大量的中小企业走上跨国直接投资之路。这些企业开始并不具备技术上和生产上的垄断优势和条件，但经过一段时期的跨国经营实践，一些企业的优势由小到大，由弱到强。因此，推动企业跨国经营的动因——既有优势，只是相对的因素，不是绝对的，其发展变化也具有动态的特点。通过对发展中国家企业跨国直接投资实践的考察，探索他们跨国经营的动因，可以弥补西方主流派理论把研究范围局限于大跨国公司所产生的认识上的片面性及理论指导上的不适用性。发展中国家跨国公司的数量和对外直接投资额的增长速度，尤其是近年来亚太地区许多国家成为国际直接投资重要来源的现象，引起越来越多的经济学界学者的关注。发展中国家企业跨国直接投资的动因是什么？它们为什么能参与跨国竞争？参考美国哈佛大学刘易斯·威尔斯在1983年出版的《第三世界跨国企业》一书中的有关论述，发展中国家对外直接投资的动因有以下几个方面。

(1) 保护出口市场。威尔斯对十几个发展中国家进行调查，资料证明，保护出口市场是它们对外直接投资的一个非常重要的动因。由于世界贸易保护主义抬头，各国纷纷设置贸易壁垒来限制产品进口。发展中国家只有通过对外直接投资，绕开贸易壁垒，保护在国外的出口市场。实际上，发展中国家对外直接投资往往呈现这样的特点：它们先向某些国家出口产品，然后在那里投资办厂，并就地供应东道国市场。从表2-2发达国家与发展中国家在泰国投资的动因数列等级中可以看出，发达国家也很重视通过对外直接投资以保护现有出口市场。

表2-2 发达国家与发展中国家在泰国投资的动因数列等级

动　　因	发达国家企业投资动因的平均数列等级	其他发展中国家企业投资动因的平均数列等级
现有出口市场受到威胁	8	6
分散投资风险	1	7
当地收益很高	3	6
使用当地积累的资金	1	3
利用先进技术	8	1
利用劳动密集型技术	1	5
与在发展中国家的侨胞或亲戚有经济联系	1	5
出口资本设备	2	4
具有廉价劳动力的来源	3	1
向发达国家出口	2	1
发挥市场销售专长	7	1
国内市场狭小	2	6
防止发达国家在关税和配额上设置障碍	1	2

注：数列等级是根据从不重要到极重要的程度划分为1~10级。

资料来源：刘易斯·威尔斯. 第三世界跨国公司. 叶刚，杨宇光，译. 1版. 上海：上海翻译出版公司，1986：76

(2) 突破配额限制。近年来各国贸易保护主义的抬头，使发展中国家的出口贸易受到威胁。发展中国家为保持和扩大国外市场，打进发达国家市场，日益倾向于通过直接投资手段突破发达国家的进口配额限制，这实际上是对保护出口市场的延伸。同时，发展中国家企业也注重向不受配额限制的国家进行直接投资。例如，60年代初，香港纺织品出口受到英国和美国的配额限制，香港一些公司就转而向不在英美限制名单之列的新加坡进行投资，生产出纺织产品从新加坡向英美出口，从而绕过贸易壁垒。到了1965年，新加坡向英美的出口也受到限制，香港企业又转向澳门、马来西亚和泰国投资设厂。1977年欧共体开始对香港纺织品实行进口限制，香港则将工厂转移到不受限制的毛里求斯，以避开欧共体的贸易壁垒。

(3) 谋求低成本。一些工业化进程较快的发展中国家和地区的企业，在努力寻求比本国工资水平更低的劳动力，以低成本的产品参与国际竞争，大约有40%的资本投在劳动力价格比母国低的国家，劳动力成本也构成发展中国家对外直接投资的动因之一。在对菲律宾和毛里求斯34家外向型子公司的调查中发现：低成本的劳动力被列为投资的首要诱因。此外，一些对外投资投在目标市场国或第三国，也是谋求降低生产过程中的运输成本，寻求更低的成本成为促使发展中国家对外直接投资的重要因素，只有借此才能保持和加强发展中国家跨国公司的竞争优势。

(4) 种族纽带。种族纽带对发展中国家作出到其他国家参与生产活动的决策有重大影响，扩大的海外华人社区和印度人社区推动了这种业已导致投资的出口活动。实际上，分散在不同国家和地区同一种族的关联性往往导致对外直接投资。首先，海外侨胞可以帮助企业获得可靠信息，并提出投资倡议，这要比企业自己到国外调研的成本低得多。其次，发展中国家往往选择当地同一种族的人作为合伙人，如菲律宾12个合资企业中，有9个是与当地母公司股东同一种族的人合资的。再次，许多家族企业常派家族成员到国外作为公司代表，并参与公司决策。总之，东方民族尤其是华人，更多倾向于种族纽带，而拉美大多数西班牙裔家族内部因缺乏相互信任，则使这种作用减弱。

(5) 分散资产。一些发展中国家国内政局不稳定，社会动荡，一些公司为避免资产损失，常寻找机会分散资产，造成国内资本外流。这是一些发展中国家对外直接投资的一个特殊的动因。

(6) 其他动因。导致发展中国家对外直接投资还有其他一些比较特殊的动因，如母国、东道国政府或国际机构的倡议和帮助，某些企业主为亲友寻找职业，在国外为公司培训人才等，都不同程度推动着发展中国家跨国直接投资。

2. 发展中国家跨国企业国际直接投资的比较优势

发展中国家的对外直接投资发展迅猛，但发展中国家的跨国公司还不具备发达国家跨国公司的雄厚实力，在技术、尤其是高精尖技术的掌握上也不具有优势，那么，它们凭借什么去参与激烈的国际竞争呢？发展中国家在跨国公司直接投资活动中的竞争优势具体体现在三个方面。

(1) 小规模制造和密集使用劳动的制造技术优势。大多数发展中国家的国内市场小于发达国家建厂所需达到的规模经济的起点值。例如，20世纪50年代末斯里兰卡全年钢材总需求量为3.5万吨，钢材的品种繁多，当时西方发达国家轧钢厂平均年产量为100万吨左右，斯里兰卡没有考虑规模因素，与印度合资建立了一个手工操作的小型轧钢厂，满足了国内市场25%的需求，该厂不生产的品种可通过进口满足需求。为适应这种小规模市场的需要，发展中国家的跨国企业往往采用劳动密集型技术。例如，在印度尼西亚的发展中国家的跨国子公司平均每个工人使用8.5美元的资本，而发达国家子公司平均每个工人使用的资本高达16.3美元。印度小规模的制糖厂雇员人数是发达国家规模厂的3倍，但使用的资本只有后者的1/2或1/3。这种优势使发展中国家跨国公司在比其更贫穷的国家和地区的经济发展过程中起到应有的作用。

(2) 使用当地资源和生产当地需要的产品的优势。因外汇限制、东道国鼓励本国工业化政策和国外订货后发货时间长、运费高等问题，许多发展中国家的企业较多地利用东道国的技术、设备、人才和研究开发能力，使用当地原材料和零部件。这不仅降低了成本，而且保持了与东道国融洽的经济合作关系。而发达国家的跨国公司则正好相反。据威尔斯的调查，发达国家跨国公司在泰国的子公司使用当地机器设备约占全部机器设备的8%～10%，而印度和其他发展中国家子公司使用当地机器设备占其全部机器设备的比重为25%，甚至高于泰国当地企业使用当地机器设备的比重(13%)。发展中国家跨国公司生产的产品许多是适合东道国市场需要的产品，特别是符合以种族纽带联结的社区需要。

(3) 接近当地市场的优势。发展中国家跨国公司通过雇佣廉价劳动力，以较低的基本建设费用和广告费用，形成低成本优势，其价格更接近于当地的收入水平，与西方发达国家跨国公司相比，具有价格上的竞争优势，并因保持老客户、积极发展新客户的关系，维护和稳步扩展了市场份额。

除了上述三个竞争优势外，从发展中国家近年来对外直接投资的实践看，我们认为，发展中国家跨国直接投资还有三个重要的优势。

(1) 许多发展中国家已拥有或正在拥有对外直接投资所必需的经济基础。从当前看，跨国直接投资发展较快的发展中国家有三类：一是近年经济发展迅速的新兴工业国家和地区，如亚洲四小龙；二是国内市场广阔、人口众多、工业化发展达到一定水平的发展中大国，如巴西、阿根廷等；三是拥有庞大石油外汇储备的石油输出国。1975年发展中国家和地区有21家企业被《幸福》杂志列入美国之外的最大500家工业企业之列，1979年这个数字上升到34家，1986年则增加到37家。这些国家经济的迅速崛起和大企业集团、大财团的发展为对外直接投资奠定了坚实的经济基础。

(2) 国家的大力扶持。西方学者在研究跨国公司问题时，往往将企业与所在国家之间的利益联系忽略不计，以企业不受国家任何直接干预为前提。这在一些实行自由企业制度的发达国家可能是恰当的，但对一些发展中国家的国有企业则是不恰当的。国有企业是这些发展中国家对外直接投资的主体力量，国有企业跨国投资不仅关系企业自身利益，也关系国家整体利益。跨国直接投资通常是这些国家实行特定经济发展战略的重要手段。据联合国有关资料显示，1983年发展中国家580家跨国公司中，国有企业和混合制企业占35.3%。发展中国家政府从国家利益出发，必然会大力支持本国企业跨国直接投资。一些新兴发展中国家实行的出口导向发展战略支持企业寻找新的国外生产和销售市场，这些国家货币的升值和相当规模的外汇储备，为企业寻找新的国际投资场所提供了可能和条件。从企业角度分析，发展中国家的许多企业并不具备独占性的技术优势，为了能从某些国家和地区吸取包括技术在内的多种优势，重要的是发现国外的区位优势，特别是利用和转移这些区位优势的内部化能力的获得，国家集中部分资源，对这些企业的跨国直接投资活动给予支持和援助，往往会促成这些企业在不具备所有权优势条件下的跨国直接投资活动。

(3) 在吸引外资过程中积累了经验，培养了人才。外国资本和技术的流入对发展中国家对外直接投资有着十分重要的影响。在吸收外资、引进技术的过程中，发展中国家不仅获得了资金，掌握了先进技术，而且通过合资办厂，锻炼了一大批懂得跨国经营管理知识、掌握跨国公司管理和国际市场营销诀窍、熟悉国际营销网络的人才。这种吸引外资所引起的效应，已转化为发展中国家迅速走向对外直接投资、参与国际竞争的优势因素。

本章思考题

1. 传统跨国公司理论包括哪些？
2. 垄断优势理论的基本要义是什么？
3. 寡占反应的成因是什么？
4. 决定市场内部化的主要因素是什么？
5. 解释波特的"钻石模型"。
6. 发展中国家跨国直接投资的动因包括哪些方面？

●案例●

由"中国最大"奔向"世界最大"
——双汇加快国际化步伐

双汇的发展目标是由"中国最大"变为"世界最大"。自去年5月斥资71亿美元收购全球最大的生猪及猪肉生产商美国史密斯菲尔德之后，双汇的国际化道路越走越快。

近日，双汇国际又联手墨西哥最大肉类供应商Sigma竞购西班牙肉制品巨头Campofrio，按照双方的协议，交易完成后双汇国际将间接持有Campofrio食品37%的股权。

此前，双汇集团董事长万隆在2013央视财经论坛上透露："重组后的双汇国际拥有的上市公司(双汇发展)市值近千亿，拥有全球最大的美国史密斯菲尔德公司，还拥有欧洲最大肉制品企业Campofrio近37%的股份，双汇现已经遍布欧、亚、美洲的十多个国家。今年双汇销售收入将由480亿元达到1300亿元。"

在中国大地，提到肉制品，就不得不提"双汇"。的确，无论是在计划经济时代，还是在进入了市场经济之后，双汇无疑都是中国肉制品行业的一个"标杆"。从出售分割肉到加工火腿肠；从"一把刀杀猪、一杆秤卖肉"的热鲜肉到冷冻肉再到冷鲜肉；从高温肉制品到低温肉制品，双汇一步步引领着中国肉类产业从稚嫩走向成熟。

截至2010年末，双汇总资产已经超过200多亿元，在中国企业500强排名中，位列第160位，品牌资产价值196.52亿元，成为中国最大的肉类加工基地。虽然随后的"3·15事件"一度为双汇的发展蒙上了一层阴影。但也正是这坚定了万隆带领双汇人"做大做强"双汇的决心。

2012年，双汇迎来自身发展的又一重大历史时刻——资产重组，并于同年完成资产交割。"重组完成之后的双汇，产品结构改善明显，主做饲料、养殖、屠宰、肉制品等相关产业，对其做大做强主业奠定了坚实的基础。"行业分析人士表示。

此时，对于双汇集团的掌门人——万隆而言，资产重组的完成只是万里长征的第一步，他的目标是将双汇由"中国最大"变为"世界最大"，收购美国史密斯菲尔德就是其中至关重要的一步。

对于这桩"蛇吞象"的交易，行业人士曾一度不看好，而实践最终证明，双汇做到了，而且完成得"相当漂亮"。"我认为这是水到渠成的事，这也是双汇几十年来专注在肉业领域精心耕耘的结果，双方的合作使得双汇国际化战略向前迈进了一大步。"万隆表示，今年双汇的销售收入将由480亿元增长到1300亿元。

目前，虽然联手Sigma对Campofrio的收购尚未完成，但双汇国际化扩张提速已成不争的事实。"从双汇近期的一系列动作来看，双汇的国际化扩张有加速的迹象。"行业人士表示。

20世纪50年代，双汇还是一家资不抵债濒临破产的国营小厂，而现如今已成为销售额破千亿元的中国肉业巨头，这千亿创富的背后，又有哪些不为人知的故事呢？

可以说，双汇的快速发展与其董事长万隆有着密不可分的关系。万隆所信奉的价值观是"一生只做一件事"。"平时没什么爱好，不抽烟不喝酒，一心一意的就想着怎么把猪杀好。"身边熟悉万隆的人这样评价。

在万隆的办公室中，你很难像在其他企业董事长办公室中看到有一排排的书柜，取而代之的是一溜排开的各种材质的猪造型工艺品。在双汇员工眼中，没有一个人比这个学历不高的老人更加懂得如何掌控双汇。

"双汇在国内有18条屠宰生产线，滚肉机是美国的，灌肠机是日本的，每天屠宰5万多头猪，我坐在办公室就能看到肉卖出去没有，装车走到哪了。"谈到双汇，万隆如数家珍。三十多年来，万隆几乎每年都要出国考察几番，从技术到市场再到管理，很难想象一个七十多岁的老人能够像这样不辞辛劳地奔波。

正是在万隆的带领下，双汇在连续27年的时间里，历经各个经济周期，始终平稳，一直在成长，这在中国不得不说是一种奇迹，而这一切都源自于双汇的"专注"。

资料来源：王娅莉. 双汇加快国际化步伐[N]. 中国质量报，2014(7).

案例分析

1. 结合双汇全球化战略的实施，分析跨国公司直接投资的动因。

2. 基于双汇走出去的实践，分析中国企业跨国直接投资需要借鉴和完善的地方。

第3章 跨国公司经营环境

3.1 国际环境

跨国公司面临的国际环境涉及多方面复杂的因素，包括国际法律环境、国际金融环境、国际经济组织等，本节介绍与跨国公司密切相关的国际经济组织。

国际组织有三种类型：①论坛型。即国际组织基本上是讨论共同问题和机会的机构，通常没有独立执行决议或代表成员国利益执行决议的权威性。但十分有价值的是，这类组织可使成员国聚集在一起，讨论并经常解决一些主要的问题。如联合国的一般会议和安全委员会、世界贸易组织(WTO)、石油输出国组织(OPEC)、国际清算银行(BIS)、经济合作与发展组织(OECD)。②独立权威机构型。即独立的、多国的权威管理机关，以完成单个国家无法完成的职能，如国际货币基金组织(IMF)、世界银行、泛美开发银行、亚洲开发银行、非洲开发银行以及联合国的职能机构等。③多国联合型。即统合成员国部分政治和经济活动的组织，如欧盟、北美自由贸易协定、欧洲货币体系等。世界贸易组织、国际货币基金组织、世界银行是当今世界最重要的经济组织，此外，世界各地区经济一体化及其各种组织也对跨国公司的经营产生十分重要的影响。

3.1.1 世界贸易组织

世界贸易组织是一个以市场经济体制为前提，以多边贸易规则为基础并以乌拉圭回合达成的各项协定和协议为法律框架的具有法人地位的国际性经济组织。该组织已有成员160个，对其成员国家和地区具有严格的法律约束力：定期审认贸易政策，对各成员国家和地区的贸易体制和政策进行监督；解决争端，保证多边贸易规则的遵守和执行。世界贸易组织的建立标志着多边体制下全球管理贸易新时期的开始。与此同时，在区域经济合作中，各国的关税水平将逐步接近，非关税壁垒将逐步取消。

3.1.2 国际货币基金组织

国际货币基金组织是根据《布雷顿森林协定》建立的一个永久性的国际货币机构。该组织的宗旨是：促进国际货币合作；发展国际贸易；促进汇率稳定，防止竞争性的外汇贬值；建立多边支付制度，取消外汇管制；对会员国融资，调节临时性国际收支不平衡问题；缓解国际收支不平衡。国际货币基金组织拥有一百八十多个会员国。会员国必须认缴份额，其中25%是黄金，75%为本国货币。份额大小以每个国家的相对经济实力及其在世界贸易和金融中的重要性为依据。国际货币基金组织的主要业务活动是对会员国的汇率政策进行监督，与会员国就经济、金融形势进行磋商和协调，向会员国提供各种贷款以及培训和咨询服务。

3.1.3　世界银行

世界银行(也称国际复兴开发银行)根据1944年《布雷顿森林协议》，于1945年12月27日成立，次年6月25日开业。1947年成为联合国专门机构，总部设在华盛顿。世界银行为各国政府的项目贷款，资助它们兴建某些建设周期长、利润率偏低但又为该国经济和社会发展所必需的建设项目。若向私营企业贷款，须由政府担保，称为"硬贷款"。除贷款以外，世界银行还向成员国提供技术援助和人员培训，帮助会员国制定社会经济发展计划，并为会员国在经济发展过程中遇到的某些特殊问题提供解决方案。世界银行的资金来源主要是世界的资本市场，通常以发行债券方式从资本市场筹措资金。会员国缴纳的股款只占该行所需资金的一小部分。股本，特别是待交股本作为该行向市场举债时的保证。中国是创始国之一。

3.1.4　经济一体化及其组织

第二次世界大战以后，地区性一体化或联合已成为重要趋势。这些经济一体化组织在不同程度上对内实行开放和互惠，对外实行区域保护主义。经济一体化的基本形式包括自由贸易区、关税同盟、共同市场、完全的经济政治同盟。

(1) 自由贸易区又称自由贸易联盟，指两个或两个以上国家签署协定或协议成立的自由贸易区域联盟。在区域或联盟内，成员国的商品免税通行，但每个成员国保留对其他非成员国的关税壁垒。其宗旨是促使成员国消除相互间关税壁垒，在区内实行商品自由贸易，从而产生一个大的自由贸易市场。《北美自由贸易协定》在1994年1月1日生效以后，根据协定，美国、加拿大和墨西哥三个经济发展程度不同的国家在15年内将互相取消全部贸易关税，但各国仍保留各自对自由贸易区外非成员国的进口关税，同时三国缩小投资限制、开放能源市场、扩大服务业范围、设立仲裁机构等。其他的自由贸易区还有：拉丁美洲自由贸易联盟、加勒比自由贸易联盟、东南亚国家联盟等。自由贸易区的经济合作程度较低，因此西方经济学家把它列为国际经济合作的低级阶段。

(2) 关税同盟。关税同盟的经济合作程度高于自由贸易区。成员国之间不仅消除了所有贸易壁垒，而且对其他非成员国设置了共同的贸易壁垒。最著名的关税同盟是欧洲经济共同体。拉丁美洲等国组成的"安第斯条约组织"，也属关税同盟。

(3) 共同市场。共同市场是经济一体化的较高阶段。在这一阶段，共同市场内成员国之间不但要执行关税同盟的主要内容，而且要开通内部市场，使各种要素自由流动。这样，资本、技术和劳动在共同市场区域内自由转移，没有任何障碍。欧洲经济共同体，旨在消除成员国之间自由贸易的所有障碍，建立统一关税，实行统一对外的工商政策，目标是建立单一的货币和中央银行，并逐步走向共同市场。在很长一段时期内，生产要素在共同体内的自由流动仍然会遇到强大的阻力，因此，为取得真正的共同的市场地位，欧共体的形成与发展经历了一个较长的过程。现在的欧盟基本达到了这一目标。

(4) 完全的经济政治同盟。它是一体化的高级阶段。在这个阶段，成员国不仅要求商品和生产要素的自由流动，而且要求货币、财政政策的协调和一致；不仅要求在经济上，而且要求在政治上放弃各自主权，结成同盟。虽然西方经济学家认为这是一体化的理想目标，但实际上却难以达到。现在的欧盟正在朝完全的经济政治同盟这一目标努力。

如同任何变动一样，经济一体化以不同方式影响着不同的跨国公司。例如，对那些在关税大墙后面享有特权和高额利润的企业来说，显然不希望消除关税壁垒。一般来说，与进口竞争的企业都反对一体化，但是，有的企业则把消除贸易壁垒看作扩大市场的极好机会，他们认为经济一体化给它们带来了机会和运气。对传统的出口企业来说，一旦这个市场归属某个经济同盟，由于市场范围扩大，利润增加，新的同盟将更具吸引力。当然，来自同盟成员国之外的跨国公司，仍然要遭受贸易管制；来自同盟内的竞争企业由于可享受消除贸易壁垒后的种种优惠，增强了竞争力。其结果是来自一体化集团国家之外的跨国公司可能会失去传统的市场。所以，经济一体化可能成为吸引外国投资的一种诱发因素。

3.2 东道国环境

3.2.1 经济环境

经济因素包括一个国家的生产力发展状况、居民物质生活水平、产业的构成及发展趋势、科技发展水平，以及经济增长的稳定性等。经济因素是直接影响企业在该国从事生产经营活动的基本的、具有决定意义的条件。

1. 国民产出

国民产出是指一个国家在一定时期内生产的所有物品和劳务的总和。它反映了该国的生产水平和综合经济实力，也在一定程度上反映了市场的潜力。衡量国民产出的经济变量有多个，如国民生产总值、国内生产总值、国民生产净值等，其中最具有代表性的是国民生产总值。

国民生产总值只能衡量经济规模或市场规模的大小，判断一个国家是否有好的投资机遇和发展前景，还要看国民产出的增长速度，即经济增长速度。一国的经济增长速度可以反映一国经济运行状况和经济活力。近十年，世界上经济增长最快的地区是亚洲，经济增长最慢的地区是非洲。传统上，在世界经济中占支配地位的美国、日本、德国、法国、意大利、英国和加拿大等国，但它们正面临经济增长速度更快的中国、巴西和印度等发展中国家的挑战。从长期看，各国经济实力的对比和有限生产资源在各国之间的分配，在很大程度上决定了各国经济增长速度的快慢。当然，一国的经济增长应控制在一个适度范围内，过高或过低的经济增长都是不正常的。过高的经济增长会导致泡沫经济，不会持续太久；过低的经济增长会造成经济萎缩和大量失业引起的社会问题。对投资者来说，经营风险很大一部分来自经济增长的不稳定性。因此，经济增长速度及其稳定性是企业跨国经营必须考虑的因素。

2. 收入水平与消费水平

一国收入水平是决定该国消费需求的基本因素，收入水平越高，居民的购买能力就越强，因而市场需求的潜力就越大。许多消费品，只有当居民收入达到一定水平时才会产生市场需求。对跨国公司来说，分析目标国家的收入水平，可以为重要决策提供依据，如进入目标国家的时机、目标国家市场的细分、跨国经营的产品类型。

3. 价格水平及其变动

价格水平指经济中各种商品价格的平均数，它通常用具有重要影响的某些大类商品价格的指数来衡量。一国价格水平的高低直接影响该国居民的实际收入水平和购买能力，也影响着该国与其他国家相比的竞争优势。价格水平较低的国家，生产要素价格较低，对以降低产品成本为目标的跨国公司来说，具有较大吸引力。

然而，跨国公司更关心的往往不是价格水平本身，而是价格水平的变化。因为影响一国居民生活水平和汇率变化的更主要的是价格水平变动时发生的经济调整过程，包括通货膨胀过程和通货紧缩过程。通货膨胀，既降低货币购买力，又可能导致货币贬值。这些变化都会对跨国经营活动产生不利的影响。因此，跨国公司在进入目标国家的市场之前，必须详细了解和分析该国价格水平及其变化情况。

4. 产业的发展及其特征

对跨国公司来说，影响跨国经营决策的产业因素可分为两大类：一是宏观层次的产业因素，即国民经济中的产业构成、产业之间的相互衔接关系、政府的产业结构政策等；二是微观层次的产业因素，即单个行业的结构特征、绩效水平和行业内企业之间的竞争关系。

因不同国家的经济发展水平和自然条件等因素存在的差异，使得构成国民经济的产业体系、产业特征和产业之间的相互衔接关系往往不同。经济发达国家，如美国、日本、德国，资本密集型产业和技术密集型产业在经济中占有重要地位；许多发展中国家，农业和初级加工工业才是经济中的支柱产业。在一个国家内，不同产业的区域分布也不相同。这些因素都直接影响着跨国经营的资金流向和投资地点的选择。

跨国公司在东道国所要进入的行业的有关信息，对制定跨国经营决策更为重要。首先，要了解行业的结构特征，包括同类产品生产企业的数量和规模分布、行业市场中卖方和买方的集中程度、产品差异、市场需求增长率、行业进入障碍、替代品和补充品情况、生产能力利用率、生产企业的纵向一体化程度和典型生产企业的成本结构。其次，要了解行业中企业之间的竞争关系和竞争行为，包括主要竞争对手的产品定价、产量、市场营销战略、新产品开发、购并活动、内部成本控制和组织效率。第三，要了解行业的绩效，包括技术进步、正常利润水平和经济规模。

5. 经济发展阶段

一个国家的经济发展水平、基础设施的完善程度和居民购买能力与该国的经济发展阶段有关。美国经济学家罗斯托认为一国经济发展大体上可经历5个阶段。

第一阶段是传统社会阶段，主要特征是经济活动以开发生产资源为主，缺乏现代科学技术，工业化所需的基本设施尚不存在，劳动者素质较差。

第二阶段是起飞前夕的过渡阶段，现代科学技术和方法开始应用，各种基础设施开始建立，劳动者素质有所提高。

第三阶段是起飞阶段，国民经济以较快速度稳定增长，各产业生产手段趋于现代化，基础设施大规模建设，居民的收入水平和消费水平迅速提高。

第四阶段是趋向成熟阶段，经济持续增长体现在经济活动的各个方面，科学技术更加先进和现代化，企业以及整个国家开始大规模参与国际市场的竞争。

第五阶段是高消费阶段，改善和提高居民生活质量是社会的重点，因而第三产业发展迅速，服务网络发达，公共设施和社会福利制度日趋完善。

经济发展的不同阶段，提供给跨国公司的投资机遇以及跨国经营成功的可能性是不同的。

3.2.2　政治环境

任何国家的政治体制的设计，其终极目的都是将社会各种利益集团和阶层整合到可以使国家和政府有效运作的管理系统之中。影响国家政治体制设计的因素除了社会利益集团和社会之间的互动关系之外，还包括许多其他变量，如人口规模、种族构成、经济状况、自然资源、地理位置、教育水平、文化传统、宗教信仰等。在经济全球化的过程中，一个国家的政治体制及政治稳定性是影响外国投资者对这个国家投资意愿的直接决定因素。

尽管人们总希望政治与民间经济活动相脱离，但现实生活及当前世界政治格局表明，无论在发达国家，还是在发展中国家，政府的力量自始至终都是左右国内与国际经济活动的另一只"看不见的手"。虽然全球化进程正在弱化传统主权国家的"经济边界",但主权国家的"政治边界"仍然泾渭分明。国家之间的政治关系、国家内部不同政治势力及利益集团的兴衰更替,仍是影响其国内公司和跨国公司经营活动的重要因素。

对于国际经营管理者来说,了解不同国家的政府类型及政治势力,熟知国外政府运作的程序,清楚在跨国经营过程中可能遇到的各种政治风险的种类,并采取有效的措施与对策,将跨国经营中所面临的政治风险可能对公司利益造成的危害降至最低点,是成功地从事国际经营活动的重要内容之一。

3.2.3 法律和法规环境

1.世界主要法律体系及国际法系的基本原则

一个国家的法律系统反映着这个国家的政治架构、经济体制的特征,也受这个国家的宗教信仰与社会习俗等文化因素的影响。世界上各法律系统所具有的普遍特征是:第一,维护社会秩序;第二,提供社会管理的基本模式;第三,建立财产和其他权利的性质;第四,制定强制性的规则。目前,除了中国具有自己独特的法律体系之外,世界上存在着三种主要的法律体系,它们分别是:伊斯兰法、判例法和成文法(或称"大陆法")。

(1) 伊斯兰法。该法律体系是伊斯兰国家的学者从《可兰经》和穆罕默德先知教诲中获得的启示而被整理成文字的内容,还有一些伊斯兰国家法学界所达成的共识。目前,在全球56个伊斯兰国家中有27个伊斯兰国家实行伊斯兰法。这种法律体系掺杂了许多伊斯兰宗教戒律,法院对案例的判决明显具有保护其宗教信仰的色彩。近年来,由于经济全球化发展进程对伊斯兰国家的影响,一些传统的伊斯兰国家也正试图使一些商业法规符合国际社会的一般标准。但伊斯兰法律体系实际上是一种道德戒律,而不是严格意义上的法律规范。例如,绝大多数伊斯兰国家法律禁止投资经营酿酒业或烟草业。根据伊斯兰法律,银行不能收取利息或从利息中获利,因为在伊斯兰教义中,利息与高利贷是同义的。

(2) 判例法。它的体系起源于英国,其主要流行于美国、加拿大、英国及英联邦其他国家,如澳大利亚、新西兰、印度、肯尼亚、南非、津巴布韦等。目前全球有26个国家实施这种法律体系。该法律体系的特点是,法院依据司法惯例、以前对类似案例的判决和普遍习俗及法官对良好公共政策的看法对案例进行判决。

(3) 成文法。它的体系起源于古罗马法。目前世界上有七十多个国家使用这种法律体系,其中包括法国、西班牙、意大利、德国、日本和绝大多数拉丁美洲国家。这种法律体系的特点是,法院依据各种时期编纂在一起的一些非常详尽的法律典籍与条文,对案件进行判决。

对于国际管理活动来说,不仅一个国家的国内法律会对其产生影响,而且目前所存在的诸多的国际法也同样会直接影响公司的经营活动。国际法大多数是由一些参加国所签署的各种国际性协议和条约构成的。有些国际性协议与条约是要求各国普遍遵守的，如《维也纳外交保护公约》等，有些则是多边和双边的条约与协议，如《日内瓦人权公约》等。国际法主要规范的是主权国家之间的关系，它实际上是以国际政治关系与格局为基础，以国际普遍通行的惯例为依据的。同时，也存在一些对国际商务活动具有约束力的国际法，如《联合国国际货物销售合同公约》《保护工业产权巴黎公约》等。

在国际法体系中体现的一些基本的法律原则，是需要从事国际经营活动的管理者熟悉与掌握的。这些基本原则包括以下一些内容。

(1) 主权原则。从司法实践的角度来看，国家主权原则的实际含义是，每个主权独立的国家都有权制定自己的司法体系，而在一个国家内实施的司法系统，不能被自动地用于另一个主权独立的国家。例如，中国的法律规定男女同工同酬，但如果中国公司在某个伊斯兰国家从事经营活动，它就不能将中国的这种法律规定直接引入那个国家。根据国际法的实践，主权原则高于其他国际法原则。

(2) 国籍原则。其内容是，每个主权国家都具有对其公民的裁判权，而无论其公民住在哪里。

(3) 地域原则。其内容是，每个主权国家都具有在它的司法管辖领域内进行裁判的权力。

(4) 保护原则。其内容是，每个主权国家都具有对危害其国家安全的行为进行裁判的权力，而不管这种危害行为发生在何处。

(5) 礼仪信条。从严格意义上说，礼仪信条并不属于国际法的内容，但由于人们将其视为一种对法律、组织和政府的相互尊重的习惯，故在国际法范围内，人们仍然常常引用它。礼仪信条的内容是，各国政府必须尊重一个主权国家根据其法律与宪法对自己的公民所进行的审判。

2. 东道国法律内容

1) 反垄断法

反垄断法是政府制定的一种维护市场竞争、限制企业或个人垄断和操纵市场行为的法律。目前，世界上多数经济发达国家都制定了反垄断法，一些发展中国家也制定了有关法律。各国反垄断法的实施对企业的跨国经营产生了较大影响。

首先，反垄断法的监察对象主要是在市场中占有较大份额的大型企业。这些企业在国内的进一步发展受到限制，往往要走跨国经营的道路。其他国家的反垄断机构也很自然地把这类跨国经营的大型公司列为主要监控对象。

其次，各国反垄断法的内容和具体实施有很大差别，给跨国公司的管理人员适应不同法律环境增加了难度。例如，美国的反垄断法规定了不同行业中企业能够占有的市场份额，而欧洲一些国家的反垄断法则允许企业占有大量市场份额，却在其他方面加以限制。

最后，企业跨国收购与兼并在许多国家受到有关法律的严格限制。

2) 工业产权保护

工业产权是一种无形的财产权，包括专利权、商标权、版权和商业秘密等。工业产权的所有者有权把它出售或转让给他人使用，从中取得利益和报酬。

工业产权往往是企业以巨额资金为代价获得的。然而，在跨国经营环境中，不同国家对工业产权所有者的保护或对工业产权受益人的判断标准是不一样的。这使得一些国家的投机商人利用模仿或假冒专利产品的生产与销售牟取暴利。为了保护专利权，许多国家签署了旨在相互承认和保护工业产权的国际公约。任何签署公约的国家的公司，只要在其中一个成员国申请登记了某种商标或技术专利，便可得到其他成员国在一定时期内的承认。

3) 关于外商投资的法律规定

为了保护本国民族工业的发展，各国政府对外商投资均有不同程度的法律限制。这些法律限制主要体现在外汇管理、行业保护、税收和贸易保护等措施上。

3.2.4 社会、文化与自然环境

1. 社会环境

(1) 人口状况。有关人口状况需要考虑的指标有：①人口总数。一个国家的人口基数是衡量一国潜在市场规模的基本指标，又是衡量劳动力资源优势的基本指标。中国人口众多是近年来吸引跨国公司投资的主要因素之一。②人口增长率。人口增长率表明该国的市场潜力，即人口增长率越高，市场的需求将会得到保持或扩大。但是，当人口增长率超过国内生产总值增长率时，则会因该国人均收入减少而使市场缩小。③人口结构。研究人口结构主要是从年龄结构和性别结构两方面考虑。人口年龄结构会对现在和将来人们所需要的产品类型产生影响。人口年龄结构也会影响企业劳动力市场。在老龄化社会，企业要考虑如何调动职工积极性；而在年轻人比较多的国家，企业可以雇用较多的年轻人。④人口分布。东道国的人口聚集情况也是跨国公司投资与经营必须考虑的因素。人口的城市密集化给从事国际业务的经理提供了机会，使他们能把精力集中在地理位置密集的消费者身上。除了城市人口的密集化之外，还要考虑城市的发展速度。高速增长的城市带动了对基础产业产品和劳务的需求量的增长，也影响着城市提供劳动力的能力。

(2) 家庭组织。跨国公司主要从两个角度研究家庭：一是家庭的规模。近年来家庭规模的总趋势是向小型化发展，这样，许多以家庭为消费单位的生活用品的消费结构便随之发生变化。二是亲属关系。在东南亚地区，如印度尼西亚、菲律宾、新加坡、泰国、马来西亚，许多家族在银行、金融和贸易上控制了极为重要的份额；在一些发达国家，如意大利、法国和美国，家庭企业也不罕见。

(3) 社会阶层。社会阶层是社会中根据某些分类标准(如收入水平、受教育程度等)按层次排列、比较同质并相对稳定的群体。每一阶层中的成员具有类似的价值观、兴趣和行为,不同社会阶层的存在,影响着跨国公司的生产经营活动,包括产品类型、市场细分、品牌偏好、价格策略、销售渠道、新闻媒体等方面。

2. 文化环境

在特定的社会中,人们都抱有许多持久不变的核心信仰和价值观,它们由双亲传给子女,并由社会中主要机构如学校、教会、企业和政府等给予强化。与此相应的是:在特定社会中,人们还抱有一些较易改变的次级信仰和价值观,虽然核心信仰和价值观相当持久,但次级信仰和价值观的变动时有发生。在特定的社会中总是包括较小的群体,他们因其共有的生活经验和环境而拥有相似的信仰和价值观念,这被称为亚文化。亚文化可分为4种类型:民族亚文化、宗教亚文化、种族亚文化和地理亚文化。

文化环境对跨国公司的生产经营活动亦有重大影响。只有考虑到文化环境,才能解释为什么在经济环境、政治环境、法律环境、社会环境大体相似的两个国家,跨国公司的生产经营活动往往存在较大差异。

3. 自然环境

一个国家的自然环境是指自然界的实际情况与潜在状态以及土地面积、地形和气候等。世界各国的气候差别很大,而一国的海拔高度、温度和湿度变化以及地理因素等,都可能影响产品和设备的使用性能与运输成本,甚至还会影响经济、贸易和交通的发展。有些国家被分割为极不相同的人口居住区,从而形成具有明显差异的市场。

自然资源的分布、质量和可供利用的程度,影响着世界经济发展和贸易的格局。世界各国自然资源的分布是极不平衡的,这是国与国之间产生贸易往来的一个重要原因,某些重要资源供求关系的变化会给不同行业的企业发展带来机会或威胁。

各国对环境保护的要求对企业经营也有着极大的影响,跨国公司生产经营中一定要保护好地区的环境,开发环保产品,完善自己的社会责任。

3.2.5 技术环境

技术环境是指一国的科学技术水平及其应用程度,通常反映所在国家整体的科技发展现状、科技结构、科技普及程度、科技人员素质,还包括企业准备进入领域的科技水平、工业技术基础的水平、产业结构的现代化水平,以及与企业经营相关的原材料、制造工艺、能源、技术装备等相关的科技发展动向等多方面。

技术环境对跨国公司的重要性应该受到高度重视。托夫勒用"未来的震荡"来形容技术变化所引起的巨大冲击。几个世纪以来,特别是在过去短短的数十年间,技术创新一日千里。电脑、激光、彩电、核电、人体器官移植、人造心脏等技术革新不断涌现，有些技术发展比原先的发明更令人叹为观止。技术变化给跨国公司带来了机会，又造成了威胁。跨国公司寻找和利用新的技术，以满足新的需要，是为机会；新技术出现使企业原有产品变得陈旧，同时也改变了旧的价值观，如果处理不当，跨国公司就会丧失竞争能力，是为威胁。

1. 跨国公司在技术分析中应该注意的因素

跨国公司对技术环境的分析应包括东道国与母国的技术基础、发展水平、技术法规、技术特点等。

(1) 基础性技术变革及趋势。跨国公司必须清楚地意识到母国与东道国，尤其是东道国，存在的任何可能影响跨国公司的新技术或能给某些产业带来革新的基础性技术变革。这些技术变革意味新材料的出现以及产品、工业和生产效率的改善。某些新的技术突破可能对许多产业都有重大影响。诸如激光、计算机集成电路、基因工程、机器人等。基础性技术变革及其发展趋势也应作为跨国公司调整经营战略和设计未来发展方向的重要参考。

(2) 技术研究状况。技术研究分为基础技术研究与应用技术研究。大部分企业没有足够的能力和资源进行基础技术研究。推动基础技术进步的通常是政府、重要的研究中心、高等院校以及创新能力极强的跨国公司。跨国公司应该研究所在国的技术研究状况，如政府鼓励开发的技术类型、科研机构和高等院校的研究水平和潜力、国家的研发基础设施和技术人力资源等。

(3) 技术变革的速度。当今社会，技术变革的速度有加快的趋势，这要根据不同行业区别分析。有的行业(如电信和计算机)的生产技术变化速度很快，而有的行业(如消费品)的生产技术变化相对缓慢。跟上技术变化的步伐对跨国公司保持竞争优势十分关键。因此，跨国公司需要有专门的研发部门，目的是紧跟市场技术变化动态，在基础性技术的基础上发展应用技术，并不断为跨国公司开发新产品和新工艺。

(4) 相关技术法规。跨国公司还需要了解母国和东道国的技术法规。一般而言，包括相关的技术法规及技术开发与研究、技术引进与输出、技术成果的保护等。这些法规对创造良好的技术创新与传播环境很重要。

(5) 企业自身、竞争对手、供应厂商的技术能力和特点。跨国公司应该了解企业自身、竞争对手、供应厂商的技术能力和特点，如企业具备什么样的生产技术和条件、生产效率如何、该行业出现了什么新的制造程序、竞争者推出了哪些新产品和新服务、供应链伙伴可以提供哪些新产品和新服务等，这些信息是跨国公司决定竞争战略的重要依据。

2. 当前跨国公司面临一些重要的技术背景

21世纪以来，世界技术状况和技术水平发生了翻天覆地的变化，深入分析当今的一些主要技术及其对跨国公司管理的影响，对于跨国公司的管理者而言，异常重要。

目前国际管理所面临的技术环境主要包括以下几个。

(1) 生物技术。数字时代促进了计算机、手机和无线技术的创新。这些领域的进步所带来的有效沟通和生产力提高，使得数字世界将其影响从信息系统延伸至生物领域。生物技术整合了科学和技术，它通过工业使用和操控生物组织来创造农业或医疗产品，而且这两个学科的融合会孕育出一个现代的仿生免疫体系，尤其是修补医学技术的进步、通过干细胞研究的细胞再生以及帮助预防或者治疗诸如癌症或艾滋病等疾病的药物的发明。

(2) 电子商务。互联网的日益普及对国际商务产生了重大影响。例如，上百万美国人通过亚马逊网站购书，这家公司如今已经将业务扩展到世界很多地方。许多电子零售商不断出现，它们发现其零售技术很容易转换并应用到国际市场。对全球消费影响最大的电子商务领域主要是电子零售和金融服务。

(3) 电信。在当今国际化管理技术环境中最突出的是电信。为了向居民提供电话服务而在整个城市辛苦地布线不再是必需的了，这一切可通过无线化做到，允许人们使用手机和其他通讯服务，这使得电信技术出现了飞跃性的发展，手机的出现使得人们的电话使用状况大为改观。在绝大部分地区，特别是农村地区，由于电信技术的进步使得电信基础设施的建设能够更加迅速，成本也更加低廉，电话的安装和使用越来越广泛。另外，电话和计算机的新技术不断涌现，在欧洲和亚洲，如今越来越多的人通过手机上网。互联网和无线技术的发展将彻底改变人们的通信方式。电信业务增长的一个主要原因是许多国家相信，如果没有一个有效的电话系统，其经济增长将会停滞。

(4) 技术外包和离岸生产。外包是指企业整合利用外部最优秀的专业化资源，从而达到降低成本，提高效率，充分发挥自身核心竞争力和增强企业对环境应变能力的一种管理模式，其核心理念是"做你做得最好的，其余的让别人去做"。离岸生产是把企业原先设于本土的工厂，整个搬到海外，搬去后，产品和生产方式完全相同，只是人工更低廉，赋税更低，能源价格得到补贴，公司负担的员工医疗成本也更低。事实上，是全球化竞争的加剧导致的高昂成本压力和投资者所施加的利润期望给跨国公司带来了很大的压力，促使它们外包和离岸生产以利用低廉的劳动力。

▶3.3 跨国公司利益相关者分析

美国管理学家卡斯特、罗森茨韦克在其代表作《组织与管理：系统与权变的方法》一书中指出："目标的制定过程基本上是一个政治过程，各不同利益集团之间讨价还价的结果形成了目标。"事实上，跨国公司的使命与目标也是公司主要利益相关者利益与权力均衡的结果。因此，权力与利益相关者分析是跨国公司经营环境分析的重要组成部分，跨国公司战略的制定与实施同其各利益相关者利益与权力的均衡密不可分。

3.3.1　跨国公司的利益相关者

利益相关者是指对企业产生影响的或者受企业行为影响的任何团体和个人。与单纯的一国企业相比，从利益相关者的构成来看，跨国公司对外直接投资所涉及的主要利益相关者的构成与一般企业基本相同。东道国政府、跨国公司母公司、东道国投资者、东道国下属公司经理、东道国的员工，以及与跨国公司对外直接投资相关的债权人、供应者与购买者、社会公众等，是其主要利益相关者。但是，其利益格局有所变化，东道国政府与跨国公司母公司成为利益格局中两大主要的利益主体，它们二者之间的利益追求、矛盾与冲突以及各自权力的大小与均衡成为研究跨国公司利益格局的主要内容。

1. 东道国政府

除税收目标外，东道国政府对跨国公司直接投资还有诸多利益追求。

(1) 资本供应。跨国公司由于平均规模巨大和其他特殊的优势，可为东道国带来巨大的资金来源。这些资金可能从内部得到，也可能从各种外部资本市场或金融机构中取得。通过吸纳这些不同途径提供的资金，有助于填补东道国的期望投资和国内储蓄之间的缺口。除了直接投资外，跨国公司在提供资本方面，还可能有间接的积极影响。首先，跨国公司可能通过为当地资本市场提供有吸引力的投资机会而调动当地的储蓄，没有跨国公司的活动，这些储蓄可能闲置，或者用于非生产性活动。其次，外国直接投资可能刺激来自跨国公司母国和国际机构的官方援助。

(2) 技术。就东道国特别是发展中东道国而言，国内进行技术生产往往比较落后，而通过自主研究与开发来创造新技术，不论成功与否，耗费巨大。因此，东道国可以通过采用外国投资者已有技术，绕过有风险的发明和革新阶段，减少必要的投入成本，并可由此向前实现重大跳跃。

跨国公司直接投资在东道国的技术扩散效应是在技术转让与技术外溢两种情形下发生的。技术转让方式早已为众人所熟知，东道国企业从技术转让中直接获得技术利益。然而，诸多研究表明，多数技术扩散是通过技术外溢的方式实现的。所谓技术外溢，是指通过技术的非自愿扩散，促进了东道国技术和生产力水平的提高，是跨国公司投资对东道国经济产生正效应的一种表现。溢出渠道主要包括：第一，东道国企业以供应商的身份(即后向关联)和外商高质量产品的用户身份(即前向关联)，与跨国公司形成一种长期性交易关系，从而可获得外商较全面的技术支持，以及售后服务和技术性培训，这对于东道国企业改进工艺、提高生产技术水平、加强新产品开发，提高国内企业的活力，都有着十分积极的意义。第二，受雇于跨国公司的东道国员工，一旦流入东道国国内企业，也会将在跨国公司所掌握的技术和管理知识传播出去。第三，在有效的竞争机制下，跨国公司的进入会对东道国企业产生示范效应，通过模仿和改进，东道国企业可以实现"干中学"式的技术进步，进而实现技术创新。

然而，不能由此认为，跨国公司的技术转让肯定对东道国有利。东道国是否得到利益，首先取决于技术转让的条件，包括转让的价格和供给的方法，这直接影响转让技术对东道国的经济利益；其次，取决于转让的技术与有关产品的先进性与适用性如何；最后，还取决于转让的技术对东道国技术水平的长远影响，如东道国对该技术的消化吸收情况怎样，该技术的国产化水平如何等。

(3) 管理。跨国公司提供的外国管理人员和管理技术会给东道国带来重要的利益。首先，这些都是东道国缺少的要素。企业家经营能力和熟练管理人员的进入，将改善当地的经济平衡。这种作用在跨国公司母公司撤走以后甚至更为重要。受过训练并在跨国公司子公司担任管理、财务和技术职位的当地人，以后会继续留在该企业，这有助于促进当地企业家经营能力的提高。其次，跨国公司对东道国的供应者和竞争对手，还可能起到有利的示范作用。但是，另一方面，如果跨国公司子公司内的管理人员和高度熟练的职位都由母国人担任，或者对东道国人员的培训较少，则管理资源的转移对东道国来说积极作用就小得多。

(4) 贸易与国际收支。这是两个独立但又相关的问题。跨国公司的投资除可以减轻东道国外汇不足的压力外，跨国公司全球统一调配的销售网还可增加东道国的对外贸易数量。换言之，东道国吸收外商直接投资，可以通过扩大出口或替代进口的商品和劳务实现增加外汇方面的收益。所以跨国公司的国际力量是东道国寻求合作的重要原因之一。当然，跨国公司对东道国国际收支的影响因素是多方面的，除了国际贸易对其产生的正效应外，就东道国国际收支中的资本项目看，东道国虽能从跨国公司的创始资本流入中得到明显的利益，但这只是一次性的影响，随之而来的，则是对国际收支经常项目上不断的不利影响，其中包括支付给母公司的红利、利息和特许费以及行政管理费等。

(5) 劳动就业。在发展中国家，创造就业机会是经济发展的一个重要目标。跨国公司由于其在东道国实际存在的力量，对东道国增加就业会有一定作用。一方面，跨国公司资本的投入，无疑会增加东道国的就业人数，而且最有关联的是跨国公司子公司购买中间产品对东道国就业的间接影响；另一方面，也可能会由于跨国公司所转移的技术对东道国所拥有的要素不适用而没有创造足够的就业机会。

(6) 企业运行机制。发达国家跨国公司对发展中国家直接投资可能会优化企业的运行机制，这种作用在跨国公司购并国有企业中更为显著。

跨国公司自身适应市场的产权结构与运行机制能够有效地提升国有企业的存量，而这一作用仅靠国有企业自身是难以实现的。

东道国政府作为一大利益相关者要参与跨国投资的利益分配，为了能够实现上述利益，可能会对跨国公司的投资给予多种保护与优惠，如贸易保护、金融支持、税收优惠等。但是，东道国政府在期望获得上述利益的同时，也必须防范可能带给自身的风险，最主要的风险是东道国引进外资后经济安全受到的威胁、面临风险，例如跨国公司对东道国的产业、市场与股权控制，对外开放可能导致的金融风险，以及自然资源的安全受到威胁等。所以，东道国政府在期望实现自身利益的同时，也要对跨国公司行为进行干预，以防范可能带来的各种风险。干预一般可分为三类：一是金融干预。包括可用的外汇额度限制、利润汇回限制、出口比例要求、硬通货清偿手段要求、价格控制和研究开发比例要求等。二是股权干预。包括股权限制、单方面重新谈判要求、强迫合资要求等。三是经营上的干预。包括当地增加值最低限、当地市场份额限制、原材料来源中当地市场所占比例、限制雇用外国人等。

2. 跨国公司的母公司

东道国的区位优势又是跨国公司母公司利益追求的主要目标。这些优势包括如下几个。

(1) 市场购销因素。东道国市场规模、市场增长、发展阶段以及当地竞争程度等特征，会对跨国公司直接投资的决策产生影响，尤其是在东道国贸易壁垒较高的情况下，一张"当地制造"的标签将有助于避开进入障碍，进入东道国。

(2) 劳动成本。国际劳动力市场的不完全可能导致各国工资成本的差别。在这种情况下，特别是当技术已经标准化的时候，跨国公司就可能把生产活动转移到劳动力成本较低的发展中国家。

(3) 获得原材料。对特殊原材料的需求，可能是影响跨国公司选择国外采掘、加工或生产活动地点的东道国的特殊因素。另外，原材料获取的成本高低也是跨国公司选择东道国的一个重要指标。

(4) 实现全球资源最佳配置。在经济全球化进程中，跨国公司投资的区位选择是以优化其产业链、价值链和供应链为目标的，前述的各种区位因素也都将纳入到跨国公司的全球分工体系的安排中。

同样，在期望实现上述利益的同时，跨国公司也必须防范在东道国投资可能遭受的政治与经济风险，东道国政府在金融、股权、经营等方面对跨国公司的各种干预，跨国公司也往往采用对东道国的产业、市场与股权加以控制等手段，以防范政治与经济风险。

3. 东道国的投资者

跨国公司在东道国投资可以建立分公司，也可以建立子公司，子公司可以是全股子公司，也可以是合资企业，分公司与全股子公司的投资者自然只是跨国公司母公司一家，而合资企业的投资者则一般涉及东道国的投资者(也有的投资者在第三国)。企业股东对利益的追求主要体现在对企业资本收益的分配份额上，按照股份公司的一般规则，资本所得的份额以股东的投资份额为依据，所以控股权就成为各方股东争夺的主要目标。

4. 东道国下属公司经理和员工

跨国公司在东道国下属公司的经理与员工的利益追求与一般企业基本相同。经理阶层往往将企业销售额、企业市场占有率、企业稳定增长率等作为自己追求的主要目标；而企业员工的主要利益追求仍然是工资收入最大化与稳定的就业。不同点则表现在两个方面：一是这些经理和员工可能来自不同国家，也可能受其各自母公司利益的约束；二是跨国投资可能给东道国带来不利于资本而有利于劳动的分配，因而跨国公司的直接投资更有利于实现企业员工的利益。

3.3.2 跨国公司的利益相关者管理

在跨国公司对外直接投资所涉及的多种利益关系中，跨国公司与东道国政府之间的利益关系是最主要的，也是跨国公司考虑其行为选择的主要方面，所以以下的讨论也主要侧重于跨国公司与东道国政府的利益矛盾与冲突。

1. 跨国公司行为选择的主要影响因素

当发生利益矛盾与冲突时，跨国公司首先要考虑冲突结局对企业的影响、企业自身实力及其他相关因素，然后选择自己的管理策略和方法。决定跨国公司行为选择的主要因素有如下几个。

1) 矛盾与冲突的结局对跨国公司利益的影响程度

当发生矛盾与冲突时，跨国公司首先会想到矛盾与冲突的结局对自身利益的影响程度，也就是说，促使矛盾与冲突理想解决带来的利益有多大，不理想的解决又会给自身带来多大的损失。如果跨国公司母公司认为矛盾与冲突的结局会直接影响其全球战略，影响其对关键资源的控制能力，则跨国公司会尽最大努力避免冲突不理想的结局出现。换言之，若矛盾与冲突的不理想结局出现后，跨国公司下属公司与当地企业相比的独特竞争优势(包括技术优势、要素市场控制、规模经济等)将因此而削弱。那么这一结局对企业来说就至关重要。

各跨国公司及其下属公司的情况并不完全相同，某种矛盾与冲突对某类企业至关重要，而对其他类型的企业则可能并不重要。有些跨国公司追求技术领先地位，如国际商用机器公司，保持对研究、开发和技术的控制，是企业成功的命脉。只有实现了这种控制，才能保证企业的高技术资源和技术诀窍的共享，保证企业的技术优势。当矛盾与冲突危及这类资源的控制时，公司为实现理想结局，愿意付出很大的努力。而有的跨国公司，如从事石油、铝、铜等开采业的企业，它们立足于规模经济，其成功的关键并不是技术处于领先地位，而是保持进入壁垒，以保证生产各个环节的协调和原料市场供应的稳定。

企业之间关键资源的不同，决定了对不同类型矛盾与冲突看法的差异。此外，企业在评价某一冲突的重要性时，还要考虑是否会产生下述一些方面的影响。

(1) 企业的财务状况。如果企业经营很成功，盈利颇丰，对这类企业来说，同样的矛盾与冲突的代价就显得不那么严重，从而有可能作出让步；反之，在企业的财务状况不佳，面临破产的情况下，微小的损失也会被看得很重，作出让步的可能性会大大降低。

(2) 是否有连带的结果。如果这次让步会引起其他子公司的同样矛盾与冲突或其他相关的对母公司的副作用，矛盾与冲突能否理想解决的成本和收益都很大。例如，1971年加拿大铝公司面对圭亚那政府的重新谈判要求，担心一旦这次让步，在其他国家的子公司也会效仿。又如，在1984年正式成立的中美合资企业北京吉普有限公司，中方技术人员曾设计出一种新车型，美方考虑这种车型在国际市场对母公司的影响，坚持在国际市场不使用这种车型。

(3) 是否经过保险。资产经过保险的企业对某种矛盾与冲突带来损失的看法显然会改变。例如，美国海外私人投资公司对美国公司在海外资产的没收、禁止利润汇回等引起的资产损失提供保险。已投保的企业，对东道国在这些方面的要求作出让步的可能性较大。

(4) 是否存在可替代的机会。矛盾与冲突引起企业在该国经营缩减，但如果可以通过在其他国家同样机会成本前提下经营的扩张来弥补，则企业对这种冲突所愿投入的"赌注"就会减少；反之，若无替代机会，跨国公司所下的"赌注"就会增加。例如，国际电话电报公司曾打算在澳大利亚购买一家食品企业的股份，后来放弃了这一打算，其原因除了当地公众和工党的反对外，还因为它能够在南非得到同样条件的投资机会。

(5) 矛盾与冲突的紧迫性。推迟矛盾与冲突解决的机会成本的大小，也与跨国公司对待冲突的坚定性策略及其政策行为有关。机会成本越大，矛盾与冲突的紧迫性越强，作出让步的可能性就越大。

上述几种因素共同决定跨国公司愿意在矛盾与冲突中投入的"赌注"的量。"赌注"越大，说明它对冲突理想解决的结局越坚定；反之，坚定性就越弱。

2) 实力对比

所谓"实力"，即议价的能力。跨国公司相对实力的强弱，决定着冲突理想解决实现的可能性。影响议价能力的因素很多，包括规模、成员素质、金融地位、潜在资源、领导素质、管理能力、威信、声誉、说服技巧、组织程度、内聚力、知识、专家化、可利用的替代机会等。

对跨国公司来说，有效的实力更多地体现在以下几个方面。

(1) 对资源的控制能力。它包括：对能产生实力的资源的控制；对自己拥有或控制的资源的了解；利用这些资源影响其他人的能力；把这些资源转化为可利用实力的技巧等。

(2) 本国政府的支持程度。例如，美国政府在中东施加影响，使美国的石油公司得以在中东开展业务。

(3) 联盟的存在与否。自身实力虽然不强，但却有两个或两个以上的同盟者，将大大增强自己讨价还价的能力。

(4) 可供选择的机会存在与否。不论对于跨国公司还是对于东道国政府，可选择余地越大，谈判地位就越有利。

(5) 对冲突情形的准确判断力。

综上所述，跨国公司在作实力判断时，既要考虑对立双方各自控制的影响实力的诸因素的数量，同时还要考虑这些因素的有效性。

3) 目标与手段的相关性

如果说坚定性行为和策略取决于目标实现的重要性和相对实力的强弱，那么，合作性行为和策略则取决于矛盾与冲突双方的目标与手段的相关性和以往关系的好坏。矛盾与冲突双方的利益关系有三种情况：一致、对立以及既有一致的一面又有对立的一面。当矛盾与冲突双方的目标、手段呈正相关时，合作能给双方带来好处，冲突双方都倾向于合作。当矛盾与冲突双方的目标、手段为负相关时，双方都倾向于不合作。只有在双方的目标、手段完全一致时，才可能出现完全合作，这一般是很少见的。而如果矛盾与冲突一方目标的实现是以另一方目标无法实现为前提时，完全不合作行为则会出现。

多数情况下，矛盾与冲突双方在目标或手段上既存在共性，又存在差异。有时，双方在目标上没有差异，但在手段选择上存在分歧，如由于双方的社会制度、经济发展水平以及社会文化的不同而导致的管理差异，都可能引起矛盾与冲突。

对于那些与跨国公司在目标、手段上相关度较高的利益集团，跨国公司很可能、也有动力去满足对方要求，采取合作行为和策略，通过协作或和解的策略模式使共同的利益得到协调和发展，而对于那些相关度较低的集团，跨国公司则可能采取不合作行为。

4) 以往关系的好坏

矛盾与冲突双方以往关系很融洽，有很好的合作经历，则有助于推动彼此间的信任，对双方的要求坦诚相见，并有利于作出积极的反应；反之，如果以往关系很糟，彼此互不信任，当分歧出现时，威胁感异常强烈，则会随时准备对对方的要求作反向的反应。关系是否融洽可以从许多形式表现出来。关系不融洽的认识和感觉来自以往冲突或分歧发生时彼此的对立、相互间的轻视、价值观念的差异和制度障碍等。

综上所述，跨国公司的冲突管理行为和策略，实际上都是上述4个变量相互作用的结果。如果结局很重要，相对实力都很强，矛盾与冲突双方利益负相关，且以往关系不佳，那么跨国公司就会选择对抗模式；反之，就会选择和解模式。当然，4个变量各自不同等级的组合是相当多的，所以跨国公司的行为和策略往往是混合的、多角度的。

此外，还应看到，矛盾与冲突是一个动态发展过程。矛盾与冲突的发展大体包括5个阶段，即潜在的矛盾与冲突、已出现的矛盾与冲突、明显的矛盾与冲突、矛盾与冲突的解决、矛盾与冲突的影响。当然并非所有冲突都经过这5个阶段。一个跨国公司在同一时间内可能面临多种矛盾与冲突，但并非都处于同一阶段，有些矛盾与冲突可能还处于潜在阶段，有些却已经发生，而有些可能已经解决。由于决定跨国公司行为的4个因素不是静止的，因而不同阶段上的矛盾与冲突可能会逐步升级，也可能逐步下降。这就为跨国公司在冲突管理中争取有利的结果提供了条件。

2. 争取矛盾与冲突有利结局的途径

冲突如果解决得不好，会给跨国公司带来多方面的损失，轻则可能使企业成本增加、收益降低，重则会使跨国公司不得不从东道国完全撤出。面对被动卷入的矛盾与冲突，跨国公司并非无能为力，它完全可以以主动的姿态去影响矛盾与冲突的结局。

1) 提高议价能力

大量调查研究的结果表明，不同的跨国公司在东道国所受到的待遇大不相同。一些跨国公司子公司不情愿地在东道国组成合资企业，并被强加各种税收与价格限制。但另一些跨国公司却被允许100%独资经营并获得东道国的财政资助。即便在法律机构要求对所有的外国企业平等对待时，这种歧视性待遇仍是一种普遍的现象，其原因就在于跨国公司议价能力的差异。

东道国对跨国公司议价的能力来自两个方面：一是当跨国公司的管理、技术以及相似的资源储备可以在东道国国内取得或是可以通过咨询、许可协议等方式获得时，东道国的议价能力就提高了。当跨国公司母公司对其子公司资源的支持已经不再是子公司盈利的必要条件时，当地的利益集团就会要求政府代表他们的利益对跨国公司进行干预。东道国议价能力的另一个来源是它对本国区位优势——原材料、劳动力及资本的控制能力。随着这些要素变得越来越重要，会有更多的跨国企业竞相在这里落户，从而使得东道国议价能力最大化。

跨国公司母公司议价能力主要体现在成功运作子公司所需资源的控制力上。跨国公司提高议价能力的途径主要包括以下几个。

(1) 保持对东道国技术、管理、出口能力以及资源寻求渠道的领先优势。

第一，通过持续的产品改进与革新来提高子公司技术和管理的复杂性。每隔一段时间，就对现有生产线作一次重大技术革新。如果技术革新的速度落后于东道国的学习速度，或者技术水平不够复杂，就需要引进新的产品。

从管理的角度看，产品改进与革新也能够增强管理的复杂性。那些适应了技术快速变革的跨国公司在这方面具有特殊的优势。

第二，保持产品在国际市场的竞争优势，从而使东道国产品出口离不开跨国公司的支持。提高跨国公司出口能力以提高议价能力常为管理人员和观察家们所重视，但要成功地付诸于实践却十分困难。这要求生产在具有世界规模的工厂和在国际价格的基础上进行。这些要求苛刻的压力也许会在慷慨的东道国政府的资本、运作津贴和出口补贴的帮助下得到部分缓和，但还是会遇到一些诸如缺乏具有竞争定价的进货、不具有竞争力的工资和生产率、经营人员更习惯于在关税壁垒的保护下运作等阻碍成功实施的问题。

第三，加强跨国公司子公司纵向一体化程度，强化东道国子公司资源寻求对跨国公司的依赖性。即使在东道国资源寻求本土化的压力下，跨国公司也必须力求使子公司元件或产品的采购渠道多样化，防止东道国政府利用自己作为跨国系统内唯一供货商的有利地位，胁迫跨国公司。如日本的跨国公司就一直通过使用全球化的工厂和商社来执行这个战略。

(2) 影响东道国政府和公众对跨国公司实力的预期。例如，有些跨国公司故意增加外国工程技术人员的数量，加强安全措施，使公众误认为子公司营运很复杂；通过公关宣传使公众了解跨国公司对子公司在技术转让和其他资源方面的贡献；通过公关宣传，将它们的发展计划告诉公众，使社会知道保持子公司产品竞争力的困难度和公司近期的技术革新计划等。另外，跨国公司还通过多种途径搜集信息情报，以便适时地安排与政府官员的接触，了解政府的意图。

(3) 选择提高其实力的合适时机。议价能力升级的时机选择是个复杂的问题，无论过早还是过晚都会给跨国公司带来损失。

升级过早，固然牢靠，但却使技术过早扩散，损害跨国公司整体利益；提高过晚，则起不到作用。以与东道国的冲突为例，由于东道国本身技术管理水平的发展及跨国公司技术的扩散，东道国的实力地位呈递增趋势。所以，跨国公司提高议价能力水平应选在东道国政府发现子公司的地位较弱的时点上。

2) 提高目标与手段的相关性

(1) 加强与当地企业的合作关系。例如，积极扶持当地企业成为其供应商或经销商，此种关系可对跨国公司在当地的投资形成无形的保护。

(2) 与当地人士进行联合投资。最普遍的提高利益相关性的办法，莫过于与当地人士进行合资经营，那么当地股东必然会积极保护其投资的事业不受政府管制的侵害。当地合作者若为政府人士，则这种保护作用的效果将更为明显。IBM公司的策略就具有一定代表性。IBM一般在当地设立两家公司：一家独资，一家合资。其中独资公司负责制造，合资公司负责市场销售。这样做有两个好处：第一，独资公司负责生产，可以保证跨国公司对关键技术的垄断；第二，虽然合资公司仅负责销售，但其产品由独资企业提供，独资企业遭到政府威胁，不能正常向合资企业提供产品时，势必会影响合资公司中当地股东的利益，当地股东就会出面就本国政府对供应商的"不友好"态度进行干预。

(3) 资产分离与业务转移。跨国公司可将有形资产与无形资产相分离，让东道国企业拥有实体资产，这样被东道国征收的危险自然会减少。

跨国公司还可根据各东道国环境的差异，充分利用其本身多元化经营的优势，极力回避会引起东道国政府和人民反感的领域，向未受东道国限制的产业发展。

(4) 股权多国籍化。跨国公司若能取得多国国籍，或者由两个以上的国家在东道国共同投资，则将发生的受到东道国管制的情况会大为减少。例如，壳牌石油公司，拥有荷兰与英国的双重国籍，该公司的这种策略常会产生独特的效果：壳牌石油公司曾在印度尼西亚进行投资，当苏加诺政府和荷兰关系紧张时，它即强调它的英国国籍。

采取多国国籍策略的常为从事采矿业的跨国公司，而且这些跨国公司经常把其产品以期货方式卖给其他国家。这样，由于涉及众多国家的利益，东道国一般不敢轻易对该企业进行征税。

(5) 调整资本输出国国籍。基于政治、法律、税收及管理上的需要，跨国公司常以其第三国子公司的名义到东道国进行投资。经过资本输出国国籍的调整，跨国公司在东道国往往会取得较母国出资更为有利的政治与法律地位。

3) 改善相互关系的质量

改善矛盾与冲突各方的相互关系贯穿于跨国公司所有的经营活动过程中，如果抛开追求利益的因素，从纯关系角度考虑，跨国公司改善矛盾与冲突各方相互关系的努力至少可以从以下两个方面入手。

(1) 充分发挥国际公共关系的职能，利用各种公关手段，通过各种方式加强本公司与各类公众之间的关系，在公众心目中树立起公司的良好形象，以获得公众对本公司的支持和合作。

(2) 要努力提高跨国公司对由于异国的制度、技术经济发展水平和社会文化的不同而形成的管理差异的适应性。尤其要着意选择那些对异国差异具有足够的敏感性，语言交往能力和人际交往能力强，了解东道国的社会、历史、经济、立法和政治经济体制，能够进行积极的自我评估和情感上成熟，能够承受差异的冲击，并不失去个性的人员来担任子公司的经理人。

若跨国公司在东道国建有合资企业，则要在企业内部尽可能树立能够融合各国文化精华的企业精神，这是改善双方关系的良好手段。如，日本松下公司在北京建立的北京松下彩色显像管有限公司即把企业精神视为企业的灵魂，用它统帅全体员工的思想。每周一全体员工参加升国旗、社旗仪式，朗诵公司目标、十大精神。这种强大的向心力、凝聚力是缩小中日双方管理差异、增进双方精诚合作的巨大动力。

3.4 直接投资环境的评价方法

正确的投资环境抉择，需要提高投资的环境评价的科学性，主要是有效地选择评价所采用的基本分析方法。从目前来看，企业对投资环境所采用的基本分析方法有定性分析方法、定量分析方法和定性分析与定量分析相结合的方法。

3.4.1　定性分析方法

跨国公司的经营环境本身是一个定性问题，难以用数量来表示，所以，各个环境要素的分析一般也侧重于定性方面。比如，对社会政治环境和法律环境等要素的评价都要求对具体的资料做详细深入的分析研究，然后再作出社会政治法律环境对企业经营是否有利的判断。有些方面虽然也存在一些数量指标，但这些指标只是为进一步定性研究提供参考性数据，而整个分析过程和结论都是采用定性分析的方法作出的。这种评价方法在实际工作中一般是在最初对跨国经营环境进行评价时使用，也适用于对一些内容比较简单的投资环境的评价。由于评价结果是定性的说明，只能对投资环境作出一般性的评价，难以提高评价的准确度。在对两种类似的跨国经营环境进行比较时，定性分析就难以明确地区分优劣。

3.4.2　定量分析方法

定性分析方法存在如下的缺陷。其一，定性分析难以把握系统的逻辑性。构成环境系统的各种因素具有纵向和横向的逻辑联系，定性分析只是对各因素进行并列的罗列，难以描绘出系统的逻辑性。其二，定性分析难以建立比较的基础。在对两种投资环境进行比较的时候，仅凭定性分析很难区分出哪种经营环境更好一些，即无法进行比较。其三，定性分析难以得出综合性评价结论。比如，在对某地的经营环境进行评价的过程中，某些投资环境要素显示很好，而另一些环境要素却显示很差，显然光靠定性分析就难以对投资环境作出综合性的评价结论。由于存在这些不足，所以投资环境的定量分析得到了越来越多的重视。通过定量分析所得到的投资环境评价结论具有定性分析所没有的系统性、可比性、综合性的特点。定量分析的方法是先按照环境要素的不同类型和层次，列出一个投资环境系统图，再根据不同层次的环境要素及其重要性分别确定各因素的权数，权数可以用一定的系数表示，然后根据最低层次的环境因素的权数或评分标准来计算出上一层次环境因素的得分。这样层层计算，最后得到整个投资环境系统的量化评价结论。

3.4.3　定性分析与定量分析相结合的方法

尽管定量分析具有许多优点，但只靠定量分析难以对某些重要因素做深入的质的研究和说明。实际上，定量分析也并非完全依靠原始数据进行分析计算，而是将许多定性因素加以量化后再进行分析计算。这里存在两个问题：一是对定性过程加以量化是一个人为过程，必然带有个人的主观判断，不少定性指标转化为定量指标后难以正确地反映原有定性事物的客观情况；二是通过量化后的定量指标得出的评价结果也是一个数量指标，这种数量指标难以对一些因素进行具有弹性的调整和分析，有一些定性的因素有一定的回旋余地，并不是简单的数量指标就能解决的。因此，对投资环境采用定性分析与定量分析相结合的方法为多数人所接受。在具体操作过程中，可以以两种方法为基础，在定量分析的基础上适当地进行定性分析和说明，以补充定量分析的不足。这样得出的评价结果更能符合客观实际，有利于提高经营环境评价的质量。

　　当前，国际上对投资环境的评价研究中采用较多的是因素打分法。经营环境等级评分计分表，如表3-1所示。

表3-1　经营环境等级评分计分表

经营环境因素	等级评分	经营环境因素	等级评分
1. 抽回资本	0～12分	5. 政治稳定性	0～12分
无限制	12	长期稳定	12
只有时间上的限制	8	稳定但因人而治	10
对资本有限制	6	内部分裂但政府掌权	8
对资本和红利都有限制	4	国内没有强大的反对力量	4
限制繁多	2	有政变和动荡的可能	2
严禁资本抽回	0	不稳定，极可能动荡、政变	0
2. 外商股权	0～12分	6. 给予关税保护的意愿	2～8分
准许并欢迎全部外资股权	12	给予充分的保护	8
准许全部外资股权但不欢迎	10	给予相当保护但以新工业为主	6
准许外资占大部股权	8	给予少数保护但以新工业为主	4
外资最多不得超过股权半数	6	很少或不予保护	2
只准外资占小股权	4		
外资不得超过股权三成	2		
不准外资控制任何股权	0		
3. 对外资的管制程度	0～12分	7. 当地资金的可靠程度	0～10分
外商与本国企业一视同仁	12	完善的资本市场，有公开的证券交易所	10
对外商略有限制但无管制	10	有少量的当地资本，有投机性证券交易所	8
对外商有少许管制	8	当地资本少，外来资本不多	6
对外商有限制并有管制	6	短期资本及其有限	4
对外商有限制并严加管制	4	资本管制很严	2
对外商严格限制并严加管制	2	高度的资本外流	0
外商禁止投资	0		
4. 货币稳定性	4～20分	8. 近5年的通货膨胀率小于1%	2～14分
完全自由兑换	20	1%～3%	14
黑市与官价差距小于一成	18	3%～7%	12
黑市与官价差距在一至四成之间	14	7%～10%	10
黑市与官价差距在四成至一倍之间	8	10%～15%	8
黑市与官价差距在一倍以上	4	15%～30%	6
		30%以上	2
		总计	8～100

从经营环境多因素等级评分的表格中可以看出，其所选取的因素都是对投资环境有直接影响的、是投资决策者最为关注的因素；同时，这些因素又都有较为具体的内容，对经营环境进行评价时所需的资料易于取得又易于比较。在对具体环境的评价上，采用了简单累加计分的方法，使定性分析有了一定的数量化的内容，同时又不需要高深的数理知识，简便易行，一般的投资者都可以采用。在各项因素的分值确定方面，采取了区别对待的原则，在一定程度上体现了不同因素对经营环境作用的差异。

从表中可以看出，跨国公司对影响经营环境的各因素的重视程度存在差异，按重视程度的不同进行排序。第一，跨国公司十分重视东道国的币值稳定程度和通货膨胀率，这两项分值占评分总数的34%。第二，资本外调、政治稳定、外商股权比例和对外商的管制程度这4项各占等级尺度评定总分数的12%。这4项关系到资本能否自由出境、跨国公司和东道国企业之间的竞争条件以及对企业所有权与经营权的控制程度，因此这4项共占等级尺度评定总分的48%。第三，给予关税保护的意愿和当地资本市场的完善程度，这两项分别占等级尺度评定总分的8%和10%，所占比重较轻。

因素打分法是通过对投资环境的构成要素作评价计分，然后算出综合分数，再进行综合评价，得出结论。具体步骤如下。

第一步，收集各个投资环境要素的资料。包括定量、定性、一手和二手资料。定量资料包括国民生产总值和经济增长速度等。定性资料包括法制的健全程度、一国的文化环境、行政机构的办事效率等。一手资料是由评价者或受托单位针对投资者的需要所作出的调查和估计的资料。二手资料是由政府或有关部门已公布的资料，如国家统计部门公布的国民收入、人口、某种产品的产量等。

第二步，计算分值。在资料收集齐全的基础上，确定各投资环境要素在总投资环境中所占的比重，再规定评估质量的几种标准，接下来对各投资环境要素进行评价计分，根据收集到的环境要素资料确定计分等级，再乘以该环境要素的比重，即为该环境要素的评定分值。为了使评分更加客观公正，可以聘请有关的专家进行评分。

第三步，对环境中的有关因素做深入的定性分析说明。如在对社会环境中有关政治稳定性、政策连续性、对外政策和战争风险等因素进行深入的定性分析研究后，才能最后确定这一环境的优劣程度，为正确评分提供依据。定性分析和定量分析相结合，可以提高经营环境评价的准确性。一般而言，在收集资料以后，大多对资料做深入的定性分析，而后再加以量化，得出定量的评价结果，最后对定量评价结果再次作定性说明。

因素打分法具有很多优点，在国际上较为流行，但该方法仍具有一定的局限性，表现为它只能对投资环境做一般性的评估，如果投资者具有某种特定的目标和要求，采用这种办法就难以得到满足。可采用关键因素评价法来弥补此方法的不足。例如，投资者到某国投资，带有某种特定目标，这种特定的目标与一些特定的环境要素关系密切，而其他环境要素的重要性降为一般，这时就可以对重要的特定环境要素进行评价而舍弃一般性要素。当然关键因素评价法也只是对有特定目标和要求的投资环境进行评价，它也不能代替一般性评价。正确的做法是先进行投资环境的一般性评价，而后再对特定目标进行评价，这样有助于评价的全面性、客观性。

✎ 本章思考题

1. 与跨国公司密切相关的国际经济组织有哪些？
2. 试述跨国公司经济环境的内容。
3. 试述东道国法律、法规环境的内容。
4. 试述东道国社会文化环境的内容。
5. 如何认识跨国公司在跨国经营时产生的一些全球普遍的伦理问题？
6. 跨国公司的利益相关者有哪些？如何管理利益相关者？

◉ 案例 ◉

中国企业的海外投资环境

近年来，随着我国经济实力的增强和对国际市场熟知程度的加深，更多的中国企业和中国产品进入国际市场，中国经济进一步融入世界经济大家庭。然而，一些中国企业在对外经营中却屡屡受挫。

一、首钢秘铁备受罢工折磨

中国首钢秘鲁铁矿股份有限公司(简称首钢秘铁)位于秘鲁首都利马以南520公里的伊卡省马科纳地区，占地面积达670.7平方公里，是南美洲屈指可数的大型铁矿企业之一。纠缠不断的劳工问题让首钢秘铁头疼，并且该问题会不时突然发作，每次努力化解后又面临下一波威胁，给首钢秘铁公司造成巨大的经济损失。据估算，公司每天因罢工导致停工而遭受的直接损失高达27万美元，开始于2004年6月1日的那次罢工给公司造成了500多万美元的直接经济损失。不堪罢工困扰的首钢终于在2004年的7月25日宣布停产。

二、中国商品在西班牙被焚烧

2004年9月16日晚，西班牙埃尔切市发生了针对华商的暴力行为，近百名当地居民呼喊反对华商的口号，焚烧了一家华商仓库和停放在仓库外的一集装箱鞋子，造成经济损失约800万元。同时，这种行为也给海外华商的心理造成无法估计的伤害。

三、中国商人在俄罗斯遭到歧视

2004年2月12日，俄罗斯内务部出动大量警力查抄莫斯科"艾米拉"大市场华商货物，中国商人遭受巨大经济损失。据估计，华商此次大约损失3000万美元。

四、中国海外人员频遭恐怖袭击

2007年4月，一家中资石油公司设在埃塞俄比亚东南部地区的项目组遭200多名不明身份武装分子抢劫、袭击，造成中方9人死亡，1人轻伤，7人被绑架。6月，9名中国人在巴基斯坦遭到劫持。

五、中石油在俄罗斯收购油田受挫

斯拉夫油田为俄罗斯第九大石油公司，由俄罗斯政府持有74.95%的股权。2002年12月3日，中石油正式向俄罗斯反垄断部递交了参与竞标的申请。12月16日，俄罗斯下院国家杜马以255对63票通过一项决议，不允许任何外国政府控股的实体参与竞拍斯拉夫石油的股权。这一决议宣告了中石油此次收购行为的结果。

六、中国企业并购美国企业屡遭干扰，甚至封杀

联想并购IBM的PC业务，到海尔放弃并购美泰克，都闪现着美国政治的影子。最典型的莫过于2005年中国海洋石油总公司(以下简称"中海油")并购优尼科的案例。美国众议院高票通过两项议案，反对这项并购，理由是此项并购可能"危害美国的国家安全"。这场带着政治色彩的风波，显示了美方对中国企业在美国商业活动扩张存在的疑虑。

七、中国企业在印度投资受到诸多限制

港口和通信是印度政府长期以来优先发展的项目，可以允许外资全资拥有，且自动批准，无需印度政府审批。甚至连军工企业，印度政府都允许26%的外国直接投资。但印度对于前来投资的中国企业却采取截然不同的态度。2005年，华为公司和中国香港的和记黄埔公司要在印度投资，印度总理内阁委员会多次以"危害国家安全"为理由加以拒绝。2006年，深圳中集集团所属的天达空港设备有限公司(以下简称"中集天达")参与了印度42台登机桥的国际竞标活动。然而，印度机场局却以"安全原因"拒绝了中集天达的竞标，将业务交给了标价比中集天达高出将近2500万美元的西班牙公司。

资料来源：竺彩华. 重新审视世界市场——中国企业跨国经营的非商业性壁垒[J]. 国际经济合作，2007(11).

案例分析

1. 为什么我国企业在海外经营中会有上述遭遇？

2. 从上述事件中我们应吸取哪些教训？

3. 跨国公司在对外经营中应如何规避经营环境的负面影响？

第4章 跨国公司的全球战略管理

 4.1 战略及战略管理过程

4.1.1 跨国公司战略管理概述

1.跨国公司战略

1) 跨国公司战略的含义和特征

跨国公司战略是一种特殊的企业战略，因此可以将企业战略的概念向跨国公司移植。跨国公司战略是指跨国公司在分析全球经营环境和内部条件的现状及其变化趋势的基础上，为了求得企业的长期生存与发展所做的整体性、长远性的谋划及其实行相应的政策。

跨国公司战略的特征因其经营环境的特殊性而与一般的企业战略稍有差异。

(1) 总体性与跨国性。企业战略是企业发展的蓝图，制约、指导着企业产业地位、总体规模、竞争能力、市场份额、收入和赢利增长率、投资回收率以及企业形象等具体活动。对跨国经营企业而言，其战略还具有全球性特征，即跨国经营企业的蓝图以国际市场为背景，它所规定的是公司的全球行动，考虑的是世界市场和资源。

(2) 长远性与稳定性。企业目标有战略目标、长远目标和年度目标之分。跨国公司战略着眼于公司的战略目标和长远目标，不以短期经营成败得失为着眼点，而是谋求国际市场经营的长期发展。恰如钱德勒(Chandler，1962)所言，战略必须确定企业最基本的长期目标、选择行动途径和为实现这些目标进行资源分配。经验表明，跨国公司战略通常着眼于未来3年至5年乃至更长远的目标。与企业目标的长远性相对应，企业战略往往比较稳定，一般不会进行重大调整。

(3) 纲领性与指导性。企业战略规定了企业在全球的长远目标、发展方向和重点，以及所采取的行动方针、重大措施和基本步骤。该规定具有原则性、概括性，具有行动纲领的意义。对于跨国公司而言，跨国公司必须对其战略进行展开、分解和落实，才能变为具体的行动计划。

(4) 抗争性与全局性。跨国公司制定的全球战略是与竞争对手抗衡的行动方案，与那些单纯为改善公司状况、增加经济效益、提高管理水平为目的的行动方案不同，战略目标是为了克敌制胜、赢得市场竞争的胜利。

(5) 现实性与前瞻性。企业战略的制定以现有的主观因素和客观条件为基础，企业战略不应脱离现实可行的管理模式，企业战略应与企业现有的战术安排、策略方法、实施力量相结合。与此同时，科学的企业战略设计应具有前瞻性、创新性，以满足企业未来发展的需要。

(6) 风险性与可变性。跨国公司的战略规划以对未来缜密细致的预测为基础，战略的制定需要借助想象与直觉等非理性思维，而不仅仅借助理性的思维和逻辑推理。制定战略所依据的环境总是处于不确定的、变化莫测的变动中，且其实施过程也会遇到种种风险与变数。因此，企业战略具有风险性。与跨国公司战略的风险性相适应，跨国公司应根据经营环境和自身能力的变化，对其进行适时、适度的修改。

2) 跨国公司战略的层次

跨国公司战略种类繁多。不同种类的战略对跨国公司具有不同的意义。跨国公司的高层管理者往往根据适应性、可接受性和可行性标准，对不同类型的战略进行评价和选择。

按照企业的管理层次，跨国公司战略大致可分为三个层次：公司战略、经营战略和职能战略。各层次的战略都是跨国公司战略管理的重要组成部分，但各自侧重点和影响范围有所不同。

(1) 公司战略(Corporate Strategy)。公司战略又称为总体战略，是由公司最高管理层制定的总体型战略，属于企业最高层次的战略，主要涉及企业的组织结构和财务结构。公司战略的内容主要集中在三个方面。

① 有效调动各种资源，实现跨行业和跨国多样化经营。具体包括：公司总体发展方向，包括进入哪些新的产品领域、新的行业和新的国家；是通过新建还是并购实现多样化经营，实现在各目标行业或国家的定位、多样化经营的。

② 对下属公司进行资产重组，维持企业的长期竞争优势，改进整体经营绩效。

③ 确定投资重点，把公司的有限资源配置到最有发展潜力的业务中。

(2) 经营战略(Business Strategy)。经营战略又称为一般战略、竞争战略或基本战略，是由企业各业务单位的主管以及辅助人员制定的战略。这些经理人员的主要任务是将公司战略所包含的企业目标、发展方向和措施具体化，形成本业务单位具体的竞争与经营战略。

经营战略的目标是在公司所经营的业务领域中确立或增强竞争优势。经营战略的制定必须考虑政府政策、产业发展、经济波动等外部因素。成功的经营战略侧重于在公司的核心能力基础上确立竞争优势。经营战略的目标要与公司战略目标保持一致。

(3) 职能战略(Functional Strategy)。职能战略又称为职能层战略，是由各职能部门的经理负责制定的战略，用于指导公司的智能性活动。跨国公司的职能战略主要涉及新产品开发战略、市场营销战略、融资战略、研发战略、分销战略、人力资源战略、顾客服务战略等。职能战略的主要作用是支持经营战略和竞争手段的实施。它细分了经营战略，确定了管理职能活动和实现各职能部门业绩目标的计划。在制定职能战略时，各职能部门的经理需要相互沟通与合作，确保各职能战略相互协调并与经营战略保持一致，以提高组织效率。

2. 跨国公司战略管理

1) 跨国公司战略管理的含义和特征

跨国公司战略管理可以定义为：跨国公司面对错综复杂、竞争激烈的国际经营环境，同时，以企业自身经营条件为出发点所制定的具有全局性、长远性、导向性和灵活性的关于生产、营销、采购、财务及人才培训等活动的跨越国界的总体性谋划，包括跨国经营总体目标的制定及其实现途径的选择。换句话说，跨国公司战略管理就是在全球竞争分析(包括外部环境与内部条件分析)的基础上，确立跨国公司的战略模式、战略目标与经营方向，进行战略规划，并组织实施与控制的全过程。

(1) 跨国公司战略管理是一个动态的过程。跨国公司的战略管理由战略分析、战略选择、战略实施等内容组成。各环节环环相扣，有机结合，共同服务于公司的宗旨和总体战略目标。

(2) 跨国公司战略管理是一个开放的过程。跨国经营企业的管理者必须超越企业内部职能管理和企业边界，将企业看作全球动荡环境中的一个开放系统，将管理重点由提高生产效率转向适应环境变化，对各种市场作出合理的选择、组合，并有效进入。

(3) 跨国公司战略管理包含多个层次的内容。跨国公司战略管理有公司战略、经营战略和职能战略之分。尽管侧重点不同，各层次都是跨国公司战略管理的重要组成部分。

2) 跨国公司战略管理的重要意义

制定跨国公司经营战略意味着企业放眼世界市场和世界资源分布。跨国经营战略是为了以多国为基础来优化运作，而不是将跨国运作只看作多个相互独立的国别经营活动的简单组合。一个科学合理的战略计划对跨国公司的生存和发展有着积极的推动作用。它的意义大致有如下几个。

(1) 为将各子公司在全球范围内联系在一起提供手段，把各分支机构和子公司联结起来，加强公司的统一性、合作性和协调性，强化公司在世界市场上的整体功能，使各子公司围绕总体目标相互配合，步调一致地在全球范围内开展生产经营活动，达成既定的经济目标。

(2) 为预计和应付环境变化提供途径，使企业接受变化、适应变化。具有长期性、预期性的经营战略使企业在不断变化的企业环境格局中看到机会，并通过使用各种创新手段适应和利用这些变化。

(3) 为企业协调和整合各种各样而又分散在各国的业务提供工具。通过对资源利用和产品销售的全球统一调配，跨国公司战略管理可以提高资金、技术、人力和物力的使用效率，使资源得到合理配置，获得来自全球的最大收益。

(4) 经营战略为企业提供新的中枢管理，它提出未来结果的限定规模，使企业朝着既定目标前进。

总之，跨国公司的经营战略管理是跨国公司在生产经营活动中必不可少的一个环节，它的积极指导的作用是十分明显的。一个成功的跨国公司，必须有一套科学的、合理的、同时能适合自己客观环境和经营特色的公司战略。

4.1.2　跨国公司战略管理的过程

跨国公司战略管理是一个动态过程。具体来说，它包括通过对企业内外部环境因素的分析和组合确定公司的宗旨和性质，设置公司要达到的战略目标，制定企业达到目标的战略和政策，执行并控制战略。企业的宗旨、目标、战略和政策的选择应以能够有效发挥企业的优势(Strengths)，克服劣势(Weaknesses)，利用机会(Opportunities)，避免威胁(Threats)为基础。

战略管理的过程通常包括三个阶段：战略制定、战略实施和战略控制。

1. 战略制定

战略制定包括企业内外部环境分析、企业目标和使命的确立、经营战略的选择等方面。

1) 企业内外部环境分析

(1) 企业外部环境分析。企业的外部环境分为宏观环境和微观环境两个层次。

① 宏观环境分析。一般认为企业的宏观环境有4类，即政治和法律环境、经济环境、社会文化与自然环境、技术环境。

② 微观环境分析。市场需求与竞争的经济学分析能够深化对微观环境的理解与认识。企业的微观环境主要包括产业环境和市场环境两个方面。产品生命周期、5种产业竞争力、产业内的战略集群、成功关键因素等分析方法是微观环境分析的重要工具。

(2) 企业内部环境分析。企业内部因素分析可以采用企业内部因素评价表这一战略分析工具，对企业在管理、市场营销、财务、生产、研究与开发等各方面的优势与劣势加以概括和评价，为制定有效的企业战略提供必要的信息基础。

企业内部环境分析涉及企业内部管理、市场营销能力、企业财务和其他内部因素。

① 企业内部管理分析。企业内部管理包括计划、组织、激励、任用和控制5个职能领域。组织是指在实现企业目标过程中有秩序和协调地使用企业的各种资源，其目的在于对企业各种活动和各种职位进行合理地安排。激励是影响职工按企业要求去工作的过程。管理的激励职能包括领导、团体动力学、信息沟通和组织改变4个方面。任用，又称为人力资源管理或人事管理，主要涉及职工的招聘、任用、培训、调配、评价、奖罚和其他人事管理工作。控制职能包括所有旨在使计划与实际活动相一致的活动。

② 市场营销能力分析。企业的市场营销能力分析，是从企业的市场定位和营销组合两方面来分析企业在市场营销方面的长处和弱点。市场定位是指企业高层管理者在制定新的战略之前必须回答的"谁是我们的顾客"这一问题。市场营销组合是指可以用于影响市场需求和取得竞争优势的各种营销手段的组合，主要包括产品、价格、分销和促销等变量。

③ 企业财务分析。这是指企业财务管理人员如何管理企业资金，是否根据企业的战略要求决定资金筹措方法和资金的分配，资金运作和决定利润的分配。企业财务分析对象包括企业的清偿能力、债务资本的比率、流动资本、利润率、资产利用率、先进产出、股票的市场表现等内容。

④ 其他内部因素分析。这主要包括生产分析、研究与开发分析和企业文化分析等方面。

2) 企业目标和使命的确立

目标是企业的目的点，规定着企业的发展方向和进程，通常以某些定性和定量标准、尺度或指标表示出来。目标对企业的基本作用是：规定企业与环境的关系，协调决策与决策者为企业提供运作绩效评估标准；与使命相比，比能够提供更具体的目标。为了确定目标，公司制定战略时，首先考虑的是给公司定位，即要弄清三个方面的问题：我们是什么样的公司，我们应该是什么样的公司，我们将是什么样的公司。这实际上是要求弄清公司的产品、市场、顾客、服务和行动的总体方向，在此基础上确定公司的总体目标。一般而言，企业的总体目标可以分为两：一类是经济方面的，主要包括市场销售、活力、树立企业形象、发展、分配等；另一类是社会方面的，主要包括满足社会消费的需要、增加税收、革新技术以影响社会、改造生产环境以净化社会、提供就业机会等。

跨国公司的使命所体现的特定经营哲学规范着企业的内在特性、指导原则和思想基础，规定着企业的职能，服务于跨国公司的全球运作，也为跨国公司指明了长远方向、基本目标和利润动机。跨国公司的经营哲学和使命应突出强调其国际业务的重点。

最后需要说明的是，公司使命需不断修改和完善，这种修改与完善应建立在随着实践的变化而对公司自身资源状况和对公司利益者状况的综合考察的基础上。

3) 经营战略的选择

选择经营战略并不是抽象地比较战略的优劣，而是从实际出发，考虑经营战略的适用条件，不同的适用条件需要采用不同的战略。这里主要研究两个问题：一是经营战略选择的原则；二是经营战略选择的方法。

(1) 经营战略选择的原则。选择的战略要与企业的长远目标相一致；选择的战略要与经营环境和谐一致；选择的战略要与企业的经营能力和优势相适应；选择的战略有一定的风险，同时又要留有余地；选择的战略要便于实施。

(2) 不同规模企业的战略选择。跨国公司投资企业规模有大、中、小之分，实力也各不相同，因而在战略选择上也是有区别的。

① 大中型企业的战略选择。大中型企业一般筹集资金能力较强、能用巨大的销售额来提升市场份额、并能同时开拓国际国内两个市场，甚至成为产业领先者。因为在人才、技术、经营管理等方面具有优势，素质较高，创新能力较强，因此这类企业有可能实行多样化经营，提供多样化的产品和服务，既提高盈利能力，又分散经营风险，增强适应市场变化的能力，同时，也有可能将小型企业吸引在自己周围，发挥专业化协作的优势。

② 小型企业的战略选择。小型企业经营特点同大中型企业正相反，它们资本少，筹资能力弱，经营规模小，在人才、技术、管理上缺乏优势。但因组织简单、决策较快，所以生产经营比较机动灵活。根据上述特点，小型企业可采用的战略有：集中化(即"小而专、小而精")战略、寻找空白点战略、经营特色战略、高新科技战略、联合竞争战略以及承包经营战略。

③ 大小企业的结合战略。这种战略又称特许权经营战略，所谓特许权是指一家大企业选定若干家小企业，授予大企业产品、服务或品牌的经营权，并收取一定的特许费，但不损害小企业的独立自主权。

各业务单位为了实现企业的战略，还要在业务单位、产品和市场层次上，制定各项具体的职能战略，如市场营销战略、财务战略、生产战略、人力资源战略等。这些职能战略是企业的总体战略在各业务单位、产品和市场层次上的具体化。在制定这些职能战略时，应明确各单位在企业战略规划中的地位，处理好各种职能之间、各个部门之间的关系。

2. 战略实施

战略制定后，企业必须将战略方案转变为战略行动，这一转变过程就是战略实施。战略实施就是通过提出具体的实施方案，制订行动计划、建立操作程序，将企业战略转化为实际行动并取得成效的过程。战略实施的第一步工作是制定短期(一年以内)目标，制定旨在实现这些目标和为经营决策提供指导的职能战略。第二步是分配公司资源，即在不同战略经营单位和职能区调配资本、人力资源、技术及其他资源。第三步是设计适合执行公司战略中的跨国经营战略的组织结构。第四步是关键人物领导战略实施，执行跨国公司战略的关键在于各海外机构或职能部门之间的组合和资源调配。

1) 短期目标

短期目标是为每个职能区、部门以及每个战略经营单位内的各单位而确定的目标，设计这些目标的目的是为了改进作业效率，因而目标的设定须围绕着行动而展开。长短期目标的重要区别在于衡量特点不同。虽然两类目标都可定量化，但长期目标具有相对性和宽泛性。

2) 职能层战略与政策

战略与政策必须在财会、营销、人事、生产与作业、研究与开发等职能区域加以制定和实施。这些职能层战略应与经营层目标和战略吻合。

职能层战略也称为政策，它们通过为在日常经营活动中执行战略提供和运用某些方法而使经营战略得以运转，其特点是将战略思想转化为行动，并辨别和协调不同领域将采取支持战略经营单位战略的行动，以提高跨国公司目标得以实现的可能性，从而为连接经营战略方案与其执行过程之间的行动提供指导。

3) 资源调配

跨国公司用以调配的资源主要有三种：人力、资金和固定资产。战略得以合理实施的标志是无资源浪费。在三类资源分配中，优秀人力资源应基于机器、厂房、技术、工艺和产品秘诀等的可供性予以首先分配。这些骨干人才能想出新点子，经营层和职能层战略可对之加以利用。接下来再将资金分配用于各个经理提出的项目、战略上。

资源分配要注意保持平衡，不仅要求三类资源之间的平衡，而且要求不同项目、战略经营单位及每个战略经营单位的各职能之间的平衡。只有优秀的战略家才能构思出良策，而这些"良策"也必须通过优秀的经理人才能成功地加以实施。因此，每个组织单位都需要优秀人才来制定和执行战略，当然，其他资源对实施制定战略也十分重要。跨国公司经理必须将特定的战略目标时时铭记在心，然后根据这些战略目标在所有的战略经营单位之间分配和转移关键资源。在战略经营单位层次，这些战略经营单位层次的公司用不同的方法在其不同的功能区、部门、单位之间分配资源。这时，资金分配通常采取预算的形式。问题在于在不同功能区、部门、单位和项目间的资金应该如何分配，战略经营单位是应该将其用于扩大生产能力还是应该将更多的投资用于改进管理技术和职工培训，在资源有限的情况下，鱼和熊掌不可兼得。战略经营单位的管理者应根据跨国公司经理们制定的指导原则确定哪种职能或业务在资产、资金和人力分配中有优先地位。

4) 组织结构

战略目标和意图要靠组织去完成和实现。战略实施中的重点是建立一个被部署好的组织结构。活动、职责以及与战略需要相吻合的相互关系需予以精心的安排。未经筹划的组织结构有碍于结构与战略实施之间的协调，这将导致效率低下、方向出现偏差、沟通不畅和一盘散沙的行动的出现。

组织结构以实现目的为手段，但其自身不是目的。它是管理业务规模的多样化以促进战略成功的工具。

5) 人力资源管理

委任关键领导人物和总经理。个人、群体和单位构成组织行动的机制。他们的行动效果决定着战略实施是否能取得成功。有效的领导是促进和引导个人与群体努力迈向战略实施成功、目标得以实现的根本。

3. 战略控制

战略控制是对跨国公司战略实施进行评价以及采取必要的纠正行动的过程。对跨国公司来说，有效控制战略实施过程，可以保证公司业务活动及个体决策与公司战略目标相一致。如果缺乏有效的战略控制，跨国公司的经营活动就会出现各种各样的问题。

对跨国公司而言，控制不仅包括对下属分公司战略活动的控制，也包括对总公司战略活动的控制。由于跨国的公司经营活动具有地理上的分散性、经营内容的多样性、经营过程的不确定性，因此，对跨国公司的战略控制极为复杂与困难。

1) 跨国公司战略控制的内容

跨国公司全球战略控制包括战略控制、组织控制与操作控制三个层次。跨国公司战略控制的内容一般包括三种活动：一是监视、分析企业环境因素的变化，评价企业战略制定根据是否依然成立；二是测定企业表现，判断企业战略实施结果与预期的差异；三是采取必要的纠正行动，调整或修改企业的政策、具体战略、目标等战略管理的内容。

2) 跨国公司战略控制系统

战略控制系统是跨国公司战略控制的重要环节。建立战略系统包括4个步骤，即设立绩效控制标准，评估实际绩效，将实际绩效和绩效标准相比较，采取正确的行动以便对绩效差异作出正确的反映。

(1) 设立绩效控制标准。从生产和市场营销角度看，这些控制标准包括销售水平、生产水平、质量标准、雇佣水平、成本与收入、财务和收益等。

(2) 评估实际绩效。对公司业务运作实际绩效的准确评估要求公司建立一种收集财务和非财务数据的系统。目前，跨国公司普遍采取数据自动记录系统，以使公司能够收集每日的生产与销售数据，并对数据进行处理与分析。

(3) 将实际绩效和绩效标准相比较。这种比较有助于公司管理层确定实际绩效和绩效标准之间的差异及缺口，发现这种差异和缺口的性质与规模。

(4) 战略修订。这是指采取正确的行动以便对绩效差异作出正确的反应。跨国公司在对实际绩效和绩效标准相比较的基础上，对相关信息进行重新分析与预测，并根据分析和预测的结果，对战略控制系统中的绩效标准进行修正。战略方案修改的原因多种多样，可能是战略的长期稳定性与战略环境多变性之间发生矛盾、战略方案本身不科学、执行中有误等。其修改可能是局部性修改、职能战略修改与总体战略修改。

4.2 跨国公司的全球战略

跨国公司经营战略具有长远性、稳定性、竞争性、系统性、全球一体化等特征。其中全球一体化特征是最显著的特征。从历史角度来看，跨国经营战略，可分为市场营销战略、供应战略、全球战略三种。

(1) 市场营销战略，是指为了满足东道国当地市场的需要，而进行的跨国经营筹划，这是企业跨国经营初期的一种战略形式，是传统出口战略的延伸和发展。

(2) 供应战略，是指为了向母国或母国和东道国之外的第三国提供产品和服务，而进行的跨国经营筹划。这种战略形成在市场销售战略之后，且两者经常结合使用。

(3) 全球战略，是指从全球一体化角度出发，寻求生产要素在全球范围内的最优组合，抓住全球性机遇，确定全球性战略目标，并进行全球性选择和部署。

20世纪90年代以来，随着经济全球化的强劲发展，全球竞争日益加剧，许多跨国公司开始扬弃传统的市场战略和资源战略，相继宣布推行全球战略。全球战略正在以强有力的方式改变着跨国公司，它迫使企业重新思考自己的传统战略，重新设计其组织结构，寻找新伙伴，解放思想，更新观念，跨越国界，进行国际竞争。

4.2.1 全球战略的含义和特征

1. 全球战略的含义

我国大多数有关跨国公司管理的教科书都给全球战略下了一个大体雷同但比较抽象的定义，即全球战略(Global Strategy)是指跨国公司从全球角度出发，对它所拥有的有限资源进行优化配置，以期达到长期的总体效益最大化，而不是斤斤计较国际业务活动中一时一地的得失。美国哈佛大学教授波特所下的定义是，所谓全球战略"并不单纯指企业的经营活动越出了国界，而且还包括如何将这些越出国界的经营活动有机地结合起来，使某一企业在某一国家的竞争地位直接影响着该企业在其他国家中的竞争地位"。美国惠普公司总裁戴维·惠特曼(David Whitman)认为，全球战略是在世界范围内综合平衡公司的能力，从而使公司作为整体的总效用大于分散个体效用的总和；仅仅实现销售全球化，或拥有全球知名的品牌，或在不同的国家经营都是远远不够的。日本学者石井昌司认为，全球化战略(全球战略)是指不把世界作国内国外的区分，视之为一个统一市场，从世界性的视野来考虑研究开发、购买材料和部件、生产、销售、财务、人事等的战略。加拿大学者包铭心等认为，在全球战略下跨国公司为追求最大化国际效率，把各种经营活动安排在成本相对低的国家，进行世界规模性标准化生产，促进国家之间市场活动的共享，实现全球一体化经营。

综上所述，跨国公司的全球战略即在正确的战略思想指导下，在科学分析国际经营环境和自身经营条件的基础上，为求得长期生存和发展而作出的总体的、长远的谋略。这既是企业战略思想的集中体现和经营范围的科学规定，又是制订规划(计划)的基础。具体地说，跨国公司的全球战略，就是在经济活动中，以全球竞争的视野和思维方式，在考虑来自世界任何国家和地区的激烈竞争和各种可能变化的环境制约因素时，从全球、长远的角度出发，最合理地配置和使用各种有限资源，对各种市场作出合理地选择、组合及有效地进入。从其制定要求来看，全球战略就是从机遇和风险的角度来评价现在和未来的环境，评价公司现状、优势和劣势，进而选择和确定公司的全球、长远目标，制定和选择实现目标的行动方案。

2. 全球战略的特征

与其他战略相区别，典型的跨国公司全球战略有5个基本特征。

1) 具有全球性思维的经理层

全球战略的真正含义在于将所有方面有机、统一地考虑。跨国公司由市场战略发展到全球战略，其实质是由民族经济和母国利益的"多国国内战略"向服务与全球范围内公司利益最大化的"无国境战略"转变，公司经理也就由民族经理转变为全球经理。作为全球竞争者，为获取全球效率最大化而立于不败之地，经理们就应超越民族和地域的束缚，不再单纯、孤立地考虑某一国的市场和资源，而是做全球性的思考，把生产成本压到最低。全球性的思考，就意味着在全球利益最大化目标的指导下，全球性地思考经营环境的变化、资金筹措、生产布局、全球性地思考营销措施以及企业的生存与发展问题。不仅母公司经理要全球性地思考，而且子公司经理也要全球性地思考，努力克服地方狭隘观念，全球性地思考本公司的生产经营、与母公司和其他子公司的关系以及服从全球战略等问题。总之，全球性思考是全球战略的灵魂，只有这样，才能统揽公司整体的、长期的利益。

2) 具有更大的风险性

面对全球竞争市场，跨越多种文化系统，在全球范围内配置资源，无疑充满着不确定性和变数，不易控制的因素增多，从而使全球战略的经营决策的风险增大。由于全球战略的实施强调公司应着眼于长远利益和全局利益，牵一发而动全身，因而决策失误可能造成的损失比实施其他战略更大，所以跨国公司必须十分注意根据不断变化的情形适时调整经营战略。

3) 具有旺盛的创新能力

在当今经济全球化和知识经济并存的时代，知识不断翻新，技术革新加速，市场竞争加剧，创新已经成为企业生存和发展的基本动力。全球行业通常表现为数家跨国公司垄断的寡占结构，竞争异常激烈，市场行情更是急速变化，英特尔公司前总裁安德鲁·葛洛夫把它形容为"十倍速变化"。适者生存，不适者淘汰。不少名噪一时的跨国公司由于缺乏持久的创新力或销声匿迹或陷入困境。以电脑行业为例，王安公司破产。相反，那些保持旺盛的创新力的企业成为行业的领头羊，如电脑业巨头微软公司和英特尔公司，它们不断推出新产品。福特公司大幅度消减车型种类，实现基本部件全球标准化，为的是集中人力、物力、财力提高新车的研究开发效率，以最快速地反映满足市场的需求。创新不仅仅是推出新产品，还包括新技术的开发、新管理方法的运用、新制度的实施以及新市场的开拓等。旺盛的创新力是跨国公司维持和获得全球竞争优势的动力源泉，是全球战略的本质要求。

4) 全球生产经营的专业化、标准化

全球战略要求跨国企业营造全球竞争优势，竞争优势意味着以最低的成本获得最好的技术和产品设计、制造、销售。实行市场战略，跨国公司在多个国家内进行生产销售，无法在世界范围内实行专业化生产而获得规模经济。经济的全球化使跨国公司突破国界，把不同的生产经营环节转移到相应有利的国家和地区，从而进行规模化专业生产，降低成本。如美国的"朋蒂亚克—莱曼"牌小汽车的生产，设计部门在德国，发动机的生产在澳大利亚，变速器的生产在美国和加拿大，车身薄板的生产在日本，无线电设备的生产在新加坡，而电气设备与轮胎的生产则安排在韩国。差别化生产经营无疑会增加成本，而标准化生产经营可以降低成本，标准化也有助于规模化专业生产而产生规模经济。

5) 组织结构网络化和柔性化

企业组织理论认为，结构跟随战略变动，并保障战略目标的实现。全球战略的组织结构特点是网络化和柔性化，网络化和柔性化的组织结构有助于跨国公司获得全球竞争优势和达到全球效率的最大化。跨国公司由资源战略进展到全球战略的过程，也是其一体化程度由简单一体化深化到综合一体化的过程。这样，跨国公司的海外子公司不再是独自存在或只是与母公司进行垂直联系，而是在母公司的通盘协调下，不仅仅与母公司而且还与其他子公司进行分工合作，实行双向或多向的资源和信息交流与共享，形成一个网络系统。英国著名的经济学家邓宁教授在1993年就指出，综合一体化生产经营可以产生"共同管理经济"，降低经营成本，从而使跨国公司获得全球竞争优势。共同管理经济指的是跨国公司对全球各地的分支机构进行管理协调而带来的各种额外收益，它主要来自以下几个方面：①充分利用各国的要素禀赋差异所带来的经济效益；②跨国公司各分支机构的资源和信息共享也是共同管理经济的一部分；③对一些流动性较强的资源在全球范围内进行调配，提高资源的产出效率；④以更经济的方式满足全球化客户的需求，如在全球建立统一的形象等。

4.2.2 全球战略的手段

全球战略是多方面的。为世界企业确定战略需要从一系列战略要素中作出选择。这些因素的某些方面决定了战略应定位于连续统一的多地区取向还是全球取向。以下是决定业务战略定位的5个方面。

(1) 市场参与，包括对开展业务国家的市场进行选择以及对其活跃水平特别是市场份额进行考察。依照全球市场参与战略选择国家时，要根据各国对全球化利益的潜在贡献进行选择。这意味着我们应当进入一个就其本身来讲没有什么吸引力、但却具有全球战略意义的市场。例如，一个全球竞争对手的国内市场；或者说它意味着我们应当集中资源在数量有限的关键市场构建份额，而不是更广泛地扩张范围。在主要市场占有主要份额是美国、欧洲和日本三国所提倡的方式。

(2) 产品和服务，包括世界企业在不同国家提供相同或不同产品的程度。全球性产品战略的思路是，提供一种基本上不考虑适应各地需求的标准化核心产品。成本降低通常是产品标准化的最大收益。另一些人则强调产品多样化的必要性，认为只有保持产品多样化才能分享技术和销售渠道。另外，他们还强调有必要保持产品灵活性。在实践中，跨国公司在某些时候一直在或多或少地实行全球性产品标准化。

服务的本质使同时实行标准化和本土化成为可能。地方因素可被轻而易举地加入到全球方式中来，例如地中海俱乐部(Club Med)提供的服务。这个著名的旅游胜地连锁集团将适应地方需求与其核心产品结合到了一起。娱乐需求因不同的旅游胜地而各异，例如印度尼西亚的巴厘舞和亚洲其他旅游胜地的麻将游戏及许多群体活动。地中海俱乐部试图将美国游客引导到讲英语的俱乐部去。他们通过印刷两种不同的旅游手册达到目的。由于反映欧洲旅游胜地特色的旅游手册在美国根本无法得到，美国游客只好根据在美国发行的旅游手册的指点前往讲英语的俱乐部。

(3) 价值增值活动的布局，包括对每个价值增值活动的地点进行选择，这种活动有完整的价值增值链——从研发到生产到售后服务。依照全球活动布局战略，价值增值链是拆散的，各项增值活动可以在不同的国家进行。该活动的主要益处在于可使成本降低。还有一种增值链战略是部分集中、部分再造。这种全球战略的主要特征是在全球系统地安排增值链。

(4) 营销战略，包括世界企业在不同国家使用相同的品牌名称、广告和营销手段的程度。依照全球营销战略，在全球使用相同的营销方式，但并不要求营销组合的所有方面都相同。联合利华(Unilever)在推销一种棉织品柔软剂上取得了巨大成功。在推销过程中，该公司使用全球统一的产品定位、具有相同广告主题和象征物(一种绒毛玩具熊)，但在各国使用不同的品牌名称。类似地，一种具有相同用途的产品可以依照相同的营销计划进行地理上的推广，尽管在营销环境上会有不同的障碍。

(5) 竞争战略，包括世界企业在每个国家开展作为全球竞争战略组成部分的竞争策略的程度。依照全球竞争战略，竞争策略是全球一体化的。同类竞争策略在不同国家的同一时刻或系统地按照某种时间先后顺序；或在一个国家对竞争对手发动攻击，以消耗它在另一个国家的资源；或在一个国家的竞争性攻势在另一个国家遭到反击。

4.2.3　全球战略的优点和缺点

1. 全球战略的优点

全球战略的优点主要体现在以下4个方面。

1) 降低成本

全球战略能够通过以下方式在全球范围节约成本。

(1) 将生产或其他经营活动放到两个或多个国家联合经营能够获得规模经济效益。例如，数字光盘唱机的大批量生产可以获得规模经济效益。索尼公司在了解到规模经济的潜在利益之后，便将其光盘的生产同时集中在印第安纳州的泰瑞豪斯(Terre

Haute)和奥地利的萨尔茨堡(Salzburg)进行。

(2) 将制造或其他经营活动转移到低成本国家可以降低要素成本。这已成为近年来形成将制造业移往国外浪潮的理所当然的动机(美国公司的表现尤为积极)。例如，在美国和墨西哥边境的墨西哥一侧积满了由美国公司建立和管理，但使用墨西哥劳动力的制造厂。

(3) 集中生产是指减少产品的种类，从多数地方模式变成少数全球模式。显然，当一个工厂的产品种类减少时，产品的单位成本便会随之下降。这种产品种类的减少会降低由建厂、停工、额外存货和其他诸如此类因素所产生的成本。

(4) 可被利用的灵活性，是指在短期内将生产从一地转到另一地，在某一给定时间段所获得的最低成本利益。陶氏化学公司(Dow Chemical)采用了这种以最低成本生产化工产品的方法。该公司为此使用了一个测算在汇率、税率、交通运输和劳动力成本等因素上的国与国之间差别的线性规划模型。该模型可以产生每个计划期各地区最佳的生产量组合。

(5) 提高议价能力，是指通过一个可以在不同国家的多个生产场所自由转移生产的战略，从而极大地提高一个公司与供应商、工人和东道国政府讨价还价的能力。自1992年单一欧洲市场形成以来，出现了允许公司不受约束地在国家间转移生产的情况，目前这一情况已受到欧洲工会组织的极大关注。这种一体化生产战略在牺牲工会利益的情况下，大大提高了公司管理者的讨价还价的能力。

2) 提高产品和项目质量

将精力集中在较少的产品和项目上，而不像典型的多地区战略那样集中在许多产品和项目上，这样做能够提高产品和项目质量。全球集中生产是使日本在汽车产业获得成功的原因之一。丰田公司向全球推出的汽车品种远远少于通用汽车公司(General Motors)，即使在其单位产品规模小于通用汽车的情况下。在通用汽车分散其开发基金的时候，丰田公司在集中精力改善其少数汽车品种。例如，丰田佳美(Toyota Camry)是20世纪90年代世界基本品牌的美国版本，也是长线开发努力的成功典范。在中型轿车种类中，佳美车持续排名最佳。相形见绌的是，通用汽车公司在20世纪80年代早期作为最成功的小型跑车推出的旁蒂克·菲埃罗(Pontiac Fiero)，仅仅几年后就退出了市场。产业观察家们指责这是运用开发资金去解决小问题的失败的典范。

通用汽车公司在努力提高成本和设计的全球效益的同时，继续为扩张而奋斗。通用汽车公司在解决其全球化的许多问题上越来越依赖于其在德国的子公司——欧宝公司(Opel)。然而，高额的重组成本、货币的波动和地区在设计上的差别拖延了建设小轿车平台和开发"全球车"的进程。尽管存在这些拖延因素，通用汽车公司的战略指挥部仍然批准了一项生产一种以欧宝威达(Opel's Vectra)轿车为基础的高级土星(Saturn)轿车的计划。欧宝的工程师还与公司的其他技术人员组成团队援助卡车和微型面包车项目。虽然这些联合行动最终可能盈利，但是事实证明，美国公司的全球车的努力在过去已经宣告失败。

相反，许多日本公司已经成功地向市场推出了全球车，譬如丰田佳美和本田雅阁(Honda Accord)。一些欧洲公司也获得了成功，它们推出了合适的产品等级系列，系列的一端是大众甲壳虫(Volkswagen Beetle)，另一端是奔驰和宝马。菲亚特(Fiat)公司也认真地进行了一项全球车的尝试，它们于1996推出了其派力奥(Palio)轿车。

3) 增强顾客的偏好

通过强化全球可获得性、全球服务能力和全球认同能够增强顾客的偏好。软饮料公司和快餐公司理所当然地成为这个战略的拥护者。许多金融服务商，譬如信用卡商，由于其服务性质与旅游密切相关，因而其必须提供全球性服务。工业生产制造商也利用这方面获得相应的好处。一个能够向跨国客户在世界各地提供标准化产品的供应商可以从客户所在组织对全球化产品的熟悉中获得利益。长期以来电脑生产商一直在实行这个战略。

4) 提高竞争力

全球战略提供了许多针对竞争对手的进攻和反击方法。为了防止日本厂家在一次性注射器产品上造成竞争损害，美国主要的医疗器械生产商碧迪公司(Becton Dickinson)决定进入属于日本"后院"的三个市场，即中国香港市场、新加坡和菲律宾市场，以防止日本企业的进一步渗透。

2. 全球战略的缺点

由于协调工作的增加、各种传达活动和人员的增加，全球化会带来显著的管理成本。假如过度集中挫伤了地区的主动性和士气，全球化还会在各国降低管理效率。此外，每个全球战略手段均有各自的缺陷。

首先，作为全球战略手段的市场参与方式可能存在的缺陷是，企业对一个市场过早或过多地承担了义务而没有考虑参与者的个体利益。20世纪80年代以来许多美国公司，譬如摩托罗拉公司，长期致力于向日本市场渗透，其目的大多是提高它们的全球竞争地位而不是为了其自身的利益，即在日本赚钱。同样，20世纪90年代以来许多外国公司一直为在中国确立市场地位而努力奋斗，吸引它们趋之若鹜的是将来的回报。第二，产品标准化可能会导致任何地方都找不到一种可以充分满足顾客需要的产品。第三，价值增值活动会拉大这些活动与客户的距离并且可能降低企业对市场的敏感性和灵活性。此外，在不同国家所产生与获得的收入还存在着货币风险。第四，一致性营销可能会削弱对地方顾客行为和营销环境的适应性。最后，竞争策略一体化可能意味着在单个国家牺牲收入、利润或竞争地位。这种情况特别表现在当一个全球化公司在一个国家的子公司被要求向一个全球竞争对手发起进攻以传达某种信号或将该竞争对手的资源从另一个国家转移出来的时候。例如，为了支撑摩托罗拉公司与其日本竞争对手的全球竞争，在整个20世纪80年代到90年代摩托罗拉公司在日本的子公司一直扮演着上述角色。

4.3 跨国公司进入战略

4.3.1 直接出口和间接出口

1. 直接出口

直接出口是企业国际化经营的起点，它既可以在公司内部设立国际业务部，向东道国或地区的中间商出口产品，又可以在东道国设立专门的销售机构或子公司就地销售。

随着对外贸易经济量的增长，企业会向国外派遣人员，在国外设立办事机构和销售公司，但企业的国内基地仍然是产品设计、生产和销售的重要地点，最重要的决策和制造责任仍由国内企业承担。直接出口要独立承担海外市场的风险，虽然要支付更多的费用，但利润要比间接出口大得多，并且可以直接进入国外市场取得经营国际化的经验，有利于即时调整企业的经营策略和方法。

从直接出口的定义可知，直接出口分两种情形：一是设立出口部或国际业务部向目标国家或地区的中间商出口产品，由后者在目标市场上进行产品经销或代销；二是在目标国家设立专门的销售分支机构或子公司就地销售。对于第一种情形，企业还必须在当地寻找商业伙伴——批发商、零售代表或代理。设在当地的代理机构也须接受委托为企业的产品寻找买主。这种代理机构通常都会接受好几家具有互补性产品厂家的委托代理。对于第二种情形，企业需要通过自己的海外销售分支机构或子公司在目标市场上寻找买主。寻找买主的方法之一是求助于当地的商务管理机构，但更多的是需要直接与用户联系，比如，生产医疗设备的企业可以直接向医院销售产品；对于政府部门、学校、其他企业所需要的产品，企业可以直接上门销售。

2. 间接出口

间接出口是指企业通过本国中间商来从事产品的出口。这种方式下，企业可以在不增加固定资产投资的前提下出口产品，费用低、风险小，不影响销售利润。而且，企业还可以积累国际经营的经验，为以后采用其他方式奠定基础。

间接出口多半是通过专业外贸公司或专业的出口代理商来进行的。选择间接出口的优点是：企业无需专门花费人力和物力，完全可以借助专业外贸公司多年的丰富经验和广泛的销售网络，这要比自己寻找海外贸易伙伴节省很多时间，还可以更迅速地打入国际市场。如果企业在这一过程中积极参与，还可以逐步了解出口的各个环节，经过一段时间的积累，就可以初步获得出口所需的技巧和经验。

选择间接出口的缺点是：企业可能会失去对产品销售和服务方式的控制权，企业的形象和名誉也可能会受到损害。中介公司会从中盘剥相当一部分利润，这些盘剥会使产品价格上升，从而影响企业产品在海外市场的竞争力。

4.3.2 授权经营方式

1.许可证贸易

许可证贸易是跨国公司通过协议把技术专利、专门技术或商标的使用权转让给东道国企业的一种形式。跨国公司作为技术供应方，转让的技术大体上分为两类：一是工业产权技术，包括发明专利、实用新型专利、外观设计专利和商标专利等；二是非工业产权技术，主要是未经专利程序的技术诀窍，包括设计方案、设计图纸、技术说明书、技术示范和具体指导等。

对输出方而言，许可证贸易这一市场进入方式的优点主要表现在以下几个方面。

(1) 可以绕过贸易壁垒，如超越输入方对进口的关税或数量的限制。

(2) 有利于降低成本。在典型的国际许可贸易中，被许可人将承担用于建造海外营业设施的大部分资本，许可人不必承担用于打开外国市场所需的开发成本和风险。

(3) 当企业不愿意在不熟悉或者政治不稳定的外国市场投入大量资源时，许可证贸易也是一个很好的选择。许可证贸易与直接投资相比，没有固定资产的投入，也不必担心输入国实行国有化。

许可证贸易的缺点主要表现在以下几个方面。

(1) 运用范围受限制，输出方必须拥有输入方所需的无形资产，如专利技术和商标等；当鉴定的是排他性许可协定时，在许可期间输出方一般也不能再以出口或直接投资的方式进入输入方市场。

(2) 在许可协定下，被许可人通常各自建造自己的生产设施，这将严重地限制企业对被许可方生产、营销和战略的严密控制。

(3) 与出口和直接投资相比，从许可协定中获得的收益一般较低，在许可期满后也不能再获益。

(4) 通过许可协定，企业可能会泄露商业秘密和技术秘密，失去对技术的控制，并且有可能培养出有力的竞争对手。例如，美国无线电公司曾经把它的彩色电视机技术许可给包括松下公司和索尼公司在内的许多日本企业。这些日本企业迅速地消化并改进了这项技术，然后利用这项技术将本国生产的彩色电视机打进美国市场。现在，日本企业在美国彩色电视机市场上拥有的份额要高于美国无线电公司。

2.特许经营

特许经营是在服务行业中普遍采用的一种非股权的跨国经济合作形式，是指跨国公司与东道国企业签订协议，规定在东道国的特定地区按要求的标准和方式经营其产品或业务。跨国公司通常就特许权的转移和使用进行控制，有时通过定期考查代理商的设施，对重大特许经营决策和人员招聘施加影响。例如，美国麦当劳在国外以特许经营方式建立的快餐连锁店必须一丝不苟地遵守公司规定的制作和营销汉堡的35道程序。

在出口比较困难，或者对直接投资存在限制的情况下，通过特许经营，企业可以免去独自打开国外市场的风险。这是一种很好的激励制度，促使被许可人尽快地实现赢利。因此，通过特许经营战略，服务性企业可以迅速地以低成本和低风险进入全球市场，另外还可以在更大的市场范围内使用标准化的促销方式等。

除了具有许可证贸易的缺点外，特许经营的一个明显缺点是质量控制。特许经营的基础在于通过企业的品牌向消费者传达关于这种产品质量的信息。但是问题在于，外国被许可人有可能不像许可人所期望的那样关心质量。随之产生的质量问题不仅使外国企业的销售额受损，而且还会损害该许可企业在全球的声誉。

4.3.3　服务合同方式

1. 管理合同

管理合同是指公司以合同形式承担另一公司的一部分或全部管理任务，以提取管理费、一部分利润，或以某一特定价格购买该公司的股票作为报酬。作为提供跨国管理服务的合同，一般只涉及企业日常运行的管理，而不涉及新增投资、长期债务、所有权的重新安排、红利的分配等问题。这是跨国公司输出其管理优势的一种形式。虽然这一方式的进入风险很低，但由于所获得的收入少，也不能永久地获得在输入方市场中的地位，所以这一方式很少单独使用，而是常常与合资企业或"交钥匙"工程一起使用。

2. 技术合同

技术合同是企业同外方签订协议，向对方提供为开发技术或解决技术难题而进行的各种技术咨询服务活动，其中新产品、新工艺方面的技术咨询服务最为常见。

4.3.4　建立合同或生产合同方式

1. 交钥匙工程

所谓交钥匙工程就是企业为东道国建设一个工厂体系或工程体系，承担全部设计、建造、安装、操作人员培训、调试以及试生产等活动。当合同完成时，外国客户将获得可随时完全运作的整个设施的"钥匙"，"交钥匙"的名字由此得来。它实际上是一种高度专业化的出口，是一种技术贸易方式。参加交钥匙工程活动的企业一般有三类：工程设备的生产厂家、建筑公司及咨询公司，其中以建筑公司为最多。

一般技术的输入方都是政府的有关机构，其中又以发展中国家居多。根据技术输入方的要求，"交钥匙"的方式有两种：一是在承包工程完成、试验成功，达到合同中规定的指标要求后，即可进行技术交接；另一种是承包人必须培养技术输入方的管理、技术及操作人员，并由输入方人员单独操作，达到合同规定的要求时，才可进行交接。对于技术输出方来讲，这两种方式的主要差别是风险不同。在前种方式中技术输出方只承担自身技术上的风险；在后一种方式中，技术输出方除了承担自身的风险之外，还要承担技术输入方技术、管理等方面的风险。美国商务部认为，影响技术输出方获得合同的因素，依其重要性排序，主要是价格、出口财政资助、管理和技术质量、经验以及声誉。此外，与东道国保持良好的关系也是保障得到合同和履行合同的重要条件。

交钥匙工程的进一步发展就是"BOOT"项目。"BOOT"是建设(Build)、拥有(Own)、运营(Operate)、移交(Transfer)英语单词的首字母缩写。承建公司在建设完制定的项目之后，按照合同拥有该项目若干年的经营权，并从经营该项目中获得收益，经营期满之后再把该项目无偿地移交给发包方。例如，澳大利亚和日本的一家合资企业Transurban集团公司，承建了墨尔本的环城线(包含隧道的高速公路)工程，在建成后拥有34年的所有权和经营权。34年期满之后再无偿移交给维多利亚政府。在这34年内，Transurban集团公司靠收取车辆过路费获得收益。

2. 制造合同

制造合同，是指跨国公司向外国企业提供零部件由其组装，或向外国企业提供详细的规格标准由其仿制，但营销功能还是保留在跨国公司内部的一种方式。发达国家的制造业领域的跨国公司为了降低制造环节的成本，有时采取这一方式。

这种方式的优越性是可以降低资本及管理成本、运输成本，比较迅速地进入制造方的市场，并且没有直接投资那样的风险，还可以保持对产品销售及售后服务的控制。其缺陷是在其他国家很难发现一个满意的制造商，并且从长期看，也很可能是在国际市场培育了一个新的竞争者。

3. 分包

分包(Sub-letting)是指一家企业将一个具体的生产任务或将企业某一经营部门承包给另一家公司。分包合同可以是长期的，也可以是短期的。国际分包是发达国家的总承包商向发展中国家的分包商订货，或者负责生产部件或组装产品。最终产品由总承包商在其国内市场或第三国市场出售。国际分包合同通常是短期的，每年续订一次。在国际分包中，由于目标国家或地区的企业只承担生产过程中的一部分任务，并且所生产出的产品的规格、数量、性能等又都是按照合同规定加工出来的，故往往只适合发包人的需要，难以作为成品进入市场。目前分包已作为包括福特(Ford)、通用电气(GE)、罗尔斯·罗伊斯(Rolls Roybce)、惠普公司(HP)等国际知名企业追寻的共同趋势。

分包在基础建设、航空产业及汽车业中已占有重要地位。一方面是因为这些领域生产的复杂性使得企业必须将特定的经营活动承包给专门公司；另一方面全球竞争的压力也迫使企业不得不缩短研究开发时间并努力降低成本。通常在上述领域中，研发要依赖于多种技术，而这些技术十分复杂以至于没有任何一家公司在竞争中能单独包揽全部技术。因此，与其单枪匹马作战，不如让那些能以最高效率或最低成本生产的国外厂家承包更为有利。很多领域的跨国公司也因此越来越趋向于扮演设计师和总承包商的角色，生产则事实上由遍布全球的专门承包商负责。

分包的优点是：①可以集中力量把企业的主要精力放在对核心部件的设计、生产或技术开发上，而把那些不太重要的生产交给其他公司；②充分利用外国生产商低廉的土地、设备及人力，可以说，降低成本是签订国际分包协议的主要动机；③跨国公司通过了解工业承包商的产品和生产过程，可以很快用海外新技术武装自己的产品，提高竞争力。

分包的缺点是：①有可能导致对国外合作伙伴的零部件供应、生产开发和设计能力越来越严重的依赖，引致自身生产能力的弱化，以及企业整体运营的灵活性和管理控制能力的下降；②可能致使企业生产经营空洞化，由此导致国内失业人数增加以及使公司面临民族对抗情绪的压力。

4.3.5 对外直接投资

对外直接投资或国际直接投资(Foreign Direct Investment，FDI)，它是跨国公司产生和发展的前提。当今社会，国际资本来源和流向的日趋多元化，使得跨国直接投资活动迅猛发展。

国际货币基金组织在其出版的《国际收支指南》(第5版)中给对外直接投资下的定义是："一国投资者为获得持久利益而在其他国家进行长期投资。直接投资的目的是在国外企业的管理中施加影响。"美国商务部的定义是："对外直接投资指某一个人在某一个国家对位于另一个国家的企业具有持续性的利益或某种程度的影响。"

英国学者邓宁对上述定义中采用"影响"(Influence)一词，而不是"控制"作为判断直接投资的标准，提出了不同看法。他认为，有些跨国公司对其拥有100%所有权的海外独资企业的日常经营管理决策施加了很少的影响，而另一些跨国公司在海外企业中拥有少数股份，但却具有很大影响。而且，即使没有进行直接投资，一个企业也可以通过签订承包合同对与之合作的另一国企业施加影响。因此，它定义的对外直接投资是："一个企业在其母国以外进行的投资，这种投资包括资本、技术、管理技能、进入市场的优势以及企业家声誉。投资者对投资资本的动用有控制权。"

综合上述定义，我们可以说，对外直接投资是指一国投资者为获取外国企业经营管理上的控制权而输出资本、技术、管理技能以及其他有形资产或无形资产的经济行为。

1. 独资经营与合资经营

跨国公司对外直接投资的方式可以根据不同的划分标准进行不同的分类。从跨国公司的国外参股形式的角度，将对外投资分为独资经营和合资经营。

1) 独资经营

所谓独资经营是本企业拥有所投资企业100%的股权，独资经营、独享利润、独担风险。在外国市场上建立独资子公司的方法有两种：一是企业可以在当地建立新的公司；二是兼并现有企业，并利用兼并的企业来促进自己在该国市场上的产品销售。独资经营的目的是通过完全控制外资公司，维持企业在技术垄断、经营诀窍、产品质量和商标信誉等方面的优势，保障跨国公获得整体利益的最大化，避免由于同其他企业合作而带来的种种不稳定因素和利益冲突。

独资经营的优点：一是采用独资经营方式，跨国公司可以降低对技术失去控制的危险，因此当企业的竞争优势以技术为基础的时候，企业可与采用独资经营方式；二是独资经营可以使企业严密地控制它在各个国家的生产活动，这对于协调全球战略来说是必要的。历史上的西方发达国家的跨国公司主要采用独资经营形式。这些跨国公司大多实力强，有长期对外经济联系的经验，而且在资本、技术、管理和商标等方面处于垄断地位或拥有较强竞争优势。在西方国家企业中，投资资本与权力总是联系在一起的，即占有多数股权，可以对企业的重要决策、发展战略和经营活动享有决定权。因此，通过全部控权，母公司就可以对国外子公司进行直接控制，把子公司生产经营活动的安排完全纳入它的整体跨国经营战略来考虑。

2) 合资经营

合资经营是本国企业在目标国家或地区与当地某家或少数几家企业或第三国的企业各出部分资金，分享股权、共享利益、共担风险。

共同投资是指合资各方以不同方式，如资金、技术、劳务、设备、厂地等财产进行投资。共同投资额不必是均等的，但必须按规定(合同或契约)的比例进行。合资企业按合伙对象划分，有两种基本类型：一是跨国公司母公司与东道国的企业或政府合资；二是几家跨国公司母公司或跨国公司与第三国的企业合资，无东道国当地企业参与，多数合资企业属于前一种。

共同经营是指合资各方为实现合资企业经营目标，共同参与经营管理活动。合资各方相互协调、相互制约。合资企业的成功以合资各方的密切合作为基础。

共负盈亏是指合资各方按合同规定的投资比例分担亏损和风险，分享利润。除利润外，合资者不得从合资企业中取得其他收益。合资者分担的亏损额不超过其注册资本的限度，因此只负有限责任。

与外国公司建立合资企业，长久以来一直是跨国公司打入国外市场的一种颇为流行的做法。最典型的合资企业是一半对一半的企业，也就是说合资双方各拥有50%的所有权，并且各自向合资企业派出管理队伍，实现共同经营。然而，跨国公司倾向于在合资企业中拥有较高的股权，其主要原因是，便于经营上的控制和避免利益分配中的矛盾。选择合资经营的原因，可能是由于当地政府的政策禁止或限制外商独资经营，也有可能是由于企业需要借助当地合伙人的力量。

跨国公司采用合资经营形式，既可以减少自己的投入，减少政治和经济风险，又可以利用当地合伙人的种种优势，弥补自己的不足，从中取得好处。但是，合资经营也有不利的一面。合资企业的缺点主要表现在以下三个方面：①建立合资企业可能使对技术的控制权落入合作伙伴手中，特别是当企业持有少数股权，不能对合资公司的管理加以控制，不能控制产品的销售和抵制版权、专利权的侵犯；②合资生产的产品用于出口，利润的回报率不会很高；③不容易找到理想的合作伙伴，由于合资伙伴不熟悉市场行情，而且缺少面对面的交流，协调成本也较高，最终可能会导致合资企业经营失败。

2. 新建企业和并购

从投资者是否新投资办企业的角度，可将跨国公司对外直接投资分为新建企业和并购两种方式。

1) 新建企业

新建企业又称绿地投资，是指企业通过在东道国新建厂房、设备的方式建立外资企业。它的所有权全部属于投资者，由投资者提供全部资金，独立经营，获取全部利润。

一般来讲，新建投资方式的特点是规模小、周期长，容易控制，一旦时机成熟即可进入大规模扩展阶段。新建企业能够给予企业最大的自由度和主动权，是克服进口限制的有效办法，比出口更能深入打入目标国市场，盈利的机会要比使用许可证贸易更多(销售对象不仅仅局限于东道国)；并且，通过这种方式可以更加熟悉当地的销售网络和经营方法。特别是，许多国家实施各种吸引外资的政策，比如，提供良好的基础设施支持、优惠的税收政策以及宽松的地方法规等，使得建立海外独资子公司一时间成为跨国公司实施全球化战略的重要方式。

在海外新建企业往往是由于当地市场发育不完全，或者在经营管理方法、市场目标建立等方面与投资方有较大差距；或是投资方自身对生产技术和管理技术存在高度保护的戒备心理，难以与当地企业进行任何形式的合作而采取的方式。但随着时间的推移，创建新企业耗资大、速度慢、周期长、不确定因素多等弊端日益显现，特别是进入20世纪80年代以来，海外新建企业在对外直接投资(Foreign Direct Investment，FDI)中的主体地位已为另一种形式——兼并与收购所代替。

2) 并购

所谓并购是企业兼并与收购的总称，前者指在竞争中占优势的企业购买另一家企业的全部财产，合并组成一家企业的行为；后者则指一家企业通过公开收购另一家企业一定数量的股份而获取该企业控制权和经营权的行为。

作为国内企业并购概念引申扩展而来的企业并购行为，跨国并购(Cross-border)是指为了某种目的，通过一定的渠道和支付手段，将两个或两个以上国家的企业合并组成一家企业的行为。按照联合国贸易和发展会议(UNCTAD)的定义，跨国并购包括：外国企业和境内企业合并；收购境内企业的股权达10%以上，使境内企业的资产和经营控制权转移到国外企业种。

跨国公司的兼并与收购已成为一股不可阻挡的潮流。20世纪90年代之前，企业的兼并和收购多数还是针对中小企业的，但是到了20世纪90年代之后，特别是东南亚金融危机之后，全球经济发展速度放缓，各国间的经济竞争加剧，全球性大企业为减少竞争的负面影响，降低公司的运输成本，提高公司在全球的运输效益，掀起了世界各大公司兼并与收购的浪潮。这种大公司间的强强并购和联合是全球经济发展的新现象，它把各国间的兼并与收购推向了一个新阶段。1987—1993年，在发达国家企业的外来直接投资中，企业并购额占到66%，1988年高达84%，1991虽下降到41%，但1993年又回升到61%。据《世界投资报告》的统计数字显示，全球跨国公司跨国并购占FDI的比重已由1996年的40%上升到1997年的50%和1998年的63%。这说明跨国并购已成为FDI的主要方式，而新建则退居次要地位。

可见，跨国并购涉及两个或两个以上国家的企业，其中一国企业为并购发起企业或称为并购企业，另一国企业为被并购企业，又称为目标企业。跨国并购除了涉及两个或两个以上国家的企业、市场以及两个或两个以上国家政府控制下的法律制度外，与一般国内并购相比，还具有以下特点。

第一，虽然从字眼上看，跨国并购包括跨国兼并和收购，但从法律形式上看，主要是指跨国收购而非跨国兼并。因为跨国兼并意味着两个以上的企业法人最终变为一个人，不是母国企业消失，就是目标国企业消失，这种情况在跨国并购实践中比较罕见。以下两种情况可能不能算作跨国并购：第一种是母国企业在目标国拥有子公司，由子公司来兼并目标国的企业。这种情况从广义上讲可以属于跨国并购，但从狭义上讲，由于两个企业都在同一国家内注册，法人都属于同一国家，在法律上讲也就属于国内企业并购。第二种是母国企业在目标国尚未成立子公司，为了获得目标国对并购活动的税务优惠或减免目标企业承担债务责任等目的，先注册成立一家"空壳"子公司，然后用这家公司去兼并目标企业，"空壳"子公司成为存续企业，目标企业至此消失。但就目标国国内的市场结构和市场份额来看，没有改变，因此这种情况从形式上看属于国内兼并，但实际是跨国并购。

第二，跨国并购行为由于涉及两个甚至更多国家，其产生和发展与国际因素具有更大的关联性，实施起来也相对复杂，因此对于跨国并购的研究分析必须将其放在世界经济范围内进行。这些国际因素一般包括国际市场的竞争格局、全球范围的私有化进程、世界经济一体化进程、贸易和投资的自由化进程、区域集团化优势、跨国投资和国际协调等，同时还包括国与国之间的历史传统和社会文化差异、政治经济利益及竞争格局、外资政策和法律制度、公司产权和管理模式等。对这些因素如果考虑得不够全面，将会给跨国并购带来重重阻碍，甚至导致跨国并购行为的最终失败。

第三，跨国并购在对市场产生影响的方式和范围等方面与国内并购有显著不同。后者非常直观地表现为市场结构、销售能力和份额的变化以及市场集中程度的提高，而前者则表现为并购对市场份额的占有程度的提高，也表现为国际大市场结构、销售能力和份额的变化以及市场集中程度的提高，但对于并购母国和目标国的国内市场来讲，这些内容并未直接表现出某种改变。

最后，跨国并购的主体是跨国企业，而且它实施并购计划，更是从其在全球发展的战略角度来考虑经济利益问题，这就与一般国内企业并购有很大不同。

4.3.6 跨国公司战略联盟

1. 跨国公司战略联盟的含义

企业跨国战略联盟是指不同国家的两个或两个以上的独立企业为了实现一定的战略目的而进行企业间资源跨国整合活动的一种长期合作安排。企业跨国战略联盟除了具有战略联盟的基本含义外，还包括以下含义。

(1) 跨国战略联盟发生在两个或两个以上不同国家的企业之间。分布于两个或两个以上国家的同一企业的分公司之间的合作关系，以及不同国家自然人之间、自然人与企业之间的合作关系不属于跨国战略联盟。

(2) 跨国战略联盟涉及不同企业间的资源跨国整合活动。不涉及资源跨国整合活动的不同国家企业之间的合作关系不属于跨国战略联盟。

2. 跨国公司战略联盟的特征

跨国公司战略联盟具有下列特征。

(1) 组织的松散性与联盟成员的平等性。联盟企业之间既超越一般的市场交易关系，又不存在控制与被控制的隶属关系，联盟成员人格独立、法律地位平等。乔尔·布里克和戴维·厄恩斯等人的研究表明，成功率最高的合作关系是股权各占50%的联营。

(2) 目标的多样性。战略联盟的目标具有多样性，包括核心能力的培育、资源共享、风险规避、市场进入、创造市场、整合企业价值链、试图取得范围经济、规模经济、速度经济、协同经济等。

(3) 组织的动态性。跨国公司战略联盟具有自己的生命周期，即较为成功的企业联盟至少要经历创立期、磨合期、运行期等发展阶段。联盟成员多以技术研发、共同采购等特定项目为目标，一旦目标实现或被证明不能实现，联盟必将解体。

(4) 合作的互利性。联盟成员之间存在一种利益让与机制。联盟成员都必须对联盟有"贡献"与"承诺"。联盟组织在法律上多体现为合作企业、合伙企业与合资企业。

(5) 成员的竞争性。战略联盟要求联盟成员放弃你死我活的"零和竞争"，转而采取双赢的"正和竞争"战略，联盟各方为竞争而合作，靠合作来竞争。

(6) 战略的长期性。企业缔结联盟的目的是创造企业的长期竞争优势，企业联盟是公司在战略层面的长期性安排，而非短期的企业合作行为。

3. 跨国公司战略联盟的类型

纵观当代国际战略联盟的类型，可以说是不计其数，因此，人们对国际战略联盟的分类，也是多种多样的。有人将跨国战略联盟分为：全球竞争型、技术互补型、多角合作型、风险共担型和资源共享型联盟等；也有人将国际战略联盟分为X和Y两类，前者为垂直联盟，后者为水平联盟；还有人认为，通常战略联盟的形式，有下游(也称后向)联盟、上游(也称前向)联盟、横向联盟和多样化联盟等。

综合各种观点，我们将战略联盟分为以下几种类型。

1) 公司契约式联盟

公司契约式联盟包括：许可证协议、销售代理协议，研究开发协议、生产制造协议、技术交换协议等。例如，通用动力公司为了向比利时、丹麦、荷兰、挪威销售F-16型战斗机，就曾达成一项协议，规定在这4个国家制造及装配零部件；欧洲空中客车公司生产的A300和A310宽体客机，由德国负责生产机身，英国负责生产机翼，西班牙负责生产机尾，而在法国总装。这种把欧洲各国飞机制造的优势结合在一起的联盟，取得了成功。美国斯普林特公司、德国电话和法国通讯公司于1994年6月签署了一项结为全球性战略联盟的备忘录。这项合作产生了全球最大的通信服务联盟，为世界各地电讯用户提供了完善的全球性电讯服务。

2) 国际协作式联盟

国际协作式联盟是一种由政府出面组织或跨国公司自发参与的联盟形式，在生产规模庞大、开发费用极高的行业较为常见，由合作者分担技术开发的成本和风险，迅速集中各自资源并传递有效信息和技术。航空工业领域的国际战略联盟主要存在于美、日和欧盟之间。由法、德、英、西班牙4国联手建立的空中客车公司继波音公司与富士、三菱及川崎重工合作开发超级777喷气式客机之后，与波音携手共同研制了一种载客量达700人的新型客机。

3) 合作备忘录式

一些国际咨询公司通过签订合作备忘录相互交流信息、介绍客户、提供技术产品服务或出让开采特许权、产品分成等，形成比契约形式更松散的合作关系。例如，世界最大数据库厂商之一的美国奥瑞科公司为了推广其“网络计算结构”新概念，联合三十余家世界著名计算机厂商，形成一个松散的联盟，以协作方式，在竞争激烈的计算机市场上一举获得成功，使得网络计算机在进入各种企业和机关后很快进入家庭。在战略联盟中，企业往往实施名牌战略联盟，包括自主创牌、借用他牌、联合创牌联盟等，这样就大大提高了企业在国内外的知名度，并使这些企业逐渐发展成为世界级的名牌企业。

4) 企业式战略联盟

一些跨国公司将各自不同的资产组合在一起，共同生产、共担风险和共享收益。目前，这种形式多发生在发达国家与发展中国家的企业之间。发达国家投资者的目的大多是为了进入发展中国家的市场，而发展中国家的企业也为了利用发达国家企业的技术、品牌、管理等资源优势，以提高自身的市场竞争力。例如，为谋求我国乙烯工业的发展，中国石化集团于1999年与德国巴斯夫股份公司签订了扬子—巴斯夫一体化跨国际大型石油化工项目；还与美国埃克森公司、沙特阿美公司合资建设福建炼油化工一体化项目；开展与美国道化学公司合资建设天津化学乙烯项目的前期可行性工作。这些跨世纪大型石化项目的对外合作，充分发挥了中外合作中各方的优势和长处，体现了投资少、建设快、效益好和产品可替代进口等特点，可以说是强强联合，取得了"双赢"的协同效应。

4.4 跨国公司增长战略

4.4.1 密集型增长战略

密集型增长战略是指企业在原有业务范围内，充分利用在产品和市场方面的潜力来求得成长的战略。密集型增长战略是将企业的营销目标集中到某一特定细分市场，这一特定的细分市场可以是特定的顾客群，可以是特定的地区，也可以是特定用途的产品等。由于企业目标更加聚焦，可以集中精力促使产品降低成本和实现差异化，使自己的竞争优势更强。密集型增长战略就是在原来的业务领域里，加强对原有产品与市场的开发与渗透来寻求企业未来发展机会的一种发展战略。这种战略的重点是加强对原有市场的开发或对原有产品的开发。

密集型增长战略包括：市场渗透战略、市场开发战略、产品开发战略。密集型增长战略又被统称为加强型战略，因为它们要求加强努力的程度，以提高企业在现有业务中的竞争地位。它们都有各自的适用性和实施措施。

1. 市场渗透战略

市场渗透是指企业在现有的市场上增加现有产品的市场占有率。要增加现有产品的市场占有率，企业必须充分利用已取得的经营优势或已知的竞争对手的弱点，进一步扩大产品的销售量，努力增加产品的销售收入。市场渗透有三种主要的方法。

(1) 尽力促使现有顾客增加购买。包括增加购买次数，增加购买数量。如牙膏厂可以向顾客宣传餐后刷牙是护齿洁齿的最好方法，宣传保护牙齿的重要性，如果能增加顾客的刷牙次数，也就增加了牙膏的使用量，从而增加顾客购买牙膏的数量。

(2) 尽力争取竞争者的顾客。即使这些顾客转向购买本企业的产品。如提供比竞争对手更为周到的服务，在市场上树立更好的企业形象和产品信誉，努力提高产品质量等，尽可能把竞争对手的顾客吸引到本企业的产品上来。

(3) 尽力争取新的顾客。即使更多的潜在顾客、从未使用过该产品的顾客参与购买。市场上总是存在没有使用过该产品的消费者，他们或是由于支付能力有限，或是由于其他原因，则企业就可以采取相应的措施，如分期付款、降低产品的价格等，使这些消费者成为本企业的顾客。

2. 市场开发战略

企业尽力为现有的产品寻找新的市场，满足新市场对产品的需要。市场开发有三种主要方法。

(1) 在当地寻找潜在客源。这些顾客尚未购买该产品，但是他们对产品的兴趣有可能被激发。

(2) 企业可以寻找新的细分市场。使现有产品进入新的细分市场。如一家以企事业单位为目标市场的电脑商，可以着手向家庭、个人销售电脑。

(3) 企业可以考虑扩大其市场范围。建立新的销售渠道或采取新的营销组合，发展新的销售区域。如向其他地区或国外发展。

3. 产品开发战略

向现有市场提供新产品或改进的新产品，目的是满足现有市场的不同层次的需要。具体的做法有：利用现有技术增加新产品；在现有产品的基础上，增加产品的花色品种；改变产品的外观、造型，或赋予产品新的特色；推出不同档次、不同规格、不同式样的产品。发现这些机会，企业就有可能从中找到促进销售增长的途径。然而这还远远不够，企业还应该研究自身一体化成长的可能性。

应该指出，上述三种竞争类型，对于一个企业来讲想要同时采用是有一定困难的，因为这三种竞争类型不论在管理上，还是在行动方式上都有很大的差别，而且适宜采取某种类型的条件也不同。但总的来看，企业只要能准确掌握竞争对手的竞争类型，并把握它的发展变化方向，就不会使自己处于手足无措的窘迫境地。

4.4.2　一体化增长战略

一体化增长战略是指企业利用自己在产品、技术和市场上的优势，向企业外部扩展的战略。通过一体化战略，可以通过发展扩大自身价值，这体现了经过扩张的公司市场份额和绝对财富的增加。这种价值既可以成为企业职工的一种荣誉，又可以成为企业进一步发展的动力。此外，跨国公司也可以通过不断变革来创造更高的生产经营效率与效益。由于增长型发展，企业可以获得过去不能获得的崭新机会，避免企业组织的老化，使企业总是充满生机和活力。通过一体化战略能保持跨国公司的竞争实力，实现特定的竞争优势。如果竞争对手都采取增长型战略，企业还在采取稳定或紧缩型战略，那么就很有可能在未来实现竞争优势。具体说来，一体化战略所可能带来的优势包括如下几个。

(1) 它能够提高企业的业绩，降低成本或者加强差别化。

(2) 它对于协调更多阶段之间的与活动有关的投资成本、灵活性和反应时间以及管理杂费将产生积极的影响。

(3) 它能够创造竞争优势。一体化战略的核心在于：公司要想取得成功，必须确定哪些能力和业务活动应该在企业范围内展开，哪些可以安全地转给外部供应商。如果不能获得巨大利益，那么一体化就可能成为不太诱人的战略选择。

跨国公司的一体化增长可以分为三种形式：前向一体化、后向一体化、水平一体化。

(1) 前向一体化。前向一体化是指公司进入供应链的下游，即对产品进行深加工，或建立自己的销售组织来销售本公司的产品或服务，或者获得分销商或者零售商的所有权，或加强对他们的控制等。

(2) 后向一体化。后向一体化是指企业进入供应链的上游。比如企业自己供应生产所需的原料、零配件和半成品等。

(3) 横向一体化。横向一体化是指获得竞争对手的所有权，或者加强对其控制，包括收购、兼并和接管。

4.4.3 多元化增长战略

多元化增长战略是跨国公司从一个产品向多个产品发展，以"吃休克鱼"的方式进行资本运营，以无形资产盘活有形资产，在最短的时间内，以最低的成本把规模做大，把企业做强。多元化是企业成长的重要方式。

虽然在19世纪末期，很多跨国公司就营业额来说已经具有当今世界公司的雏形，但真正实行复数产品生产的产品结构的公司，也就是综合型多种经营的跨国公司，从20世纪70年代以后才得以迅猛发展，其业务经营的范围，形象地说，就是"从方便面到导弹"，几乎无所不包。例如，美国杜邦公司和联合化学公司，联邦德国巴登苯胺苏打公司和赫希斯染料公司，英国柯尔兹化学公司，日本朝日化学公司和住友化学公司等化学工业公司。除了经营化学工业产品以外，其产品还涉及制药、食品、化妆品、首饰工艺品、纺织、冶金、电子、化肥、农药、运输和旅馆业等各领域。

多元化经营给跨国公司营销带来极大的好处，具体包括如下几点。

(1) 增强垄断企业总的经济潜力，防止"过剩"资本形式，确保跨国公司安全发展，有利于全球战略目标的实现。企业的经营目的在于获取利润，而利润率的高低多寡取决于企业如何筹划和组织生产、销售与分配这三道前后相衔的运动环节，多种经营可以使跨国公司加强生产环节，以低价值的投入，获得高价值的产出，从而降低生产成本提高劳动生产率，最终达到利润最大化。

(2) 有利于资金合理流动与分配，提高各种生产要素和副产品的利润率。资金的投入能够带来良好的投资效益，这是投资的必然性选择，生产要素组合的合理、经济与否，直接决定着企业成本与劳动生产率的高低，各国间的生产要素组合也要优于一国自身。跨国公司就是国际性生产要素优化组合的一种灵活而又高效的载体。

(3) 便于分散风险，稳定企业的经济效益。当今世界经济发展迅速，行业、种类日趋繁多，受各种因素的影响，各行业的经营状况在年度之间状况波动很大，占据多个行业的跨国公司的经营，就不会因一项经营的波动而影响整个公司的收益。

(4) 可以充分利用生产余力，延长产品生命周期，增加利润。

(5) 能节省共同费用，增强企业机动性。

本章思考题

1. 简述跨国公司全球战略的含义和特征。

2. 简述跨国公司战略管理的过程。

3. 简述跨国公司全球化战略的4种模式及各自的优缺点。

4. 简述跨国公司的垄断优势主要表现在哪些方面。

5. 分析跨国公司战略联盟形成的内外部因素。

6. 简述密集型增长战略/加强型战略的具体内容。

7. 简述一体化战略的内容和优势。

8. 简述多元化成长战略的基本内容和优势。

●案例●

微软收购诺基亚

北京时间2013年9月3日，微软宣布斥资54.4亿欧元(约折合71.7亿美元)收购诺基亚手机业务及其专利组合。微软以37.9亿欧元的现金收购诺基亚设备和服务业务，以16.5亿欧元的现金收购诺基亚持有的专利和诺基亚地图的使用权。微软将动用其海外现金完成此项交易。全部交易于2014年第一季度完成。

原诺基亚CEO埃洛普和现微软CEO鲍尔默

诺基亚与微软的合作开始于2011年，诺基亚当时放弃自己的塞班(Symbian)系统，在自家手机上全部使用微软的windows操作系统。就像此前的摩托罗拉在使用Android系统之后被谷歌收购的结局一样，如今诺基亚也已经投入了微软的怀抱。比起当年谷歌收购摩托罗拉花费125亿美元相比，此次微软收购诺基亚仅需要不到72亿美元。那么为何微软要执行对诺基亚的收购呢？目前的手机市场上，苹果和三星是名列前两位，曾经的豪门诺基亚的市场占有率已经大不如前，远远落后于两大巨头——三星和苹果。

在一篇来自于微软的文稿中，微软指出了收购诺基亚的原因。

1. 提高它在手机市场的占有率和利润，完善自身的产业结构。

2. 微软需要向其用户提供一流的Windows Phone手机体验。

3. 阻止谷歌和苹果瓜分APP市场，微软需要在APP市场上有所作为。

4. 微软认为诺基亚的专利集合是世界上最有价值的科技板块之一，所以这次收购，微软意在加速Windows Phone的创新进程，并为其未来发展打下基础。

微软认为这次收购将会是一项双赢的收购，诺基亚抛弃了日益衰落的手机业务，专注于研发和网络设备的发展，而微软得到了进入手机市场的敲门砖。至于是否是真的双赢，就看接下来微软在手机市场上的表现了。

资料来源：根据http://tech.sina.com.cn/z/Microsoftbuynokia/和http://baike.baidu.com/view/5759841.htm?fr=aladdin等相关网络资料整理而成。

案例分析

1. 微软收购诺基亚之前，它们各自的竞争地位如何？有何优劣势？

2. 结合跨国公司管理的三阶段，谈谈整个收购事件是如何展开的？

3. 对于微软收购诺基亚这一战略，你作何评价？

第5章　跨国公司市场营销管理

5.1　国际市场营销观念

5.1.1　国际市场营销的基本特点

随着经济的全球化，一方面，许多跨国公司实行全球经营，将国内市场营销的经验带到国外；另一方面，在争夺新市场的过程中，当地公司在"大兵压境"的形势下，为保持自己的市场份额，不得不学习和总结能适用国际市场的一套营销经验，这样营销即从国内走向国际。国际市场营销是一种跨越国际和社会的管理过程，跨国公司通过创造产品价值并在国际市场进行交换以满足多国目标市场的需要，以达到组织的目的。

国际市场营销与国内市场营销在基本观念和原理等方面大同小异，本质上是一致的。但国际市场营销又具有跨国界经营的特殊性，因此，它具备了以下特点。

1. 国际市场营销面临的环境更加复杂，公司决策的难度和风险更大

跨国公司从事国际市场营销活动所面临的营销环境比进行国内市场营销复杂得多，它不仅要面对和适应国内的各种不可控环境因素，而且必须面对和适应已经或拟将进入的各个国家和地区的各种不可控环境因素。由于世界各国在人口、经济发展水平、社会文化、政治制度、政策法律以及自然条件、资源状况、地理位置等方面各不相同，营销环境也千差万别，所以，往往会给公司带来难以预料的困难和问题。同时，国际市场竞争激烈而且日趋白热化，行情变幻莫测，公司必须与来自各国的竞争者(特别是国际大型跨国集团)进行较量，其竞争环境的恶劣远非国内市场可比。又由于在国际市场上，营销人员很难完整准确地掌握与市场需求和竞争者等有关的重要的市场情报，导致难以正确地预测分析供求、价格的变动规律和趋势，这就极大地增加了公司决策的难度和风险。

2. 国际市场营销的营销策略组合与国内市场营销有所区别

跨国公司从事跨越国界的营销活动，受各国不同的文化、经济、政治环境等的影响，其国内营销中的可控因素，如产品、价格、分销渠道、促销等有可能成为不可控因素，营销组合策略的制定和实施必然要趋于复杂化和多样化。例如，公司为满足国外顾客的需要，必然面临产品标准化和差异化的选择问题；在各国不同的关税、汇率、有关法规以及不同的市场需求和竞争状态下，产品价格的制定极为复杂；面对各国不同的市场模式及分销系统与渠道，公司的渠道与决策必须与之相适应；各国的文化、政治法律、语言文字、媒体等的不同，对公司的促销策略也会产生重大影响和制约，等等。

3. 国际市场营销战略及营销管理过程的协调和控制的难度更大

随着公司经营国际化的发展，营销活动要在诸多国家展开。这就要求公司在将每个国外市场的营销活动管理好的基础上，根据公司目标进行全球统一规划，在各国之间进行协调与控制，合理地配置所拥有的资源，使分散在国外的各个目标市场连接成为一个有机整体，以实现公司整体利益最大化。跨国公司营销管理者要对国际市场营销实施有效地协调和控制。其间必然会受到各类不可控因素的干扰，在观念、原则、方法和程序等方面也与国内营销有所区别，难度更大，也更复杂。

4. 国际市场营销对公司营销人员提出了更高的要求

国际市场营销所具有的复杂性、多变性、不确定性等特点，要求跨国公司必须选择具有较高素质和能力的管理人员和员工组建营销队伍。其管理者应进入公司最高层，参与高层决策活动；其一般成员也应具有了解和把握国际市场的历史、现状和发展趋势的能力，掌握国际市场调研、行情分析和市场预测的方法，熟知国际贸易惯例、进出口业务、国际投资和国际融资的有关知识，熟练掌握市场营销，特别是国际市场营销的知识，并能灵活地运用营销组合策略，熟悉国外市场的特点和所在国的风俗习惯、消费特点，同时具有较强的文化适应能力和较高的外语水平等。为培养和组建这样的队伍，跨国公司必须下大力气发掘、选聘、培训和激励公司员工，鼓励人才脱颖而出，同时有效地发现和利用国外市场人力资源，为公司开拓国际市场业务做好准备。

5.1.2　国际市场营销观念

国际市场营销是一个复杂的过程，人们对这个过程存在着许多不同的认识和看法，从而形成了不同的营销观念。随着全球化市场的逐步形成和发展，国际市场营销的基本观念也在发生变化。跨国公司只有树立正确的市场营销观念，才能在国际市场的竞争中立于不败之地。

随着国际市场营销的发展，跨国公司的营销观念也在发生相应的变化。一般认为以下6种观念是比较有代表性的。

1. 生产观念

生产观念是第二次世界大战前陈旧的"以销定产"思想的表现。持这种观念的公司认为，公司必须以生产为中心，以产品而不是国际市场需求为国际市场营销的出发点；公司奉行"国内能生产什么，就在国际市场销售什么"的观念，通过为市场提供数量更多、质量更好、功能更全的产品来实现公司的利润目标。这种观念是最早的营销思想，当供给小于需求或是当生产成本太高，需要提高生产效率以降低成本时，这种营销导向曾经发挥过它的作用。但是采用这种理念的公司也必然面临着风险，主要是这一理念支配下的公司将精力过度地集中于自身运作，而失去了对真正目标的理解，使公司形成"营销近视"。例如，亨利·福特(Henry Ford)的整个营销理念就是完善T型汽车的生产，降低成本，使更多的人能够买得起这种汽车。他曾经开玩笑说："无论顾客想要什么颜色的福特车，我只提供黑色的。"

2. 产品观念

产品观念的基本假设是：顾客喜欢质量最好、操作性最强、创新功能最多的产品。因此，公司应该集中力量改进产品。但即使公司生产的产品效果再好，如果它在设计、包装和价格上缺乏吸引力，在分销渠道上不够便捷，也不能引起顾客的注意。人们很难相信它是好的产品，公司也就很难把它卖出去。即产品观念也会导致"营销近视"。例如，当柯达公司认为消费者需要摄影胶卷，而没有想到他们真正需要的是捕捉和分享回忆的方法，因而最初忽视了对数码相机的尝试。

3. 推销观念

推销观念认为，国际市场的消费者和用户不会因为自己的需求而主动、足量地购买商品，必须要有公司推销活动的激发才会促使顾客采取购买行动。因此，持推销观念的企业将注意力集中于生产，强调推销，力图向现实的和潜在的买主大肆兜售产品，谋取丰厚的利润。这种观念在非寻求类商品(Unsought Goods)的生产厂商中尤为盛行。所谓非寻求类商品是指在正常情况下，顾客不想购买的商品。在某些行业中，公司必须善于追踪可能的购买者，向他们灌输产品的种种优点以完成销售。当产品销售出去之后，公司的国际市场营销活动也就宣告结束，即这些公司的目标是售出所制造的产品而非市场需要的产品。由于这种观念强调营销的收益而不注重与顾客建立长期的互惠关系，所以营销活动具有很大的风险。

推销观念的另一个显著表现是，认为在国际市场营销中，公司市场营销组合因素中的产品、价格和促销等方面的策略在国外市场和国内市场没有什么不同，不必有所改变，只在分销渠道方面做适当的调整即可。

推销观念产生于卖方市场以及由卖方市场向买方市场过渡的市场格局下，它与现代市场营销观念格格不入。它的致命缺陷在于无视国外市场需求的特点，完全以公司自身为中心，试图通过高超的推销技术和强力的推销方法，销售自己的产品，谋取利润。

4. 市场营销观念

第二次世界大战以后，由于新科技革命的兴起，社会生产力水平得到了极大的提高，世界经济飞速发展，各国居民购买力水平得到了极大提高，国际市场竞争日趋激烈化，市场格局转为买方市场，原来的推销观念已经无法适应竞争的需要。因此，跨国公司纷纷转变观念，由过去的"以生产为中心"逐步转变为"以消费者需求为中心"，建立起"以销定产"或"以需定产"的新的经营思想，这就是现代市场营销观念。这种观念认为，公司的主要任务是以国际市场消费者或用户的需求为出发点和中心，组织公司资源，科学地制定和运用市场营销组合策略，占领国际市场，在满足消费者或用户的需求的基础上，实现公司的目标，谋求长期利益。人们将奉行这一观念的公司称为"营销导向型公司"。

推销观念和营销观念很容易混淆。推销观念是由内向外进行的，它起始于工厂，强调公司当前的产品，进行大量的推销和促销以便获利。着眼点在于征服顾客，追求短期利益，但忽视了谁是购买者及为什么购买的问题。与此相反，营销观念是由外向内进行的。营销观念起始于明确定义的市场，强调顾客的需要，协调影响顾客的所有营销活动，按照顾客的价值和满意状况建立与顾客长期的互惠关系，并由此获利。

5. 社会市场营销观念

社会市场营销观念是对市场营销观念的修改和补充，它产生于20世纪70年代。20世纪70年代西方国家普遍受到能源短缺、通货膨胀、失业增加、环境污染严重、消费者保护运动盛行等问题的困扰。在这种形势下，市场营销观念的欠缺充分地显现出来，市场营销观念回避了消费者需求，消费者当前利益和长远社会福利之间隐含的矛盾和冲突无法解决。为缓和这一矛盾，企业经营思想进一步发生变化，社会市场营销观念脱颖而出。社会市场营销观念认为，公司的任务是确定各个目标市场的需要、欲望和利益，并以保护或提高消费者和社会福利的方式，比竞争者更有效、更有利地向目标市场提供能够满足其欲望和利益的物品或服务。市场营销观念发生了战略性的转变，即由原来单纯以消费者或用户需求为中心的观念，转化为兼顾消费者或用户需求、社会福利和公司自身三者利益相结合的观念。社会市场营销观念是对市场营销观念的补充和完善。这一观念的基本要点如下所述。

(1) 公司营销活动的最终目的不仅是通过满足消费者或用户的需求获取利润，同时要兼顾与公司有关的各方面的利益，包括顾客、社会、政府、企业内部员工、管理者和企业股东以及一般公众等多方的利益，将消费者和公司的当前利益和长远利益结合起来。

(2) 公司的国际市场营销要侧重分析外部环境。这里所说的外部环境不仅包括在一定背景下的国外顾客，而且包括国际市场竞争、国际及国内的文化环境、经济环境、政治法律环境、人口环境、科技和自然环境等。

(3) 公司高度重视实行国际市场营销战略管理。这种管理具有长期性、系统性、协调性和灵活性等显著特点，注重与环境的变化趋势和社会可持续发展战略保持一致。

6. 大市场营销观念

20世纪80年代以后，世界各国特别是西方发达国家纷纷推行贸易保护主义，保护本国市场，形成许多壁垒较高的市场，即受到保护的市场。当下，面对2008年后愈演愈烈的金融危机，各国尤其是发达资本主义国家的贸易保护主义再一次盛行开来。这对跨国公司的市场营销活动构成了严重的威胁。在贸易保护主义盛行的条件下，仅仅采用传统的市场营销四大组合策略(4Ps)，消极地适应公司的外部环境，已很难打开国外封闭的市场。1984年，美国著名市场营销学专家菲利普·科特勒提出了大市场营销概念，指出："公司的市场营销人员能够影响公司所处的经营环境，而不是单纯地必须顺从它和适应它。"

大市场营销观念强调，为了成功地进入特定的市场并顺利地进行国际市场的营销活动，公司在策略上应协调地运用经济的、理性的、政治的和公共关系等手段，以打破壁垒，进入封闭的市场，并获得目标市场国各有关方面(如国外消费者、供应商、经销商、营销中介机构、有关政府人员、各利益集团以及传媒公众等)的合作和支持。

除了上述基本观念外，20世纪90年代以后，代表市场营销理论新发展的优秀成果，即整体市场营销观念、顾客让渡价值理论以及绿色营销开始渗透到国际市场营销的理论和实践中；而进入21世纪，文化营销和网络营销开始对跨国公司进入国际市场营销发挥重要作用。

5.1.3 国际市场营销组合

市场营销组合是公司在目标市场营销时所确定的一系列选择，是公司可控制的各种营销手段的综合。麦卡锡在1981年指出了市场营销组合所包含的4个要素：产品(Product)、价格(Price)、促销(Promotion)和渠道(Place)，即4Ps。营销组合要素以一种特定的方式进行组合，它的目的在于唤起一定类型和水平的需求，使企业认为这在实现企业最终目标中是值得的。在实现这些最终目标时，需求创造是一个中介目标。如一个企业为了使其长期利润最大化，它也许会针对愿意出高价的顾客群体开发具有特色的高质量产品来刺激需求。这类顾客群体喜欢在高档专卖店购买商品，并可能阅读时尚杂志上的广告。事实上，组合要素不仅可用于激励需求而且可用于抑制需求，因此被称为"反营销"(Demarketing)(Kotler&Levy，1971)。市场营销组合的目的就是通过综合运用各个要素，以满足顾客的需要。

国内市场营销组合的概念延伸到国际市场，就成为国际市场营销组合。不同的公司对营销组合各个要素的理解存在着差异，有的公司认为营销组合就是4Ps，有的则认为应加上一个服务，还有的公司认为市场营销组合要素应该是产品、价格、促销、销售、分配等。公司在设计国际市场营销组合时，要特别注意分析各国市场环境对营销组合中每一个要素的影响。公司在分析这些外部环境对营销组合所产生的影响时，不但要注意国与国之间的差别，而且要注意分析各国市场可能存在的相似点，这样有助于发展产品或品牌的标准化或全球化。

正如贝克始终宣称的，既需要将营销看作是一种经营哲学，又要将其看作是一种经营职能。综上，作者认为可以将营销视为营销观念指导下的经营职能，其职责是在营销观念确定的前提下对营销计划实施过程的协调与执行，因此在营销中，营销组合模型仍不失为一个有用的方法，尽管4Ps理论只是最初概念的一个简化版本，但实践证明，在许多研究的分类中，只有麦卡锡(McCarthy)的分类方法留存下来并且成为一种"主流分类"或"被广为接受"的分类。

5.2 产品决策

　　跨国公司的产品决策是市场营销组合中最为复杂的决策，国际化的企业必须从战略角度根据产品生命周期，树立正确的现代产品观，制定合适的产品策略，更好地满足国际市场的需要。

5.2.1 产品的整体概念

　　跨国公司的产品决策是市场营销组合中最为复杂的决策，国际化的企业必须从战略角度根据产品生命周期，树立正确的现代产品观，制定合适的产品策略，更好地满足国际市场的需要。传统的产品观是将产品视为有形的实体，这是一种从生产者的立场出发看待产品的观点，在卖方市场阶段十分盛行。而现代产品观所认为的产品不仅是有用的产品实体，而且包括产品实体以外的其他许多特质，如价格、包装、交货期、服务、保证、厂牌商标、公司商誉等。这种产品观完全从用户角度出发，认为用户购买某种产品，其目的不是为了产品实体本身，而是为了一定的实用价值，或是为了满足用户某种特定的需求和欲望。这种产品观在买方阶段十分盛行。

　　现代产品的整体概念包括以下内容。

1. 核心产品

　　核心产品是指购买者购买某种产品所追求的利益、产品的实用价值，是消费者追求的中心内容，它回答购买者真正购买什么的问题，构成产品的最基本的部分。

2. 形式产品

　　形式产品(也称基础产品、实体产品)是指市场上产品的具体形式，是核心产品的载体，包括产品的外观、商标、形状、特点、包装等。在产品的核心功能相似时，产品的形式则会对顾客的购买产生很大的影响。国际市场是一个典型的买方市场，产品竞争十分激烈。面对琳琅满目、质量和功能相同的产品，顾客常常把注意力集中在产品的形式上，并以此作为自己选择产品的依据。这种情况在生活资料购买中尤为明显。

3. 期望产品

　　期望产品是指消费者购买产品时期望的一整套属性和条件。如购买等离子电视时期望该机器能在省电的情况下，画面能够清晰等。

4. 延伸产品

　　延伸产品是指人们购买有形产品时所获得的全部附加服务和利益，这是对产品概念的进一步延伸。如果产品的核心部分相同，形式部分又各具特色、不分上下，产品服务就能成为能否赢得顾客的决定性因素。这对一些生产资料产品以及高档耐用消费品来说，显得尤为重要。

5. 潜在产品

潜在产品是指现有产品包括所有附加产品在内的，可能发展成为未来最终产品的潜在状态的产品，预示着该产品最终可能的所有增加和改变。

消费者往往把产品看作满足其需要的各种利益的复杂组合。在开发产品的时候，营销人员必须首先识别产品所要满足消费者的核心需要。然后设计出实体产品，并找到扩展实体产品以创造出能够最好地满足消费者的利益组合方式。

5.2.2　国际产品策略

1. 国际核心产品策略

在全球营销环境下，跨国公司必须决策对营销组合进行多大的调整才能适应全球市场的状况，因为产品的调整直接影响生产设备、产品营销等的变动。一种极端的情况是，公司使其全球范围内的标准化营销组合、产品生产和推广都标准化，这样可以使成本降至最低。另一种极端的情况就是适应化营销组合，跨国公司根据各个目标市场的特点调整其产品设计、生产、推广方式等。国际核心产品策略有标准化和差异化两种策略。

1) 标准化的产品策略

标准化产品策略是向国际市场提供与国内市场相同的产品。这是因为在许多产品的使用上，消费者心理带有全球性的共性。采用标准化策略不仅是可能的，而且也会给企业带来好处。如研究开发、生产、营销活动的规模经济；获得开展全球营销的经验曲线效应；提高品牌知名度；对流动的顾客提高他们对产品和品牌的忠诚度等。

产品的标准化设计可以有模式化和核心产品两种策略以供选择。模式化策略主要是指在全球市场上开发一系列通用的产品部件，使它能适用于各种各样的产品配件。这种通用的产品部件在世界范围内不同的地区进行标准化的批量生产，这样就可以产生规模经济，降低产品部件的生产成本。由于选择在几个关键的地点进行生产，还可以最大限度地降低运输费用。核心产品策略就是设计一种基本统一的核心产品或产品的主要部分。以核心产品为基础，适当改变其外围产品部分以适应不同地区的消费者需求。这样就可以通过降低生产成本和采购成本来达到节约产品成本的目的。这种策略可以增加企业的柔性，企业可以在核心产品的基础上，根据各个市场的需求量完成最终产品的设计，减少大量产品滞销的现象。

2) 差异化的产品策略

差异化的产品策略是指根据不同市场的需求修改产品，向国际市场提供不同于国内的产品。尽管世界各国的消费者在许多产品的使用上存在着消费心理的共性，但由于使用条件的差异、市场差异以及各国的强制性因素等，都会使国际产品的消费存在着巨大的差异。跨国公司在对市场进行细分的基础上，应针对每个目标市场需求的不同，开展国际市场营销活动，满足国际市场的需求。以修改产品所带来的销售额的提高来弥补公司的柔性营销策略是最具代表性的。

所谓柔性营销策略是指跨国公司不需要花费太多的时间和成本，不需要引起太大的组织结构变动，就能灵活调整自己的生产、销售和管理模式，以适应世界市场上日益突出的个性化需求。从市场需求来看，柔性营销策略能很好地满足多变的个性化需求，该策略为将来各种不可预见因素的出现提供了一定的预留空间。从产品方面来看，柔性营销体现出一种对"满意"原则而不是"完美"原则的运用，以满足不同消费者的个性化需求偏好。

同时我们还应认识到，一方面，现代科学技术的发展使柔性营销策略并不会失去太多的规模经济优势。事实上，许多跨国公司正在努力开发既不失去太多的规模经济效益又能满足顾客特殊要求的经营体系。在柔性营销策略的指导下，福特公司正试验着在一条流水线上生产由几百个通用部件组合而成、但尺寸不一、构造不同的引擎，从而使自身具备能满足不同顾客特殊要求的生产能力，但又不失其规模效益。可见，对于当今细分程度日益提高的世界市场，由数字化设备程序技术、计算机辅助设计制造和以机器人操作为主要内容的跨国公司柔性营销策略能使每一细分市场上的消费者的特定需求偏好得以满足，并且基本上是在和标准营销同样价格、同样效率下达到的。

另一方面，当前跨国公司的柔性营销策略中许多产品的差异性、个性化主要体现在外观而非内核。虽然全世界日益增多的高层次消费者已不再满足于成批生产出来的产品，并有足够的经济实力购买能体现自身个性的商品，但他们的不满足主要是基于产品统一的外形、统一的色彩、统一的规格标准和相同的功能。消费者们会比较两个录音机的色彩、款式、功能，可他们却很少会比较里面的机芯、磁头是否相同。这就提示目前跨国公司，柔性营销策略的主要重心应放在产品的外观设计和功能开发上。荷兰飞利浦公司供应给世界各地的电子产品有五百多种，但公司的零部件和半成品则尽量采用统一标准，飞利浦以此赢得规模经济效益，又不失其为客户提供多样化商品的美名。

3) 产品策略的战略选择

跨国公司产品的标准化潜力依行业特性和产品特性而定，与文化、传统和消费者偏好密切相关的产品较难实行高程度式标准化，而新兴的产品和一些工业品的标准化的潜力较大。一般而言，在全球市场上，消费品比工业品的文化敏感性更大。除了考虑产品本身外，还要考虑产品的促销。对跨国公司来说，文化上的差异是不容忽视的，在对顾客进行促销宣传时，更是如此。按照产品和促销方式是否发生变化，沃伦·基根(Warren Keegan)将跨国公司的产品战略分为以下4种。

(1) 产品延伸与促销调整。这种战略是产品不变但调整促销的方式。跨国公司用同一种产品满足不同国家和地区的需求，或者在与本国市场相同或相似的使用环境下执行两种不同的功能。这时，企业需要考虑不同市场上消费者的文化和竞争环境的差异，并采用不同的营销沟通手段和差异化的广告宣传。这样一来，企业虽然牺牲掉了产品广告方面的潜在规模经济效益，但在生产方面仍然能够实现大量生产，实现规模经济。产品延伸与促销调整虽然在物质形式上没有改变产品，但在某些市场上它还是偏离了最初的设计和制造的意图，最后以执行一种新功能或新用途而告终。这种战略的吸引力在于它的实施成本较低。因为产品并未改变，避免了因生产线改变而引起的研究和开发成本、工具使用成本、生产启动成本和存货管理成本的增加。它唯一的成本在于确定产品的不同功能，并修改与之相对应的营销方式。

(2) 产品延伸与促销延伸(双重延伸)。运用这种战略的跨国公司往往会在本国之外的几乎所有市场都使用与国内相似的广告和推广方式来销售同一种产品。一般而言，进入全球市场的企业在早期往往会采用这种方法。同时，由于在全球范围内追求差异化所带来的收益不能抵消成本的增加，一些资源匮乏的企业也会采用这种战略。当然，也有一些大型跨国公司在全球市场采用统一的产品和统一的广告宣传，这是为了建立一个知名的全球品牌。除此之外，双重延伸战略还可以从产品和广告宣传两个方面达到规模经济效应，大大节省了成本。这种战略采用的是成本驱动而不是市场驱动，因此可能会导致因为一种产品无法满足消费者的需求而产生消费转向。

(3) 产品调整与促销调整(双重调整)。当跨国公司将产品推广到全球市场上时，它们可能会发现，在其他的市场上，不仅环境条件或顾客的偏好发生变化了，而且产品执行的功能或消费者对广告的接受程度也是不同的。在这种情况下，跨国公司应采用双重调整的策略。这种策略是跨国公司进行全球扩张最可行的选择方案。

(4) 产品调整与促销延伸。这种战略主要是指跨国公司在全球市场上，维持本国市场的基本促销战略不变，同时使产品适应当地使用或偏好条件。埃克森就一直采用这种战略。该企业为了普遍适应不同国家和地区的天气情况而改变了其汽油的构成，同时在不改变其基本促销策略的情况下进行扩展。

有时，企业在营销某种产品时可能会在世界各地同时使用上述4种产品策略。

2. 国际形式产品策略

对于国际营销中的形式产品，我们主要研究其品牌策略和包装策略。

1) 国际产品的品牌策略

专业营销人员最独具一格的能力就是创造、维持、保护和提升其产品和服务的品牌。国际品牌就是使跨国公司的产品或劳务同国际竞争对手的产品或劳务区别开来的品牌。驰名的国际品牌是跨国公司的一种宝贵的无形资产，有些驰名商标的价值甚至高于其有形资产的价值。跨国公司在全球范围内实施品牌管理比在本国内实施品牌管理要复杂得多，其所涉及的主要问题有：在全球营销中，如何跨越文化壁垒实现全球品牌；全球品牌策略的各种要素在哪些方面可以全球通用，哪些方面需要保持机动灵活；跨国公司怎样实现从国别品牌到全球品牌的转变等。

(1) 全球品牌的市场进入策略。跨国公司全球品牌的市场进入策略包括以下几点。一是地理延伸。该策略是指企业将现有品牌输出到现有地理范围之外的新市场。跨国公司在品牌全球化的初始阶段往往都是沿着这条轨迹向海外市场延伸、发展的。品牌地理延伸策略的优点是跨国公司对进入海外市场的品牌可以保持强有力的控制，可以以较低的成本实现品牌运营经验的传递和移植等。其局限性表现为：品牌可能由于不适应东道国市场环境，出现"水土不服"现象；受到公司资源、财力和海外经验的限制，海外市场进入速度和扩张能力相对不足；需要在每一个当地市场培养和建立品牌认知和品牌忠诚，导致成本不经济。地理延伸策略运用的思路为，如果母国或者某国市场已经成功运营和积累了丰富的经验，或者具有较强的代表性和全球响应一致性的特点，则跨国公司可以依据该国市场特征设计一个"全球品牌雏形"。然后品牌在进入不同国家市场时，再根据当地的社会文化和消费行为等，对这个"全球品牌雏形"进行有针对性地调整、添加和删除等。二是品牌接管。该策略是指通过收购、兼并和控股的方式，获取在东道国市场上销售的品牌。在品牌接管的方式下，跨国公司一般只控股或收购品牌，而并不一定收购拥有该品牌的公司。与地理延伸策略相比，品牌接管的控制程度中等，且通常需要较大数额的资金来完成海外品牌收购。品牌接管策略在全球化过程中有很大的潜力和空间，它的优势相当明显。首先，通过收购海外著名品牌，可以大大加快公司品牌全球化的进程，实现后发展优势；其次，通过寻求有力并购时机，跨国企业可以用相对低的成本拥有世界知名品牌；最后，可以在收购的海外知名品牌的基础上，再连带发展出一批副品牌，使通过收购获取的知名品牌效应得到更加充分地发挥等。面临的主要问题是：在品牌收购过程中，面临着两种文化的冲突和对立；有时还需要解决在收购前所遗留的负债等问题；收购的成本比较高，这无疑会带来个别的风险问题。三是品牌联盟。该策略是指两个或多个品牌所有者建立的品牌战略联盟可以通过合资企业、合伙企业或许可协议等实现。品牌联盟的基础是合作双方品牌的优劣势的互补。品牌联盟方式的特点是市场进入速度中等，介于地理延伸和品牌接管之间，但需要的投资规模小。缺点是对品牌的控制力度低。品牌联盟面临着两方面的挑战：一是公司层面的，关于不同的品牌文化、品牌定位和品牌形象等交融的问题；二是市场层面的，如何在全球顾客中建立新的品牌认知、理解和偏好，如何准确地将新品牌在全球顾客中定位。

(2) 全球品牌营销策略。全球品牌营销策略主要解决品牌进入全球不同国家市场后的一系列品牌定位，以及针对各国顾客的品牌标准化与适应性要素的结合等一系列涉及品牌营销的问题。一是全球标准化品牌定位。该定位主要着眼于全球市场的共同需求，即在运用相关人口统计变量实现跨国界全球市场细分的基础上，最大限度地发掘各国顾客需求的一致性，并将其凝聚于全球标准化的品牌定位中。它强调标准化、一致性的品牌定位以及品牌元素组合和统一的品牌形象等，面向全球所有国家市场。二是全球品牌设计的一致性。尊重当地习俗和法律法规是全球品牌一致性设计的重点考虑要素。在品牌的命名上，易识、易读、易记是设计全球品牌名称最起码的要求。同时，全球品牌名称的翻译也是很关键的问题，某些直译可能会曲解了品牌的含义。对于品牌标识的设计，需要充分挖掘全球顾客的审美价值观和以全球流行时尚等方面的一致性为前提条件，同时注重跨越和避免文字及标识元素在各国的差异所产生的认知障碍。三是全球品牌传播的一致性。该策略主要是通过全球广告、公共关系和口碑传播等方式实现的。一致性的全球品牌传播是实现全球营销标准化战略的重要管理任务，也是全球品牌与国内品牌传播的不同点。四是全球化品牌组合。该策略指的是跨国公司在全球市场上所制定和实施品牌策略的整合。全球品牌组合的一致性是通过三种方式实现的：单一品牌全球化、多品牌全球化和联合品牌全球化。

2) 国际产品包装策略

国际产品包装是指为国际产品设计并生产容器或包装物的一系列活动，这种容器或包装物被称为国际包装。具体来说，包装包括：产品的内包装(装着佳洁士牙膏的塑料管)；产品的中包装(也称为促销包装)，一般指为便于经营、美化产品、促进销售的包装；在产品使用时扔掉的外包装(装着佳洁士牙膏的纸盒)；还有存储、识别和运送产品所必要的运输包装(装着六打佳洁士牙膏的瓦楞纸箱)。标签，即包装上面或者附在包装上的印刷形式的信息，也是包装的一部分。传统上，包装的首要功能是容纳并保护产品。随着各国经济的发展，越来越多的产品在超级市场和折扣店以自选的形式出售，当消费者的购买活动属于冲动购买时，包装相当于做广告。消费者富裕后也愿意为良好的包装带来的方便、美观、可靠性和声望多付钱。近来，企业也意识到良好的包装在促使消费者迅速识别本企业或品牌方面的作用。据金宝汤公司估算，平均每个美国消费者每年看到其听装产品76次，相当于花费2600万美元所做广告的效果。包装的创新也会给消费者和生产者都带来好处。并且，创造性的包装能够给企业带来超过竞争对手的优势。包装消费品公司最近正增加包装研究方面的投资来发展包装设计，以期获得更多的货架注意力并为消费者创造更便利的生活。正是基于以上这些因素，包装已成为国际促销的强有力手段。

由于文化、经济、政治等差异，不同国家的市场对包装要求也不同。跨国公司应根据各国的文化背景、生活习惯制定包装。一般来说，由于消费水平的的原因，发达国家包装讲究美观、方便；而发展中国家偏重于包装的实用价值；运往特殊气候地区的产品要选用能抵抗极端气候条件的包装材料。同时要注意各国对包装的要求，如德国首创绿色标志产品在发达国家已获推广。另外，为了保证产品在运往目的地过程中不破损、盗失，运费又较低，就要不断地改进包装，并注意满足中间商的要求。

跨国公司可采用的包装策略有：国际类似包装策略、国际配套包装策略、国际分销包装策略、国际再使用包装策略、国际附赠品包装策略等。

3. 国际延伸产品策略

在这一层次，主要介绍质量保证和售后服务两方面的策略。

1) 质量保证策略

质量保证是公司对其所提供的有关产品特性和功能方面的承诺，它具有销售和保障两大功能。跨国公司的营销人员在研究质量保证策略时，可以从以下三个方面入手。一是质量保证的标准化。质量保证的标准化是指对国内外市场提供相同的质量保证。与产品标准化一样，质量保证也能带来经济效益。经济全球化的发展，国际产品对商品的需求高度同质化、产品使用的移动性以及产品本身的特性都对质量保证的标准化提出了要求。但是，跨国公司的生产和销售是在世界范围内进行的，由于各地生产工厂所具备的质量管理水平及技术能力的差异，使得质量保证标准化的难度大大增加。二是质量保证的当地化。使公司对各国不同市场提供适合当地情况的质量保证的原因是多方面的，正是这些原因，使得公司在面对标准化的难题时，可以采用质量保证当地化的策略。这些原因有：质量保证标准化不能为公司带来明显的经济效益，有时甚至因耗费太多费用而得不偿失；由于各地的竞争情况不同，公司尚未在全球各地市场建立完整的售后服务网络，或各地服务部门的规模和能力差异很大等。三是使用质量保证作为竞争工具。如今很多公司把顾客导向的质量转化成有力的战略武器。它们通过连贯一致、有利可图地满足顾客对质量的需要和偏好来获取顾客的满意和价值。然而是否将其作为一种竞争工具，则要看公司在各国市场所面临的情况。

如果公司必须提供和竞争对手同样或更好的质量保证，才能占有竞争优势的话，则公司必须以质量保证作为竞争的武器。一般而言，处于劣势的公司往往会提供比竞争对手更多的质量保证来提高其竞争地位；公司本身的生产技术及质量管理水平高于竞争对手，则可以提供相当有力的质量保证，这可以增强购买者的信赖。使用质量保证作为竞争工具，必须要有售后服务系统的支持，只有具备完善的售后服务系统的支持，才能使公司长期获利。

2) 售后服务

售后服务是指产品在流通和使用过程中，公司为保证产品的正确使用，维护公司信誉，促进产品销售，而对顾客所做的各种服务性工作。售后服务是产品要素的一个重要内容，在产品合格的基础上，做好今后服务工作会给公司的产品锦上添花，增强其竞争力。在对购买者提供服务的过程中，首先要确定向购买者提供的服务项目的总和；其次确定向购买者提供的服务的程度；最后是确定以什么方式向购买者提供服务，如企业是建立维修网点还是提供预约上门服务等。售后服务按其内容分为事务性服务、业务性服务、技术性服务；按服务过程分有售前服务、售时服务、售后服务等。售后服务是对质量保证的有力支持；售后服务是赢得顾客购买的重要条件。通过售后服务还可以改善公司的经营管理，增加公司的收益。

跨国公司对顾客实行售后服务，有4种可供选择的办法：制造商可以通过顾客服务部门来提供售后服务；制造商与分销商和经销商安排提供这种服务；制造商可以让独立的服务商公司提供售后服务；制造商让顾客进行自我服务等。

5.2.3　国际产品市场生命周期

1. 国际产品市场生命周期内涵

产品市场生命周期，这个概念的最早提出者之一是西奥多·利维特(Theodore

Levitt，1960)，他在他的文章《缺乏远见的营销者》中指出，产品生命能够给市场需求满意的新产品和新技术的出现带来影响，他举了美国铁路被公路和飞机运输所取代的例子，以及好莱坞电影受到电视的威胁。当市场需要保持稳定时，则满足的方式受技术的发展而变化，如CD对磁带的替代。一般的产品市场生命周期对国际产品市场生命周期有一定的指导作用。产品在国内经由介绍期、成长期、成熟期最后进入衰退期，但这并不意味着产品已完全被淘汰。它可能在另一个国家还处于成长期或成熟期。由于世界经济、科技水平发展的极不平衡，产品在各国的采用时间和持续时间是不同的，经常是迟后采用的国家能用最经济的方法生产产品并成为将产品出口到其他国家的领先者。这种现象称作国际产品市场生命周期。

国际产品的市场生命周期一般经过三个阶段：即新产品发明阶段、产品成长和成熟初级阶段、成熟期和产品标准化阶段。由于经济发达国家、较发达国家及发展中国家的经济发展、科技发展水平不同，因此，导致产品进入这三个阶段的时间先后不一样。国际产品市场生命周期循环，如图5-1所示。

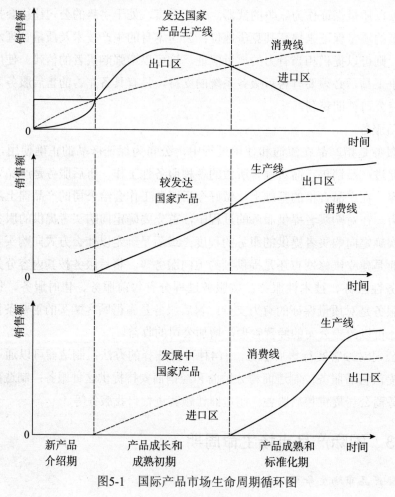

图5-1　国际产品市场生命周期循环图

国际产品市场生命周期的不同阶段都有其各自的特点。产品介绍期，其他发达国家开始消费该产品，但并未进行生产，而发展中国家由于消费的滞后性还没有该产品的消费；产品成长和成熟初期，产品在高度发达国家的生产已进入成长期，其他发达国家开始生产，发展中国家开始消费，产品达到成熟前期，发展中国家逐步掌握了生产技术开始少量生产。但无论是发展中国家还是其他发达国家，其生产都不能满足本国消费，还需要从发达国家进口。产品成熟和标准期，这时随着科技的进步、产品完善，形成标准化生产。先是其他发达国家生产自给后出口，与高度发达国家抗衡，之后发展中国家也能依靠新技术满足自身消费后，产品出口国外，而最先生产该产品的高度发达国家则丧失了垄断地位，由出口国变为进口国。国际产品市场生命周期可以概括为：高度发达国家首先发明产品成为产品出口国，最后成为该产品进口国；工业发达国家，先是产品进口国，后成为产品出口国；发展中国家，先是产品进口国，后成为产品返销到高度发达国家和其他发达国家的出口国。

2. 国际产品市场生命周期理论意义

(1) 有利于出口产品的更新换代。利用国际产品市场生命周期分析国际市场趋势，积极开发新产品，及时淘汰衰退产品，可使中国出口产品在国际市场上保持持续旺盛的销售态势。

(2) 制定相应营销策略，打开新市场或扩大原有市场的销售。根据国际产品市场生命周期理论，产品在不同的市场处于生命周期的不同阶段。如在A市场处于成熟期的产品，在B市场则处于增长期，或是新产品投放期。据此，企业可灵活机动地采取相应措施，延长现有产品的出口期限。

(3) 根据产品市场生命周期的变动情况，研制开发产品的多种用途，尽可能延长产品的成熟阶段。某些产品进入成熟期后，由于开发了它的新用途，发现了其新特性，而使该产品进入新的领域、新的市场，其产品生命投入新的循环周期，持续不断地发展下去。

5.3 定价决策

5.3.1 影响国际市场营销定价的因素

价格在传统上被定义为"顾客为获得以单位的产品或劳务所必须支付的货币数量"(Simon，1989)，然而，许多消费者倡导运用更广泛的价格定义，以反映价格概念本身的复杂性和多面性特征。对于消费者来讲，价格远不只是制造商或零售商所索要的客观货币价值。如果说合适的产品开发、分销以及促销播下了成功的种子，有效地定价则是收获。国际产品定价是一项十分复杂的工作，它会受到许多在国内产品定价过程中所不曾遇到的客观因素的影响，这些因素不仅数量多，不确定性和风险性也都比较大，这些因素主要有以下几个。

1. 成本因素

价格不仅是一个重要的营销组合工具，更是一个企业的利润和现金流量的主要决定因素。产品成本作为产品价格的主要组成部分，对产品价格的形成起着决定性作用，也是公司对产品定价的根本依据。不过，公司在国际市场上销售的产品与在国内市场上销售的产品其成本结构是不同的。

首先，在产品成本中要增加一些进入国际市场所必须对产品进行改造而形成的成本，以及外销工作人员的劳动报酬；其次，产品进入国际市场的生产性流通费用要远远超过国内市场上的生产流通费用，一般包括产品运输费用和包装整理费用等；最后，产品进入国际市场的非生产性流通费用要高于国内市场上产品的非生产性流通费用，这些费用包括海外代理商的佣金、国际广告等。

由于上述费用的增加，导致了国际市场上销售的产品总成本的增加，从而带来价格升级的问题。在公司对国际市场上销售的产品进行定价时，必须充分考虑上述成本因素的影响。

2. 市场因素

产品价格也是市场机制作用的产物。市场供求、市场竞争和市场价格是完整的市场机制的三个不可分割的因素。市场供求和市场竞争决定市场价格，而市场价格反过来又影响市场供求和竞争。

(1) 市场供求因素。市场供求因素包括市场需求状况和市场供给状况两个方面，市场价格就是市场供需双方力量相互作用的结果。商品价值的实现是要与市场供求相适应的。供求关系反应的是生产与需要之间的矛盾运动，国际市场上的供给一般是指国际市场所提供的商品数量、质量及构成，它由世界各国生产水平和出口状况所决定；国际市场上的需求一般是指国际市场上所需要的生产资料和生活资料的总和，它取决于各国的生产消费和个人消费以及与此相适应的进口状况。在商品交换中价格总是围绕着价值上下波动，出现这种波动的主要原因就是供求关系的变化。一般来说，当某种商品在国际市场上出现供不应求的情况时，其价格就会出现下降的趋势。国际市场上的价格就是这样随供求关系的变化而起伏不定。

(2) 市场竞争因素。价格竞争是国际市场竞争的主要方式之一。在国际市场营销中，公司可以采取降低销售价格、给予价格折扣、与其他公司共同操纵价格等方式，开展价格竞争，争夺市场、扩大销售。但是，公司是以价格为主要竞争手段，还是以质量竞争等非价格竞争作为主要竞争手段，以及价格竞争究竟应该开展到什么程度，还是必须视市场结构和环境、公司成本状况、产品性质及其所处的生命周期而定。与国内市场相比，国际市场上的竞争要激烈和复杂得多，无论是竞争对手的实力还是其数量都是国内市场无法比拟的。国际市场上的竞争主要在卖者之间、买者之间、买主和卖主之间进行。而由于当前国际市场基本上是买方市场，所以在卖者之间的竞争最为激烈。因此，对于一个公司来说，要在竞争中求得生存，就必须努力提高自身的竞争地位，提高自身在国际的声誉，推出独具特色的产品，这样才会使公司在制定其产品价格时拥有更大的自主权。

3. 货币选择因素

货币选择是国际市场中产品定价时所必须考虑的一个重要因素，这是国内公司定价所不曾遇到的问题。合理选择计价货币，可以避免风险，降低损失，增加公司的收益，并有可能在一定程度上提高产品的竞争能力。计价货币选择对于产品定价的影响主要在于两个方面：即汇率变化和通货膨胀。

4. 政府干预因素

各国政府出于干预和调节经济以及保护本国工业等方面的目的，通常会对外来的产品进行限制，这种限制对于进行国际市场营销活动的影响极大，尤其在产品价格方面，各国政府通常会采取很严厉的措施，甚至通过立法来加以限制。政府对价格的干预主要包括有关边际利润、价格上下限以及价格变动的明确规定和限制性的直接管制，也包括采取政府直接参与市场活动以及给予财政补贴方式的间接干预。此外，东道国还可以利用关税或其他税收手段，影响出口国公司的销售价格。

5.3.2　国际市场营销定价方法

国际市场营销的定价方法是公司根据其定价目标，考虑产品的成本、供求、竞争等多方面的因素，运用价格策略，对产品价格进行具体计算的方法。定价方法的选择直接关系定价目标的实现和价格决策的成败。常用的定价方法有以下几种。

1. 成本导向定价法

成本导向定价法是以成本加利润为基础，完全按卖方意图来确定商品价格的方法。这种方法的优点是保证公司不亏本，计算简单。但是成本导向定价是由生产企业自行决定的，国际市场的顾客是否接受还不一定。成本导向定价法有以下几种具体的定价方法。

(1) 成本加成定价法。即将产品的单位总成本加上预期利润所定的售价，售价与成本之间的差额即是加成(销售毛利)。其计算公式为

$$单位产品售价=单位成本+预期利润$$

或

$$单位产品售价=单位成本\div(1-预期销售收益率)$$

这种定价方法的关键就在于预期利润和预期销售收益率的确定。因为在产品的单

位成本确定之后，预期利润的大小对价格的高低起决定性的作用。不同商品的加成利润率差别很大，一般依据产品的性质、特点、市场的供求、需求弹性来制定，对于一般生活必需品来说，利润率要低些，对于一些高档耐用消费品来说，利润率要高些。需求弹性大的商品，利润率要低些，弹性小的商品，利润率要高些。

(2) 变动成本定价法。变动成本定价法又称边际贡献定价法，它是指公司在定价时只考虑变动成本，不考虑固定成本的方法。这种方法一般只限于生产能力过剩的公司，同时该公司也要具备这样几个条件：首先，增加产量不需要增加设备的投资；其次，销售按变动成本定价的产品市场要与原有产品市场隔绝，以免相互干扰；最后，在新的市场上不会发生外国政府的反倾销干预。

(3) 盈亏平衡定价法。这是在公司已经预测出可能的销量之后，确定其收入恰好可以补偿支出时的定价的方法，也称保本定价法。其计算公式

$$单位产品售价=(固定成本+可变成本)\div总产量$$

2. 需求导向定价法

需求导向定价法是以市场需求、顾客对产品价格的感受为核心来制定产品价格的，在实际营销活动中更具适应性。需求导向定价法又可以分为逆向定价法和认知价值定价法。

(1) 逆向定价法。逆向定价法是指企业依据消费者能够接收的最终价格，在计算自己经营的成本和利润后，逆向推算出产品的批发价格和零售价。这种方法不以实际成本为主要依据，而是以市场需求为定价出发点，力求使价格为消费者所接收。在分销渠道中，批发商和零售商多采取这种定价方法。

(2) 认知价值定价法。这种方法是根据购买者对产品的认知价值制定价格。比如，同样的音响产品，由中国国内厂家生产，在市场上售价每台为3000元，而此厂家被日本索尼公司收购后，贴上"SONY"的品牌标识，定价为每台4500元在市场上销售，仍然能被消费者接受。因为消费者认为"SONY"这个品牌的价值更高，宁愿支付更高的价格。索尼公司显然是根据消费者对产品价值的认知程度对产品进行定价。

认知价值定价与现代市场定位观念相一致。企业为目标市场开发新产品时，在质量、价格、服务等方面都需要体现特定的市场定位。因此，企业首先要决定所提供的产品的价值和价格；其次，要估计依此价格所能销售的数量，再根据销售量决定所需产能、投资及单位成本；最后，还要计算依此价格和成本能否获得满意的利润。若能获得满意的利润则继续开发这一新产品，否则则放弃这一产品概念。

认知定价法的关键在于准确计算产品提供的全部市场认知价值。企业如果高估认知价值，便会定出偏高的价格；过低地估计，则会定出偏低的价格。如果价格大大高于认知价值，消费者会感到难以接受；如果价格大大低于认知价值，也会影响产品在消费者心中的形象。

3. 竞争导向定价法

竞争导向定价法就是公司以竞争者产品的价格为依据来制定本企业产品的价格。它要求价格随着竞争条件的不同以及竞争对手的状况不同来改变。采用这种定价法，要求公司分析、研究竞争者的产品价格、质量、性能、售后服务及其声誉，并根据本公司的自身特点，通过比较来制定价格。根据不同情况，公司产品的价格可以与竞争者相同，也可以高于竞争者或低于竞争者。具体方法有随行就市定价法、密封投标定价法等。

(1) 随行就市定价法。随行就市定价法又称通行价格定价法，是指企业参照主要竞争者的价格(或本行业的平均价格水平)来定价；企业在产品成本难以估算、或者企业希望与同行和平共处、或是难以了解购买者和竞争者对企业价格的反应时，往往采取这种定价方法。

随行就市定价法是同质产品市场惯用的定价方法。首先，在完全竞争市场，销售同类产品的企业在定价时实际上没有多少选择余地，只能按照行业现行价格定价。某企业如果价格定得高于时价，产品就卖不出去；如果价格定得低于时价，也会遭到降价竞销。另外，在寡头竞争的条件下，企业也倾向于和竞争对手要价相同。因为在这种条件下，市场上只有少数几家大公司，它们彼此十分了解；购买者对市场行情也十分熟悉，如果价格稍有差异，消费者就会转向价格低的企业，所以按照现行价格水平，在寡头竞争的市场需求曲线上有一个转折点。某公司价格定得高于这个转折点，需求就会相应减少，因为其他公司不会随之提价(需求缺乏弹性)；如果某公司将价格定得低于转折点，需求也不会相应增加，因为其他公司也可能降价(需求有弹性)。总之，当需求有弹性时，一个寡头企业不能通过提价而获利；当需求缺乏弹性时，一个寡头企业也不能通过降价而获利。

在异质产品市场上，企业有较大的自由度决定其价格，产品差异化使购买者对价格差异不甚敏感。企业相对于竞争者总要确定自己的适当位置，或充当高价企业角色，或充当中价企业角色，或充当低价企业角色。企业要在定价方面有别于竞争者，其产品策略及市场营销方案也应尽量与之相适应，以应对可能来自竞争者的价格竞争。

(2) 密封投标定价法。密封投标定价法是指买方通过引导卖方之间的竞争以取得同类产品的最低价格的定价方法。采购机构刊登广告或发函说明拟购产品的品种、规格、数量等的具体要求，邀请供应商在规定的期限内投标。采购机构在规定日期开标，一般选择报价最低、最有利的供应商成交，签订采购合同。供应企业如果想做这笔业务，就要在规定期限内填写标单，填明可供商品的各种要求，密封送达招标人。投标价格根据对竞争者报价的估计制定，而不是按照供货企业自己的成本费用来制定。因为其目的在于赢得合同，所以一般它的报价应低于对手报价。然而，企业也不能将报价定得过低(即低于边际成本)，以免使自身经营状况恶化。如果报价远远高于边际成本，虽然潜在利润可能增加，但又会降低取得合同的机率。

5.3.3 跨国公司转移定价

相比于一般国内企业，跨国公司的内部贸易对世界贸易作出了突出的贡献。根据近期联合国的统计，世界1/3的实物贸易都是在跨国公司内部实现的。也就是说，跨国公司具有转移定价的功能，能够在它的全球网络中把它的商品、服务、技术、贷款标出不同的价格出售，尽可能地避开缴税，以获取最大的利润：在赋税很高的国家，它把价格定得较低，在赋税不高的国家，它则可以提高价格，最后综合平衡，减少了税收负担，增加了利润幅度。另外，在某些国家，官方机构要按照生产成本和进口物价来控制零售物价，跨国公司则可以通过从自己的子公司以偏高的价格进口物品，以抬高实际零售价格，绕过官方机构的控制。跨国公司的内部贸易中，交易价格由公司内部确定，交易双方实际是同一所有者，含有内部转移的因素，但这种贸易同样引起商品的跨国界交易，具有国际贸易的特征，可以说，是企业跨国化的组织机制将世界市场内部化了。有关转移价格的详细内容将在第九章中加以阐述。

5.3.4 跨国公司定价的相关难题

1.价格攀升

在跨国公司全球营销的过程中，产品的最终价格由于装运费、保险费、包装费、关税、较长的分销渠道、较高的中间商毛利、专门税收、行政管理费、汇率波动、通货膨胀等因素的层层作用而上涨，以致最终要远远高于跨国公司最初制定的价格水平，这种现象称为价格攀升。由于价格攀升过高和商品的替代效应，会影响当地消费者的购买，严重地削弱跨国公司产品在当地的竞争能力，跨国公司可以寻求下列解决办法来应对。

(1) 在全球范围内寻求低制造成本。跨国公司应充分发挥全球营销战略的优势，通过标准化和价值链的优化集中等，在全球范围内寻求低制造成本。有两种降低全球生产成本的途径：一种是将生产基地转移到人力、原材料成本低的发展中国家；另一种是缩减产品的某些奢侈性功能或选用某些成本低的原材料，以降低成本。

(2) 寻求新的分销渠道或缩短分销渠道。高昂的零售费用和过长的渠道等加速了流通成本的上升，这也是价格攀升的原因之一。有两种解决途径：一是变革传统渠道以降低流通成本，这一途径由于网络信息化技术在商业中的普及正在实施。二是缩短渠道的长度以减少由于渠道成员过多所攫取的过高的流通利润。各个国家征收的增值税分为累积和非累积两种。累积增值税按总销售价格计征，货物每转手一次就征一次税；而非累积增值税是按中间商进货成本和销售价格之差计征的。无论实行哪一种增值税，通过减少中间商的数目，缩短销售渠道，都可以降低渠道的流通成本。

(3) 调整产品或产品线以规避关税壁垒。跨国公司还可以通过调整产品或产品线类别，将其重新归入关税较低的产品类别，这也是规避不合理关税的方式。由于各国对产品归类的规定不尽相同，将产品归入关税低的类别可以实现降税的目的，还可以重新设计或增减产品功能以适应税率较低的关税类别；另外，改变产品形式也是应对关税壁垒的方法。按照国际惯例，通常零部件与半成品的关税税率都比较低，为此，可增加外销零部件、半成品的出口和进口国组装、深加工等，以达到降低关税的目的。

(4) 借助自由贸易区。利用自由贸易区或自由港，跨国公司可以对税收、关税、附加费、运费等因素在一定程度上加以控制，它能避免、减少或延缓这些费用的发生，使得最终的价格更具竞争力。

2. 价格协调

跨国公司在制定全球价格战略时，需要对不同国家的价格进行协调。国与国之间的价格差异会刺激灰色市场的出现，没有被授权的经销商会将货物从价格低的国家贩运到价格高的国家。为了避免此种现象的出现，必须进行价格协调。另外，跨国公司为了保证整体利益的最大化，也不会允许各国子公司在价格决策上各自为政，这也需要进行价格协调。以下是跨国公司常用的价格协调策略。

(1) 经济措施。跨国公司在与海外市场的分支机构进行交易的过程中，公司总部可以通过制定能激励当地分支机构的转移价格来影响其价格决策。

(2) 集中定价。跨国公司将定价决策权收回公司或地区总部，但这样会牺牲公司针对当地市场环境作出反应时所必需的灵活性。

(3) 规范化管理。跨国公司总部制定定价规则，要求各国家的分公司予以遵守，但允许当地管理者的定价存在一定范围内的灵活性。

(4) 非正式协调。跨国公司可以运用提供信息和指导等非价格形式进行协调。

3. 灰色市场

灰色市场是指跨国公司对分销系统失去了控制。某些中间商从跨国公司收购商品的数量远远超过在该国销售该产品的数量，其将多余商品转卖到其他国家，赚取差价，结果造成跨国公司与当地中间商的利益受损。

导致灰色市场的产生有以下一些原因：第一，同一产品在不同国家的销售价格存在差异，这是灰色市场存在的最主要原因；第二，不同国家的币值存在差异，使得不同国家市场上的产品的真实价格存在差异；第三，进口配额限制及高关税的存在导致某产品进口数量少，而对该产品的需求又很大，这种供需差异的存在导致灰色市场出现；第四，公司为了维护专卖产品的形象而给予专卖商较大的价格空间，也给灰色市场的产生提供了便利条件；第五，互联网技术的发展使得信息传播的速度加快，范围变广，为灰色市场的存在提供了便利。

灰色市场的存在，严重扰乱了价格，给公司的管理造成了混乱，使公司的利润外流。为了防止灰色市场的出现，跨国公司要注意加强对价格的控制和有效管理，建立有效管制分销渠道的控制系统。根据不同情况可以采取以下措施：针对不同的批发商制定专门的政策；消除不同区域的价格差别；改变不同国家的产品特性等。

5.4 分销渠道决策

国际分销渠道又称国际营销渠道，是指产品从生产者到达国外最终消费者或用户所经过的各种途径和环节。在国际市场营销中正确选择营销渠道，有利于跨国公司及时将产品传送到用户手中，扩大产品销售，加速资金周转，降低流通费用。

5.4.1 国际营销渠道的模式和环节

产品在国际市场上从生产者流转到国外消费者和用户手中，常常要先后经过出口国的分销渠道和进口国的分销渠道。各国国际营销环境不同，国际市场分销渠道也各具特点，国际市场分销渠道的基本模式如下所示。

生产企业→出口中间商→进口中间商→批发商→零售商→最终消费者。

这个模式是国际分销渠道最长的一种模式，由于产品的差异，在实际营销中，可以选择不同的分销渠道模式。要选择正确的销售渠道，必须了解中间商，即分销渠道的中间环节。

1. 国内的出口中间商

出口中间商是指在出口国经营出口产品业务的贸易商，按其性质和功能可分为出口商和出口代理商。

(1) 出口商。出口商本身不是生产公司，而是在本国市场购买商品，再转卖给国外买主的贸易商。它具有购买和推销产品的双重任务，自行处理一切有关业务，承担风险，自负盈亏。

(2) 出口代理商。出口代理商是受卖主的委托，在规定的条件下代委托人向国外市场寻找顾客，销售产品，收取佣金，对产品没有所有权。

2. 国外的进口中间商

(1) 进口商。从国外进口商品向国内市场出售的贸易机构，称为进口商。进口商通过进口业务赚取利润，并承担商品从进口到卖出过程中的一切风险。

(2) 进口代理商。国外的代理商是指某一国的贸易商接受另一国的出口公司的委托，签订代理合同，在规定地区推销有关商品，并收取佣金。这是一种委托关系，代理商只负责推销产品和取得佣金，而风险由委托人承担。

3. 国外的批发商

批发商是为进一步转卖而进行大批量商品交易行为的经营机构，它是不改变商品性质和劳务内容，实现商品和劳务在时间、地点上的转移，达到再销售目的的中间商。批发商不从事零售，它的销售对象是零售商、生产用户、商业用户和机关单位。批发商又可以按不同标识划分为许多类型。

4. 国外的零售商

国外的零售商处于国际市场分销渠道的最终环节，它从出口中间商、进口中间商和批发商处购买商品，然后卖给本国的消费者或最终用户。按不同标准可以将零售商划分为多种不同的类型，主要有百货公司、超级市场、便利店、折扣店、连锁商店、邮购商店、凭目录购买商店等形式。

5.4.2 国际营销渠道中间商的选择和管理

1. 国际营销渠道中间商的选择

跨国公司在确定国际营销渠道时，对国际中间商的选择直接关系营销渠道的运营效率和市场整体营销计划的实现。国际中间商的选择一般要考虑以下几个方面。

(1) 目标市场的状况。跨国公司选择中间商的目的就是要把自己的产品打入国外目标市场，让那些需要企业产品的最终用户或消费者能够就近、方便地购买或消费。因此，跨国公司在选择销售渠道时应当注意所选择的中间商是否在目标市场拥有自己需要的销售通路。

(2) 地理位置。国际中间商要有地理区位优势，所处的地理位置应该与生产商的产品、服务和覆盖地区一致。具体地说，如果是批发商，其所处的地理位置要交通便利，便于产品仓储、运输；如果是零售商，其所处区位则应具有客流量较大、消费者比较集中、道路交通网络完备、交通便捷等特点。

(3) 经营条件。国际中间商应具备良好的经营条件，包括营业场所、营业设备等。

(4) 经营能力与业务性质。中间商的经营能力是指中间商的管理能力、推销能力和客户服务能力。国际中间商的经营能力是决定销售成功与否的关键因素。中间商的业务性质，指的是中间商的经营范围以及对目标市场的覆盖面和渗透程度。需要对中间商的业务性质进行全面考察。一般来说，专业性的连锁销售公司对于那些价值高、技术性强、品牌吸引力大、售后服务较好的商品具有较强的营销能力。各种中小百货商店、杂货店在经营便利品、中低档次的选购品方面的营销能力很强。

(5) 中间商的资信条件。中间商的资信条件是指中间商的财务状况、经营作风和商业信誉等。对那些资信状况不甚了解的，新客户应慎重对待，避免上当受骗。具有较高声望和信誉的中间商，往往是目标消费者或二级营销商愿意光顾甚至愿意在那里出较高价格购买商品的对象，这样的中间商不但在消费者心目中具有较好的形象，还能够烘托并帮助生产商树立品牌形象。

(6) 合作态度。跨国公司在选择中间商时，要注意分析有关营销商营销合作的意愿及与其他渠道成员的合作关系。营销渠道作为一个整体，每个成员的利益来自于成员之间彼此合作和共同的利益创造活动。只有所有成员具有共同愿望、共同抱负、具有合作精神，才有可能真正建立起一个有效运转的销售渠道。

跨国公司选择中间商的可供选择方案有：利用当地已有的专营或非专营经销商；收买当地现有的经销商；建立自己的平行渠道；开发新的渠道。此外，还要进一步确定分销渠道的长度和宽度等各形式的不同组合。

2. 国际营销中中间商的管理

在国际营销中，制造商对其渠道成员进行培训，将会给双方带来利益。因为对渠道成员进行培训，可以改进和提高中间商的销售业绩，从而为制造商带来利益。对中间商的激励同样非常重要，一般中间商的销售额与积极性成正比。调动中间商积极性的方法主要有：物质激励，如提供令中间商满意的毛利和佣金、适度的降价、授予中间商以独家经营权、互购等；精神激励，如对中间商精神上的安慰和工作上的认可、公司内传媒对国外中间商的尊重和与其建立起的友谊等；以及公司通过信函、业务通信等方式同中间商保持紧密地联系；当然，公司也应通过各种方式对自己的中间商给予支持。

当中间商不能合格地履行自己的职责，或由于市场形势发生变化，公司要改用另一种更有利的渠道时，公司要中止与现有中间商的关系。在签订海外合同时，必须事先征求当地法律界人士的意见，公司在作出中止与中间商关系的决策时，要对利弊进行清醒地分析，以妥善解决这一难题。

5.5 促销决策

跨国公司营销中的促销与国内促销活动相似，也是公司运用各种手段，传递公司与产品的信息，吸引顾客注意，诱导消费需求，激起购买欲望，促进销售完成的一系列活动。

促销的实质是信息的传递与沟通，一方面公司向市场提供本公司的有关信息，另一方面要反馈市场上消费者的需求与偏好信息。在进行国际市场营销时，由于公司所面临的是一个地域广泛、错综复杂的国际大市场，在这个市场上存在着不同的语言环境，千差万别的文化背景，迥异的价值观等新的问题与挑战，这一切给参与国际竞争的公司带来了一系列困难。如何制定与实施合理有效的国际促销策略，是跨国公司开拓国际市场，完善其营销组合策略，使自身不断发展壮大的重要环节。

5.5.1　国际市场营销促销组合

国际市场营销促销组合是指公司的促销活动中，运用市场组合概念，对多种促销方式进行适当选择，取长补短，使之有机组合、综合运用，形成整体的策略组合。

国际市场营销促销组合的内容可分为人员促销与非人员促销。人员促销是指公司利用其推销人员，通过与消费者或用户以及各级中间商进行直接面谈，推销其产品和服务，并在面谈的过程中，传递本公司的信息，收集来自消费者与用户方面信息的一种促销方式。售货员促销是各种促销方式中最直接、最有效的一种基本方式。它突出的优点是可以进行供需之间的双向交流，并且机动灵活，针对性强，信息反馈及时。但是其费用高昂和高素质的推销人员难以求得却成为制约人员推销的一个"瓶颈"。非人员促销是相对人员促销而言的，它是指公司借助非人员媒介，向消费者或用户传递信息，以达到促销目的的方式。国际市场营销中的非人员促销又可细分为国际广告、国际营业推广、国际公共关系和直复营销等几种方式。

在进行国际市场营销时，要使促销组合策略达到最佳的效果，就必须合理地选择、应用促销组合策略。可供选择的促销组合策略有推式策略和拉式策略。推式策略是指公司通过推销人员把产品推销到国际市场上的一种促销策略。推式促销策略主要有登门促销、设立销售网点、服务性促销、举办应用讲座等形式。拉式策略是公司利用广告、公共关系、营业推广等形式来宣传产品，树立良好形象，激发购买欲望，把顾客拉过来，从而扩大销售的一种策略，其主要形式有价格促销、广告促销、组织展销、代销与试销、信誉促销等。

选择促销组合策略要充分考虑产品特征、产品市场生命周期、市场的类型、消费者的购买过程、促销费用预算等因素，还要考虑国际市场营销中语言、法律制度的限制、文化习俗等问题。

5.5.2　人员推销

1.跨国公司人员推销的概念和作用

跨国公司的人员推销是指公司的销售人员直接在国际市场上与消费者和用户接洽，介绍和宣传公司的产品和劳务，以实现销售目的的活动过程。它是一种应用非常广泛的销售方式。人员推销以推销人员为媒介，将公司与消费者联系起来，一方面公司通过推销人员将其产品的信息传递给消费者，另一方面，推销人员可以了解消费者对产品的意见，并将信息及时反馈给公司。人员推销的目的是除了向市场和消费者推销自己的产品，同时还要帮助用户解决产品问题。人员推销是人与人之间的接触，推销人员可以根据消费者的具体特点和变化，随机应变，有针对性地进行信息沟通，这是其他非人员促销方式所不及的。但是，在国际市场上利用人员推销也有一定的局限性，如费用高昂、高素质的推销人员难于求得、信息传递缓慢等。人员推销的作用有开拓市场、促进销售、反馈市场信息、提供销售服务等。

2. 跨国公司人员推销的程序

(1) 推销准备。跨国公司的推销人员在进入国际市场去推销产品之前，必须做好各项准备工作，如进行市场调研，发掘现实和潜在的市场，了解市场上的竞争状况；要掌握所推销的产品的有关知识；确定目标顾客；制定推销计划等。

(2) 接近顾客。进入实质性的推销进程后，懂得如何在适当的时间与地点以适当的方式接近目标顾客，是非常重要的，这直接关系到推销的成败。为此，推销人员应注意自己的言谈举止，特别要注意给用户留下良好的第一印象，要采取一定的策略和技巧，使目标顾客对推销产品产生兴趣。

(3) 介绍产品。推销人员为激发用户的兴趣，刺激其购买欲望，可以通过口头介绍、模拟演示、赠送样品或模型等方式介绍产品，让顾客详细了解公司产品的性能效用以及购买本公司产品能够带来的好处，还可以通过介绍公司宗旨，使顾客对本公司产生信任感。

(4) 解答问题。推销人员应以极大的耐心，随机应变，应用一定的技巧，巧妙地回答顾客提出的各种问题，解决各种异议。

(5) 促成购买。推销人员要随时注意顾客的态度，必要时提供某些优惠条件，抓住时机，促成消费者作出购买决定。这是整个人员推销过程所要达到的最终目的。

(6) 售后行为。达成交易并非是推销过程的结束，推销人员还应对顾客提供各种售后服务，赢得顾客的满意和信任；并应及时主动地与顾客保持联系，征询顾客的意见和建议，以便及时改进，促进重新购买和更新购买。

3. 跨国公司推销人员的管理

(1) 推销人员应具有的素质。公司进行国际市场营销，要求有比国内市场营销人员更高素质的推销人员。国际市场推销人员应具有很高的文化水平，如要有较强的语言能力，以方便与消费者之间进行交流；要有一定的专业知识；要掌握异国文化的特点。跨国公司的推销人员还要具有一定的业务能力，如独立决策能力、随机应变能力、观察能力等。国际推销人员应有良好的品质、遵纪守法、不弄虚作假、有强烈的事业心。对在国外选拔的推销人员还要考察其可靠性。另外，国际推销人员还要有强健的体魄。

(2) 推销人员的选拔和培训。选拔跨国公司的推销人员一般有三个途径：从本国本公司的人员中挑选；从目标市场国的人员中选拔；在国际市场上公开选拔。从这三方面选拔推销人员，各有利弊，应权衡考虑。对于新招聘的推销人员，公司应对其进行认真地培训，培训的内容主要有：公司的情况及产品的有关知识；销售知识；公司有关奖惩制度及其他规章制度等。

(3) 推销人员的考核与激励。为了评定推销人员的工作业绩，公司应建立一套完整的科学考核制度，以达到鼓励先进、鞭策落后、激发工作积极性的目的。对销售人员的考核标准有很多，如一定时期内的销售额、销售费用占销售额的百分比、客户的变动状况、客户意见以及完成信息的反馈等。

公司还应根据对推销人员的考核结果，合理确定推销人员的报酬与奖励。对不同地区的销售人员应采取不同的报酬形式，对推销人员的激励可以采取物质激励与精神激励两种方法。

5.5.3　国际广告策略

广告是由广告主支付一定的费用，通过特定的媒体传播产品和劳务的信息，激发消费者的兴趣，以达到增加信任从而促进产品销售的一种促销手段。在国际市场上，由于各国文化背景不同以及各种限制，广告工作要比国内复杂得多。

1. 国际市场营销广告的选择策略

国际市场营销广告信息的选择就是对广告宣传的主题和内容进行选择，即对广告的创意进行选择。合理地选择广告信息，不但会提高广告的最终效果，而且会节省费用开支。可供选择的有通用化策略和专门化策略。

(1) 通用化策略。这种策略是指公司在整个国际市场上统一使用一种主题和广告信息进行宣传。采用这种策略，必须是消费者对某些产品的基本需求是相似的。这种策略可以降低公司用于广告的开支，有利于公司在世界范围内为其本身和产品建立起一致的形象，有利于总公司整体促销目标的制定和实施以及对子公司的控制，可以充分利用总公司的广告专业人员。但是，这种策略忽视了不同国家市场条件的差异，有时会行不通。

(2) 专门化策略。这种策略是指公司针对不同的国家市场的差异，为其设计并传递专门化的信息。专门化策略由于充分考虑了各市场的差异而有较强的适应性、灵活性，可以充分发挥公司在各国子公司的主动性，可以避免触犯各国对广告进行限制的法律法规。这种策略成本较高，并且对其进行管理的工作相对复杂。

2. 国际市场营销广告媒体的选择策略

可供公司选择的广告媒体多种多样，各有其优缺点。一般认为，广告媒体可以分为三大类：第一类是印刷媒体，包括报纸、杂志、传单、产品的包装、招贴画、宣传册，及邮寄的各种印刷品等；第二类是电子媒体，包括电影、电视、广播等；第三类是其他媒体，包括路牌广告、灯光广告、商店橱窗、公共场所广告等。广告媒体选择要充分考虑产品特点、市场特点、媒体覆盖面、媒体费用等因素。

3. 广告设计策略

广告设计就是根据销售意图创作最合适的语言、文字、画面、形象，并加以合理安排，组成主题鲜明、商标突出、引人入胜的完整广告。广告设计首先要解决标准化还是多样化的问题，还应该充分运用心理学的法则，做到"攻城为下，攻心为上"，以赢得异国消费者的青睐。

5.5.4　国际公共关系

国际公共关系是指企业为增进国际社会公众的信任和支持，利用各种手段协调与国际社会公众之间的关系，树立公司良好形象的一种信息沟通与交流活动。

国际公共关系的对象包括当地公众、目标国消费者、各级中间商、群众团体和知名人士、媒体组织、金融机构、政府部门和公司内部员工等。国际公共关系的基本目标是树立公司良好的信誉和形象，营造良好的公司运营环境。在实施公关行为时，要注意选择媒介，精心准备和设计材料，以期达到预期的效果。由于海外经营情况特殊，跨国公司在开展国际公关活动时，要充分考虑行业类型、公司规模和所处的成长阶段等因素。由于跨国公司所属行业的不同，其引起的敏感性问题也有所不同。从公司规模看，跨国公司规模大，对东道国经济和社会都会带来微妙影响，其一举一动引人注目。跨国公司处于不同成长阶段，其公关任务也存在很大差异。初始进入东道国阶段，问题多、公关任务繁重；进入运营阶段，就要关注东道国政局与政策动向，以及公司利润汇回母国的风险等问题；在撤出阶段，重点是注意与东道国保持良好关系以维护其他方面的投资利益。由以上可知，经验和传统对公关也十分重要。

总之，利用国际公共关系作为促销手段，具有成本低、影响广、可信度高的优点，公司在国际市场营销中要巧妙地对其加以运用。

5.5.5　营业推广

除广告、人员推销、公共关系以外，所有鼓励消费者购买产品、提高零售商和中间商推销能力并改进其合作态度的市场经营活动都属于营业推广。营业推广的形式多种多样，如赠送样品、奖品、优惠券，举办展销，进行商品示范等。

营业推广活动以消费者和零售商为对象。对于消费者，旨在诱导他们试用或直接购买新的商品，吸引消费者到商店里去。这种直接引导消费者作出购买行为的方法，与广告和公共关系不同，广告对购买行为产生间接的影响，而公共关系则以整个公司形象来吸引公众。对零售商来说，营业推广旨在鼓励他们陈列本公司产品，吸引他们积极进货和推销。通常会将营业推广和广告、人员推销等方法结合起来运用。如可口可乐公司在拉丁美洲的一些地区，利用"游艺巡回车"到边远地区去推销产品，巡回车一到村庄，即放映电影，组织各种娱乐活动。人们只要在零售商那里买一瓶没有开瓶的饮料，就可以入场看电影。这种促销方法有利于鼓励零售商多进货。

采用营业推广的方式要注意因地制宜，有的国家法律禁止发放彩票或纪念品；有的国家则对零售的数量折扣加以限制，还有的国家规定营业推广活动的开展必须获得许可。但在某些情况下，当跨国公司不能充分运用广告手段时，营业推广则能发挥良好的替代作用。

5.5.6　全球性赞助

赞助商的身份常常可以唤起公众的关注和尊重，取得品牌认同，提高品牌的定位和销量，还可以在一定国家巧妙地避免广告限制。随着全球媒体的出现，全球赞助也开始有所发展。赞助商比较集中关注的目标就是世界性的体育盛事：奥运会、世界杯足球赛、网球巡回赛等。全球性的体育赛事为公司的产品与全球知名的体育明星联系在一起创造了条件，当看到报纸上巨星云集的巴西国家足球队的赞助商是"耐克"时，我们可以发现全球促销是不分国界的。

5.5.7　全球直销

全球直销是直销方式在全球背景下的发展。直销是指各种互动式的销售形式，公司能够通过各种销售渠道与终端消费者直接接触，从而建立起一对一的互动关系。直销方式，不仅仅是一种促销手段，同时也是促销和渠道的结合，比如亚马逊电子商店这类的商业模式，就属于一种兼具直销特质的分销方式。随着计算机数据库、信用卡、免费电话应用的逐渐增多，网络直销、电话营销和电视广告直销在跨国公司的全球直销活动中广为应用，这些直销方式给顾客带来了极大的方便。

5.5.8　全球性贸易展销会

在各种促销方式中，贸易展示和展销会等一些促销手段正变得越来越重要。尤其是在工业产品的销售中，全球性贸易展销会是非常好的推介窗口。全球性或国际性的贸易展销会，不仅在跨国公司和消费者之间交流了最新的产品信息，而且还给商家提供了确定和招募进出口合作伙伴和销售代理的机会。同时，鉴于全球性贸易展销会的影响力，跨国公司还有机会和各国政府的贸易官员进行接触，并有可能争取到有利的待遇和进一步合作的机会。随着网络技术的普及，现代商户可以非常容易地了解到贸易展销会的信息，他们也乐于参加，从而使得全球性贸易展销会在跨国公司的营销沟通中发挥越来越积极的作用。

从以上分析中我们会发现，促销不是一个独立的工具，相反，它是几种工具的组合。较为理想的状态是，公司将认真地协调全部的促销手段，以便使该公司对其产品的宣传能够令人信服，并使人保持始终如一的忠诚。因为决策的好坏直接影响跨国公司产品的销售和消费者购买产品的行为，这也突显了促销决策在市场营销组合决策中的重要性。

5.6　国际市场营销新发展

5.6.1　整合营销传播理论

1. 整合营销传播概念

整合营销传播(Integrated Marketing Communications，IMC)理论是由美国西北大学教授唐·E. 舒尔茨(Don E. Schultz)等人提出的，被认为是市场营销理论在20世纪90年代的重大发展。整合传播营销是指企业在经营活动过程中，以由外而内战略观点为基础，为了与关系者进行有效地沟通，以营销传播管理者为主题所开展的传播战略，即为了向消费者、员工、投资者、竞争对手等直接利益关系者和社区、大众媒体、政府、各种社会团体等间接利害关系者进行商品信息的传播，营销传播管理者应该了解他们的需求，并将其反映到企业经营战略中，持续、一贯地提出合适对策。为此应首先决定符合企业实情的各种传播手段和方法的优先次序，通过计划、调整、控制等管理过程，有效地、有阶段性地整合诸多企业传播活动。

美国广告代理商会对整合营销传播的定义是：整合营销传播是一个营销传播计划概念，要求充分认识用来制定综合计划时所使用的各种带来附加值的传播手段，如普通广告、直接反映广告、销售促进和公共关系，并将它们结合，提供具有良好清晰度、连贯性的信息，以使传播效果最大化。

综合上述定义，我们认为整合营销的内涵在于以消费者为核心重组企业的市场行为，综合协调地使用多种传播形式，以统一的目标和统一的形象传播一致品牌信息，实现与消费者的双向沟通，从而建立起品牌与消费者的长期关系。

2. 整合营销传播的特点

(1) 以消费者为中心，重在与传播对象的沟通。4Cs理论即Customer(顾客)、Cost(成本)、Convenience(便利)、Communication(沟通)，是由美国营销大师罗伯特·F. 劳特朋(Robert F. Lauterborn)提出的。其英文所指代的即顾客的欲求与需要、顾客获取满足的成本、顾客购买的方便性、沟通。该理论要求跨国公司制定战略必须以满足消费者的需要为目的，一切活动都围绕消费者展开。整合营销传播就是建立在这种观念的基础上的，强调以消费者为中心，以适应消费者的需求为出发点。为了达到与消费者交流、沟通的目的，整合营销传播强调建立消费者资料库，奠定与消费者交流的基础。资料库应是动态的，要不断更新消费者的信息资料，使传播者能够及时地分析消费的走向及消费者的关注点。整合营销传播可以影响特定受众的行为，建立起与目标消费者之间的稳固和双向的联系。企业可能获得对品牌忠诚度较高的消费群体，目标消费者也可能在消费过程中获取更多的便利。

(2) 注重各种传播方式的整合，使受众获得更多的信息接触机会。整合营销传播，强调各种传播手段和方法的一体化运用，广告、公关、促销、企业形象识别、包装、新媒体等都是传播信息的工具，通过最佳组合发挥整体效应，使消费者在不同的场合以不同的方式接触到同一主题内容的信息。

(3) 突出信息传播以一个声音为主。整合营销传播的最大优势在于以一种声音说话。消费者听的是一种声音，通过这种声音他们能更有效地接受企业所传播的信息，准确辨认企业及其产品和服务。对于企业来说，这也有助于实现传播资源的合理配置，用相对较低的成本投入产出高效益。

(4) 强调传播活动的系统性。整合营销传播是更为复杂的系统工程，要加强营销信息传播的系统化，更要强调传播过程中各要素的协同行动，发挥联合作用和统一作用。

5.6.2　绿色营销

1. 绿色营销与绿色消费

绿色营销是在绿色消费的驱动下出现的。所谓绿色消费是指消费者意识到环境恶化已经影响其生活质量及生活方式，要求企业生产和销售对环境冲击最小的产品，以减少对环境损害的消费。绿色营销是指企业以保护环境观念作为其经营的哲学，以绿色文化为其价值观念，以消费者的绿色消费为中心和出发点，通过制定和实施绿色营销策略以满足消费者的消费需求，实现企业的经营目标。

绿色营销与传统营销的区别表现在：传统营销的研究焦点由企业、顾客和竞争者构成，通过协调三者之间的关系来获取利润。作为企业外在的自然环境，只有当它影响到三者之间的关系，进而影响企业盈利时才被考虑；绿色营销研究的焦点是将企业营销活动同自然环境紧密结合，研究自然环境对营销活动的影响以及企业营销活动对自然环境会产生何种冲击。

绿色营销同传统的社会营销的区别表现在：传统社会营销虽然重视将企业利益同消费者及社会长远利益结合起来研究，但它并未重视社会可持续发展及绿色营销；绿色营销则重视企业经营活动同自然环境的关系，并突破了国家和地区的界限，关注对全球环境的影响。因而，绿色营销比传统社会营销具有更优越的长期性和开放式远景。

2. 绿色壁垒与绿色营销

所谓的绿色壁垒是利用关税及贸易总协定(GATT)或世界贸易组织(WTO)各类协定中有关环境保护的规定设置的，在国际贸易中对来自国外的产品进行限制的手段。从广义上讲，绿色壁垒指的是一个国家以可持续发展和生态环保为理由和目标，为限制外国商品进口所设置的贸易障碍；从狭义上说，绿色壁垒实际上是指一个国家以保护生态环境为借口，以限制进口、保护本国供给为目的，为外国商品进口专门设置的带有歧视性的或对正常环保本无必要的贸易障碍。近年来，一些国家通过立法或制定严格的强制性技术法规，使之发展成为了更为隐蔽、更难对付的技术壁垒。

绿色壁垒的特点包括如下几个。

(1) 表现内容上具有合理性。绿色保护主义并非赤裸裸地提出要保护世界环境资源和人类健康，而是以保护环境、自然资源和人类健康为借口，利用各种保护措施实施绿色壁垒，保护本国产业与市场。但由于绿色壁垒表面上符合全世界可持续发展的历史潮流，迎合了正在全球兴起的绿色消费的需要，因而容易获得社会公众的广泛支持。

(2) 保护对象上具有广泛性。不仅包括初级产品，还包括有关中间产品等几乎所有产品；不仅对产品本身的质量，而且对产品从生产前的设计一直到消费后的最终处理都有所限制。

(3) 保护方式上具有隐蔽性。首先，绿色壁垒与进口配额、许可证等保护措施相比，不仅隐蔽地回避了分配不合理、歧视性等分歧，避免贸易摩擦，而且各种检验标准极为复杂，往往使出口国无所适从。其次，绿色保护措施的检验手段是高科技，并且各种环保标准既复杂又不确定，发展中国家难以作出全面判断。另外，绿色壁垒把贸易保护的实现转移到人类健康保护上，使其更具有隐蔽性和欺诈性。

(4) 实施效果上具有歧视性。有些国家根据自身与他国的具体贸易状况来设定绿色壁垒，使国民待遇原则受到扭曲。绿色壁垒的影响非常大，并迅速扩展到全球范围贸易领域，因对其标准存在较大的争议，造成了高标准和低标准国的贸易利益出现了巨大的差异。经济实力的不平等导致贸易条件总是倾向于技术先进、资金雄厚的发达国家一方，经济发达国家也总是无视发展中国家的经济现实，提出过高甚至远高于其国内的标准，从而实行双重标准。

绿色营销具备以下几个特点。

(1) 市场营销的观念是绿色的。绿色营销以解决能源、资源和保护生态环境为中心，强调污染的防治、资源的充分利用、新资源的开发和资源再生利用。

(2) 绿色营销企业所属产业是绿色的。绿色营销企业生产经营的产品是绿色的，其产业或产品应该有节约能源、资源或新兴资源利用或促使资源在身后利用等特点，其企业的污染防治和三废整治等绿色措施应达到环境保护的基本要求。

(3) 绿色营销强调的不仅是顾客，而是整个社会；考虑的不仅是近期利益，更包括远期发展。

(4) 绿色营销不仅要向大自然索取，更要强化对大自然的保护。

3. 绿色营销策略

(1) 绿色产品。绿色产品又指其生产、使用及处理过程要符合人和环境的要求，无害或危害极小，资源节约及有利于其再生和回收利用的产品。跨国公司要从产品设计开始，包括材料的选择，产品结构、功能、制造过程的确定，包装与运输方式，产品的使用及产品废弃物的处理等都要考虑对环境的影响。其中，绿色设计是关键，要综合考虑各种因素，坚持绿色标准；要考虑产品应充分体现以人为本的理念，既要满足消费者需要，又必须保护消费者的身体健康；要考虑产品使用过程中需满足节能与环境保护要求；要考虑产品的生产过程应该是低消耗、低排放、高效率的"清洁生产"；要考虑产品及其包装物在废弃时便于处置或回收利用。

(2) 绿色价格。在绿色营销中自然资源和生态环境被引入营销决策体系中，使得影响绿色产品定价的因素中融入了浓浓的绿色。跨国公司在定价时应考虑以下几方面因素：其一是市场因素。由于绿色意识的提高，消费者对价格的敏感性有所降低，他们的购买目的不再是仅仅考虑满足生存的需要，而是越来越多地追求安全、自尊、自我价值以及社会责任的实现，他们往往愿意为购买代表时尚、文明的绿色产品而适当多支付费用，形成拉动价格上涨的潜力。因而跨国公司除了要考虑成本，还应根据目标市场购买者的消费心理、购买行为、购买能力，利用人们的求新、求异、崇尚自然的心理，采用消费者心目中的"觉察价值"来定价。其二是成本因素。由于绿色产品在质量标准、环保标准等方面都具有较高的要求，因此，在成本构成方面与一般产品也有所不同。除了生产、经营过程中所发生的一般成本以外，还包括绿色资源的开发和运用所增加的成本，清洁生产增加的成本，开发和运用绿色包装所增加的成本，废弃物的回收、处理所增加的成本等。但从长远看，由于绿色产品市场的扩大而形成的规模效应，减少废弃物和原材料导致的节约效应、绿色科技效应等都会促使成本下降。因而绿色产品价格略高于非绿色产品价格并呈下降趋势，这是绿色成本所致，也会为市场所认可。其三是其他因素。定价还应综合考虑其他一些因素，如竞争因素，绿色企业由于其绿色形象取得的竞争优势有利于市场份额的扩大；再如政策因素，国家环保政策的实施会促使绿色成本相对降低，使薄利多销成为可能。

(3) 绿色渠道。绿色营销渠道的畅通是成功实施绿色营销的关键，既关系到绿色产品在消费者心中的定位，又关系到绿色营销的成本。因此，跨国公司选择绿色渠道时，应遵循两项原则：一是环保原则，在绿色产品的包装、运输、储存装卸过程中要注意环境保护。同时还应选择具有绿色信誉的中间商、零售商，推出绿色产品。二是效益原则，选择运作费用最低，收益最大的分销渠道，其实质是降低资源消耗，实现绿色分销。

(4) 绿色促销。绿色促销就是围绕绿色产品而开展的各项促销活动的总称，其核心是通过绿色媒体传递绿色产品和绿色企业的信息，引发消费者的需求及购买行为，其实质是绿色企业在现实与潜在消费者之间进行信息沟通的过程。首先，绿色营销是一种观念，跨国公司要通过宣传自身的绿色营销宗旨，在公众中树立良好的绿色形象；其次，绿色营销又是一种行动，跨国公司可以利用各种传媒宣传自己在绿色领域的所作所为，并积极参与各种与环保有关的公益活动，以实际行动来强化跨国公司在公众心目中的印象；最后，跨国公司还应大力宣传绿色消费时尚，告诫人们使用绿色产品，支持绿色营销，因为使用绿色产品的本身就是对社会、对自然、对他人、对未来的奉献，提高公众的绿色意识，引导绿色消费需求。

5.6.3 网络营销

1.网络营销的内涵及特点

网络营销，就是以互联网为基础，利用信息和网络媒体的交互性来辅助营销目标实现的一种新型的市场营销方式。网络营销是随着互联网的发展而逐渐成熟的以互联网为发展基础的现代营销手段，通过互联网，让企业、客户打破了时间、空间的限制，使相互之间的信息交换变得更加容易、准确、及时。网络营销的特点归结起来主要有以下几点。

(1) 时空性。不论是网络营销还是传统的市场营销，其目的都是为了占据更多的市场份额，而网络营销不同于传统营销之处在于，它借助互联网打破了传统营销在时间、空间上的限制，能够超越时间、空间进行信息交换，这就让网络营销脱离时空局限进行交易变成现实，企业也大大拓展了营销的时间和空间，以便其在任何地方、任何时间提供全球性的营销服务。

(2) 多媒体性。网络营销不同于传统营销，传统营销可以借助的媒体有限，主要是广播、电视、现场活动，而网络营销则增加了多种媒体营销手段，可以灵活地使用文字、声音、图像等信息，在营销手段上更加丰富多样，更加立体，可以充分发挥营销的创造性和能动性。

(3) 交互式。传统营销主要是商家对顾客开展的营销活动，客户处于被动接受的状态。而网络营销更讲究商家和顾客的互动，商家通过互联网来展示相关的商品信息，并且提供有关商品信息资料的查询，客户通过互联网可以实现和多个企业的交互沟通，企业还可以在互联网上进行产品测试或者消费者满意度调查，现代网络营销让企业和消费者之间的交互互动达到了传统营销所不具备的高度。

(4) 多样化。传统的营销手段比较单一，方式比较少，营销介质也很少。而网络营销可以开展一对一的营销活动，为不同消费者提供多样化、个性化的营销服务。通过多样化、个性化的营销，让企业更加深入了解消费者，得到消费者的信任和认可，有助于企业和消费者建立长期稳定的合作关系。

(5) 高效成长性。网络营销由于信息传播的速度更快、传播面更大、储存量更大，消费者可以更快、更及时、更高效地运用信息和掌握信息，这让网络营销具备了高效性。传统营销由于受到时间、空间的限制，使信息的传播受到很多阻碍，而网络营销可以让企业在任何时间、任何地方进行营销，可以满足各种顾客的需求，营销的成效更加显著。并且随着使用互联网的人数增多，越来越多年轻的、中产阶级、高素质人群加入了互联网，这一部分快速增长的互联网用户具有很强的购买力和市场影响力，这让网络营销具备了成长性，能够更加有效地开发市场潜力。

(6) 整合性。企业开展网络营销，可以利用互联网一次性地贯穿营销、商品交易、收款、售后服务全过程，让整个产品销售过程一气呵成，形成一条整合性的全过程营销渠道。

(7) 前瞻性。网络作为一种信息含量大、功能强大的营销工具，在网络开展营销的同时，也结合信息、促销、电子商务、互联网技术等多种现代最新技术，这让网络营销具有前瞻性、超前性。

(8) 经济型。传统营销往往需要花费大量的人力、物力、财力，而网络营销则可以有效地减少企业的营销成本，减少店面销售份成本、租金、水电、人工，也提高了信息的传播成效，大大节约了企业的营销成本。

2.跨国公司的网上营销方式

根据是否拥有自己的网站，跨国公司的网上营销可以分为无站点网络营销和基于企业网站的网络营销。

1) 无站点网络营销

跨国公司的无站点网络营销就是公司没有建立自己的网站，利用互联网上的资源开展初步的网络营销活动，属于初级的网络营销。无站点网络营销是绝大多数企业要经过的初级阶段，但由于每个企业的情况不同，停留于这一阶段的时间可能会有很大差别。这一阶段跨国公司所开展的网络营销活动主要有以下几种形式。

(1) 免费发布供求信息。在互联网上有许多网站为企业发布供求信息提供平台，一般可以免费发布信息。

(2) 直接向潜在客户发送信息。寻找潜在客户的方式通常是到网上信息平台寻找买方信息。这种方式比较适用于生产资料、半成品、集团购买产品等情形，对于一般消费品来说效果可能不理想。

(3) 网上拍卖。网上拍卖比较简单，只要在网站进行注册，然后按照提示，就可以发布产品买卖信息。网上拍卖经历的过程比较长，最后结果具有较大的不确定性。但是，即使成交量不高，也可以达到一定的宣传效果。

(4) 加入专业经贸信息网。这种方式类似于免费发布供求信息，不同之处在于一些专业网站可以提供更多的服务，比如提供固定的网址并制作简单的网页。经过专业分类的信息网为客户查询供应商信息提供了方便，加入这类信息网有助于网站访问者发现自己的信息，但这种服务有时需要支付一定的费用。

(5) 加入行业信息网。行业信息网是一个行业的门户网站，由于汇集了整个行业的资源，为供应商和客户了解行业信息提供了极大的便利，形成了一个网上虚拟的专业市场。

2) 基于企业网站的网络营销

跨国公司建立自己的网站，进行网站推广的方法有如下几个。

(1) 搜索引擎登记与排名。搜索引擎是人们发现新网站的主要手段，当一个网站建成并正式发布之后，首要的任务是向各大搜索引擎登记。跨国公司在国外有大量的潜在客户，除了要向国内主要搜索引擎登记外，还要向国外的搜索引擎登记。可以利用一些软件自动向多个搜索引擎登记，但对于几个主要的搜索引擎要采取人工注册的方式以提高注册质量。

(2) 网络广告。网络广告是一种常用的网站推广手段，是利用超文本链接功能实现的一种宣传方式，常见的网络广告有标志广告、文本广告、电子邮件广告、分类广告等多种形式。

(3) 电子邮件营销。这种营销方式不随意向潜在客户发送产品信息，而是以事先征得用户许可的"软营销"方式来进行，所以又被称为许可E-mail营销。其基本思路是通过为顾客提供某些有价值的信息，如时事新闻、最新产品信息、免费报告以及为其他客户定制的个性化服务内容，吸引客户参与，从而收集顾客的电子邮件地址，在发送定制信息的同时对企业的网站、产品和服务进行宣传。

(4) 交互链接。交互链接也称互惠链接，是一种通过增加网站曝光机会从而提高访问量的一种方法。交换链接数量的多少是搜索引擎决定你的网站排名的一项重要参数，因此，交换链接被认为是网络营销的一项重要手段，也是评价网络营销效果的一项标准。实现交换链接的方法是寻找与自己的网站具有互补性、相关性或者潜在客户的站点，并向他们提出与你的站点进行交互链接的要求。

(5) 交换广告。它是网络广告的一种，一般是免费的。交换广告与交换链接有许多相似之处，它们都是出于平等互惠的目的，为了增加访问量而采取的一种推广手段。两者的主要区别在于交换广告交换的是标志广告，而不是各自网站的LOGO或名称，而且通常是通过加入专业的广告交换网，从而与其他成员交换广告，而不是自行寻找相关的网站直接交换双方的标志广告。

(6) 新闻组或网络社区。新闻组是互联网的基本服务之一。互联网使得具有相同专业兴趣的人组成成千上万的具有很强针对性的通信区和新闻组，参加某一新闻组的人们有着共同兴趣或关心特定主题。利用新闻组可有效地推广企业的网站。网络社区是网上特有的一种虚拟社会，社区主要通过把具有共同兴趣的访问者组织到一个虚拟空间，从而达到成员相互沟通的目的。论坛和聊天室是最主要的两种表现形式。

(7) 信息网和分类广告。用专业的信息网发布信息和分类广告，类似于无站点网上营销的方法，但比无站点营销更具优势，因为分类广告中往往只能提供有限信息，如果拥有自己的网站，只需在发布信息中写明网址，有兴趣的访问者则会根据网址来访问企业的网站，从网站上获得更加详细的信息。

(8) 微博营销。它是指通过微博平台为商家、个人等创造价值而实行的一种营销方式。该营销方式注重价值的传递、内容的互动、系统的布局、准确的定位。微博营销具有以下特点：一是立体化。微博可以借助多种多媒体技术手段，以文字、图片、视频等展现形式对产品进行描述，从而使潜在消费者更形象、直接地接受信息。二是高速度。微博最显著的特征就是传播迅速，一条热度高的微博在各种互联网平台上发出后通过短时间内的转发就可以抵达微博世界的每一个角落。三是便捷性。微博营销无需严格审批，从而节省了大量的时间和成本。四是广泛性。通过粉丝形式进行病毒式传播事件信息的同时，名人效应能使事件传播呈几何级放大。

(9) 威客营销。它是利用威客这种网络应用形式开展网络营销。比如通过威客招标来吸引悬赏型威客关注自己的网站、产品或服务，还可以进一步引导他们来自己的网站注册，以真正了解自己的企业。

本章思考题

1. 什么是国际市场营销？其有何特点？
2. 跨国公司的核心产品策略包括哪些内容？怎样进行选择？
3. 跨国公司的品牌管理包括哪些内容？
4. 影响国际市场营销定价的因素有哪些？
5. 跨国公司的产品在国际市场的定价与国内相比存在哪些难题？
6. 跨国公司如何选择和管理中间商？
7. 跨国公司的促销手段有哪些？

●案例●

麦德龙的现购自运配销制

德国麦德龙是世界上仅次于美国沃尔玛的国际商业联销集团，1995年7月与上海锦江(集团)有限公司共同斥资5500万美元，建立了上海锦江麦德龙购物中心有限公司，并于第二年10月底在上海普陀区开了亚洲地区第一家大型仓储式会员制商场。据设在上海的麦德龙集团中国总部透露，随着中国入世在即，麦德龙也将加快在中国发展的步伐，继在榕城开出福州分店之后，又将在上海浦东新区开出其在中国的第8家分店(这也是该集团在上海开出的第4家连锁店)。麦德龙以其雄厚的资本实力和良好的品牌优势抢滩上海，麦德龙不仅给国内商业带来了先进的管理技术、经营理念和浓郁的竞争氛围，而且以商品多、价格低、环境好而受到顾客欢迎。2009年11月25日，麦德龙在中国的第40家、第41家商场在江苏省苏州市下辖的昆山市、常熟市分别开业。在一天之内开设两家新商场，刷新了麦德龙在中国13年的开业记录，表明了公司在中国市场持续发展的决心。

麦德龙的现购自运配销制是全世界最成功的。它向供应商提供订货单，供应商直接送货，顾客进商场购物，现金结算，这种配销制的主要特征就是进销价位较低，现金结算，勤进快出，顾客自备运输工具；在供应商、麦德龙、零售商或顾客之间，构建了一种提货都要现金支付的关系，使商品在三者之间能以最低的成本和最短的资金占用时间完成流通，从而减少了经营风险。难怪业内人士将这位超市巨头比喻为企业的"利润之源"。

其次，麦德龙集团采用世界统一的经营模式，从众多的消费对象中确定了自己特定的消费群体，顾客对象主要有：专业客户(如中小型企业、餐厅、酒店、娱乐场所)和公共机构(如学校、机关、医院、团体)，直接为企事业单位、中小零售商、宾馆等法人团体服务，间接为普通消费者服务，顾客一律凭"会员证"入场。这种市场定位，与中国大多数的商业企业相比，是一种差异化的市场定位，因为它不在一个消费层面上与中国的商业争夺同一个消费群，由此也为自己赢得了市场发展的空间。正是在这种准确的市场定位的基础上，用会员制把目标顾客锁定，从而进行长期、稳定、深入地交易，取得了惊人的成功。自从在中国设分店以来，麦德龙每家分店达到了日均销售额200多万元的良好业绩，而他们特定的货仓式超市形式，也迎合了供需双方的需要。

麦德龙的主要顾客是那些小型的零售商，并为缺乏经营经验的私人小企业提供专业性的服务。你如果想开一家小超市或杂货店，麦德龙会提供你目前市场上最畅销的商品并帮助你配货，让你用最少的现金配最齐全的货物；如果你想开一家小型装修队，他们会为你配齐所需要的电动工具和手动工具，提供相应装修材料的商品建议清单；你若想开一家小饭店，则有餐具套餐、酒水套具等可供选择。

据有关资料统计，上海商业系统从业人员在100人以下的企业占97%，资金在100万以上的企业占92.5%。可见，麦德龙所选择的目标市场是很有潜力的，这也是麦德龙在中国成功的关键所在。

资料来源：圣才学习网. http://www.100xuexi.com/

案例分析

1. 麦德龙的经营特色是什么？麦德龙为什么会得到顾客的欢迎而被喻为企业的"利润之源"？

2. 麦德龙选定的消费群体是哪些人？为什么这样选择？这样的市场定位为麦德龙带来什么好处？

第6章 跨国公司生产运营与技术管理

6.1 国际生产系统的配置

6.1.1 国际生产系统的设计思想

跨国公司的生产体系是由其在海内外各地的工厂和相应的辅助系统构成的。跨国公司在海外建立新的工厂或对已有工厂进行改造调整时都面临着生产工艺和程度的选择问题，不同的选择反映了不同的国际生产体系设计指导思想，其核心是选择标准化还是差别化。

按照国际生产标准化思想，世界各地的工厂采用标准的生产工艺和程序，能使跨国公司获得以下几方面好处。

1. 生产组织和人事的简化和经济

生产过程和程序的标准化简化了总部的生产组织，后方职能人员数可适当精减。新厂的设计由于基本上是现存厂的放大或缩小，所以企业在扩大经营规模和范围时，设计所需的人力和时间就大为减少。海外工厂中长期雇佣的技术人员数也相对减少，因为总部的技术人员根据需要可随时被借调到国外从事类似的技术性工作。

跨国公司内部生产方法的一致也使企业总部能更有效地保持其现存生产技术标准。每个企业都有数百种技术标准，但每天几乎总有一些产品规格因新材料或新的制造程序的应用而发生变化。假如跨国公司中各厂都拥有相同的设备，那么，需要做什么改变只要发一份同样的函件就可解决问题。这样就可避免聘请高薪的技术人员来检查各附属厂中众多的设备有哪些受到了影响。而那些生产过程不一致的公司会慢慢发现，它们为了使各附属厂维持其目前的一整套技术标准，不仅费用大、占用人员多，而且还容易出差错。

2. 后勤经济

把跨国公司内部各生产设施组织在一个后勤供应系统中，包括从供应商到用户和各设施之间，对原材料、零部件及制成品库存进行统一调度会更经济。生产工艺和机器设备的标准化能有效保证各工厂生产的部件可相互替换，因此，将可替换配件生产分散在多个子公司就可获得更大的规模经济效益，并获得某些国家的低成本生产优势。

当子公司不能在当地购买所需原材料和机器设备时，它们通常求助于总部的采购部门。由于同样的生产要求同样的材料，采购部门可以通过增加定货量从供应商那里取得数量折扣，从而使子公司也得到实惠。

3. 便于控制

标准化降低了总部进行控制的难度。因为各子公司生产设备相似，管理部门可执行同样的标准，各工厂的定期报告可相互比较，可以很快发现需要采取补救措施的偏离标准问题(如大量产品被拒收)，没有必要为不同的工厂制定不同的标准。

同一标准也降低了生产与维修控制任务。同样的机器不管在何处其产出率和维修率应大致相同。当然，实际情况可能因各种人为的或自然因素(如尘埃、温度、湿度等)而发生偏差，但至少使用同样的机器可允许确立这样的标准，来判断究竟各地区管理部门的效果优劣。再者，其他生产单位的维修经验，如大修期的间隔频度、所需库存的备用零件数等，都可推而广之，从而使其他生产厂可避免因突然故障所造成的意外停工损失。

4. 精简计划工作

当新建的厂是其他已经开工的工厂的翻牌时，很显然其计划和设计工作都将更为简单而且省时省事，因为它只是重复已经做过的工作而已。从本质上讲至少有以下几个方面的有利条件：①设计工程师只需要从他们的档案柜中取出有关资料照样复制原来的图纸并列出材料的清单。②原先的设备供应商可按先前的设备供应要求来装备新厂。③技术部门可把现成的制造工艺规格作少量修改就递交使用。④劳工训练人员对各种机器设备的操作十分熟悉，不必对新设备的操作再作任何特殊训练就可以派往新的厂址培训新人。⑤可精确地预测建厂时间，并能在现有的经验基础上生产产品。

各东道国的环境差异使跨国公司在各地工厂的规模、所使用的机器设备以及相应的工艺流程都可能互不相同。因此，跨国公司实现国际生产标准化会遇到许多障碍。

(1) 就经济环境而言，各国市场容量的差异是制约生产标准化的最重要的因素。为了适应各不相同的生产需求，通常必须对生产方式作一定的选择，或者用自动的、高产的机器，即以资本密集型的生产方式来加工产品；或者用较多的人及半手工的通用设备，即以劳动密集型的生产方式来进行加工。前一种生产方式在灵活性方面受到很大的限制，但一旦建成却能在短时间内向几个市场提供许许多多的产品，所以，在绝大多数情况下，这类设备往往配备在母公司的较大工厂中。

(2) 生产成本是影响生产标准化的另一个重要经济因素。虽然自动化因为用人少、产量高而提高了生产效率，但假定该设备的利用率不高，或只是间断地使用该设备的话，它可能因设备投资成本较高而导致较高的生产成本。有时尽管可使用半手工设备能降低生产成本，但由于受生产场地太小的限制，而只能采用生产能力较高的机器设备。另外，那些专用设备对于材料的型号和质量要求都相对较高，假如生产当地既不能提供标准的材料，也不能进口这一材料的话，那么，工程师也就不会推荐使用该设备了。

(3) 文化因素对企业生产设施的标准化也有很大的影响。有的国家工厂习惯于季节性工作，这样工厂的设计也应与之相适应；反之，工会政策或传统劳工关系对工人职责规定较严，则工厂中用弹性制的观念进行生产又往往行不通。

(4) 在工业化国家中，当市场规模较大，而劳动力成本又高的情况下，用资本密集型的生产方式较适宜。在发展中国家，虽然劳动力供应很丰富，但是，由于缺少技术工人，不少跨国公司也较倾向于采用自动化程度较高的机器设备来生产。因为自动化程度较高的设备尽管需要若干高水平的技术工人来维修和保养，但是具体的操作则可由经过短期培训的熟练工来进行。相反，使用通用设备则需要更多的技术工人。

(5) 技术工人的社会地位高低作为一个文化特征会影响其供求。不发达国家往往十分重视专业教育，却忽视了该国十分需要的技工培训。缺勤是欠发达国家工作人员的另一特征，跨国公司往往训练一小批备用人员来解决这一问题。虽然这可能增加了额外成本，但可避免因雇佣大量工人而导致的复杂劳资纠纷。

(6) 政治因素也可以成为企业标准化的一个障碍。在一个发展中国家计划安排新的生产设施，跨国公司通常会遇到一个棘手问题：虽然该国非常需要就业机会，用劳动密集型的生产方式有助于这一问题的解决，但是，政府官员往往坚持要求使用最为现代化的设备。地方民族自尊是一个原因，此外，他们可能认为企业只有具备了先进的技术，才能在世界市场上取得竞争优势。他们不仅不愿试试"低档"或未经检验的其他生产方式，而且认为生产率较低的技术将使他们长期依赖工业国，有的国家甚至通过立法来禁止进口旧设备。当一国政府很关心当地的失业问题时，跨国公司采用高度的自动化设备可能使当地政府感到为难，也有的政府则采取直接调控的办法，如对企业在失业地区建造劳动密集型工厂进行资助等。

由于上述种种原因，跨国公司附属厂的设计多半是一种杂交设计，即把采用资本密集的生产方法(以确保产品质量)与劳动力密集的方法结合起来。

6.1.2 投资区位的选择

从一家国际性大企业的生产管理的角度来看，厂址选择涉及三个层次的问题：一是厂址设在哪一国；二是设在某国的何地；三是设在某地的哪一处，以及工厂内车间、设备的布置。从全球经营管理战略的基本需要出发，可知，厂址国别的选择最为重要，下面主要讨论厂址选择的决定因素。

1. 机器设备、原材料和零部件

原则上讲，这类投入对跨国公司而言，在国际市场上都可以获得。但在实践中，有的国家往往对进口进行限制，使一些企业难以获得所需要的重要机器设备。此外，各国对机器设备的维修和保养、折旧等也有不同的规定。对于有些行业来说，是否接近原材料产地或供应市场将是选址的主要依据。

2. 能源

在制造过程中需要燃料的工业，应靠近燃料的来源地。电力对于多数工业企业来说都是一个重要的投入资源。虽然有了适当的电网系统，电可做远距离输送，但当地能否提供大量的低价水电也是某些跨国公司选址的主要条件之一。

3. 劳动力

劳动力的可供性及工资水平是影响跨国公司生产的重要因素。跨国公司总的选址策略有两种：一是在发展中国家设厂，利用东道国廉价而半熟练的劳动力，生产劳动密集度较高的产品，以便使该公司取得或维持其所生产产品的市场垄断地位。二是在发达国家设厂生产，利用所在国技术熟练劳动力的可供性，使之与资本设备先进性相结合，生产资本密集度较高的产品。

4. 环境保护费用

20世纪60年代以来，由于生态危机的出现，各国都开始重视对环境的保护，特别是一些发达国家对环境保护法规的制订日益增多。发达国家的一些企业为减少环保费用的支出，往往把污染环境的工业项目迁往发展中国家，因为发展中国家一般只注重经济的增长，对工业污染的立法较少，要求较低，公众舆论也不甚激烈。

5. 税收

企业无论在哪个国家或地区建厂，对其经营所得和其他所得，都应依法缴纳某种形式的税金。但由于各国税制发展的历史不同，而且各国经济、政治发展并不平衡、也不协调，因此，各国政府对外来投资者的税收有不同的规定。那些税率低、甚至免税的国家和地区，无疑对一家公司选择这些国家或地区作为工厂所在地具有某种吸引力。公司出于对利润目标的追求，往往利用转移价格以逃避或减轻东道国的应纳税负。在这一减少税负的过程中，设在低税或免税国的一家生产性子公司起码起着两种作用：它既是公司进行国际生产所需的物流输入的组织机构的一部分，又是在各国间进行内部收入再分配的基地之一，这成为许多跨国公司选择厂址、进行国外投资活动的重要诱因。

6. 运销成本

运销成本是跨国公司做选址决策时必须考虑的一个因素。运销活动也称为后勤工作，指的是企业产品的实际分配业务，即把产品从生产者送到购买者或使用者处的全过程。包括外包装、仓储、装卸和运输等工作。其中运输问题常常是跨国公司选址的决定性因素。当一个跨国公司的厂址远离它的产品市场时，它显然是接受了较高的运输成本，并以此作为获得生产成本优势的交换。为了使运输成本最小化，企业有必要考虑它的运输路线和运输方法。

7. 政府干预

政府干预也能影响一个地区的生产经济性，特别是关税和配额常常促使那些国际性公司不得不在东道国设厂，以使其产品进入该国市场。关税是一国政府的海关依据本国海关法和海关税则，对通过关境的进出口商品所征收的税。有的采取统一收费率，但多数是采取按价收费率，即进口物品的价值按一定的百分率收费。税款一旦部分或全部转嫁给进口国的消费者，显然进口商品的价格就必然高过该国国内的同类产品，这样就鼓励了公众把消费重点放在国内产品上。配额是一种更为直接的贸易壁垒，东道国以此来限制外国制品的压价倾销。此外，政府的优惠政策往往对跨国公司的选址决策有很大的影响。作为跨国公司，其受到的影响可能是多方面的。一方面，国内政府用补贴和税负的优惠来鼓励企业在当地生产并扩大出口，但另一方面，国外的政府也可能提供更为优惠的政策给那些愿到它们那里投资的外商。

需要注意的是，跨国公司在做厂址选择决策或分析比较优势、地区优势时，对于以上决策及要素的认识应有一个动态的观念。某一工厂生产区位的选择，在开始阶段可能是好的或合理的选择，但经过若干年后并不一定仍旧是好的或合理的选择。市场地区是重心的情况可能产生变化，工业价格政策也会发生变动；当某些因素的平衡条件改变了，那么对市场生产能力的配置也需要做相应的改变。例如，一种新生产方法的出现，它所强调使用的某些生产要素和过去的生产方法可能有很大的差异。在这种情况下，在某一地区生产的地区优势就有可能改变。另外，生产一种产品或提供一种劳务的方法通常有多种，在生产活动的选址上很难说一定有一个"最佳"的地点，一种产品往往能在许多地方经济地生产出来，只要该生产活动能被有效地组织和贯彻。因此，对建厂区位的分析应是持续而且是有必要的。

6.1.3　生产系统的设计

海外工厂生产系统的设计任务与国内工厂设计在本质上是相同的，但技术选择与工厂规模问题较为特殊。

1. 技术选择

决定海外工厂进行选择的因素主要有以下几个方面。

(1) 国际生产体系标准化的要求。如果强调标准化，则偏向于选择与母公司或者其他子公司同类的生产技术；反之，则技术选择范围更大。

(2) 产品类型。需要流程型工艺的产品对技术选择刚性较大，一般需使用与母国相同的技术与设备，因而海外工厂设计与布置就与国内基本相同。

(3) 劳工与资本的相对成本。从经济的角度来看，技术型机制在于生产成本节约，当东道国劳工成本相对资本更为低廉时，选择半手工操作的劳动密集型技术无疑会大大降低技术资本投入，从而保证生产成本的节约。

(4) 对产品的质量要求。跨国公司为了维护其产品在市场上的质量地位，或保证多工厂体系中各工厂相互之间的正常制造交换，从整体利益出发，会强调使用高水平技术，即使该工厂是建在劳工成本低廉的国家。

(5) 生产规模。自动化程度高的机器设备专用性强，需要长期按设计能力进行生产才能保证单位产品折旧成本降到可行的水平。如果市场容量有限，则工厂难以长期满负荷生产，这时，如果技术上可行，自动化程度低、通用性较强的技术设备的选用就是一种必然选择。

(6) 管理人员和技术人员素质。现代化的技术需要由现代化的管理人员进行管理和调度，需要有高水平的技术人员进行安装、调控和维护。如果这两类人员缺乏，跨国公司又难以通过其他途径取得这两类人员，则易造成工厂故障频繁或运转效率降低。与此相反的是，如果主要管理人员和工程技术人员由母公司派出的话，则可以使用现代化的技术，因为管理机器比管理人容易。

(7) 当地资源质量。一定的产品技术和制造技术通常都反映了设计者们对其他物质条件的认识。例如，发达国家的技术都是以在这些国家能够普遍得到高质量的原材料和特殊的物质条件为前提的，因此，在海外工厂设计时，技术选择必须考虑当地的资源情况。

(8) 政府就业目标。在发展中国家，政府往往鼓励或规定使用劳动密集型技术，以创造更多就业机会，缓解失业矛盾，这会影响甚至限制技术选择。

(9) 技术发展。跨国公司在为海外工厂装备技术时应考虑工厂的整个寿命周期，否则，该工厂将来会无法与本公司的其他更现代化的工厂及竞争对手的现代化工厂相竞争。

2. 工厂规模

在由生产的技术规定性所决定的最小生产规模范围内，海外工厂规模主要决定于下列因素。

(1) 市场规模。如果产品只供应所在国市场，则该市场总规模减去其他厂商供应规模后的剩余部分是该工厂的最大可能产出规模。如果产品除供应当地市场外，还供应其他国家市场，则本工厂产品有效市场需求取决于几个目标市场中本工厂可占份额之和。如果该工厂只把东道国作为"出口站台"，则产出规模完全取决于东道国之外的目标市场规模。例如，新加坡、马来西亚和哥伦比亚的市场与墨西哥、印度、巴西、美国市场相比，相对狭小，因而工厂规模较小。但是，如果将新加坡、马来西亚等国家当作"出口平台"，即通过这些国家向母国或第三国出口，情况就不同了。换言之，应在这些国家建立规模较大的工厂。在20世纪60年代，美国、欧洲和日本的许多电子企业，利用一些东南亚的低工资国家和地区作为其出口平台。即使在今天，跨国企业如通用电气公司、通用仪器公司、索尼公司等在东南亚国家和地区所建立的工厂，其规模类似甚至大于其在母国的工厂。

(2) 工厂生产整合程度和经济规模。所谓整合程度指某种产品由一个工厂制造的百分比。在实现同样产出量的情况下，生产整合程度越高，借助于外部投入就越少，导致工厂规模越大。反之，许多供应可从外部获得，工厂自我承担的生产活动就相应减少，工厂规模可能趋小。

(3) 企业的投融资能力。在企业投资能力有限的情况下，企业的选择之一是适当缩小工厂规模，选择之二是借入资金，选择之三是寻找投资合伙人，后两种选择都涉及项目的吸引力和企业的筹资能力。

(4) 当地政府的政策和态度。一些东道国要求外商投资于高技术、大规模的工厂，并通过各种政策加以扶植，也有一些国家对工厂规模有一定限制或要求。跨国公司只有综合各种条件，充分考虑当地政府的要求并利用当地的优惠政策，建立规模合理的工厂，才能取得较好的投资效益。

6.2　国际生产系统的营运

一旦生产系统投入营运，通常有两类活动必须进行，一类是生产性活动，另一类是辅助性活动。

6.2.1　生产性活动

经过初始阶段，工人熟悉了生产过程，这时管理部门要求整个生产系统能按照一定的速度和设计的生产能力进行生产，以满足市场的需要。为了及时生产出所需的一定数量的产品，并按预算的成本，使产品符合所要求的质量，各级综合管理人员(从生产经理到工长)有责任把劳动力、原材料和机器有机地结合起来，以确保生产的正常进行。

管理人员必须准备应付在生产过程中出现的各种问题。不符合生产标准的常见问题有以下三个方面。

1. 产量方面问题

对于生产系统不能达到设计标准的产出量，可从下述方面寻找原因。

(1) 原材料的供应商不能及时交货或所供应的原材料不符合规格。这种现象在发展中国家的卖方市场中很普遍。采购部门必须设法影响供应商，使其明白及时供货和正确供货的重要性，但是，在只此一家、别无分号的供货条件下，采用这一战略的效果是有限的。用增加购货付款额以及派技术人员去帮助供应商，通常能改善上述情形。

(2) 生产计划调度混乱。生产计划调度的不协调会延误最终产品的交货，因此，对计划调度员应加强培训和监督。就这一点而言，他们常常和一些生产工人一样，并不知道他们工作的重要性，他们往往缺乏全局观念。所以企业不仅要教会雇员怎么干，而且要使他们懂得他们那样做究竟是为了什么，使企业职工有一个良好的工作态度将会提高生产率，所以，在这方面所做的教育和努力是值得的。

生产计划调度导致低产的另一个原因是没有认识到增加每批产品作业量可取得规模经济效益。有的企业手中有大量的欠交订货，而根据他们的交货期又不得不一次次突击批量很小的产品来满足供货。这种情况经常出现的话，说明企业的生产系统营运不协调，为此需建立适当的库存，并增加每批产品的作业量。把增加的产量存放入库，这样，也就能使销售部门随时满足订单的要求，及时交货。

(3) 缺勤。缺勤也是生产管理人员很感头痛的一个问题。在有的发展中国家，缺勤是工厂不能达到预定产量的一个重要原因。遇农忙时，有的工厂甚至被闲置起来。而交通运输系统的落后又使一些工人不能准时上班，所以，企业得自备厂车，为了克服病痛或因伤造成的缺勤，有的跨国公司提供工作午餐，并由专职营养师负责配菜，以确保职工饮食的营养与卫生。有的企业则免费提供一些劳动防护用品，如工作服、工作鞋等，并鼓励员工对安全作业提出建议报告。

雇员士气的低落也是造成高缺勤率的一个原因。在不同的国家中，同样的领导作风会有不同的效果。在发展中国家工人遇到各种个人问题，如个人债务、婚姻、与警察的纠纷等，都希望企业领导能帮助解决，所以，正确处理好管理人员和职工的关系，在跨国公司中也是十分重要的。

跨国公司的管理人员可采取哪些措施来改进出勤状况和提高生产率呢？开除、解雇工人这一方法往往会受到法律的限制，但是用正面的方法，往往成效显著，如经常开展生动活泼的职工培训教育活动、与工会保持良好的劳工关系、对优秀职工的肯定与奖励、举办公司联欢会、组织企业运动队以及设立有奖建议制等手段来提高职工的士气等。经验证明，上述做法无论是对国内企业或跨国公司来说，都是行之有效的。

2. 产品质量方面的问题

所有制造企业都面临一个不容回避的困难：要使所有产品在形体上一模一样是不可能的，要做到一模一样难度太高，不合格产品总是存在，公司质量管理部门的工作只是使不合格产品减少到最低程度。其做法是通过控制采购和进货来保证材料和零部件等投入物的一致性，通过控制生产，使工人能够第一次就生产出合格产品，通过控制检验和控制整个系统的设计，不仅使出厂产品合格，而且使用户满意。在质量管理方面，大公司比小的制造公司更容易做到。在一些大的制造业公司里，实施质量管理计划的费用易于被质量管理所取得的效益所弥补，而小公司则难以做到。跨国公司凭着这一优势，就可以在东道国取得竞争强势。跨国公司对其国际生产进行质量控制至少有以下两个特点。

(1) 质量控制部门比较庞大，并配备各类专业人员，尤其是美国大公司最为明显。在公司总部、国际事业部或者产品分部门专事质量控制的人员(他们属于参谋系统的人员)，间接地或者直接地参与直线部门人员、工厂和车间管理监督人员的活动，这从大跨国公司偏爱采用矩阵组织结构这一点上可以得到侧面的反映。

(2) 跨国公司总部或者有关分部门为生产所在的东道国的各类专业质量控制人

员，特别是发展中国家的专业人员提供出国进修的机会，这类事例有不断增加的趋势。这主要是由于，跨国公司国外生产的东道国强烈要求跨国公司对本国籍人员进行技术培训。

至于跨国公司对质量控制的管理策略，并没有与一般国内公司相反的地方，其特点表现在两个方面。

(1) 与国内一般制造业公司相比，跨国公司较少考虑把质量控制的重点之一放在加快产品更新换代的速度上面，而是考虑把重点放在转移生产能力到国外，在国外保证重复生产现有产品的质量与规格。换言之，跨国公司在国际生产中的质量控制的目的，主要是在"保名牌"上，而不是在"创名牌"上。跨国公司把同样产品在各国市场上的差异化与各国生产性子公司的产品质量控制结合起来，为产品支出大量的国际广告费用，以便在质量控制的基础上使产品呈现出差异化。

(2) 跨国公司为加强全球生产的质量控制，也将必需的精密仪器和其他测试手段输往东道国，以便有利于保证产品质量，降低损耗费用。

3. 制造成本问题

出现了制造成本过高的现象，即超出了预算成本，这不仅是生产人员方面的责任，实际上，种种导致低产的因素都可能引起成本问题。营销及财务经理人员也应关注这一现象。此外，销售预测过于乐观，供应商交货脱期，政府对基本原材料的进口没能及时签发许可证，以及水、电供应的短缺也都可能引起制造成本上升的问题。

至于原材料、零部件和制成品的库存管理在发展中国家常常处于正常状态，因为在那里供应情况有很大的不确定性，易于失控。为了避免因某一原材料的耗尽而影响生产作业计划的完成，企业常常不得不存储过量的投入物，维修人员贮存过量的零部件，以备急需。营销部门则担心因生产延误而不能按时交货，于是也增大了不必要的库存。在许多国家中，常常是销售量已下降，但却不能裁减工人，因为劳工法的规定使得裁员既艰难而且代价很高。另外，在有的国家中，技术工人很短缺，所以，即使法律允许解雇工人，管理部门也不敢轻易裁减他们，因为失去后再找回并不容易。在短时期内唯一的选择就是仍然保持工厂运转，这样就大大增加了不必要的成本。

一般来说，企业总部的财务部门总是设法限制库存，但是由于一些国家惊人的通货膨胀(多数是发展中国家)，库存的积压有时反而能赚取大量利润。有时，子公司和母公司常常在库存管理上存在分歧，直至有些工业国也开始遭受两位数字的通货膨胀影响，总部行政人员才认识到所属子公司高库存的做法是不无道理的。但是，如果在通货膨胀得以合理控制的地区，供应商发货正常，那么谨慎的办法应是把库存压缩到最小，即根据保险库存量和经济订货批量来进行管理。

6.2.2　辅助性活动

每一个生产系统都需要职能部门提供一些辅助性活动，这对于生产的正常运行是必不可少的。下面将考察跨国公司生产管理活动中的供应、维护保养、技术职能和库存控制。

1. 供应

1) 国内供应和国外供应

跨国公司在生产制造之前，必须设法取得原材料，最简单的方法就是由国内来供应所需的生产投入。利用国内资源供应渠道，使企业避免因语言、距离、汇率、战争，以及暴动、罢工、政局动荡、关税、较为复杂的运输渠道等问题而带来的麻烦。但是，对许多跨国公司来说，国内供应则不一定合理，有时甚至比较昂贵。因此很多公司情愿舍近求远，实行全球采购和供应。例如，日本公司往往由国外供应渠道取得所需的原材料，其几乎所有的铀、矾土、镍、原油、铁矿石、铜、煤以及近30%的农产品从国外购入。如三菱公司等，就是以在国外市场取得所需的原材料，来满足自己生产制造的需要。

不管原材料是来自国内，还是来自国外，跨国公司都必须注意和考虑不断变化的各种复杂的世界经济现象，对全球供应战略的设计不能简单化。例如1980—1985年，美元比较坚挺，因而加速了美国公司从国外、或从其他公司购买原材料以保证生产的供应。美国福特汽车公司或者从其他公司购买零部件，或者在其巴西的工厂生产零部件，然后在美国组装。但在20世纪80年代后半期，美元走弱，按常理美国公司的供应来源应从国外转回国内，而实际情况却正相反。据1987年一项对107家美国制造企业的调查显示，从国外得到生产供应的美国公司从1980年的8%上升至1985—1986年的15%。究其原因，从国外得到的供应可以降低成本，同时质量也比较好。许多制造企业发现，原材料成本在全部制造成本中占有相当大的比重，而非原材料成本在全部成本中的比重则下降。这就是美国企业为什么继续在国外寻找便宜的原材料供应来源的一个原因。但是，在1987年的调查中，几乎近一半的美国公司又决定重新回到国内市场购买生产所需的原材料或零部件。其主要原因是国外供应的一些缺点暴露出来了，如供给线太长、库存成本较高、汇率波动大等。此外，国内原材料、零部件以及产品的质量或设计得到改进，美国厂商的生产成本降低，这也是促使公司采取国内供应战略的主要原因。

一般来说，跨国公司选择国外供货渠道取决于9个基本因素：①价格低；②质量高；③国内无货源或供应不足；④交货及时；⑤供应的持续性；⑥先进的技术含量和技术服务；⑦营销策略，例如企业从一个国家进口原材料或零部件，就可以获准在该国销售产品；⑧与国外子公司内部交易，如GM公司向其在韩国或日本的子公司购买零部件，这种国外供应实际上是企业内部供应；⑨竞争影响，例如，使当地供货者确信要保持其低价，否则会失去客户。

应该指出，从在国外的分、子公司进口货物是一个十分重要的战略选择。1986年，36%的美国进出口是在美国公司与其在国外的子公司或分公司之间进行的。一项对公司内部交易的研究发现，导致进口公司内部产品的最重要因素在于产品的技术密集性，这就是说，产品的技术密集程度越高，企业越是倾向于企业内部交易，而不是从其他公司购买进口产品。此外，上述国外供应可能发生的一些问题，如对国外供货者声誉的确定、备运和交货时间、发运交货以及与外商直接接触的困难、商品质量、废次品和退还问题、关税、法律等，通过公司内部交易就比较容易控制和解决。

在制定和发展供应战略时，上述各种要素的相对重要性还因国家、产业和企业的不同而不同。例如，在电器、仪器、汽车等产业，跨国企业在确定供应来源时，除了要考虑成本，还需要平衡劳动力的成本、质量和可靠性。这些要求与寻找低劳动成本地区的传统做法是相矛盾的。有些企业去寻找日本或德国的企业供应产品，因为这样质量和可靠性问题可以得到解决。但是，在20世纪80年代后期，这两个国家的货币比美元坚挺，作为美国公司的供货来源，其价格高得令人望而却步。结果，许多美国公司就转向巴西、韩国等国，因为二者提高了生产制作的技术含量，能将低成本与可靠性结合起来，从而成为美国公司强有力的供应来源。

2) 集中供应和分散供应

(1) 集中供应。该体制强调总部对整个跨国公司体系内各单位所需物质的集中采购与统一管理。由于汇聚了各单位的订单，因此提高了订单的订货规模，使跨国公司获得了采购规模经济，并增强了与购货商进行讨价还价的能力。在跨国公司体系庞大、所需采购物资种类多的情况下，需要有高度采购技能与调配技能才能使中心购买体制的优点得以发挥，否则，其集中采购规模经济会被调配管理的不经济所抵消。

跨国公司采用集中供应方式有一定的条件。从行业来看，最好是产量与单位成本高度相关的行业。产量越高，单位产品成本越低，采用这种方式就能取得规模经济。从技术看，生产系统最好能运用连续过程型的制造技术。从地区看，东道国对出口采取鼓励政策，有利于建立集中供应系统。例如，世界各地有许多出口加工区，它们成为美国、欧洲、日本跨国公司的供应来源基地。其部分原因是当地政府有出口补贴，且劳动力成本较低。的确，在关税和运输成本高、汇率波动的条件下，采取分散供应的方式是适宜的。

(2) 分散供应。在该体制下，各子公司或工厂自行采购其所需零部件。例如，国际商用机器公司巴西子公司可能向国际商用机器公司在东南亚的国际采购处发出进货报价，进行谈判以争取最好的订货条件。这样，为了从国际商用机器公司各子公司或工厂获得订单，各个国际采购处相互之间展开直接竞争。这种内部竞争迫使每个国际采购处对第三方供应商采取强硬的态度。自主采购体制可充分调动各子公司与工厂的主观能动性，灵活性强，适合采购物资种类多、供应商较分散的情形。

(3) 混合式。该体制是集中供应与分散供应的折衷。在该体制下，部分部件集中采购，其他部件则分散自主采购，以便在发挥集中采购的规模经济效应的同时，发挥各子公司和工厂自主经营的积极性。混合方式的采用，往往受下列因素的影响。

第一，技术。例如，在资本密集型行业，随着产量增加，间接费用减少，可以取得规模经济。在这种情况下，很有可能选择理性生产，实行集中供应方式。

第二，市场竞争。如果在某个市场竞争激烈，则要求降低单位产品成本。在这种情况下，理性生产和销售也就显得十分必要。

第三，零部件互换性。产品标准化，零部件才能互换；否则，通过所谓理性生产提供零部件是不可能的。因此，产品在其生命周期的成熟阶段，很可能会实现理性生产。

第四，政府要求和压力。一些发展中国家如印度、印度尼西亚、马来西亚、巴西等，为了自力更生发展本国经济，不但要求跨国公司在当地生产制造，而且对商品进口课以高额的关税和罚款。在这种情况下，实行分散供应方式是适宜的。

从总体上看，欧洲和日本的跨国企业，其供应来源的集中程度高于美国的跨国企业。

2. 维护保养

另一个辅助性生产活动即厂房和设备的维修保养。设立维修保养部门的目的是为了防止因设备损坏而引起的非计划性停工。由于要获得一些进口的零部件和机器很不容易，所以，实际上许多维修部门的机修车间都在制造这些物品。

部分工业化国家中的多数企业都建立了预防性维修制度(或称计划维修)。对企业的厂房和机器设备实行以预防性维修为主的维修政策，以防止机器设备损坏影响生产。近年来，维修的作业计划已纳入电子计算机的工作范畴。根据计划，机器将定期进行检修并更换磨损的零部件。生产部门由于事先收到了停机通知，所以在生产安排上可早些作准备，如让机器事先进行超时工作，并存储一定量的备件，使下道工序能在其大修期间继续生产。

但是，上述观念在一些发展中国家尚未被广泛接受，那里的企业往往用一种宿命的态度来对待设备——不坏不修。更甚的是，由于是卖方市场，维修人员往往受生产和销售管理部门的压力，使机器保持运转，这种短视的观点不允许机器有停下来整修的时间。另外，有的子公司虽然也按总公司的标准进行预防性维修，但是，由于地区作业条件(如湿度、温度和空气中的含尘量等)的差异，以及作业人员的作业方式不同，所以，在制定大修期限时要从实际出发有所区别。同样，对于库存机器的备件，也要依据实际情况灵活处理，如按国内的经验套用于国外，往往也会发现并不适合。

从一定意义上说，适当的维修保养比百分之百的工人出勤更显重要。一个生产小组中缺少一两名工人并不至于造成停产，但是，如果一台重要的机器设备坏了的话，则有可能造成整个工厂停工。

3. 技术职能

技术部门的职能是提供生产所需的制造工艺规范。通常技术人员对检查投入物和成品的质量负有责任。在外国的子公司的技术部门的任务有可能不只是从母公司照搬一大批技术档案，因为在当地要搞到相同的原材料不是一件容易的事，而替代品的应用，有时则需要彻底重写有关的工艺规程。

子公司的技术经理也是确保产品质量的关键人物之一，他对材料供应来源的选择有决定性的影响。跨国公司往往竭力说服所在地政府和合资经营的伙伴同意把他们的人安排在这一位置，这样他们必然使子公司成为母公司制品的基本用户之一，多数投入物的采购，只要有可能，将从母公司的制造厂购入，从而加强了彼此的合作。

4. 库存控制

越是需要互换产品和零部件的跨国公司，库存控制的过程就越困难。距离、时间、国际政治和经济环境的不确定等因素，使得企业难以决定准确的再订货点。例如，一个弱币国家的制造企业经常从强币国家进口库存原材料或零部件，管理层就可能不顾高昂的储存成本和损坏或偷盗的风险仍准备储藏库存物资以应对货币贬值。当然，管理层也可能期望发生政治不稳定或立法减少进口的情况，因为快速变化的国际事件能够破坏按部就班顺利运行的库存控制系统，这样企业就准备增加库存。

近年来日本人十分推崇即时(Just-in-time，JIT)库存管理概念。JIT制造系统作为全面质量管理(Total Quality Control，QTC)的一个组成部分，在美国制造商中间也越来越流行了。

JIT概念的实质是原材料、零件和部件必须按时准点运送到所需的生产工序上，其结果是企业不需要有很多的库存，这样就可以节省库存资金和库存成本。按JIT的要求，原材料或零部件必须没有缺点，并且在需要使用时能准点送到。但是，由于供应线可能发生中断从而引起混乱，对JIT来说，国外供应可能产生很大的风险。不言而喻，JIT所需的库存是很小的，但是国外供应经常需要保持很大的库存水平以应对可能发生的风险。如前所说，JIT的基本思想是及时生产所需的零部件或产品，以便使用或出售。跨国公司如果要在其他国家也采用这个系统，就需要在生产制造系统和生产过程中做一些调整和改进，例如：制定均衡稳定的生产计划；使制造过程更富有灵活性；确保生产投入品和产出品的质量更高；保证管理层与工人之间的较好协调；发展与可靠的供应商之间的关系；关注地区供应商和制造商；确定比较适当的工厂结构；提供强有力的管理承诺和支持。

对跨国公司的国外制造战略来说，合理利用JIT是一个重要的方面。跨国公司企图通过在海外生产以降低成本，同样，利用JIT系统也可以减少库存量，降低库存成本。这里的关键是要解决国外生产与JIT相结合的矛盾问题，从而可以同时运用这两种战略，使得跨国公司更有竞争力。低库存成本的关键，是要解决国外生产与JIT相结合的矛盾问题，从而可以同时运用这两种战略，使得跨国公司更有竞争力。

6.3 技术开发与转移

6.3.1 技术开发

1. 技术开发管理

技术开发既是一种专门人才的高级脑力劳动，又是一种多层面、多环节的系统工程，需要统一规划，贯彻始终。因此，对跨国公司的研究开发管理必须处理好统一领导、集中管理和适当分权、调动大众积极性这两者间的关系。考虑到上述两者的关系，跨国公司对研究开发活动的管理分为两种结构类型，即层级结构和平行结构。

1) 层级结构

在层级结构中，属于核心科研的部分是高度集中的，而从设计思想到销售周期以后各阶段的职责可能在世界范围内分配给附属的研究、开发或生产单位。在层级结构中，为了适应特定市场的需要，对某些研究开发单位实行了分权。

坚持层级结构可以严格经营管理和保留对独占权的控制。由于整个研究开发计划集中在一个杰出的专家小组内部，他们越是协调一致，在敌对公司面前出现闪失的风险就越小。层级结构的研究核心，有时以一个小组为基础，他们可能被要求完成最关键的主体部分，并提供新知识和新思想，以后再有少数相互支援的、能够为技术开发爆出火花的科研人员参加。当技术开发成功，需要辅助计划的配合，这时成立创新能力较强的人员组成的小组，由他们对公司总的技术创造提供可以预见的、从头到尾服务。

由于在东道国往往不易发现称职的个人或团体，所以跨国公司总是从母国开始，组织核心的科学研究。研究开发的组织走层级路线是很自然的结果。在这种体制下，辅助的和应用的工作则可交给东道国的附属机构去执行，其后期的开发工作尤其是这样。

2) 平行结构

在平行结构中，技术研究开发活动涉及不同国家的不同单位，每个单位都有能力执行从构思到销售的整个程序。平行结构与层级结构不同的地方在于其技术创新，不论是核心研究还是辅助研究都是由两个或更多国家的若干单位完成的。此外，核心研究活动可能因为主要研究人员的特殊技能而在不同国家的科学研究领域中显示出差别。

平行结构的优点在于：一方面，这种自给自足的分权式的研究开发结构可以考虑各个国家文化和科学的差异，因而给国外自给自足的研究单位带来产品创造的完整周期；另一方面，这种平行的半独立研究中心能提高子公司及其科研人员的积极性，科研人员会提出许多有创造性的研究开发计划，从而促进有独立生产和销售战略的独立产品市场的发展。不过，在平行结构之间要对一个科学领域的工作进行协调，就不如层级结构那样有效。但这一点并不排除在平行的团体之间出现互补的有效的研究计划的可能性。

2. 跨国公司创新成果的保护

如果有一个创新者是输家，必然有一个跟随者或模仿者是赢家。一个典型的例子是国际商用机器公司在1981年引进个人计算机所获得的巨大成功。在引进的时候，植入国际商用机器公司个人电脑中的结构或部件都算不上是先进的，技术包装的方法比当时的作法也没有很大进步。然而，这种电脑取得了神话般的成功，并且建立了MS-DOS作为16字节个人电脑领先地位的操作系统。到1984年，国际商用机器公司已经卖掉超过50万台个人电脑，许多人认为在个人电脑行业中，它已经不可逆转地超越了之前率先引入新产品的苹果公司。所以，一个首先把新产品或新程序在市场上商品化的公司——创新者——常常会感叹说："竞争者或模仿者从技术创新中所赚的钱要比头一个把它商品化的公司多。"有三个因素是导致上述现象的出现，即专有状态、占支配地位的规范设计和辅助资产。

1) 专有状态

专有状态，是指在公司和市场结构以外的、制约创新者占有从创新中产生利润的能力的环境因素。其最重要的方面是技术的性质以及起保护作用的立法机制的效能。专利权有时并不是很有效，许多专利权可以用很少的钱就能被"仿造出来"，专利权有时不能保证完全是专有权。

知识靠"意会"还是靠规范化，也影响模仿的难易。规范化的知识比较容易传达和被人接受，但较易暴露给工业间谍。"意会"的知识除非知道其中的窍门，并能展示给别人，否则很难说清楚，因而它也是难于转让的知识。

因此，一家公司在其中运作的财产权环境可以按技术的性质和立法系统给予知识产权保护的效能分类，可划分为两类，一类是强占有状态(技术比较容易保护)，另一类是弱占有状态(技术几乎不能保护)。前者如可口可乐糖浆，后者如线性规划中的单一算法。

2) 支配地位的规范设计

科学在其演变和发展中有两个阶段：一是前规范化阶段，这时对一个领域中的现象没有单一的被共同接受的概念性论述。另一个是规范化阶段，这时已经出现了一个理论体系，并且有了符号科学的可接受的规则。一种居于统治地位的规范的出现，标志着科学的成熟以及有了一致认可的标准，"正常"的科学研究依靠它就可以前进。这些"标准"将始终保持有效，除非这个规范被推翻。

一种占支配地位设计的存在对利润如何在创新者和追随者之间分配有重大意义。创新者已在前规范化阶段为基本的科学突破以及新产品的基本设计做了大量工作。然而，如果模仿比较容易，模仿者可能投入战斗，依赖于创新者开创的基本设计在重要方面修改产品。当"跟着音乐抢椅子的游戏"停止时，一种占支配地位的设计出现，这时创新者可能已经处于大大不利的地位。因此，在居于支配地位的设计出现以前，与设计更改同时发生的模仿是可能的，追随者有很好的机会把他们更改了的产品神圣化为工业标准，这对于创新者常常是很不利的。

3) 辅助资产

要使一种成功的创新商品化，销售、制造和售后等服务功能必须配套。这些服务常常从专业化的辅助资产中获得。在某些情况下，当创新是一个系统时，辅助资产可能是该系统的其他部分。例如，计算机硬件特别要求专业化软件，否则，硬件就失去了意义。

辅助资产可以分为通用的、专用的和相互专用的。通用资产不需要对创新作适应性的剪裁；专用资产在创新和辅助资产之间存在一种单方面的依存关系；相互专用的资产有一种相互依赖的关系。

如果创新者不想将大把的利润拱手交给模仿者或辅助资产的所有者，他们必须为自己的战略选择不同的路径。

(1) 合同方式。在合同方式下，创新者无需支出前期资本去建立或购买所说的资产，只需要同独立的供应商或批发商签订一个合同，这样就可以减少风险以及对现金的需求。

当创新者的专有状态处于强势，同时辅助资产的供应充分并能有所选择时，合同战略可能比一体化战略更好。如果创新者不是很出名，而合同的伙伴一方是已经出名并充满活力的单位，合同关系可以给创新者带来追加的声誉。

(2) 一体化方式。一体化方式同纯合同方式的区别在于，它掌握了对资产的控制权。如果一个创新者拥有而不是租用需要商业化的辅助资产，那么，它就可以获得溢出效用。的确，如果一个创新者在它的创新宣布之前就处于一种购买辅助资产的位置，以后可能会对它有利。如果存在期货市场，只要持有辅助资产的远期头寸就足以获得很多溢出效用。

即使在创新宣布以后，如果创新有严密的立法保护，创新者仍然可能有竞争性价格建立或购买辅助生产设备。然而，如果创新得不到严密保护，一旦"亮相"就会被模仿，那么，保护对辅助资产的控制就成为成功的关键因素，特别当这些生产能力处于瓶颈状态时更是这样。批发和专业化制造能力常常成为瓶颈，所以，在弱势的专有状态，创新者需要把辅助资产摆在重要地位。如果这种辅助资产是重要的，那么拥有所有权就会掌握主动；如果公司受现款的制约，那么持有少数股权可能是一种明智的选择。

(3) 一体化方式与合同方式。一个追求利润的创新者，面对弱势知识产权，它需要得到专用辅助资产或生产能力，将被迫通过一体化扩大其活动以便战胜模仿者。

困难的战略决策产生于这样的局面，那里专有状态很弱，要使产品在商业化中有利可图，拥有专用资产十分重要。这种局面其实很普遍，它要求做详细的竞争分析，成为创新者对它的机遇与挑战的战略评估的一部分。三类角色对此有兴趣：创新者、模仿者和专用资产的所有者。所有这三类人都可能在创新过程中获益或受损。专用资产的拥有者可能从创新所指出的方向获得更多生意并从中得利；若是专用资产变为创新商品化的瓶颈，专用资产的所有者将明显地处于一个从创新者或模仿者那里榨取更多利润的地位。创新者在弱势知识产权的保护下，即使奉行适当的政策也常常会输给模仿者或专用资产的持有者。当然，不正确的战略会使问题更加复杂化。例如，在创新者必须采取合同形式时却采取了一体化的方式，那么，资源的大量投入将使它得不到一点战略好处，反而使它遭受更大的损失。另一方面，如果一个创新者在必须建立生产能力时却对重要生产能力的供应采取合同方式，到头来就会发现它是在培育一个比自己能更好地服务于市场的模仿者。

3. 跨国公司技术外溢风险防范

跨国公司技术开发的国际化可以通过数种途径使发展中东道国受益：它可以作为一个培训基地，为科学家与工程技术人员提供具有挑战性的高技能工作；它可以形成新的研究力量，从而有利于增强东道国的人力资源基础；它可以带来新的知识与研究技能，给国内企业或其他组织带来知识溢出效应，从而促进东道国形成研发文化；日益增强的研发能力又可以帮助东道国提升在价值链上的位置，进入动态比较优势领域。

鉴于知识作为公共物品的性质，一家外国分支机构的研发活动会对东道国的其他企业产生技术外溢效应。技术外溢是指通过技术的非自愿扩散，促进了东道国技术和生产力水平的提高，是跨国公司投资对东道国经济正外部性的一种表现，溢出渠道主要包括以下几种。

(1) 东道国企业通过与跨国公司形成的交易关系而获得的技术溢出效应。东道国企业或者以供应商的身份，或者以用户的身份与跨国公司结成了长期合作的关系，这样就获得了跨国公司较全面的技术支持、售后服务和技术培训，这对于东道国企业改进工艺、提高生产技术水平、加强新产品开发都有十分重要的意义。

(2) 跨国公司技术人员流出而形成的技术溢出效应。受雇于跨国公司的东道国员工，一旦流入东道国国内企业，也会将在跨国公司所掌握的技术和管理知识传播出去。

(3) 从跨国公司子公司剥离出来的企业运用掌握的技术和管理知识继续从事创新活动。

(4) 在有效的竞争机制下，跨国公司的进入会对东道国企业产生示范效应，通过模仿和改进，东道国企业可以实现技术进步，进而带来技术创新。

在技术外溢方面，东道国与跨国公司存在着利益冲突。东道国把吸引外国直接投资视为建立技术能力的手段，试图使知识最大限度地扩散到其他企业；而跨国公司则常常希望最大限度地减少"外溢"，因为技术外溢有可能帮助东道国企业成为自己的竞争对手。跨国公司通过以下的手段防范技术外溢带来的风险。

(1) 采取独资方式进入。跨国公司对其分支机构拥有全部所有权，这可以减少监控成本并减少技术外溢的风险，因为局外企业很难获得足够的有关特定技术的知识来掌握这种技术。

(2) 转让对转让者低价值的非核心技术。跨国公司对其核心技术的保护通常要强于对非核心技术的保护。它们乐于将非核心技术向国外分支机构转移，或将它们外包出去，或与当地合作伙伴合作进行开发，这并不意味着非核心技术是过时的技术，或者对东道国没有多少价值，它们可能是新的颇有价值的技术，但对跨国公司的核心活动来讲是边缘性的技术。

(3) 转让核心的(高价值)但有依赖性的(不完全的)技术。跨国公司可能会向国外分支机构转让某些核心技术，后者通过在当地的工艺性研发以提高生产效率。为了保护这些技术不被窃取，跨国公司会设法使研发成果和生产过程对母公司形成依赖。如在当地从事部件生产，这些部件除非与跨国公司在其他地点生产的其他部件组装在一起，否则没有多少价值。跨国公司可能会利用在多个生产地点的部件构成的系统来从事新技术开发，而使系统中的任何一家子公司都无法接触整个技术系统。

(4) 采取默示方式转移技术，而不是明示方式。即使国外分支机构的员工了解该技术，但要向其他组织转移这种技术是很缓慢的，因为他们也必须经默示方式来转移。

6.3.2　技术转移

技术转移，是指拥有技术的一方通过某种方式把一项技术让渡给另一方的活动。技术转移就一个从事国际经营活动的企业来说，无非是指从企业外部引进技术和从企业内部向外转让技术这两个方面。我们可以把企业从其他企业、研究机构或个人处获得某项技术称为技术引进，相应的把企业将自己拥有的某项技术转让给其他企业、机构叫做技术输出。从事国际经营活动的跨国企业为了取得竞争优势，时常要设法从国际上引进先进技术；同时为了谋取最大利益，也可考虑将本企业所拥有的技术让渡出去。国际技术转移是企业国际经营活动的重要内容，是企业家必须重点关注的事项之一。

1. 技术转移类型

技术可以沿两个方向转移：一为垂直方向，一为水平方向。垂直方向的转移是指基础研究部门向应用研究部门，进而向工业生产经营部门的技术转移；水平方向的转移主要是指工业企业之间的技术转移。

人们之所以把"基础→应用→工业企业"的技术扩散称为垂直转移，是因为通常人们把基础研究部门视为技术成果的上游生产部门，应用研究部门为技术成果的中游生产部门，而工业企业作为技术成果的使用者则处于下游的位置。例如，某研究所把生物遗传工程的研究成果转让给某制药公司，使之用于该企业的新药研制开发上，就可以看作技术的垂直转移。

　　基础研究、应用研究和开发工作是紧密联系、相互结合的。今天的基础研究可能成为明天的应用研究，可能成为后天的开发工作。从基础研究部门和应用研究部门向下游工业企业转移的技术往往是包含重要基础理论突破的高新技术，这些技术往往蕴藏着巨大的竞争潜力和市场潜力，具有诱人的商业前景，所以许多企业都非常重视通过垂直转移从国际上引进技术。日本在许多产业领域从技术落后国变为技术先进国，创造了全球竞争优势，在很大程度上得益于日本企业成功的垂直引进。日本的基础研究和应用研究是相当薄弱的，这在一定程度上削弱了日本企业的国际竞争力。但许多日本企业通过国际技术垂直转移，获取欧美研究机构的最新技术成果，经过吸收、模仿和再创新，创造出高品质的高技术产品，反而使欧美企业在竞争中处于下风。

　　由于基础研究部门、应用研究部门所提供的技术一般离实际应用尚有较长一段距离，又由于他们远离市场，较少考虑消费者的需求偏好，因此这些技术的市场风险较大，这在一定程度上影响了企业通过垂直转移获取技术的积极性。

　　相对于技术的垂直转移来说，同类企业间的技术水平转移则更为常见。这是因为企业的技术开发活动与基础研究、应用研究相比，更接近市场。企业提供的技术一般比基础研究和应用研究部门提供的技术更实用。因此，多数企业更加喜欢从其他企业获得技术。这就使得各国间的水平技术转移比垂直技术转移要活跃得多。从另一方面看，各国在基础研究、应用研究、开发研究三部分的投入上均偏重于开发，而一般开发工作又多由企业承担，因此，从世界技术市场的供给来源看，企业提供了大部分技术。

2. 技术转移方式

　　拥有技术的企业一般通过技术专利、专有技术、商标、版权和商业秘密5种方式保持其对技术的产权。转移技术就是对上述5种产权的转让。国际技术转移，由于所转移的具体项目的性质、水平、渠道不同和采取的实施方式不同，所以，转移的具体方式很多，但可以分为两大类：一类是单纯的技术转让，这就是通常所说的技术许可证；另一类是通过贸易或投资方式附带进行的技术转让。

　　1) 技术许可证

　　与普通商品的交易不同，技术的转让是使用权的转让。因此，在利用许可证进行技术转移时，必须在许可证合同中对技术使用权的权限、时间期限、地域范围和处理纠纷的程序、办法等进行确认。

　　(1) 使用权限。在技术许可证合同中，使用权限的限定是最重要的条款。技术使用权限的大小可分为以下几种。

　　一是独家使用权，是指在许可证合同中规定的许可方允许受权人在合同有效期限内，在规定的地域范围内，对所许可的技术享有独占使用权。许可方不得在所规定的期限内在该地区使用该项技术制造和销售产品，更不得把该技术转让给第三方。独占许可证合同所规定的地域范围，实质上是对转让双方就该项技术所制造的产品的销售市场进行国际划分。显然，这种转让卖方索价会比较高。

二是排他使用权，是指许可方允许受权人在规定的地域范围内、在一定的条件下享有使用某项技术制造和销售产品的权利。同时，许可方自己保留在上述地域对该项技术的使用权，但许诺不再将这一技术转让给第三者。

三是普通使用权，是指许可方在合同规定的时间和地域范围内可以向多家买主转让技术，同时，许可方自己也保留对该项技术的使用权和产品的销售权。

四是转售权，受权人有权在规定的地域范围内，将其所获得的技术使用权转售给第三者。

五是交叉使用权，交易双方有权以各自拥有的技术(专利或专有技术)进行互惠交换。因此，这种交易一般互不收费，亦即以技术换技术。双方的权利可以是独占的，也可以是非独占的。

六是回馈转让权，是指许可方要求受权人在使用过程中将对转让的技术的改进和发展反馈给许可方的权利。

(2) 地域范围。技术许可证中大都规定了明确的地域范围，在这个范围内受权人被许可使用该技术。在这个范围之外，受权人不得使用该技术。

(3) 有效期限。技术许可证合同一般都规定有效使用期限，时间的长短因技术而异。技术服务合同可以是1年、2年；专利技术或版权的许可期限则要与该专利或版权的法律保护期相适应；一项商标的使用合同则可能超过20年。

(4) 纠纷仲裁。技术许可证合同是法律文件，是依照技术交易双方所在国的法律来制定的，因此受法律保护。如果一方毁约，另一方可依据法律程序寻求保护，追回受损权益。某些许可证合同还规定了处理纠纷的仲裁机构、处理程序和办法等。

2) 随贸易或投资的技术转让

除上述单独的技术许可证之外，技术转移也可以同其他贸易或投资安排一起进行。

(1) 在承包工程和交钥匙工程后转让操作技术。交钥匙工程是一种特殊的承包，它由承包方提供包括技术、设备、厂房在内的全部的设计、安装、调试，甚至包括产品打入市场的一揽子转让。这种方式一般由大型跨国公司承担，他们一般对这种形式比较热衷，因为，这种一揽子的转让不仅可以获得比纯技术转让更多的收益，而且能够保证生产技术自然、完整地掌握在自己手中。而这种方式对技术引进方来说，虽然能够很快投产并形成生产能力，但花费巨大，且只能获得操作技术，由于缺乏对成套技术的了解，引进后仍有可能受到技术供应方的控制。

(2) 通过合资、合作和联合开发的方式转让技术。这种方式使双方结成一个利益共同体。对于技术受让方来说，在引进技术的先进性和适用性方面比较有保证，便于很快地消化吸收，发挥经济效用，而且可以节约引进费用；对于技术转让方来说，可以在其他方面对对方的技术大加利用。

(3) 在购买商品的同时转让其中的全部或部分技术。例如，在购买飞机时转让飞机操作和维修技术。

(4) 在加工贸易中转让有关加工技术。

3. 国际技术输出的动因

1) 选择论

著名国际经济学家、英国里丁大学教授邓宁(J.Dunning)认为，国际技术转移是国际生产方式的选择。企业向外转移技术是在产品出口和对外直接投资难以获得理想收益时的一种合理行为。在企业内部市场还没有达到一定的规模，国外的区位优势不明显，进行产品出口贸易无利可图，而对外直接投资条件又不具备时，企业只能选择技术输出的方式，以技术优势获取最大利润。这一观点是把国际贸易、对外直接投资和技术转移作为整体来考察的，认为企业要从中选取最优的国际化经营方式。

2) 周期论

日本学者斋藤优认为，占有新技术的企业在利用自己的新技术谋取最大利益时，基本上是按商品输出、直接投资和技术输出这样的先后次序循环进行的。在这个循环周期中，占有新技术的企业先是出口运用这项技术生产的产品。在出口过程中，产品的市场不断扩大，收益率由低变高。随着新产品的增加，产品销路的扩大，而且可以运用当地的资源生产出该产品时，企业开始在国外直接投资生产。而后产品的出口收益率可能开始下降，直接投资收益率开始上升。由于对外直接投资大多处于技术的成熟阶段，一旦企业形成生产规模，降低了成本，提高了竞争力，这时企业的最高收益率大于单纯出口的收益率。但到了一定阶段，对外直接投资收益率也会下降，随着直接投资收益率的降低，企业便会采取技术输出的方式，以获得最佳效益。

3) N-R制约论

斋藤优教授认为，经济和对外经济活动，受国民需求与资源关系的制约，即N-R关系的制约。资源能否满足国民需要是一个非常重要的问题。如果有足够的资源满足国民需要，那么N-R关系是不成问题的，企业就没有必要取得新技术，进行技术创新。但一旦资源不能满足国民需要，就会形成"瓶颈"制约，N-R关系便成为关键问题，这时就会产生企业技术创新的内在要求和动力。新技术的出现可以节约资本、劳动力和原材料，这样由于技术创新便可使N-R关系变得平衡，从而解决了N-R"瓶颈"制约。N-R关系不相适应也是技术转让的原因。由于N-R关系不相适应促使企业技术创新产生了新技术，企业不会因此而轻率地废弃原有的技术，企业会把它转让到需要该项技术的国家的企业中。这类情况不仅可以发生在发达国家与发展中国家的企业之间，也可以发生在发达国家的企业之间或发展中国家的企业之间。经过一段时间，N-R之间又会发生"瓶颈"制约，从而形成新的一轮技术创新和技术转移。这就使得技术创新和技术转移总是处于一种循环上升的趋势中。

4. 国际技术引进的动因

1) 节约论

企业获得技术的途径有自主开发和购买两种。自主开发和购买都需要花费费用。一些研究表明，自主开发的费用常常高于购买、引进的费用，这一原因会促使企业倾向于购买引进技术，这可称为技术引进的节约论。

2) 追赶论

在现代经济中，企业的竞争力在很大程度上由其所拥有的技术水平决定。但有的企业与竞争对手相比差距较大，自身又少有独立的技术开发能力，为了追赶先进企业，快速缩短技术差距，提高企业竞争能力，企业往往通过引进技术，特别是国外的先进技术来提升自身的竞争力，无疑，国外的先进技术是一种更加合理的选择。这可以称为引进技术的追赶论。据日本电通公司编写的《广告概论》估计，日本企业从1950年到1971年掌握引进的9870项技术所花的时间，大约相当于自己从头搞起所花时间的1/5。大量引进技术迅速缩短了日本企业与欧美企业间的差距，促进了日本企业在世界上的迅速崛起。

3) 减少风险论

企业一般是厌恶风险的。技术引进比起自行开发来说风险较小，特别是成熟技术的引进，风险相对更小，这是影响技术引进选择的又一重要因素。

6.3.3　技术引进和技术输出的决策

1. 技术引进

企业引进技术无论是为了节约费用，为了追赶先进水平，还是为了减少风险，其目的都必须通过提高市场竞争力来实现，因此，在引进技术时必须慎重考虑各方面的因素。引进技术项目必须要明确产品的销售对象是国内市场还是国际市场，以及市场潜力的大小。在明确销售市场和潜力的同时，需考虑本企业的资源条件。在明确了产品市场目标后，再着手选择适合生产该产品的技术和设备。不同的技术和设备包含着不同的资金密集程度和知识密集程度，它们的价格差异也会很大，因此选择技术时要综合权衡，全面考虑。

1) 先进性

引进的技术应当是先进的，其含义是引进的技术最起码要领先于本企业所处的技术发展阶段和技术发展水平，否则，就没有引进的必要。但是否应当引进最新或最先进的技术，则要视企业现有的技术力量和吸收消化及再创新的能力而定。一味强调技术先进性，往往会欲速则不达。国内技术引进的情况表明，领先本企业技术能力和生产技术水平过多的技术，引进后往往消化不了，或者因原材料及配套技术跟不上而使引进技术被束之高阁，不能发挥经济效用。也有一些相反的情况，一些企业在引进技术时，忽视其先进性，引进了一些行将淘汰的技术，结果使产品没有竞争力。评价一项技术的先进性有多种方式，如按产品发展周期，可分为开发期技术、成长期技术、成熟期技术和衰退期技术，技术阶段越靠前就越先进。

2) 适用性

引进的技术应当是适用的。衡量一项技术的适用性主要有以下几个标准。

(1) 目标适用性。引进的技术是否与企业的目标一致，比如企业希望以价格优势占领市场，则引进的技术应是能节约原料、材料，降低能耗，节约劳动力的。

(2) 产品适用性。该技术的最终产品应当适合销售对象的需求和购买能力，能提高出口和进口的替代能力等。

(3) 工艺适用性。例如，能否实现生产要素的最佳利用，原材料供应和价格是否得当等。同先进性一样，适用性也是一个相对的概念。因为发展目标、消费能力以及工艺技术水平都在不断变化，技术适用性也不能用一个固定的标尺来衡量。

3) 可靠性

对于工业企业来说，引进技术的可靠性也是要考虑的。一般应引进那些经过生产验证和改进过的技术，不要急于引进还处于探索和实验中的技术。有一家钢厂从国外引进一条还处于实验阶段的冷轧生产线，而该厂有关这方面的技术能力也很有限，安装后打打停停，数年不能调整到稳定生产的水平，成了该厂生产的卡脖子工序，对全厂生产经营造成了不利影响。不过对于那些有很强研究与开发能力的企业来说则又另当别论，引进探索阶段的技术并经创新，往往能成就企业的技术领先地位。

4) 经济性

经济性是企业引进技术时需要考虑的最重要因素。因为说到底引进技术是要获得经济效益。经济效益可从两个方面来衡量。

(1) 直接经济效益。直接经济效益包括对成本、销售额和利润的影响，其效果可反映在企业财务分析中。

(2) 间接经济效益。间接经济效益的影响包括对技术优势、声誉和产品市场竞争能力的影响等，很难作出准确的数量上的估计。对于技术项目作出经济效益上的评估是可行性报告的中心环节。

2. 技术输出

当一个企业拥有某项技术时，它可能会考虑把该技术转让出去。但企业通常不会首先考虑这样做。因为企业、特别是那些从事国际化经营的跨国公司，他们投资开发一项技术的目的是提高竞争能力，而不是为了出售这项技术，所以他们首先考虑的将该项技术应用于本国生产。为了进一步开拓某一国家或地区的市场，他们也可能着手在该国直接投资建厂。企业在产品出口、直接投资和技术输出三者之间如何进行选择，一般以公司利益最大化为衡量标准。这里仅就技术输出和对外直接投资的因素做一些分析。

(1) 如果一个国家的投资环境较差，市场规模较小，或者企业缺少资金、人力和经验等投资要素，企业应倾向于向该国企业转让技术。那些拥有技术的较小的公司由于缺少资本和海外投资经验，更愿意转让技术；而那些资金雄厚的大公司一般比较倾向于直接投资。

(2) 投资风险和技术秘密外泄风险的比较是另一个需要考虑的因素。在一个国家投入固定资产要经受可能的政治风险和经济风险，相对来讲，技术输出在这方面的风险较小。但输出后的技术可能泄露给竞争对手，会使本企业在竞争中处于不利境地。对两种风险的估计将决定其选择倾向。

(3) 技术的内部转移和外部转移成本的比较是一个重要因素。有一项研究表明，在两个企业间转让一项现成的设计或完整的工艺比较容易，转让成本也会比较低。但如果一项专有技术需要经过较多地学习、训练才能掌握，那么外部转移就比较困难，转让的成本也比较高，这通常会妨碍专有技术的转让。

(4) 技术的寿命周期长短是必须考虑的因素。一般来讲，新建工厂需时较长，如果技术的寿命周期短，产业技术更新快，转让技术可能比对外直接投资更加实际。

(5) 政府的政策和干预程度是必须注意的。一些发展中国家(如印度)有严格规定，任何外国投资都必须满足参与投资和技术转让两个条件。还有一些国家划定一些投资领域，禁止外资进入，但技术转让是允许的。

技术输出除了要在商品出口和对外投资方面进行抉择外，另一个需要特别注意的问题是，不要把"关键技术"转让给具有威胁性的竞争对手或潜在的具有威胁性的竞争对手。

6.4 价值链的协调

企业价值链是美国战略管理学家迈克尔·波特在《竞争优势》一书中提出的。波特认为，企业每项生产经营活动都是其创造价值的经济活动，那么，企业所有的互不相同但又相互关联的生产经营活动，便构成了创造价值的一个动态过程，即价值链。对于跨国公司而言，协调好价值链上的各项活动是取得竞争优势的关键所在。

在这一节里，我们将集中分析价值链中最为重要的三项相互联系的活动，即研究开发(包括技术开发、产品设计和工程技术)、生产制造和市场营销。对这三项增加公司价值活动的协调与衔接的管理是决定跨国公司竞争优势的关键。

6.4.1 研究开发与生产制造的协调

技术包括产品技术(体现于产品中的一整套观念)和加工技术(体现在产品制造或把新材料组合起来生成最终产品的必要步骤的一整套观念)。然而，由于受公司竞争的驱动，决策者们都倾向于把注意力集中在与产品相关的技术上。事实上，如果没有充分的生产能力与之相匹配，仅仅凭产品技术是不能为公司提供长期竞争优势的。

历史上，模仿与产品创新的关系有力地说明了，从模仿(对制造过程的学习)到更有创新性的改进，再到领先的产品设计与创新，这一过程构成了工业发展的自然程序。换言之，产品的创新和制造是互相联系的。因此，制造过程的不断改进不仅能使公司保持以产品创新为基础的竞争优势，还能提高它未来进行产品创新的能力。

例如，虽然是英国人发现并开发了青霉素，却是辉瑞(Pfizer)这家美国小公司完善了其发酵的过程，它本身也因此成为世界上技术领先的青霉素制造商。又如，世界第一台喷气式发动机是在英国和德国研制成功的，但却是美国的波音公司和道格拉斯公司完善了它的技术，二者也最终成为喷气式飞机市场的霸主。

很多美国公司以前都很强调产品创新(即产品更新与改进)，却忽略了生产制造环节对产品的增值作用。后来，仅仅由于没有人掌握其产品的生产制作技术，而使美国公司能够出口的产品越来越少。以至于美国经济界有人对美国公司大量运作的生产制造环节的外包趋势深表担忧，认为这可能导致美国企业在价值链中出现断档。

但是，强调制造环节的创新活动并不意味着对跨国公司全球产业价值键分工体系的否定。应该看到，从当前世界范围的国际分工模式来看，国家间竞争力的重筑已不再单独依靠某些产业的完全占有，而是根据综合比较优势与合作优势，尽力参与并抢占产业中的高技术和高附加值的生产环节，并将低技术与低附加值的生产环节转移给其他国家，由此形成的产业空间转换突破了原产业空间转换的外向转移，变为产业价值链的内向分割转移。

这种新型国际分工模式的优点在于，跨国公司将自身的有限资源投入价值链增值最快的环节的同时，通过相互协作也做大了该产业利益的"蛋糕"，因而即使是处于相对低附加值生产环节的国家和地区，也能够在不断地学习合作中获得竞争优势。

作为技术与品牌的持有者，将生产制造环节外包出去，能够在价值链中获得更大的增值。由于制造过程也有创新，为了避免可能出现的价值链断层，技术与品牌的持有者应努力把握从新产品创新到制造创新转换的主动权。为了促进从新产品创新到制造创新的转换，产品设计者和工程师必须努力去设计每个部件，使得它们不需要过多地改变生产条件就能够被制造出来，并且能在不同型号的产品上互换使用。

6.4.2　跨国公司生产制造系统内部的协调

跨国公司生产制造系统的内部协调有两种基本方案：一种是各生产点之间完全独立，每个生产点都能够独立地完成整条价值链的一切功能；另一种是各生产点之间完全统一。

假定某公司决定在中国、美国和日本三个国家设立生产制造工厂，它有两种选择：一种是在中国、美国和日本设置各自独立的完整的生产线，独立生产整个产品并在各自所在国家市场销售。如果美国的生产线发生罢工或其他意外，设在中国和日本的工厂仍然可以照常生产。此种安排将使专业化程度受到一定的影响，规模经济的效益也未必能充分发挥。另一种是在中国、美国和日本设置相互之间进行合理分工的若干工厂，各自生产某几种零配件，然后通过相互间的进出口取得其他零配件，组装销售。采取这种方式，三个生产点间相互联系，每个生产点都可以最大限度地实现专业化分工生产，充分发挥规模经济的效益，但是整个生产系统相互依赖，整体风险就很高，灵活反应能力也较差。

随着科学技术的进步，协调费用不断下降，这使紧密协调成为可能。大多数行业选择在多国设点，同时又保证各生产点具有必要的经济规模已经成为可能。因此，今后国际竞争已由规模经济转向新产品开发，跨国公司生产活动的地理分布将渐趋分散，但各生产点之间的协调合作将日趋紧密。以汽车行业为例，历来习惯于集中生产的日本汽车公司近年来纷纷跨国设厂；而在世界各国市场开设自成体系的分厂，独立生产制造整车的美国通用汽车公司则开始加强各国之间的专业化分工协作。

6.4.3　生产制造与市场营销的协调

制造部门与营销部门之间始终存在着冲突。如果把所有产品和部件都标准化，则有利于制造部门通过规模经营实现低成本的生产。但对于营销部门来说，更重视的是满足顾客的广泛需求，这就要求有较宽的产品线和频繁地进行产品改型，但这也会增加制造成本。那么，成功的公司是怎样处理这种矛盾的呢？

近年来，产品策略和生产制造之间的战略联系引起了越来越多的关注，而这正是在传统的全球战略发展过程中被长期忽视的。由于激烈的竞争迫使企业更强调公司的产品策略和与之相适应的生产制造，许多公司已经认识到，如果没有能将产品创新与制造过程有效联系起来的产品策略，仅仅靠产品创新是不能保持它们长期的竞争地位的。能使生产制造与市场营销保持协调的途径有如下几个。

(1) 核心部件标准化。成功的全球产品策略要求开发的产品具有通用性，或者只需要一点不重要的改变就能适应不同地区的需求和使用条件。例如，日本精工钟表制造商提供品种繁多的设计和式样，但基本的机芯却只有少数的几种。

(2) 系列产品设计。为了满足世界各地不同文化背景的顾客对产品使用方式的不同要求，公司必须生产出品种极为广泛的产品，公司可以采纳"系列产品设计"的概念，用相同的基本设计、制造出不同商标的商品。例如，丰田汽车公司生产的凌志车的许多特性受到顾客的欢迎，公司将它稍作改动(大多数只是减少了尺寸)之后，便生产出一系列不同型号的小汽车。

(3) 全性能通用产品。企业竞争优势可来自核心部件的标准化和系列产品设计，而产品和部件标准化的某一演变，是试图开发出在世界上任何地方都能适用的全性能产品，即公司必须确定顾客所期望的产品应具有的一般特征。

(4) 灵活定位通用产品。这一途径与全性能通用产品思路有所不同，可以考虑在各个不同细分市场中，开发出通用型产品。这样，一件通用的产品可能在不同的市场中有不同的定位，因而，市场促销可以发挥重要的作用。这一策略要求对世界各地类似的细分市场取得预先的认知，除了考虑国家分组和不同国家的不同细分市场外，把同样的产品定位于不同国家的不同细分市场是保持产品标准化的另一个做法。

6.4.4　市场营销与研究开发的协调

研究开发和生产制造活动从技术角度来看都不属于营销经理的职责。然而，营销经理对于顾客需求的了解对产品的开发是非常重要的。如果不能很清楚地了解顾客的需求，产品设计人员和工程师就可能会按自己的技术特长来开发和生产产品，而不考虑顾客的需要。然而，事实上，最终决定是否购买产品的是顾客，而不是产品设计者或工程师。

传统的产品开发方式分为从上到下与从下到上两种，从上到下方式，是指研究开发部门把新产品向下推进到制造部门，再到营销部门进行销售；从下到上方式，是指营销部门把新产品的思路向上推进，要求研究开发部门进行开发。这两种方式都需要很长的时间，而在一个全球化竞争的时代，要面对世界范围的竞争对手，缩短产品开发周期是极其重要的。因此，研究开发与市场营销两个职能能否密切合作与协调，就成为增强企业竞争力的关键。

日本公司在市场营销和研究开发的协调管理方面比较成功。它们开发新产品更多采用"渐近"的思路，而不是开发全新的产品。亦即不断地根据市场需求与顾客反馈的信息改进现有产品，去适应飞速变化的市场竞争要求。例如，飞利浦公司于1972年首次推出实用的VCR，比日本的竞争者早三年进入市场。然而，它用了七年的时间才用新的V2000取代第一代VCR，而后来居上的日本制造商却在五年的时间里开发改进了至少三代VCR产品。日本企业这种渐进改进方式不仅有利于持续的产品改进和新产品开发，还能使产品更快地得到顾客的青睐。顾客似乎更容易接受改进的产品，而不是与之前产品有很大区别的新产品，因为前者与现有产品的使用方式更为相似，与人们的生活习惯连接得更为顺畅。

本章思考题

1. 论述国际生产系统的设计思想。
2. 跨国公司投资区位选择的影响因素有哪些？
3. 跨国公司生产系统设计的特殊性是什么？
4. 论述跨国公司生产系统的运营活动。
5. 跨国公司对研究开发活动管理的结构类型有哪些？
6. 论述跨国公司创新成果的保护。

7. 跨国公司技术转移的类型有哪些?

8. 跨国公司技术转移的实施方式有哪些?

9. 论述跨国公司技术转移的动因理论。

10. 论述技术引进和技术输出的决策。

11. 论述跨国公司价值链的协调。

●案例●

7-11便利连锁店的供应链设计与管理

7-11公司在200多个国家开设有17 000多个分店,是世界上最大的便利连锁店。它在日本有7000多家分店,在美国有5000多家分店。1974年,第一家7-11便利店在日本开业,它在日本的发展非常出色。7-11公司是东京仓储购物中心列出的赢利最多的公司之一。它的销售额持续大规模增长,同时与销售相关的库存水平不断降低。7-11公司在日本的成功,主要归功于其供应链的设计与管理。该公司成功的主要原因在于,它努力寻求竞争战略与供应链区位、运输、库存和信息战略之间的契合。

7-11的经营目的是,在顾客需要的时候向他们提供所需要的产品。从战略的角度看,公司的主要目标之一是,通过区位、季节和每天的时间安排,寻求供给与需求之间的微观平衡。7-11公司利用区位、库存、运输和信息的设计与管理来支持这一目标。

7-11公司遵循的一项主要区位战略是,在目标区域开设新的分店,以便形成或提高其分布密度。例如在日本,1个郡(大体相当于美国的一个县)就有2家以上7-11连锁店。7-11的分布密度很高,每个分布有该连锁店的郡都开设好几家分店。7-11连锁店在美国的分布,在1994年以前并不集中,1994—1997,公司关闭了几家分布相对孤立的分店。现在,公司主要在连锁店已经拥有较高分布密度的地区建立新店。这一战略与其在日本国内的区位战略一脉相承。这一重要区位战略使公司在仓储和运输的整合中受益匪浅。

在日本,新鲜食品在7-11公司的销售额中占很大比例。绝大多数新鲜食品是在其他地点加工后再运到商店的。在日本,如果食品需要在晚饭时送达顾客手中,商店就要在同一天上午的10点发出订单。每个商店每天至少应该安排三次新鲜食品送货时间,这样,库存食品才能由供应早餐改为供应午餐,再改为供应晚餐。所有分店都通过电子信息与总店、配送中心和供应商保持联系。所有分店的订单都传给供应商,由他们包装印有储存条件说明的批量产品并运到配送中心。在配送中心,配送人员再将所有来自不同供应商的产品(按保存温度进行分类)进行重组并运到各连锁店。每一辆送货卡车都为一家以上的分店送货,并尽可能在非高峰时间抵达商店。日本的7-11公司努力避免由卖方直接供货给商店,相反,所有进货都通过7-11的配送中心,并在此集中,然后再运到商店。需要指出的是,布局战略有助于推进这种供应战略。

在美国,7-11公司正是采用一种类似的方法。他们将新鲜食品引入连锁店。7-11

公司曾经一再决定避免现场加工制作，而是让供应商为其加工新鲜食品，然后在当日内送到商店。在美国，7-11公司致力于用综合配送中心来复制日本模式，由配送中心接收供应商的产品并运送到商店。美国7-11经营方式的改进反映了这项战略的成功之处。

　　无论在日本还是在美国，7-11公司都对零售信息系统投入大量资金和人力，收集和分析扫描数据，得出分析结果，作为商店订货、分类和销售的依据。7-11公司采用该信息系统找出周转慢的商品，分析新产品的业绩。信息系统在7-11公司实现微观供需平衡中发挥了重要作用。

　　7-11公司在供应链设计中作出了明确的选择。然而其他便利连锁店却没有作出同样的选择。

　　　资料来源：节选自张力. 便利店之王——7-11连锁扩张与赢利商略. 中国经济出版社[M]. 2008. 略有改动。

案例分析

　　1. 什么因素影响公司作出开设和关闭连锁店的决策？为什么7-11公司刻意在特定区位扩大连锁店的优势？

　　2. 为什么7-11公司选择不在现场制作新鲜食品，而是制作好再运到连锁店？

　　3. 为什么7-11公司不鼓励由供货方直接向连锁店供货而是致力于将所有产品交由综合配送中心运到连锁店？

　　4. 为什么7-11公司按照存储温度要求来组织新鲜食品运输？

第7章 跨国公司人力资源管理

7.1 跨国公司人力资源管理概述

7.1.1 跨国公司人力资源管理的界定

所谓跨国公司人力资源管理，就是随着公司经营的国际化而导致的人力资源管理的国际化。一方面，人力资源管理的国际化并没有改变人力资源管理的基本职能，跨国公司人力资源管理依然包括招聘、选拔、培训、开发、业绩考评、报酬及劳资关系管理等职能。另一方面，伴随着公司经营的日趋国际化和全球化，人力资源管理活动也变得越来越复杂。

学者Morgan提出了跨国人力资源管理的模型(见图7-1)，将国际人力资源管理定义为人力资源管理(HRM)职能、雇员类型和经营所在国之间的相互作用。其模型包括三个方面。

(1) 三种广义的人力资源管理职能：招募、配置与利用。

(2) 三种类型的国家：子公司所在的东道国、公司总部所在的母国和其他国家。

(3) 三种类型的雇员：东道国人员、母国人员和第三国人员。

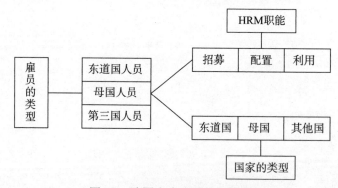

图7-1 跨国人力资源管理模型

资料来源：邱立成.跨国公司人力资源管理.天津：天津教育出版社，2006

7.1.2 跨国公司人力资源管理的特点

1.跨国公司人力资源管理的特点

随着世界经济全球化的发展，更具全球性的跨国战略正日益受到欢迎，而成功地实施跨国战略的一个关键因素就是实行合适的国际化人力资源管理政策。当人力资源管理的功能应用于跨国企业中，就变成了跨国公司人力资源管理。然而，由于企业所处的内外部环境发生了很大的变化，从而使跨国公司人力资源管理也变得更广泛、更复杂。其特点主要表现在以下几个方面。

1) 人力资源管理活动的范围扩大

为了便于在国际环境中经营，人力资源部门必须面对一些在国内环境中不存在的情况：如国际税收、外派人员的管理服务、东道国政府的规章制度以及语言和文化的差异等。

在国际税收方面，外派人员要负担母国与东道国的纳税义务，所以跨国公司需要通过设计税收均等化政策来调整与特定的国际任职相联系的税收方面有利或不利的因素。由于各东道国之间在税法方面的巨大差异以及完成外派任职的时间与履行母国国际纳税义务的时间存在的时差，使得税收均等化政策的管理更加复杂。

跨国公司还需要向在东道国工作的外派人员提供相关的管理方面的服务。提供管理服务通常是耗时而且复杂的，因为政策与程序并非总是清晰的，可能与当地情况相冲突。例如，一种管理方法在东道国可能是合法的、可以接受的，但是在母国可能是违法的或不道德的，这时问题就会产生。这些问题进一步加大了向外国任职的外派人员提供服务的复杂性。

对于人力资源管理部门来说，东道国的政策和规章制度有时也会导致问题的产生，特别是在一些发展中国家更是如此，在那里，只有与当地政府官员搞好关系，才能比较容易地获得工作许可以及其他重要的从业资格，搞好这种关系可以解决许多潜在的问题。

同时，对公司内部与外部人员提供语言翻译服务是国际人力资源管理部门的另一项重要工作。

2) 人力资源管理面临更大的风险

与国内公司人力资源相比，跨国公司人力资源管理面临的风险更大。如不公平雇佣员工可能会导致公司因触犯平等就业机会的法律而被控告，并会受到罚款的制裁；未能与工会建立有建设性的关系可能导致罢工和其他形式的劳工行为；甚至还需要面对恐怖主义的威胁。据统计，跨国公司一般将其收益的1%～2%用于防止恐怖主义，并且，恐怖主义还会影响雇员赴某些高危险国家或地区任职的意愿和成本。

3) 管理重点的转变

随着国外经营的成熟，人力资源管理职能的重点也会发生变化。例如，随着外派人员需求的下降和训练有素的东道国人员供给的增加，以往用于外派人员的税收服务、调动及导向性培训等领域的资源开始转向用于东道国人员的选择、培训以及开发等活动，甚至需要制订计划将高潜质的东道国人员送到公司总部从事开发性的任职。这种随着国外子公司的成熟而发生的人事管理重点的转变，很明显，会扩大到诸如人力资源计划、人员配备、报酬以及培训与开发等职能方面。

4) 受更多外部因素的影响

影响国际人力资源管理的主要外部因素是东道国的类型、经济状况及其习惯的经营方式。相对于发展中国家，发达国家劳动力成本较高，更富有组织性，而且当地政府通常要求跨国公司在当地的人力资源管理方式必须与当地在诸如劳动关系、纳税、健康与安全等方面保持一致，这些因素在很大程度上限制了国际人力资源经理的活动。在一些发展中国家，劳动成本低、缺乏组织性，而且政府的规定并不健全、完善，这要求人力资源经理必须花费更多的时间学习、了解和适应当地的经营方式。

5) 跨文化管理

跨文化管理是20世纪70年代后期在美国逐步形成和发展起来的，它所研究的是不同文化背景的人在一起工作的情况下是如何进行管理的问题，其实质是研究不同国别、不同文化背景下的管理比较，在跨国公司的经营管理中这是一个必须考虑的因素。不同文化背景的人有不同的价值取向、不同的思维方式和不同的行为表现，这些人在企业的日常生活和生产经营中会按照各自的文化定式行事，必然会产生文化的交叉碰撞，从而导致跨国企业内部的文化摩擦，甚至经营失败。那么海外子公司是该适应当地的文化还是应试图改变当地的文化？以及又该适应和改变到什么程度？这些问题都是跨国公司海外子公司所必须考虑的重要问题。但无论如何，海外子公司在对当地文化加以适应和变革时都必须考虑以下几个重要因素。

(1) 海外子公司和东道国双方都不要强求对方适应自己的文化，应留有变通的余地；

(2) 海外子公司要充分估计东道国对文化变革的态度，对某些文化成分须予以适应或回避，待有机会时再逐步改变；

(3) 海外子公司要了解东道国的重要文化成分，并察觉其变化。

7.1.3 跨国公司人力资源管理的导向

多样化的国际环境使跨国公司的人力资源管理变得非常复杂，它不仅要满足公司全球战略的需要，与公司的国际业务类型相匹配，还要考虑经营所在国的法律法规、文化与商业习俗，以及不同国家的人力资源状况。

跨国公司的人力资源管理导向包括4种，即母国中心主义导向、多中心主义导向和地区中心主义、全球中心主义导向。

1. 母国中心主义导向

母国中心主义导向，是指跨国公司海外子公司的人力资源管理的各个方面都倾向于遵循母国标准，重要管理人员和技术人员都来自母国，当地雇员只占据较低层次的管理职位和辅助性职位。这些来自母公司的管理和技术人员相对母公司来说就是"外派人员"，对海外子公司来说就是"总部人员"。

由于国别环境的差异，跨国公司对来自母公司的外派人员的业绩评估、报酬支付一般主要依据母国标准，对当地的低层次雇员则主要依据当地标准，而对当地的其他管理人员则努力在母国标准与当地标准之间寻求一种平衡。这种人力资源管理导向主要适用于跨国公司建立海外子公司的初期，以便于推动和控制其业务的发展。随着子公司业务逐步步入正轨，跨国公司外派人员的数量基本上都呈下降趋势，会较多地雇佣当地人。

母国中心主义导向的优点有如下几个。

(1) 外派人员通常都是公司经过长期考验的精英力量，他们对公司的管理、业务、技术、产品等都非常熟悉，对公司的全球经营目标和在该地区的经营目标都非常清楚，这便于子公司初期业务的顺利开展。

(2) 外派人员受到母公司的长期培养，并受母公司的支配，一般对母公司都比较忠诚，这就便于母公司对海外子公司的监督和控制。

(3) 由于海外子公司的高层管理者来自母国，不存在语言和沟通方面的障碍，外派人员由于对公司的文化、管理、业务等都非常熟悉，一般只需要进行较少的东道国语言和文化方面的培训。

(4) 便于将母公司的成功文化和经验在海外进行复制和传递。

母国中心主义导向的弊端有如下几个。

(1) 虽然外派人员对母公司的文化、管理、业务等都非常熟悉，但对于东道国的法律、文化、商业习惯都比较陌生，开展业务受到一定限制。

(2) 由于外派人员占据海外子公司的要职，这可能会限制东道国雇员的职业发展，造成东道国高素质人才受到压制的局面，使东道国高素质人才缺乏工作积极性。

(3) 由于外派人员与东道国雇员存在语言和文化上的差异，常常给彼此的沟通带来困难，影响工作的开展。

(4) 外派人员的海外任职经历常常不利于自身的职业生涯发展，因为他们在海外工作期间不能参与母公司的许多重要决策，文化价值观上也受到东道国的影响，当回国时常常无法适应母公司的环境。

(5) 母公司人力资源管理中体现的文化价值观常常会与当地文化发生冲突。

2. 多中心主义导向与地区中心主义

使用外派人员便于初期业务的顺利展开，但长期使用大量外派人员就会阻碍业务的进一步发展，许多跨国公司都为此付出过沉重代价。随着跨国公司国际业务的进一步发展，跨国公司的人力资源管理战略也多转向了多中心主义和地区中心主义。

多中心主义导向是指跨国公司海外子公司的人力资源政策依据国别不同而进行调整，高层职位主要由东道国公民担任。而地区中心主义是指跨国公司根据其业务在全球的分布，将全球市场划分为若干区域，以地区为单位对人力资源政策进行调整。之所以采取多中心主义或地区中心主义导向的人力资源管理导向，是因为跨国公司认识到各国文化之间的差异性以及不同文化所具有的趋势，所以，跨国公司采取积极措施适应各国文化和制度方面的差异。不同的是，多中心主义的公司以国家为单位进行人力资源调整，而地区中心主义则按地区进行调整。

在多中心主义的导向下，跨国公司一般在海外子公司的底层和中层职位上大量任用东道国公民，高层管理者也基本任用东道国公民，只有很少的职位任用母国或第三国公民，对人力资源政策的调整也主要考虑当地因素，并与母公司标准进行适当平衡。比如，许多在中国开展业务的欧、美公司，常常将全球业务区域划分为北美、南美、西欧、东欧、东亚、中东、东南亚、南亚等区域，在各个地区实行与地区特点相适应的人力资源管理政策，高层管理人员也主要是聘用该区域内的公民。

多中心主义与地区中心主义导向的优点包括如下几个。

(1) 使用东道国或区域内第三国的管理者，减少了与当地员工及当地业务伙伴之间的语言和文化方面的障碍，便于深入地交流和沟通。

(2) 东道国或区域内第三国的管理者，除了比外派人员更了解当地的政治、法律、文化环境外，常常还具备外派人员不具备的社会关系，这也非常有利于业务的进一步发展。

(3) 许多国家的政府都希望跨国公司能聘用当地人进入高级管理层，雇佣东道国或区域内第三国的管理者——特别是东道国管理者——便于改善公司与东道国政府之间的关系。

(4) 更多地考虑了人力资源政策与东道国或所在区域的适应性，易于得到当地员工的支持和拥护。

多中心主义和地区中心主义导向的弊端有如下两个。

(1) 虽然多中心主义与地区中心主义人力资源管理导向使得该地区内的管理者获得了一个较大的晋升空间，但仍然是有限的，因为他们的晋升与发展常常被限制在一国或一定地区之内。

(2) 由于语言、文化上的差异以及由此带来的不信任，使东道国管理者与母公司沟通以及获得母公司的支持上常常出现困难，另外，这也常常导致东道国管理高层出现"跳槽"的现象，继而影响跨国公司人员的稳定。

3. 全球中心主义导向

全球中心主义导向是指跨国公司在全球范围内选拔、聘用最优秀的管理者，而淡化对国籍和任职国家的考虑，但在人力资源政策(如业绩评价、薪酬)上仍然努力寻求母国标准与具体区域的平衡。坚持这种导向的跨国公司认为，精干的管理者能够适应不同的文化。因此，在全球主义导向的公司中，国际任职是一个成功的职业生涯的先决条件。这些具有国际任职经历的管理者通常被称为"跨国管理者"或"全球管理者"，这些管理者通常习惯于四海为家，精通两种或多种语言，熟悉跨文化的经营环境，在不同国家具有广泛的业务网络和雄厚的政府资源。福特、可口可乐等都是以全球主义导向为基础在全球范围内招聘管理者。

全球主义导向将全球视为一个整体的战略出发点，使得跨国公司能够大胆任用全球范围内的精英人才，从而淡化国籍的差异。因此，全球主义人力资源管理导向的一个重要特征是，母公司中的高级管理人员也常常来自于不同国家，而这些具有外国国籍的高层管理者通常被称为"内调人员"。

全球主义导向的优点包括如下两个。

(1) 由于跨国公司在全球范围内聘用人才，可以建立不受国家和地理限制的更广泛的人才库。

(2) 组织中——特别是高级管理层——多元化的人力资源管理，有利于建立更具有包容性和适应性的跨国组织文化。

全球主义导向的弊端包括如下两个。

(1) 对高层聘用者的要求很高，给予的报酬也很高。

(2) 在内调人员时，可能会受到东道国移民法的阻碍。

事实上，并没有一种完全适用的、最好的国际人力资源配置方式，因为人力资源配置这主要取决于跨国公司对文化差异的理解能力和整合能力以及跨国公司的战略。因此，很少有公司完全遵循一种人力资源管理导向，通常是跨国公司以一种导向为主，再结合其他导向中的一种方法，最大程度支持其跨国战略的实施。

7.2 跨国公司国际经理人的选聘

7.2.1 国际经理人应具备的素质

对于跨国企业来说，一个合格的国际经理人，不论来自哪个国家和地区，都必须达到一定的任职标准，既能融入东道国的企业文化，又能做到在任何地方经营都能获胜。因此，国际经理人不但要具备各项基本素质，还要具备某些特殊能力。目前，还没有一套能满足不同情况、不同国家和不同要求的海外经理选拔标准。因为这种标准是根据工作要求制定出来的，即不同工作要求会导致选拔海外经理人员采用不同的选拔标准。但一般来说作为海外经理的人选，应具备以下三方面的素质。

1. 业务专长和独立决策能力

在母公司经营时，经理们随时可以得到上级的指导和各方面专家的帮助，但在海外子公司，由于时间、空间和人员的限制，以及交流上的困难，求助于他人比较困难，必须要自己作出决策。因此经理人员必须在技术业务上过硬，管理经验丰富，同时具备在不同文化环境中处理综合业务的能力。只有这样，才能既抓住商业机会，又在公司中树立威信，获得同事的尊重和认可。为了选拔业务和管理能力都强的经理人员，跨国企业往往在本公司中进行选择。备选人在本公司管理层工作一段时间后，不但提高了业务能力，积累了管理经验，而且熟悉了公司整体的经营环境，了解了公司的组织机构和企业文化，之后再被派往海外子公司。

2. 对文化差异的敏感性和环境的适应性

首先，国际经理人需对文化差异具备敏感性，即能够感受到不同文化之间的细微差别，以减少文化冲突。任何一个国家都有其自身的文化，在一种文化里极为不同的产品、工艺流程，在另一种文化环境中可能是一种变革，因此要求经理人员能敏锐地感受到各国文化上的不同。

其次，在心理上对各种文化应具备较强的包容性，从感情上不歧视任何文化，并能很快适应不同的文化环境。

再次，为了获得成功，经理人员必须有一个支持他工作并能适应新环境的家庭。如果家庭、特别是外派人员的配偶不支持、不配合，则外派人员常常会表现出较低的工作绩效。在一项对美国80家跨国公司外派人员的调查中，当要求被调查者回答他们在海外工作失败的原因时，许多被访者将自己的配偶不能适应不同的物质和文化环境作为首要的原因列出。因此，家庭支持与否也是选聘外派人员的主要内容。一些跨国公司如福特、埃克森等，在对经理人进行面试的时候，往往也对申请人配偶进行面试，并将配偶的态度作为决策的重要参考依据。

3. 语言及人际交往能力

国际经理人几乎每天要与不同国家的人打交道，作为高层管理者，为了与来自不同文化背景的员工建立良好的关系，发现经营中存在的问题，开拓公司的业务活动，占领国际市场，经理人必须具备学习并掌握当地语言的能力。如美国高露洁公司为了培养具有全球视野的市场营销经理人员，专门制定了全球市场营销管理培训项目。公司要求参加这个项目的培训人员首先必须具有美国大学的MBA学历，能够熟练地使用计算机，具有一定的业务经验，除此之外，高露洁公司还有一个特殊的要求，就是凡是参加这个项目培训的人员，必须至少能掌握一门以上的外语。高露洁公司认为，只能说英语，而不会说其他外语的人，是不能够胜任国际化的管理工作的。所以，语言是非常关键的因素，跨国公司经理人员应当把语言视为其熟悉东道国的价值观及行为习惯的最有效、最直接的方法。

此外，人际交往的能力也是跨国公司经理人必须具备的一个重要素质。经理人必须善于同来自不同文化背景的人打交道，同他们建立良好的合作关系，这样才有利于跨国企业的发展。

美国社会培训与发展管理委员会(American Society for Training and Development，ASTD)曾经将现在与未来的经理人特征做了以下的比较，见表7-1。

表7-1　现在与未来的经理人的特征比较

现　　在	未　　来
无所不知	领导者是学习者
国内视野	全球视野
由过去预测未来	凭视觉预测未来
关心个体	关心个体与组织
独断专行	集思广益
使用权力	使用权利与促进
规定目标与方法	详细规定过程
高高在上	最高层管理团队
循规蹈矩	接受混乱中的命令及矛盾性
单一语言	多元文化
重视董事会及股东的信任	重视公司所有者、客户及其雇员的信任

资料来源：Patricia A. Galagan. Executive Delvelopment in Changing World. Training and Development Journal, 1999.(6)：23-41

7.2.2　国际经理人的来源

因为受文化、价值观、基本素质等各方面的影响，跨国公司要选聘合格的经理人比较困难。为了准确估计所需经理人的供应情况，企业不但要对国际市场人力资源供应情况进行分析，还要对母公司内部以及东道国各子公司的人力资源状况进行分析。

为了有效地挑选经理人，必须根据公司的业务情况进行具体分析。跨国公司配备人员的经验表明，一般要从以下三方面来挑选、配备跨国公司人员：①挑选那些经过本国母公司教育和培训，并且取得经验的本国公民；②经过东道国的分公司教育和培训，并取得经验的东道国的人才；③从第三国中选拔跨国人才，如图7-2。

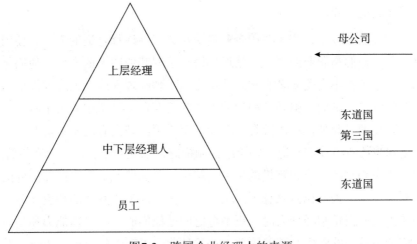

图7-2　跨国企业经理人的来源

资料来源：姜秀珍.跨国公司人力资源管理.上海：上海交通大学出版社，2008

一般跨国企业的上层主管是由母公司派出；中下层管理者，则从东道国或第三国中选拔；其他所有人员，尤其是员工，则从东道国配备。当然，没有哪一个国家有一个统一规定或具体的人员配备比例，因此，一般跨国企业都根据具体情况来决定。

1. 从母国选派经理人

从母国选派经理人到海外子公司工作，这对企业初期国际化经营非常重要，也非常理想。因为他们对母公司的意图、经营宗旨和战略目标都很了解，从东道国或从第三国选拔就很难做到这一点。而都从母公司派出经理人员，也会存在花费过大的问题，并且经理人员会盲目地将本国的管理方法搬到子公司去，容易引起文化差异导致的冲突问题。另外，世界上很多国家法律政策要求跨国企业管理人员或员工实行本地化。

2. 从东道国招聘经理人

从东道国招聘经理人有许多好处，这样能克服语言上的障碍，减少培训费用，解决经理人及其家庭其他成员适应文化差异的问题；在发展中国家还能使跨国企业充分利用当地工资水平较低的条件，花较少的钱招聘到高质量的经理人；同时因为帮助当地解决了就业问题，容易与东道国建立良好关系；通过母公司与当地经理的交往，相互了解不同文化背景，能提高企业经营管理水平；此外，还可以以企业信誉、品牌促进当地的购买力，从而提高对公司产品的需求量。从东道国招聘经理人还有其他好处，比如，他们了解当地的实际情况，可以帮助公司避免那些官僚机构的繁琐手续；还可以帮助实施母公司的长期计划，因为母公司所派的驻外人员一般在国外只待几年，他们会有短期行为，缺乏长期目标。但是招聘东道国的人员也有其不足之处，如当地的经理人员往往很难在母公司和子公司之间起桥梁作用，他们习惯于自己本国的工作方法，一时难以适应总公司的要求。

3. 从第三国选聘经理人

自二次世界大战以来，许多跨国企业设法从第三国选择合适的人才。使用第三国人才的好处是，他们是职业经理人，精通外语，了解其他国家的文化，他们从一个国家到另一个国家工作不会受太多影响。从第三国招聘经理人或其他管理人员，这是符合跨国企业的经营原则的。但是这种招聘方法需要花费大笔费用和大量时间，公司还要对他们进行培训。此外，在国际合营企业中第三国经理人有时不易被东道国员工所接受，母公司也要对经理们采取一些集中控制措施，以便对子公司实行有效管理。

随着世界市场和跨国公司规模的扩大，跨国企业的营业额和资产在国外的比例越来越高，其高层管理人员也越来越国际化，不少企业的无国界化趋势更加明显了。现在，许多跨国企业在招聘经理人时，更多考虑的是他们的经营管理能力和创新精神，而不是他们的国籍。欧洲的一些跨国公司尤其如此。以瑞士雀巢公司为例，其最高行政主管是德国人，在10名总经理级的高级职员中，5名不是瑞士人。一些管理专家认为，采取这样的人事政策是与跨国企业的经营优势相一致的，跨国企业不但应该在全球范围内合理地调配和利用自然资源、金融资源、技术资源，也应该在全球范围内合理地调配和利用人力资源，这样做才能克服企业过分注重经理人的国际现象，避免近亲繁殖和高层管理者的狭隘，从而使跨国企业能够更好地发挥其跨国经营的潜能。

7.2.3　国际经理人的选聘机制

1. 经理人的选聘方法

在确定招聘方法时，跨国企业应该注意不同国家的人事法律规定之间的区别。如在西欧的一些国家里，公民的职业介绍事务所是由政府负责，不允许私人机构插手。在荷兰、波兰以及瑞典等一些国家里，应聘者有权知道心理测试的结果。如果有必要的话，他们还可以要求不向其他雇主透漏这一结果。但在瑞典，无论雇主、工会、同事，都可参与人事招聘的全过程，跨国企业必须根据各国情况采取不同的招聘方法。跨国公司招聘国际经理人面谈的内容，见表7-2。

表7-2　跨国公司招聘国际经理人面谈的内容

动机	询问应试者出国的愿意及迫切程度 询问应试者过去是否喜欢旅游，是否接受过语言方面的训练，喜欢读什么书，以及是否与外国人有过交往等，通过这些询问去证实应试者是否真有出国工作的愿望 确定应试者是否对国外工作和生活的情况有比较现实地了解
健康状况	看应试者本人及其家庭成员是否有影响其海外工作的健康问题 弄清应试者是否身心健康
语言能力	考察应试者是否具备学习一种新语言的能力 考察应试者过去语言学习的情况及其口语能力 (主要是确定应试者是否能在语言上适应出国工作的需要) 询问配偶的外语能力
家庭情况	在过去，应试者的家庭在不同的城市之间、在国内的各个地区之间搬了多少次家？ 搬家时都碰到过一些什么问题？ 这次出国其配偶抱有什么目的及所持态度？ 有几个孩子？都多大了？ 离过婚没有？家庭成员中是否有人去世？上述各情况是否影响到家庭关系的稳固？ 想把孩子们都带出国去吗？为什么？ 应试者的家庭成员对其出国都有些什么看法
机敏与创新精神	应试者是否具有独立自主的能力？是否能独立地对某一个问题作出决策和判断并坚持自己的看法？ 在人力和物力都有限的情况下，应试者是否能克服那些可能出现的困难，达到自己的既定目标？ 应试者是否能向当地的经理人员和工人们解释清楚公司的生产经营原则和目的？ 应试者有没有自我约束能力？在处理一些复杂问题时，有没有足够的自信心去克服所碰到的困难？ 在没有监督的情况下，应试者能否正常工作？

(续表)

适应能力	应试者待人接物是否敏感？对别人是否能开诚布公？是否能很好地与人协作共事？ 应试者怎样应对新情况？能否理解和适应文化差异？ 应试者对文化差异是否敏感？能否融合不同的文化？ 应试者怎样应付将要面临的危机？ 应试者对政府机构的了解程度如何？ 在国外，应试者是否能同自己的同事一道与别人谈判和签订合同？ 应试者是不是一个遭受挫折也不气馁的人？
职业计划	除了把出国工作看成是一次短暂的海外旅游外，应试者还有其他什么考虑？ 出国工作是否有利于应试者的职业发展？ 应试者的职业计划是否已经实现？ 应试者对待公司的基本态度是什么？
经济状况	是否存在影响应试者出国工作的家庭经济问题和法律问题？比如住房的购置、子女的抚养费用、大学的费用、汽车的购置等问题 家庭经济问题是否是一个不利的因素？是否因为要出国工作才使应试者本人和他的家庭有巨大的经济压力？

资料来源：韦恩·卡肖. 人力资源管理. 北京：机械工业出版社，2006

2. 国际经理人的选拔标准

根据美国国际商用机器(IBM)公司对美国国内70家公司的调查，总结了其跨国公司经理人的选拔标准，见表7-3。

表7-3　美国70家跨国公司经理人的选拔标准

项　目	所占比例/%	项　目	所占比例/%
经验	42.9	新的管理概念的评价和感受程度	7.1
适应能力	40.0	教育程度	5.7
技术知识	34.3	工作上的创造力	5.7
工作能力	34.3	独立性	4.3
经营管理能力	22.9	情感沟通	4.3
语言能力	11.4	成熟性——感情的稳定性	2.9
潜在能力	10.0	其他	2.9
海外工作的动力和信心	10.0		

资料来源：洪君彦，兆洪成. 跨国公司与世界经济. 北京：机械工业出版社，1998

7.3　跨国公司雇员的培训和开发

7.3.1　外派人员的培训与开发

外派被视为从母公司或总部调往国外子公司或海外经营的过程，外派人员指的是任何一个工作在外国的母国工作人员，在前面接触的概念里，母国人员和第三国人员都是外派人员。

1. 跨国公司在不同地区、不同职位上使用外派人员的情况

美、日、欧跨国公司在不同地区、不同职位上的外派人员的使用情况各异。Brandt和Hulbert在1977年对在巴西运营的60家美、日、欧公司的子公司的调查表明，24%的美国子公司的总裁是当地人，8%的欧洲子公司的总裁是当地人，日本子公司没有当地人总裁。Tung在20世纪80年代的调查被广泛引用，她调查了144家美国、西欧和日本的跨国公司，对它们在世界各地的子公司外派人员的使用情况作出了统计，调查结果见表7-4。

表7-4　世界各地子公司外派人员所占比例

	母国外派人员		
	高级管理职位/%	中级管理职位/%	低级管理职位/%
美国跨国公司			
西欧	33	5	0
加拿大	25	1	3
中东	42	27	9
东欧	15.5	8	0
拉丁美洲	44	7	1
远东	55	19	2
非洲	36	11	5
欧洲跨国公司			
美国	29	18	4
西欧	38	7	4
加拿大	28	11	0
中东	86	50	7
东欧	100	100	100
拉丁美洲	79	37	0
远东	85	25	5
非洲	75	35	0
日本跨国公司			
美国	83	73	40
西欧	77	43	23
加拿大	33	33	17
中东	67	83	33
东欧	—	—	—
拉丁美洲	83	41	18
远东	65	41	18
非洲	50	0	100

资料来源：Helen Deresky. International Management：Managing Across Borders and Cultures. New York：Harper Collins College Publishers,1994：255-257

从表7-4的调查结果可以看出，各国跨国公司使用外派人员具有以下特点。

(1) 总的来看，跨国公司在不同层次的职位上，对外派人员的使用情况不同。跨国公司倾向于在高级管理职位上大量使用母国外派人员，在中级职位上使用一些外派人员，而在低级职位上不使用或仅使用少量外派人员。

(2) 从情况对比来看，日本公司最倾向于使用外派人员，欧洲公司次之，美国公司使用外派人员的倾向最低。

(3) 跨国公司倾向于在欠发达国家大量使用外派人员，而在发达国家大量使用东道国雇员，这可能与东道国当地人员的来源充足与否有关。

2. 外派人员的培训和开发

跨国企业对招聘的国际人才一定要进行上岗前的培训，尤其是外派人员，必须向他们介绍所去国家的文化、风土人情以及出国工作的注意事项，让他们做好充分的思想准备，使他们对异国的不同文化背景、工作环境、职业生涯发展机会、生活上可能碰到的不便以及两国间在其他方面的基本差异等有一个深刻的了解。如果不重视对跨国人员的培训，则可能会给跨国企业带来严重的损失。美国学者的研究显示，99.9%的驻外人员不能适应海外跨国公司工作的主要原因是不能适应海外的不同文化和工作方式。美国人在英国伦敦工作的有18%不能适应，而在比利时有27%，在东京有36%，在阿拉伯国家的比例更高。由于美国人很难理解阿拉伯国家的文化背景，因此，派到阿拉伯国家的100名美国人中就有68名提前回国。除了提前回国外，驻外的美国人还有30%～50%的人不能高效率或有效地在外工作。从经济上看，每派驻一个不成功的驻外美国人，公司要损失4万到25万美元不等，这还不包括公司形象的损失以及今后才会显现的公司的贸易合作的损失等。由此可见，对外派到海外跨国公司工作的人员进行培训非常重要。根据国外企业的经验，对外派人员的培训和开发应包括以下几个方面。

1) 启程前的指导与培训

在临行前对外派人员和其家人的指导和培训对外派任务的完成有重要的影响，培训的主要内容有以下几个方面。

(1) 所在国的情况介绍及课程培训。即向驻外人员及其家属系统地介绍所在国的政治制度、政府机构、经济体制、历史背景、文化传统、生活条件、医疗状况、服饰与住房情况以及签证的申请办法等。其中要特别加强对文化差异的培训，可以通过录像、电影等介绍所在国的文化和价值观，促使驻外人员认识到与所在国员工在文化上的差异，以帮助驻外人员正确处理好与外国同事的关系。

(2) 敏感性训练。敏感性训练是跨文化训练中的一种重要方式，它是为了加强人们对不同文化环境的反应和适应能力，为促进不同文化背景的人之间的相互沟通和理解而进行的。敏感性训练的目标一般包括：使一个人能更好地洞察自己的行为，了解自己在别人心目中是如何"表现"的，更好地理解他人文化特征；在集体活动过程中，培养跨文化的判断和解决问题的能力。具体做法包括把具有不同文化背景的员工或在不同文化地区工作的经理和职员集中在一起进行专门的文化培训，通过实地考察、情景对话、角色扮演、小组讨论等方式，打破每个人心中的文化障碍和角色束缚，加强不同文化之间的合作意识和联系。

(3) 所在国的语言训练。主要是加强口语和听力训练，可以请大学的教师或所在国语言专家对跨国公司人员进行培训，使他们能够在短期内提高口语和听力水平，以便开展工作。

(4) 工作职责和待遇说明。应向驻外人员讲明公司的政策，驻外人员的岗位职责、权限；在外的期限；休假、工资、奖励和补贴，所得税的缴纳；回国后的待遇等。

2) 抵达后的帮助与培训

外派人员到达目的地国家后，公司应安排接待，让他们休息好，尤其是让他们适应时差、饮食习惯，然后进行抵达后的教育，其内容有以下几个方面。

(1) 所在地环境介绍。首先介绍公司所在地的基本情况，包括语言特点、文化差异、风俗习惯、交通状况、商业和银行的分布、如何获得住房、建立银行账户、获得驾驶执照、安排孩子入学以及建立医疗关系等。这种介绍可以帮助刚抵达的外派人员和他的家庭尽快熟悉周围的环境。

(2) 公司的情况介绍及相关培训。公司应派专人向新到者介绍公司的基本情况，包括他们今后的工作部门和地点、岗位职责、合作的同事以及公司对他们的要求等，并就公司的文化、管理制度等进行相关培训，使其尽快了解公司情况，帮助其有效地、有针对性地开展工作。另外，如果能请有经验的人给他们介绍在海外公司工作的亲身体会，会使他们少走弯路，更快地适应当地的工作环境。

3) 就任期间的培训和适应

(1) 扩展技能。外派人员刚刚到达所在国开展工作，肯定会遇到各种各样的问题和困难，母公司应调动已有的资源和信息，帮助其扩展跨国经营技能，顺利完成工作任务。

(2) 职业计划。员工接受国外工作安排的最大担心就是：他们会不会被遗忘，他们更加关心后续的事业发展。所以，外派人员的国外工作经历，应被看成是对公司老板的支持和对外派人员自身事业发展空间的提升。克服这些问题的一种方法就是，定期邀请外派人员回国，实现互动，并与其他经理人和专家一道参与发展计划的制订。另外一个有用的方法就是建立监测系统。在这个系统中，外派人员与公司总部的一名经理对应，这名经理和外派人员经常交谈，以确保外派人员在公司总部考虑升迁和重大任命等时候不会错失良机，也使外派人员有可能对公司总部所存在的问题提出自己的看法。持续的就业机会是保证国际员工职业发展的另一种方法。

4) 归国培训和发展

归国指的是将外派人员调回国内。不少外派人员发现回国后他们将重新面临母国文化和生活环境的适应问题。对许多公司而言，将外派人员调回国内并使其重新融入公司是一件很困难的事。一项调查指出，61%的外派人员觉得，他们没有机会运用以往的国际经验。在多年充满挑战的国际化任职后，四分之三的归国人员认为他们的工作级别降低了，有25%的人想离开公司。在回国后两年内，流动率可能高达50%。管理者在返回母国重新从事原来相关工作时所面临的困难被称为"归国问题"。然而，通过外派人员和公司恰当的准备和策划工作，这些难题可能会得到解决。

(1) 为归国人员提供培训和帮助。这种准备可在归国前六个月开始，首先是向其提供母国的信息，通报公司当前的变化和存在的工作机会。为下一项任职做归国访问和特定培训。另外，为了缓和归国初期的矛盾，公司可帮助寻找住房，如有必要还可以调整报酬体系。

(2) 职业规划设计。人力资源管理部门和外派人员的上级可帮助外派人员规划归国行为，充分利用外派人员的经验推进组织的目标，使其返回后能够顺利发展。

7.3.2 东道国人员的培训与开发

东道国雇员对跨国公司海外子公司的经营业绩也会产生十分重要的影响。一般来说，对东道国雇员的管理决策主要分散到子公司一级。由于子公司的高层管理者常常由母国人员担任，而母公司的文化与东道国文化又常常存在差异，这使得跨国公司在对东道国雇员进行管理时，除了遵循与国内人力资源管理相似的内容外，还需要考虑国家环境差异对人力资源带来的影响。

由于东道国尤其是发展中国家的教育、科技发展水平及其普及程度的限制，以及公司具体工作所需操作技能的特殊性，任何一个跨国公司都肩负着对当地员工进行培训与开发的任务。另外，由于现代科学技术的飞速发展，公司员工也必须不断为自身充实新知识、提高自身的技术技能，这也决定了持续培训是必不可少的。

对东道国雇员进行培训和开发必须依据培训内容的具体要求，并适应当地的要求和水平。一般来说，培训的方法主要有以下几种。

1. 岗位基础技能培训

岗位基础技能培训是一种离岗培训的方法。这种方法通常是在与工作现场相似的模拟环境中进行的，雇员可以在模拟环境中学习操作技能，监测和评估自身的操作水平。这种培训方法对那些需要实践才能够掌握的技能的培训是非常重要的。因为在模拟环境中，即使操作失误也不会对实际的生产活动产生不利影响。

2. 岗位见习培训

岗位见习培训类似于我国的学徒工制度。这种培训一般是在新员工正式独立操作之前，由公司人力资源部门与具体职能部门为新员工指定师傅，让新员工与有经验的师傅一起工作，并在师傅的指导下学习相关的工作技能。之后，通过人力资源部门与具体职能部门组织的技能鉴定考试，在取得上岗资格证书后，才能够独立工作。

3. 在岗培训

在岗培训是最常使用的方法。这种方法是对在职员工进行相关的技能培训，比如，新工作流程的实施、新软件的应用、新机器的操作等。这种培训可以通过安排简单的课程，以讲授的方式进行，也可以在工作现场通过"讲解—演示—操作"的方式进行。在岗培训的好处在于，在不耽误日常工作的情况下完成对员工的培训。

4. 职务外培训

职务外培训是指公司通过与学校或其他培训机构合作进行的培训，主要通过专业课程、讨论会等方式进行。比如，许多公司将员工送到专门的学校和机构进行培训，员工在那里可以参加一些短期的培训项目，也可以参加一些可以获得学位的学习项目。有些公司还专门设立了自己的培训中心或公司大学，为自己的员工提供专门的培训。

跨国公司在培训东道国雇员时可以采取两种方式：一种方式是在当地完成培训，即由母公司派遣相关方面的专家到东道国或直接利用东道国的有关专家进行培训；另一种方式是子公司将东道国员工送到母国接受培训。这两种方式各有特点，第一种方式的优点是成本低，特别是在东道国有大量员工需要培训的时候。第二种方式的优点则在于东道国雇员在母公司培训期间，能够深切感受母公司的文化与运作方式，培训效果会更好，同时也加强了东道国员工对母公司的认同感。

7.4 跨国公司人力资源管理的绩效评估

7.4.1 跨国公司人力资源绩效评估的基础

员工绩效评估(Performance Evaluation，或者Performance Appraisal)就是对公司员工绩效的系统评估。跨国公司人力资源的绩效评估是跨国经营企业对其战略目标实现过程进行控制的一种重要机制，对组织和员工都具有重要意义。

1. 绩效评估的目的

从组织的角度来看，绩效评估是提高组织管理效率、改进工作的重要手段。组织的管理者通过绩效评估，能够达到以下目的。

(1) 了解员工完成工作目标的情况，包括成绩、差距和困难。

(2) 建立管理者和员工之间的沟通桥梁，改善上下级关系。

(3) 表达管理者对员工工作的要求和发展期望。

(4) 获取员工对管理层、对工作以及对组织的看法、要求和建议。

(5) 共同探讨员工在组织中的未来发展的工作目标。

从员工角度来看，绩效评估是员工改善工作及谋求发展的重要途径。员工通过绩效评估可以实现以下要求。

(1) 明确自己所担负工作的目标、职责和要求。

(2) 使自己的工作成就、工作业绩获得组织的赏识和认可。

(3) 使自己在工作中的需要获得组织的理解和帮助。

(4) 提出自己的发展要求，并明确组织在有关问题上可能给予的支持。

(5) 了解组织对自己的期望和未来工作的要求，找出差距，调整工作方式，以求更好地完成任务。

(6) 在绩效评估工作中获得参与感。员工个人通过绩效评估信息的反馈，能够获得信心、机会和组织的支持，有利于他们发挥优势、弥补不足，将工作做得更好。

2. 绩效评估的原则

(1) 战略性原则。跨国公司人员绩效评估着眼于公司跨国经营战略的全局，评估的最终目的是跨国经营绩效的改进，所以在绩效评估的各个环节，无论是指标的制定还是具体指标的实施，都必须以企业整体经营战略为导向。

(2) 适应性原则。跨文化绩效评估的一个突出特点是评估对象处于不同的文化氛围中。不同的文化中人们有不同的价值观、态度、思维方式，政府有不同的政策法规，市场有不同的特点，这些都要求评估标准、方式等随之调整，以适应不同的文化特征。

(3) 一致性原则。绩效评估是企业组织文化和管理理念的具体化和形象化，所以绩效评估要与企业文化和管理理念相一致。企业文化和管理理念制约着企业的日常活动，而日常活动反过来也对其产生影响。如果绩效评估与企业文化不一致，则会产生混乱。

(4) 成本节约原则。跨国公司人员绩效评估的成本包括很多方面，总计也是一笔不小的开支，所以要在评估的效益与成本之间寻求平衡，在达到评估目标的前提下，尽可能节约成本。

(5) 实效性原则。评估的最终目的是企业经营绩效的改进，所以跨国公司人员绩效评估的结果应该能够给管理者提供有用的反馈，发掘在跨国经营中存在的一些问题的根源，并能够为制定改进措施提供必要的参考。

(6) 时效性原则。每一次绩效评估应该有一定的时间限制，在保证效果的前提下，尽量缩短评估的时间。因为国际市场变幻莫测，及时反馈有助于企业紧跟市场的变化，延迟的反馈是没有多大意义的。

7.4.2 绩效评估的标准

1. 制定绩效标准时应着重考虑的因素

(1) 战略相关性。战略相关性指的是工作标准与组织战略目标的相关程度。比如，如果全面质量管理已经制定了一条工作标准，即"95%的客户投诉必须在一天内解决"，那么，企业的客户服务代表就必须以这条工作标准来衡量员工的工作。3M和Rubbermaid等公司的战略目标是"保证其销售产品中25%～30%是在过去5年内研制生产的"，这些目标均被写入员工的工作标准中。

(2) 标准的可靠性。可靠性是指一项标准的稳定性或一贯性，或者是指个人在一段时间里维持某一工作水平的程度。在等级评定中，可靠性可以用相关联的两组参数来衡量，而这两组参数可以由一个或两个等级评定者来制定。比如，可以由两个经理人来评定同一个员工并且决定其是否可以获得提升。同时，这两个经理人的评定工作也可以被用来比较，以确定等级评定人相互之间的可靠性。

由于工作标准最终要求经理人详细地列出有关产出数量和质量的信息，并将这些精确的信息与员工进行沟通，因此，在制定工作标准时，必须将标准作可定量的、可度量的定义。比如，作为一天工作标准，"能够并愿意处理客户的订单"就没有"所有客户订单必须在4小时内处理且正确率必须在98%以上"表述得好。当工作标准以专业的、可计量的语句来表述时，依照此标准对员工进行的绩效评估才是较为公正的。

(3) 标准的缺陷。在制定工作标准时需要考虑的第三个问题是，在员工所应承担的全部责任中，如何界定工作标准所涉及的范围。当企业的工作标准仅仅注重某一类标准(如销售收入)而排斥另一些同样重要却产生较少收益的标准(如顾客服务)时，我们就可以说企业的评估体系存在着标准的缺陷。

2. 外派人员绩效评价

1) 影响外派人员绩效评价的因素

对跨国公司来讲，如何对员工进行绩效评价是一个很重要的问题，因为企业很难用一个统一的标准和方法对处于不同国际环境下的雇员进行有效的评价，尤其是对海外管理人员。通常来讲，造成海外管理人员业绩考核难的主要因素有以下三个。

(1) 总公司的战略目标。跨国公司进入某个特定的国际市场常常是出于战略方面的考虑，而并非着眼于国际经营所带来的直接利润。了解、开拓市场或应对挑战、追随国际竞争对手的战略目标可能会使子公司陷入亏损状态，在这种情况下，如果采用单纯的指标(如投资收益率ROI这样的财务指标)，对于这些子公司及员工显然是不公平的。

(2) 环境因素。首先，国际环境常常是瞬息万变的，政治、经济及其他环境条件的快速变化经常会使外派管理者难以实现总部所制定的合理的业绩目标。同时，由于制度、文化差异等原因，各国的人力资源管理有很大差别。比如假期与休假的数量，可接受的工作节奏、当地工人培训类型及时间长短等都会直接影响管理者的业绩。

(3) 信息的可靠性。一方面，由于当地组织与母公司之间地理上和时间上的差别，使得外派管理者和当地管理者与总部之间的有效沟通大大降低，总部无法随时、全面了解海外管理者的情况，从而影响了业绩考核。另一方面，由于会计准则的不同，用以衡量当地企业业绩的数据可能与母国有较大的差别，因而失去了可比性。

2) 外派人员的考核过程

为了克服对外派人员业绩考核方面的困难，专家们建议采用以下几个步骤改进考核过程。

(1) 使评价标准与战略相适应。例如，如果目标是为进入市场以取得长期的竞争地位，那么采取短期财务业绩评估的方式就会失去现实的意义。

(2) 调整合适的评估标准。高层经理需要认真考虑其跨国经营的所有目标，并需要出访经营地区以更加清楚地了解外派经理和当地经理所面临的问题和环境，新近回国的经理也可以很好地提供有关当地环境的知识。

(3) 将多种渠道评估与不同时期评估相结合。国际环境的复杂性，要求国际评估要比国内评估掌握更多的信息。因此，高层管理应有多种信息来源。表7-5展示了海外业绩考核的一些基本内容，这些内容包括评估信息来源、评估标准和评估期间。

表7-5 外派人员业绩考核的评估渠道、标准和时期

评 估 渠 道	评 估 标 准	评 估 时 期
自我评估	达到目标、管理技能项目成功	6个月和在主要项目结束时
下属	领导技能、沟通技能、下属发展	在主要项目完成后
对外派经理和东道国经理的观察	团队建设、人际交往技能、跨文化沟通技能	6个月
现场监督	管理技能、领导技能、达到目标	在重大项目结束时
顾客和主顾	服务质量和及时性、谈判技能、跨文化沟通技能	每年

资料来源：Cullen.J.B. 多国管理：战略要径. 邱立成，等. 译. 北京：机械工业出版社，2002

7.4.3 绩效评估的方法

由于跨国公司海外经营的复杂性、多变性，仅凭人力资源部门很难对管理者及员工作出全面的绩效评价，这就要求参与评估的人员与方法应是多变与多样的。

1. 上司评估

在绝大多数情况下，上司是执行员工绩效评价的最佳人选，因为直属上司比较熟悉下属的工作，而且对考评内容通常也比较熟悉，并有机会观察他们的工作情况，了解他们的工作能力和工作态度。但也因为日常的频繁接触，难免会带有一些个人感情色彩，其个人偏见、人际冲突和友情会损害考评结果的公正性。因此，在上司独立地对员工进行评估以后，企业通常规定由上司的上司对评估作出复核，从而有助于减少带有偏见的评估结果的出现。

2. 同事评估

由于同事在一起的时间远远多于上下级之间相处的时间，所以彼此之间也更为了解，相互之间也有可能就某些方面通过直接观察即可作出判断。特别是在员工的工作任务经常变动的时候，同事的考评就显得更加重要了。但当员工出于相互竞争的关系

时，用同事评估的方法来做类似薪金或资金的管理决策是不恰当的。企业在使用同事评估的方法时还必须注意保密，任何泄密都会伤害员工之间的感情，并使员工之间产生敌意。

3. 下属评估

在施乐公司和惠普公司，下属评估方法被广泛采用。应该说对担任一定职务的员工进行评估时，下级员工的意见是非常重要的。因为在接受领导的过程中，他们对其领导的能力有深刻的体会，如领导的团队协调能力、领导风格、信息交流能力、平息个人矛盾的能力以及对下属的关注程度等。下级员工能够从不同于主管人员的角度来观察其上级的行为，因此，他们能提供更多有关被考评者的信息。但需要注意的是，如果上级主管有可能掌握对员工的具体评价结果，他们就可能对自己的上级给予过高的评价。同时，对经理人的某些特殊方面的才能进行评价时使用下属评估也不恰当，比如计划与组织能力、控制与创造力、预算与分析能力等，对于这些也许不是一般员工能够作出判断的。

4. 客户评估

越来越多的企业使用内部和外部客户评估的方法来获取绩效评估的信息。如联邦快递、AT&T等公司使用外部客户来评估自己的员工。经理人员要制定顾客服务标准(Customer Server Measures，GSM)，通过激励机制，顾客服务标准为员工制定的目标会与员工的薪酬联系在一起，而顾客给出的数据可以作为绩效评估的一个参考。

与外部客户评估相比，内部评估是指在企业内部任何得到其他员工服务支持的人的评价。比如，经理人员得到人力资源部门招聘和培训员工的服务支持，那么，经理人员就可以成为对人力资源部门进行评估的内部客户。不管是从管理的角度还是从发展的角度，内部客户都对员工评估提供了有用的信息。

7.5 跨国公司人力资源管理的薪酬管理

7.5.1 跨国公司薪酬设计的目标

薪酬是指作为个人的劳动回报而支付给员工的各种类型的酬劳。跨国企业的薪酬政策对于跨国公司是否能充分发挥人力资源作用、调动雇员的积极性起着重要的作用，也是跨国企业在国际市场上能否增强竞争力的关键因素。但对于跨国企业而言，制定合理有效的薪酬政策又是一项非常复杂的工作。

和一般企业的薪酬管理一样，跨国企业薪酬管理也并非仅仅是为了对员工的劳动付出进行回报，它更多的是达到公司某些目标的一种手段。一般而言，有效的跨国公司薪酬管理应努力达到如下目标。

1. 要能够吸引全球各地的优秀人才

跨国公司除了不惜代价，追加大量智力投资对其现有员工进行培训外，还十分重视用高薪从全球各地吸引和招聘优秀人才。而要使其薪酬政策具有吸引力而又不至成本太高，则是比较困难的。

2. 行为导向

行为导向即利用薪酬政策引导员工的行为模式，使他们的行为与公司的战略需要相一致。与绩效评估紧密相关的绩效薪酬政策是员工行为的直接动机，有利于提高公司战略计划的有效性。

3. 企业文化导向

企业文化是指一个公司内部被普遍接受和认可从而影响员工决策的行为标准，代表公司的目标、信念、经营哲学及价值观念。有效的薪酬政策应与公司文化对员工行为的影响呈相同方向，也就是说，作为行为导向，两者对员工发出的信息应相一致。但必要时，薪酬管理应通过潜移默化的影响促进公司文化向有利于公司战略的方向转化。

4. 成本目标

员工薪酬是公司经营成本的重要组成部分，在许多情况下，仅报酬一项可能就占公司经营成本的一半以上。因而，通过报酬管理降低生产成本对提高产品的竞争力是十分重要的。

有效的跨国公司薪酬管理的目标还包括吸引并留住符合海外任职条件的雇员、实现员工在母公司与子公司之间或者子公司与子公司之间的调动、使国内外各子公司的薪酬制度保持一种稳定、公平的关系、使公司的薪酬制度相对于其主要竞争者而言有较强的竞争力等。

5. 吸引并留住符合海外任职条件的雇员

6. 实现员工在母公司与子公司之间或者子公司与子公司之间的调动

7. 使国内外各子公司的薪酬制度保持一种稳定、公平的关系

8. 使公司的薪酬制度相对于其主要竞争者而言有较强的竞争力

当然，这些目标经常是相互冲突的。慷慨的薪酬无疑会吸引并留住合格的雇员，但它将使公司的成本提高，而稳定的薪酬在各国薪酬水平相差很大的情况下，不利于雇员在国外子公司之间的流动。所以，在选择薪酬管理模式和方法时，应该对期望达到的目的有所侧重。

相对于跨国企业薪酬管理的总体目标，外派人员的薪酬管理尤为具体，其目标包括：对离开母国到海外任职进行奖励；维持一定的生活水准；满足外派人员职业发展需要及雇员家庭的需要；便于雇员在海外任职期满后返回母国。要达到这些目标，公司往往需要在雇员正常工资的基础上，额外支付一笔高额费用以使其接受海外任职，其成本通常是国内相应岗位的2～2.5倍。

因此，总的来说，跨国企业人力资源薪酬管理总的指导原则应当是全球化的构思和地方性的操作，也就是说，薪酬政策和薪酬方案应当既能够满足公司总体战略意图的需要，又能保持足够灵活性，以便为修正一些特别的政策留有足够的余地，从而满足特殊地区和特定群体员工的需要。

7.5.2 跨国公司薪酬管理政策

1. 外派人员的薪酬管理

1) 基于母国标准的薪酬体系

基于母国标准的薪酬制度的特点是：所有的外派人员，无论在哪一国分公司工作，均按母国的薪酬政策支付薪酬。这使得外派人员能用其本国的标准去衡量自己工资收入的高低，使他们在回国时不至于感到有太大的差别。这种方法对于高工资国家跨国公司人员比较适用，而对于低工资国家的跨国公司人员就很难做到，因为按照本国的工资水平到海外根本无法生活。因此，跨国公司必须根据所派人员要去的国家的工资福利水平来考虑工资福利制度。

2) 系数法薪酬体系

系数法薪酬体系又被称作平衡表法薪酬体系，它将跨国人员的工资分解为一些"工资因素"，然后根据本国和所在国有关法律条文对工资因素进行调整，使外派人员的工资水平保持一致。最后用"工资的系数"值来对整个工资进行综合平衡调整。外派人员的薪酬一般可分为货币形式和非货币形式两类。其中以前者为主。

货币形式主要是由以下几部分组成。

(1) 基本工资。这部分收入与其所在职位相联系，通常是确定奖金津贴等的基础。多数跨国公司让其海外职员的基本工资保持不变，主要是为了方便他们返回国内的公司工作。

(2) 海外任职津贴。这是为鼓励雇员到国外任职而发给的额外报酬，一般为基本工资的5%～30%左右，只要在海外工作就有任职津贴。这种奖金毫无疑问可以吸引并保留雇员在海外任职。

(3) 生活费津贴。这种"生活费"包括购买食品、衣物、日用品、医疗、住房等方面的开支。到国外任职的雇员，尤其是举家迁移的雇员，往往要支付其一笔不小的安家费。其次，移居之初，多数人原来的生活习惯、方式及消费偏好一时难以改变，而要在不同国家维持这种习惯可能要增加开支。例如，一个欧洲雇员被派到中国工作时，会因不习惯中式餐饮而到当地西餐厅进餐，而相同档次的西餐费用在中国往往高于中餐。

(4) 艰苦条件津贴。为鼓励雇员到条件艰苦的东道国任职，公司会发给他们艰苦条件津贴。所谓"艰苦条件"可以是指地理位置不好或自然气候恶劣，也可以指经济发展落后，生活条件差或政治、社会环境不好。

(5) 子女教育津贴。跨国公司的海外任职人员的子女在东道国上学时，可能要比在母国交更高的学费，还可能由于语言、教育体制等原因不得不去第三国或母国上学，这都会增加雇员的经济负担，因而，跨国公司往往会付给雇员子女教育津贴。

(6) 税负调节津贴。如果海外任职人员的总税负超过他们原来在母国的纳税负担，跨国公司一般都会通过税负调节津贴加以补偿。据研究显示，税负调节津贴一直是美国跨国公司驻外人员薪酬中仅次于基本工资和奖金的一笔开支。

除货币形式的薪酬外，各种非货币形式的薪酬也能鼓励雇员去海外任职并影响他们的作为。主要有：免费旅游、带薪度假、保险、住房等方面的福利。另外，上级的器重与认可、来自顾客或下属的肯定评价与尊重、职务的提升、令人羡慕的工作岗位的同级调动、事业机会的获得、学习新知识与培养新技能的机会、出色完成艰巨工作的心理满足感等。

3) 基于东道国标准的薪酬体系

尽管系数薪酬制度有许多优越性，但外派人员报酬成本过高的问题一直困扰着许多跨国公司，因此，许多公司开始逐渐降低外派人员对这种津贴和补助的依赖。这些公司认为，作为外派人员，特别是长期任职的外派人员，并没有什么特别之处。在任职一段时间后外派人员应当适应当地的生活方式和花费，所以会相应减少他们的各种补贴，并根据当地或地区市场来决定报酬水平。这被称作基于东道国标准的薪酬体系。一些公司通过提供可选择的津贴来加快这种调整，外派人员在一定的财务界限内可以选择最符合需要的津贴。如惠普公司将短期(1~2年)外派人员的薪酬与母国人员的薪酬水平相联系；对长期外派人员则将其薪酬换为当地薪酬水平。对于高收入国家调到低收入国家的员工，则临时发放过渡薪金，以减轻对调整的不适应。

4) 全球薪酬体系

全球薪酬体系采用世界范围的工作评价和业绩考核方法，评价国际雇员的工作对公司的价值，并采用世界范围的报酬标准，合理地支付其薪酬。全球薪酬系统与系数法薪酬系统在某种程度上具有相似性，通常仍然保留着由于生活费用、税收、定居和住宅方面的费用差别而支付的补贴，但并未对报酬加以平衡，其目的在于以此保证外派人员维持母国的生活方式。之所以对这一标准做必要的调整，目的是减少对外派人员额外补贴造成的浪费，消除造成接受任职前后报酬差异的因素，促进所有长期国际骨干的薪酬平等，使管理者的生活方式在国与国之间迁移时只受到最低限度的影响。拥有1000多名国际骨干的跨国公司The Seagram Spirits and Wine Group开发了一种源于全球工作评估的国际骨干薪酬系统，以便保证同工同酬，为了在不同地区之间平衡这个报酬体系，它将管理者置于地区报酬的最高级别。但是，管理者为维持这种薪酬级别，必须实现利润绩效目标，而且所有奖金都计算在基本工资之内。

2. 东道国人员的薪酬管理

一般而言，跨国公司对于东道国员工的薪酬管理可以参照东道国本土企业的具体做法。

(1) 在员工的工资支付上，可以采用固定工资制，也可以采用计时、计件工资制。但跨国企业在东道国的工资水平通常应高于当地一般企业的工资水平，否则不利于吸引到优秀的员工。另外，也有些国家和地区对跨国企业在当地的工资水平作出法律或行政规定，比如，在我国《中外合资企业劳动管理规定》中，要求外商投资企业的工资水平由董事会按照不低于所在地区同行业、条件相近的国企平均工资的120%的原则加以确定。

(2) 奖金是对员工超额劳动的奖励，是一种不确定性报酬。跨国公司决定是否发放奖金以及发放多少，同样有多个依据，包括个人绩效表现、团队绩效表现以及东道国分支机构的经营状况等。

(3) 除了法定福利之外，作为企业给予员工的一种额外补贴，它一般不以货币形式表现，而是通过颁发实物、提供各种免费服务以及为员工解决具体的生活困难等来实现。

(4) 在支付币种的选择上，通常以东道国当地货币为主要币种，辅以少量币值坚挺的外币作为奖励性报酬的支付方式。

从跨国企业员工薪酬管理的实践来看，在东道国员工薪酬管理方面，已开始出现如下三个比较明显的趋势。

(1) 对东道国的文化理念日益重视。许多跨国公司不再从母国文化出发，而是通过自身实践寻找一些更为有效和简洁的办法，忽略薪酬制度之间的不连贯性，为东道国员工设立适应市场和当地文化传统的薪酬制度。

(2) 各国的薪酬管理实践由于跨国公司的参与而日益多样化。各个国家都有自己渊远流长的民族文化，并影响和决定着各自的薪酬管理实践。但随着跨国公司业务的深入，其子公司所在国的传统文化也开始发生变化。越来越多的跨国公司发现，尽管他们的某些薪酬制度在有些国家和地区不合常规，但仍能为当地员工所接受，而且效果也不错。这表明跨国公司在薪酬管理方面也需要不断创新，而不必太拘泥于东道国的传统，只要能够创造良好的经济效益而又不侵犯其民族文化，就可以尝试采取创新性措施。

(3) 注重加强内部公平性管理。跨国企业给予各分支机构以及同一分支机构内外派员工和当地员工不同的薪酬水平和薪酬内容使得薪酬的内部公平性原则受到了挑战。尤其是在后一种情况下，这两类员工来自不同的劳动力市场，却面对着不同的激励策略。可见，不可能实现完全的公平，总有一方的薪酬条件会比另一方来的优越，且这些不公平因素又与公司许多团队协作和责任分担的原则不相协调，因此，许多跨国公司试图在其他方面进行一些相应调整，比如，为所有员工提供相同标准的住房条件、逐步减少外派员工的数量或缩短他们的合同期限等。

7.5.3 跨国公司薪酬管理的操作流程

1. 跨国企业薪酬体系设计流程

跨国企业薪酬体系设计流程，如图7-3所示。

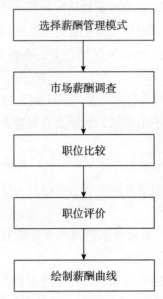

图7-3　跨国企业薪酬体系设计流程图

资料来源：姜秀珍.跨国公司人力资源管理.上海：上海交通大学出版社，2008

1) 根据企业战略规划，选定薪酬管理模式

一般而言，跨国企业对于各地分支机构的本土员工都实施本土化的薪酬体系，而对于外派人员，则需要根据企业的战略目标、所处的国际化阶段、东道国当地的劳动力市场、汇率的稳定性、东道国当地的物价水平和通货膨胀率等因素，确定母国外派人员和第三国外派人员各自适用的薪酬计算方法。

2) 市场薪酬调查

在确定了员工的薪酬计算方法之后，就需要进行市场薪酬调查，以了解东道国、第三国甚至母国的市场薪酬水平以及薪酬结构和薪酬构成。

跨国企业市场薪酬调查的技术与一般企业市场薪酬调查并无多大差别，既可以通过雇主之间的非正式交流来进行，也可以采用商业性或专业调查方式来进行，或者通过就业机构来了解市场薪酬情况，还可以访问其他雇主进行正式问卷调查。

但在调查范围上，各跨国企业有其不同之处。对于一般企业的市场薪酬调查而言，通常的做法是确定和自己企业相关的产品市场来进行调查，因为在相关的产品市场背后，对应的是相关的劳动力市场，企业就在这些相关的劳动力市场上争夺有限的人力资源。因此，一般企业通常仅仅选取相关市场中的企业的薪酬数据，而对于非相关市场中的企业的薪酬数据并不感兴趣。

然而在跨国企业经营中，高端人力资源的跨行业流动和转换是非常普遍的，尤其是对于像行政管理、销售、市场营销、人力资源管理、财务管理等一些较为"中性"、没有强烈专业背景束缚的职务来讲更是如此。因此，跨国企业在市场薪酬调查中，往往将三分之二的调查对象定位在相关行业内部，而剩下三分之一的调查对象则选取当地著名的跨国企业，因为这些企业将和自己在行政管理、营销、人力资源管理、财务管理等非特定行业背景的专业人员层面进行竞争。

至于具体选取哪些类型的企业参加薪酬调查以及调查对象的数目如何确定等，通常要根据调查目的以及薪酬数据的可获得性而定。一般情况下，跨国企业选择薪酬调查对象是通常都依照以下两个原则：①在同业中处于领导地位，所实施的薪酬制度具有一定的影响力；②与本企业在关键人力资源上有竞争性。

在市场薪酬调查方面，跨国企业面临的一个严峻问题是，在很多国家和地区，市场薪酬数据并不容易得到。尤其是企业刚刚进入或正准备进入的国家或地区，如果其劳动力市场及配套措施尚不够完善，那么，要获得真实、完整的薪酬数据就会存在一定难度，此时，依靠商业机构或者专业机构来进行市场薪酬调查可能比企业亲自进行市场薪酬调查来得更为可行和经济。

3) 职位比较

市场薪酬调查结果要能应用于企业内部，则必须要考虑被调查职位的工作内容与企业内部职位工作内容的相似性以及所需知识、技能、能力、经验等方面的相似性。一般而言，在通常的薪酬调查中，企业会选取行业中具有代表性的主要工作或基准工作作为调查对象。这些被调查的工作应能代表整个工作结构，工作的内容容易确定，工作重要而且相对稳定。由于企业内部的职位和市场的职位不可能完全吻合，或多或少总有些差异，因此，直接利用市场薪酬调查数据来确定员工的薪酬将会使薪酬体系受到扭曲。所以，在获得市场薪酬调查数据之后，还需要对企业内部职位和市场职位进行职位相关性的比较分析。

4) 职位评价

职位评价的目的在于判断一个职位的相对价值。它包括为确定一个职位相对于其他职位的价值所作的正式、系统的比较，并最终确定该职位的工资或薪金等级。这个步骤和一般企业薪酬体系设计中职位评价并无多大差别。首先需要选取报酬要素，然后进行职位评价的筹划和准备，选取评价人员，最后采用某一具体方法进行职位评价。另外，在报酬要素的选取上，需要充分关注企业的整体战略目标。

5) 确定薪酬水平、薪酬结构和薪酬构成，画出薪酬曲线

根据市场薪酬调查结果，综合考虑企业的人力资源需求定位、对员工的激励力

度、企业的成本承受能力以及薪酬的公平性等因素,确定薪酬水平、薪酬结构和薪酬构成,将类似职位归入同一薪酬等级,画出薪酬曲线。

2. 薪酬的日常管理

1) 薪酬调整的时间

一般企业在薪酬管理中并不关注企业应如何合理地运用薪酬调整的时间。有些企业根据企业内部的财政年度来调整薪酬,也有的企业把年度调薪的时间和年度奖金的发放时间相互错开。但对于跨国公司而言,将会面临处于不同地区、不同国家的分支机构之间薪酬调整时间不一致的问题。如果企业内部的人力资源管理人员只负责一个国家或地区的分支机构的人员薪酬调整,那么,这样的时间安排并不会给他的工作带来太大的影响。但对于一家跨国企业而言,总部人力资源管理人员的职责范围远远不止一个国家或地区的分支机构,不一致的薪酬调整时间和年度奖金评定时间将会使人力资源管理人员将大量的时间和精力花在薪酬调整上。因此,跨国企业通常会规定一个全球统一的薪酬调整时间和年底奖金发放时间。这样就可以使总部人力资源管理人员在固定的时间段内集中精力处理员工薪酬调整事宜,同时,企业也可以在这段时间内迅速得知全球薪酬调整和奖金评定对公司整体的财务运作和下一年度利润的影响,并及时调整相应的政策。

2) 薪酬调整的依据

对于非跨国企业而言,薪酬调整的依据主要是企业整体的业绩、物价水平的变动、员工个人的绩效,有的企业还会同时考虑员工当前薪酬在其所处薪酬区间的位置。这些因素同样也是跨国企业在进行员工薪酬调整时需要考虑的,但由于其全球战略目标以及薪酬体系的多种标准,在薪酬调整时,还需要对不同的员工群体采用不用的依据。

对于东道国或母国本土员工,往往考虑企业整体效益、东道国或母国分支机构的业绩、战略定位、物价水平以及员工的个人绩效、员工当前薪酬在薪酬区间所处位置等因素。而对于外派员工,如果采用东道国标准的薪酬体系,那么薪酬调整的考虑因素和东道国本土员工基本相同。但如果采用母国标准的薪酬体系或者派出国基准法,除了上述因素外,还需要考虑员工薪酬支付所采用的币种以及相应的汇率变动情况。

3) 薪酬管理的信息沟通手段

在传统的薪酬管理中,无论是薪酬预算还是薪酬调整,信息沟通主要采用书面方式,这种方式的特点是费时费力,而且信息处理量大,容易发生差错。随着信息技术的不断发展,人力资源管理电子化开始得到广泛应用。尤其是对于各个分支机构之间存在地理分割和时间差别的跨国企业而言,迅速有效的薪酬信息的交流和获得是保证日常薪酬管理顺利进行的一个重要保障。

目前,跨国公司可以借助内部网络,在网上直接输入、查询和导出相关的薪酬信息,管理人员也可以直接在网上进行奖金评定、薪酬调整以及薪酬预算等决策,同时，也可以利用网络和下属以及有关人员及时进行薪酬沟通。另外，这种人力资源管理信息系统可以自动汇总、计算、处理和分析有关信息，有的甚至还能给出相应的建议。这种利用人力资源管理信息系统和内部网络系统来沟通薪酬管理信息的方式减少了跨国企业在日常薪酬管理方面的人力投入，同时也提高了日常薪酬管理的效率，降低了薪酬管理发生差错的可能性。

7.6 国际劳资关系管理

劳资关系是人力资源管理的重要内容之一。在西方国家企业中，劳资关系长期占有重要地位。市场经济的发展，使劳资之间的关系不像资本主义原始积累时那样充满血腥和暴力。伴随社会文明程度的不断提高，科技水平的日益提升，以及管理方式的逐渐改变，劳资关系已经逐步趋向于缓和。但劳资之间的矛盾总是客观存在的。特别是对于那些正在全球不断扩张其业务的跨国公司来说，如何缓和劳资双方的利益矛盾，协调国际劳资关系，促进不同国籍员工团结一致、高效工作，是跨国公司人力资源管理的一个重要课题。

劳资关系的主体是雇员和雇主。雇员的目标是通过为雇主工作而取得报酬，雇主的目标是通过提供报酬而获得人力资源，双方既有共同需要，又有不同的利益。雇员希望用最少的劳动量获取最大限度的报酬，而雇主则希望以最少的报酬获得最大限度的劳动量，两者的冲突自然也就不可避免。

7.6.1 劳资关系的基本问题

全世界的工作体系有种种差异，但总的来看，在国内外劳资关系的对比中反复出现三个突出问题：劳资谈判的性质、劳资对抗的策略以及争端解决的方法。

1. 劳资谈判的性质

在北美和大多数欧洲国家，集体谈判(Collective Bargaining)指代表工人利益的正式工会出面谈判。工会代表和雇主商谈合约以确定工资、福利、工作时间、公平的劳动准则以及用工条件，包括申诉程序、红利分配以及安全条例等问题。很多国家的劳资谈判和工会代表的权利由法律规定。而另外一些国家则没有法律机制支持劳资协议，也没有法律认可的工会。有的国家的工会是作为正当的延伸来运作的，这在那些政府在劳资谈判过程中发挥实际影响的地方尤其普遍。

不论政治体系或法律状况如何，欧洲和北美的工会有几种不同的组织方式。这些方式可能是吸纳地方、全国或跨国成员的同业协会；可能是覆盖全国的很多不同手工艺和活动的行业联盟；或者是小型独立工会合并的联盟。在日本，代表工人的是一种形式独特的公司工会。西方工会的主要形式如表7-6所示。

表7-6 西方工会的主要形式

形 式 名 称	公 会 作 用	代 表 地 区
同业公会(Craft Union)	代表特定工艺或具有特殊技能的职业工人	英国最普遍
企业工会(Enterprise Union)	代表特定企业的所有员工和经理人	日本特有
行业工会(Industry Union)	代表在特定行业群体或部门工作的工人	德国最普遍
全国工会(National Union)	通过全国合并的地方工会代表特定公司所有的工人	主要在美国和加拿大
国际联盟(International Confederation)	代表各国和行业群体的成员联盟	主要在欧洲和北美洲

资料来源：David H.Holt&Karen W.Wigginton.跨国管理.北京：清华大学出版社，2005

2. 劳资对抗的策略

劳资关系问题涉及劳方和资方的利益这一基本矛盾。工人们希望通过努力将劳动转化为经济收益以及寻求公平的报酬，他们也因而有可能服从管理层所制定的对其进行一定程度控制的相关工作决策。而经理人代表公司的所有者，所期望的却是通过提高生产力为投资者寻求最大的回报，这种期望与工人们的期望不相一致，从而对劳资关系造成了一定的影响。所以，几乎所有的组织(除了平等协商的群体之外)，其结构都存在一定的不平等和差异。极端的差异会导致冲突，而冲突的潜在性在一些专家们称为结构性对抗中总是存在。对抗各方制定了支持各自观点或者迫使对方让步的非正式策略。比如说，劳方会组织怠工、静坐或离岗，或者破坏生产来占据优势。而且，如果法律允许，他们有权组织罢工或游行示威。资方会采取停工的手段，不让工人工作。所有这些行为在大多数国家都受到法律的约束。

3. 解决争端的方法

由于组织中存在结构性对抗，所以管理者有责任减少冲突并解决分歧。理想的情况是，管理者既能确保企业的最大收益，同时又能维持工作场所的和谐。出现争端时，正式的劳动法律能帮助劳方和资方获得合法追索权。解决争端的形式还包括申诉程序、调节和仲裁。这些形式在各个国家有很大不同，而且它们是在不诉诸正式法律特权的情况下提供寻求程序公正的途径。

申诉(Grievance)是对雇主的投诉，通常由个人或代表工人利益的工会提出，认为按照劳工协议，他们受到了不公正的待遇。美国的劳动合同通常讲明了申诉程序。最简单的是要求在监工和代表工人利益的车间管理员之间举行协调会议，而悬而未决的申诉问题中更严重的则要求上级工会代表和管理者进行干预。极端情况下，当事人双方可能采取诉讼手段或寻求调解。

调解(Mediation)是有第三方干预的一种途径，劳方和资方同意要求中立的局外者提出互相可接受的解决方案。调解不强制双方遵守裁决，但是最正式的劳动合同则涉及仲裁，这是对双方都有影响的并具有强制力的判决。双方同意仲裁，是指他们明确同意接受指定的仲裁人的裁决。冲裁人可能作出有利于某一方的裁决或者设计一个折衷方案。

此人作出裁决后，任何一方不经过复杂的司法程序都不能轻易反驳。这被工会官员和公司管理者看作最后的手段，他们宁愿双方自己解决争端。调解与仲裁的区别，见表7-7。

表7-7　调解与仲裁的区别

调　　　解	仲　　　裁
雇员或工会与资方达成协议，把申诉提交给第三方帮助解决争端	工会和资方在申诉或合约问题上陷入僵局，可能同意接受冲裁人的裁定
中立人或特别法庭提出解决方案	中立人或特别法庭决定解决方案，而他们往往在政府机构的职权下工作
双方可以接受调解人的裁决或继续要求仲裁或民事诉讼	双方事先同意接受仲裁人的裁定
调解很少具有法律力量，双方很少强制执行最后方案	仲裁有法律强制力，是争端的最终判决；可以上诉，但多数法律下很少允许这样做

资料来源：David H.Holt&Karen W.Wigginton. 跨国管理. 北京：清华大学出版社，2005

7.6.2　各国劳资关系和工会组织的特点

不同国家的劳资关系的模式相差很大，每一种模式都反映了独特的文化、法律与社会制度。不同的价值观、劳动者精神、特殊的工业关系和有关的法律条文也会影响劳资关系。发达国家的工会运动历史较长，工会在长期的斗争中，从各自的国情出发，形成了适应市场经济的不同组织结构。

1. 英、澳的劳资关系和工会组织的特点

英国是工业革命的发源地，劳动者的觉悟和素质处于世界前列。19世纪初，伴随着以工厂为基础的主要产业的兴起，建立了强大而完备的工会组织结构。英国的劳资关系在20世纪80年代之前一直处于对抗和强烈冲突的状态。20世纪70年代是英国工会力量最辉煌的时期，工会斗志昂扬并频频举行罢工，使外资对向英国投资望而却步。可以说，强大的英国工会在国际上口碑不佳，被控专门制造"英国病"，而其也最终成为导致大英帝国经济实力衰退的罪魁祸首。

20世纪80年代后执政的保守党和传统的工会作斗争，一方面通过立法削弱工会的实力和权利，另一方面积极引进日本跨国企业在英国投资，扩大与日本企业交流，积极将日本的管理模式在英国加以推广。英国企业和工会逐渐意识到为避免两败俱伤，必须建立信赖协作的劳资关系。近年来，英国劳资关系发生很大变化，呈现由对抗向协商型、谈判型劳资关系转变的趋势。

英国工会组织结构最主要的特点是以行业工会为主的多元工会结构。在一些英国大企业中，往往同时有两个或三个行业工会存在，这些工会相互联系，相互合作，同时也相互竞争，关系十分复杂。在和资方进行集体谈判时，各个行业工会也有不同的标准。这种错综复杂的组织结构很大程度上影响了各个工会之间的团结，削弱了英国工会的力量。

澳大利亚工会运动的发展，一直受到英国工会的影响，其组织结构与英国工会相仿，基本上以行业为原则组建。20世纪90年代之后，澳大利亚工会的组织结构进入转变时期，许多小的行业工会合并成较大的产业工会，以适应新的产业结构并逐步促进了工会组织的团结。

2. 德国的劳资关系和工会组织的特点

德国的劳资关系长期处于正式的、法律化的、低冲突的状态，其中德国政府起着工会和资方中间人的作用。由于德国文化更加重视规避不确定性，所以早在19世纪80年代中期，德国政府就承认了工会运动的合法性，同时政府大力促进劳资双方关系较为和谐地发展。

德国工会较多采用产业组织形式。凡是某一产业的雇员，无论其行业、职业，均可参加所属产业工会，这一特点是在二战后德国工会重建时形成的。这种组织形式，使德国工会在开展活动，尤其是在与雇主进行集体谈判时十分有利。德国各产业工会组织健全，成为德国工会组织结构的主体。其中以五金工会、化学能源、造纸制陶等工会最为强大，在产业工会中占主导地位。此外，德国工会还实行产业与地方相结合的组织原则。德国最大的全国性总工会——德国工会联合(以下简称"德工联")中有两个系统，一个是产业系统，一个是地方系统。德工联在东西德统一后下属有16个州的工会，其主要职责是协调涉及工会的全国事务，参与国家一级政策和欧盟相关政策的制定和管理。财务上，德工联不直接向会员收取会费，由加盟的各全国产业工会向其交纳会费，各地方工会的经费由德工联下拨。

德国工会之所以采用以产业工会为主、产业和地方相结合的组织结构，主要是为适应德国现代化社会化大生产的要求。这种组织结构，使德国工会在国家经济社会发展中起到了重要的作用。

3. 美国劳资关系和工会组织的特点

美国在1926年以前，对工会活动几乎没有法律支持。1935年正式通过立法，给予工会集体组织和集体议价的权利。美国工会力量在19世纪40年代达到顶峰，然而随着许多传统的已组成工会的产业衰落和美国制造业向海外的转移，美国的工会力量之后一直呈现弱化趋势。美国现在是西方国家中工会密度最低的国家之一。地方工会是美国工会的主要组织结构形式，同时大多数地方工会同一些行业、产业以及全国工会保持联系。

虽然美国工会的力量正在日趋衰落，但是劳资关系已开始由以往的对立关系逐渐向有利于生产力不断增长的新型关系转变。许多美国企业的劳资关系协议都有一项特别的条款——规定禁止罢工，因此突发性的或未经授权的罢工并不普遍。如果任一方觉得对方没有诚意执行协议条款，可以通过抱怨程序来和平解决问题。越来越多的美国工会意识到与其采取"势不两立"的态度，还不如与资方共同研究以达成共识的战略，这样才能引导工会保持长期的繁荣。

4. 亚洲国家的劳资关系和工会组织特点

日本企业建立的是一种比较和谐、合作型的劳资关系。日本企业的经营方式的重要特点之一就是采用了企业工会的形态，即一个企业内只有一个工会，不分职业类型，创造了团结平等，达成了"只有企业兴旺、工会组织和员工才兴旺"的这种共识。也就是说，日本工会已被吸收进公司的组织结构中，并在很大程度上支持管理方，管理方每年也只要与一个工会打交道，省时省力。日本的文化价值观主张个人利益应当服从集体利益，这一点也促成日本劳资之间的融洽关系。这种企业内的协调型的劳资关系已成为西方其他国家效仿的对象。

日本的工会在每年的春节和年末最活跃，因为这是商议定期加薪和年度奖金数额的两个时期。近年来日本工会试图像德国工会一样，把工资谈判的范围扩展、覆盖至某一个行业中的所有企业，使工会具有更大的议价力量。这种全行业议价战略虽然会对在日本开展经营的跨国企业产生一些影响，但是与许多其他发达国家的工会相比，日本工会的力量仍然是相对弱小的。

韩国工会与企业和政府的关系更具有冲突性。例如，由于韩国劳动立法授予公司解雇工人更大的自由，这导致了学生的骚乱和罢工，损失估计超过20亿美元。而同样在亚洲，在新加坡政府的严格控制下，工会力量受到限制，基本没有出现过类似韩国这样由于工会运功而造成经济损失的情况。

综上所述，尽管都为市场经济国家，由于受到所在国家政治、经济体制和产业结构等方面的影响，各国工会都采取了与之相适应的组织结构，形成了当今各国不同的劳资结构和工会组织结构。

7.6.3　跨国公司的劳资关系管理

跨国公司应当重视对海外子公司的劳资关系管理，为了处理好和当地工会之间的关系，必须重视以下三个方面。

1. 了解东道国的劳资关系

对于在不同国家从事经营活动的跨国企业而言，由于各国制度、法律法规、传统文化的不同，工会起的作用和劳资关系的特征也截然不同。跨国公司很少能够改变东道国的劳资关系传统和惯例，因此，必须对东道国的劳资关系进行详尽地研究，并以此作为选择东道国的一个关键性因素。

跨国公司奥的斯在印度遭遇的劳资冲突事件很有代表性地说明了跨国公司必须面对东道国复杂的劳资关系背景。印度制定的主要劳动立法不低于45项，并且存在相互重叠和相互冲突的现象。印度的法律规定只要有7个人就可以组成工会，因此有些企业必须应付多达50个以上的不同的工会团体。当跨国公司奥的斯在印度的子公司试图将当地雇员的报酬同生产率挂钩时，立刻受到当地雇员的反对。按照当地法律，企业不能轻易解雇这些持反对意见的雇员，奥的斯对此采取的行动是不允许近500名这类雇员进厂，最后造成的结果是好斗的印度工人砸毁了该企业在孟买的办事处。类似事件的发生正促使一些跨国企业把目光转向其他劳动环境更温和的国家和地区。

2. 确定海外子公司在处理劳资关系方面的权限

由于各国情况存在差异，跨国企业在是否应把处理劳资关系的权限下放给海外子公司经理的问题上还存在争议。有些跨国企业不把处理劳资关系的权利下放至海外子公司经理，或者总部可能用全球目标或母国目标压倒海外子公司的独立决策。然而，如果在处理劳资关系纠纷时，海外子公司的经理没有独立的决策权，当工会不能直接同最后决策者打交道时，谈判不可避免地会更加困难。因此，某些东道国的工会领袖抱怨同跨国企业打交道时，工会接触不到总部高层管理人员。

一些跨国企业认为，海外子公司在处理劳资关系方面应具有连续的权力与责任。这些跨国企业认为由于当地经理更熟悉情况，而且在达成协议后，必须由他们在工作中加以观测实施，所以有必要把权力下放给子公司。并认为如果没有这种权力与责任，子公司将难以与雇员和雇员代表建立良好的关系，而认为与雇员与雇员代表建立良好的关系，正是他们成功的关键。当然，这种政策的假设前提是，海外子公司经理在处理劳资关系方面已获得充分的经验。

有些跨国企业采取由子公司工会推举代表，组成统一的谈判团与总公司展开直接谈判的做法。如瑞典的一家跨国企业在21个国家有子公司，工人总数达六万多人。为了便于维权活动的开展，公司各层次的工会组织经常协调立场、交流信息和经验，并同意与总公司进行集体谈判。美国和加拿大等国的一些跨国企业工会也采取类似的做法。

3. 建立协作型劳资关系

民主化潮流和各国保护劳动者权益的法律、法制的健全，加上企业经营方也自主改进雇员的工作条件和待遇，减少了工会在这些方面的工作有所减少。所以越来越多的工会把工作重点转移到企业经营管理的参与权上。在经济全球化的趋势下，跨国企业也越来越注重加强劳资双方的合作，鼓励雇员对管理的参与，以培养雇员对企业的献身精神。例如，日本丰田和美国通用在加州成立合资企业(NUMMI)，拥有雇员4500名，其中全美汽车工会(UAW)会员占了85%，该企业经营状态良好的主要原因是与(UAW)建立了协作关系。为了建立同UAW的合作关系，NUMMI宣告不解雇雇员，保证安定雇佣以取得工会和雇员的信任，同时努力与UAW搞好分工，并经常互相交流。

本章思考题

1. 跨国公司人力资源管理的导向是什么？简述各导向的优缺点。
2. 你认为作为一个海外经理人应具备的素质有哪些？
3. 区别外派人员及东道国雇员的绩效评估标准。
4. 外派人员薪酬管理体系有哪几种？
5. 简述美国、英国、德国及日本的工会组织在处理劳资关系中的不同。
6. 论述跨国公司人力资源管理所面临的挑战以及应对措施。

●**案例**●

金字塔"与"圣诞树"

世界快餐之王——麦当劳公司不仅经营艺术十分高超，在人力资源管理方面也很有独到之处。在麦当劳公司有一本人力资源管理手册，将人力资源管理的所有内容都标准化了。如怎样面试？怎样招聘？怎样挖掘一个人的潜力？等等。手册的内容表明，麦当劳的招聘面试、对员工的考核、员工结构员工发展系统等均比较独到，但其中尤其值得一提的是它的人才发展系统，堪称一绝。

发展包括两个方面：其一是能力的培养与提高，其二是职位的提高与晋升。因此人才发展系统也包括两个方面，一个是个人能力发展系统，另一个是个人职位发展系统。麦当劳的个人能力发展系统跟其他公司既有相似之处，又有很大的差别。相似之处在于，麦当劳的个人能力发展系统也同大多数公司一样，主要靠培训。麦当劳北京公司总裁赖林胜先生说："麦当劳北京公司每年都在培训方面有很大的投入"。此外，他还介绍了详细情况。

首先，麦当劳是强行对员工进行培训，麦当劳在中国有三个培训中心，培训的老师全部都是公司里有经验的营运人员；其次，麦当劳餐厅部经理层以上人员一般要派往国外去学习，在北京的50多家麦当劳里，就有100多人到美国的汉堡大学学习过。他们不仅去美国学习，还去新加坡等地，因为麦当劳认为新加坡的培训做得很好，他们认为新加坡这个国家的自然资源较少，主要靠人力资源开发、增强综合国力。而且，不论是出国培训还是平常培训，培训完了以后员工都要给他的上级经理写行动计划，然后由经理来评估，以保证培训效果。麦当劳希望通过这些措施让员工觉得在麦当劳有发展前途。

麦当劳与其他企业相比，不同之处在于，除了培训中的细节，如前面提到的强制培训、行动计划等外，主要是麦当劳比较注重让员工在实践中学习和提高，即平常的"Learning by doing(干中学)"。员工进入麦当劳之初，就会有年长者专门辅导，告诉他工作经验，并带领他从事实际工作，麦当劳的管理人员95%以上要从员工做起，在实践中得到提高和提升，赖林胜先生就是这样。尤为特别的是麦当劳的个人职位发展系统。一般企业的职位设置，高高在上的是公司最高管理层，如老板，或者是董事长、董事、总裁等；然后是高层经理人员，主要是全球职能部门总经理、产品部门总经理、地区总经理等；下面还有中层管理人员；最下面是广大员工，活脱脱一个"金字塔"。结果是越往上越小，路越窄，许多优秀人才为了争夺一个职位费尽心机，不能成功者多数选择了自起炉灶或另谋高就，很不利于公司和人才的进一步发展。麦当劳的职位系统更像一棵"圣诞树"，公司的核心经营管理层就像树根，为众多树干和树枝提供根基，只要员工有能力，就可以上一层成为一个枝条，更出色者还可以"更上一层楼"，又是一个枝条，甚至可能发展成树干，像这样，优秀员工永远有机会。

正因为这样，麦当劳的离职率很低，成本无形中大大下降了。麦当劳北京公司总裁赖林胜先生在解释这一点时说，"钱非万能，如果员工只是为了钱的话，他明天又可能为了更多的钱走掉。这15年来，包括我本人在内，都感觉麦当劳是陪我们一起成长的。因此对于连锁经营来讲，它的结构是很重要的，生产系统、采购系统重要，人力系统更重要，光有好的人永远都做不成事。因为只要连锁经营，你的机会就永远存在。我常跟同事们说，每个人面前都有个梯子，不用去想我会不会被别人压下来。你爬你的梯子，你争取你的目标。所以要给每个员工规划一个很长远的计划来改善现在的情形。所以，人一定要追求卓越，这是第一。还有，给每个人平等的机会，不搞裙带关系。一个企业在发展之初，还要记住维护你的社会地位。在发展员工的时候，你不要总是说：'我发给他工资'。工资不代表什么，人家还有给更高工资的。你给一千两千，别人也许会更高一些。没有钱是万万不能的，但钱也不是万能的。所以大家不论选择好的合作伙伴，还是找好的员工，都要建立一套规范的系统。这些系统建立好以后，我们的连锁经营才能发展壮大。"其中人力资源管理方面的系统就是"圣诞树"而非"金字塔"般的个人发展系统。

资料来源：http://www.doc88.com/p-991561275236.html

案例分析

1. 培训在跨国公司的人力资源过程中的地位是怎样的？
2. 麦当劳的培训体系有何特点？对于麦当劳的培训体系，你有何看法？
3. 根据公开和企业内部资料，进一步了解麦当劳的招聘面试、员工考核、员工结构、员工发展系统等。

第8章 跨国公司的组织结构与管理体制

8.1 跨国公司组织管理概述

8.1.1 跨国公司组织管理的研究对象

组织是管理的基本职能之一。企业为了实现既定目标，一方面需要根据分工的原则，对企业的任务和部门进行划分，以利于充分发挥企业各成员、各部门和各分支机构的专业特长与创新能力；另一方面，企业又要按照统一指挥、统一领导和提高效率的原则，通过管理层次的划分和合理授权，确定和协调企业各成员、各部门和各分支机构的职权、职责和相互关系，以利于企业的有效沟通和控制，为实现企业的总目标服务。组织管理的这种工作也就是组织结构的设计工作。

由于跨国公司与国内企业的经营环境不同，跨国公司的各分支机构所在国的政治、经济、法律、技术和文化各不相同，跨国公司的组织管理比国内企业的组织管理更为复杂。因此，跨国公司需要根据企业的国际战略、国际化经营的发展水平选择和设计最佳的组织结构。

跨国公司的组织结构基本上可分为两类：组织的法律结构和管理结构。组织的法律结构涉及组织的法律形式，它规定了跨国公司母公司与国外子公司及各分支机构之间的法律关系和产权关系。组织的管理结构又称组织的实际结构，它是跨国公司在经营活动中实际使用的结构，它主要涉及企业各部门、各分支机构和职权的划分，涉及企业的指挥和控制系统。组织的法律形式的选择与确定属于管理计划职能研究的领域，国际组织管理则以研究组织的管理结构为主要对象。

在管理学研究文献中，国际组织管理大多只是针对跨国公司组织结构的研究。然而随着经济全球化和企业国际化的发展，越来越多的中小企业也加入到国际化经营的大潮中，它们也同样面临着企业的组织管理问题。

跨国公司组织管理的实质是要使企业的组织结构设置有利于提高企业的国际竞争力。国际经营环境的差异化、复杂性和多变性，要求跨国公司的组织应该更多地具备灵活性、学习能力和自我调控能力，具有有效激励功能，以及有利于资源共享和统一协调等特征。

8.1.2 跨国公司组织结构的演变

在跨国公司成长和发展的不同阶段，国外业务的比重和内容都在发展变化，因而其组织结构也需要随之作出相应的调整和改变。在实践中，没有一家跨国公司的组织结构完全符合一种基本形式，每家公司的特定组织结构通常是包含了不同组织结构基本形式特征的混合体。随着经营环境的不断变化，跨国公司的管理结构也在不断变化。一般来讲，跨国公司组织结构的形式在其演变过程中，经历了以下4个阶段。

1. 出口部阶段

国内企业步入国际化的初期，通常是靠承接国外订单这种被动方式从事商品或服务的出口业务的。这一时期企业的国际化业务通常规模较小、交易频率很低。由于企业总业务中的国际业务所占比重很小，所以，企业的组织结构在企业国际化初期一般不需要作什么改变。企业的国际业务由现有特定部门兼营，出口业务主要通过国内外的进口贸易公司来进行。

当企业的出口业务形成一定的规模、具有持续性和稳定性特征时，企业就真正进入了国际化发展的初级阶段，即主动进出口阶段。国际业务量的猛增，使企业需要有专人和专门的机构经营和管理国际业务，这就要求企业对现有的组织结构进行调整。最简单的调整方法是在企业原有的组织基础上，单独设立一个新的部门，即出口部。

企业采用独立的出口部组织结构后，可以继续通过国内外贸易公司从事进出口业务，也可以在国外设立销售和服务机构，建立仓储设施等。

2. 母子结构阶段

当企业在外销市场上遭遇激烈竞争，受到关税壁垒和各种非关税壁垒的限制，并且，当企业的国际业务从单一的出口转为包括出口、许可证贸易和国外生产的综合性业务时，企业内部各部门之间就会产生许多利益冲突。在这样的情况下，仅仅设有出口部是难以解决这些冲突的，因此，应促使企业在国外设立销售机构，进而在国外设立子公司，就地生产和销售。这时，企业才开始演变成为真正意义上的跨国公司。

由于处在建立国外子公司的初期，子公司的规模通常较小，数量也不多，而且子公司的业务在母公司的总业务量中所占的比重不大，再加上母公司本身尚缺乏国际经营管理经验，企业通常授予国外子公司全部的经营权和管理权，让国外子公司独立地进行经营管理、开拓国外市场。换句话说，在这一阶段，国外子公司具有自治子公司的性质。从组织结构方面看，企业只是把国外子公司纳入到现有的组织结构中，母公司的出口部或公司主管经理则兼管国外子公司的业务。

3. 国际部阶段

随着国外子公司规模和业务量的进一步扩大，国外子公司的业务成为跨国公司整个业务的重要组成部分；而国外子公司数量的增多，则要求加强母公司与子公司之间的联系，协调母子公司之间和各子公司之间的关系，以便有效合理地配置企业的资源。加之企业跨国经营日益复杂化，就要求企业在国内事业部的基础上建立一个相对独立的国际事业部，简称国际部，统管国外各子公司的组建以及投资、生产、销售等业务活动，协调各子公司的经营活动，按既定的目标评价它们的业绩，而不再仅仅消极地对跨国经营中面临的环境变化作一些简单的反应。20世纪60年代后，国际部组织结构逐渐发展成为跨国公司的主要组织结构类型。

4. 全球组织结构阶段

随着经济全球化的发展，国外子公司规模和业务范围的进一步扩大，使对企业国内业务和国际业务进行分别管理的原有的国际部式组织结构已经无法适应新形势的要求。这导致了新式跨国公司组织结构——全球组织结构的出现。所谓全球性结构，就是把国内一般企业的分部组织形式扩展到全球范围，从全球角度来协调整个企业的生产和销售，统一安排资金和分配利润。它打破了将企业经营分割为国内经营和国外经营，把企业的组织结构分裂为国内结构和国外结构的格局，视世界市场为一个整体，使企业的每个部门都既管理国内业务又管理国际业务。此外，母公司为了更好地实现公司的全球战略，加强了对国外子公司的控制。

8.2　跨国公司组织结构的类型

跨国公司的组织结构类型是在国内企业组织结构的基础上发展起来的，它们与国内企业组织结构有着许多相似之处，但是在国际化经营条件下，特别是在经济全球化条件下，跨国公司的组织结构还是呈现出许多新特点。

跨国公司的组织结构类型大体可分为两类：传统组织结构和全球组织结构。

8.2.1　传统组织结构

跨国公司的传统组织结构又被称为多样化的组织结构，其主要包括出口部组织结构，母、子公司结构和国际部结构。这些组织结构的共同特点是跨国公司的国内业务和国外业务是相互分离的、各自独立的。跨国公司通常是在原有组织结构的基础上，增设主管国际业务的部门，如出口部和国际部，来负责企业的国外业务。

1. 出口部结构

出口部结构是企业在国内组织结构的基础上，在销售部下设立一个出口部，全面负责企业产品的出口业务，并在国外建立销售、服务机构和仓储设施。出口部是责任中心，国外的销售机构也是利润中心。跨国公司出口部组织结构，如图8-1所示。

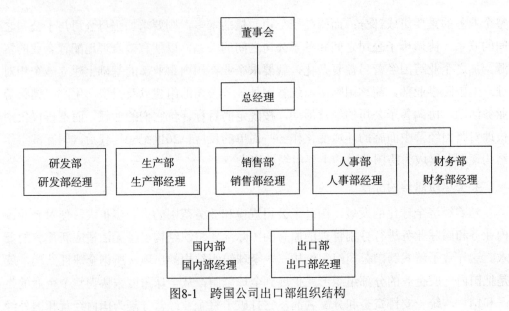

图8-1　跨国公司出口部组织结构

资料来源：陈向东，魏栓成. 当代跨国公司管理. 北京：机械工业出版社，2007

出口部结构的优点是：一方面，有一个统一的对外机构来引导和协调企业的对外经营，有利于了解国际行情，扩大企业产品的出口。另一方面，表现在结构简单、便于管理，它能适应企业国际化起步的需要。其局限性在于：这种结构下，部门的权力有限，公司仍以母国市场经营观念为主，出口与本国市场销售常会因为争夺企业资源而有所冲突，难以适应国际化发展程度高、国际业务规模大和从事多种国际经营活动的跨国公司。

2. 母、子公司结构

跨国公司的组织结构，从形式上看，与其跨国化发展阶段的确有着密切的联系。国内企业设立"出口部"，目的在于扩大出口，而不是真正意义上的跨国经营，直到出口的高级阶段，企业在国外设立了自主权很高的子公司，子公司形成了跨国公司最初级的组织结构，这种组织结构被称为母子结构，也被称为自治子公司结构。母、子公司结构是一种直接由母公司总经理或董事会管理国外子公司的组织结构形式，各国外子公司不需要通过任何诸如地区总部或国际部这样的中间环节，而是直接向母公司汇报经营情况。跨国公司最初在国外设立的子公司规模都比较小，具有较大的独立性和经营的自主权，总公司对国外子公司只起控股的作用，母、子公司之间的关系是一种松散的和非正式的联系，只要子公司能够完成公司的利润指标，母公司将不会干预子公司的经营活动。

自治子公司结构有两种情况：一是企业在不同国家和地区建立独立的子公司，在跨国公司内部，其作为独立的机构直属于母公司，接受总经理的指挥(如图8-2中的a所示)；二是企业在不同国家和地区建立独立的子公司，接受企业销售部主管的指挥(如

图8-2中的b所示)。

母、子公司结构的优点：一是国外子公司的经营自由度较大，可以作为独立的企业在特定的环境中进行经营活动，能够对国外市场有较强的适应力和高度的灵活性，可以根据所在国市场的变化及时调整公司战略与经营策略，这有利于开拓国外市场；二是子公司直接向总部最高领导汇报工作，可使高层经理更了解企业在国外的经营情况，从而使决策更有利于国外的经营活动；三是子公司在国外的经营活动中利用当地的生产要素，为该国提供就业机会，有利于与当地政府机构及其他经济组织搞好关系。

母、子公司结构的局限性：一是母子公司之间是一种松散的联系，这会造成母公司缺乏对子公司的经营状况的了解，从而缺乏对子公司的有效控制和支持；二是子公司的决策往往只着眼于本公司的利益，而很少会考虑整个公司的发展，总公司很难将自治子公司的经营纳入公司的整体发展战略方案中。

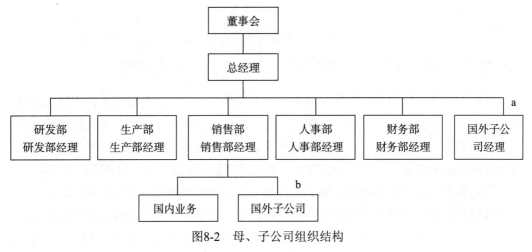

图8-2 母、子公司组织结构

资料来源：马述忠，廖红.跨国公司管理.北京：北京大学出版社，2007

3. 国际部结构

随着企业国外子公司数量的增加、经营规模的扩大，管理的复杂性和要求大大提高，母、子公司结构就不再适应经营活动规模性质的需要，这就需要设立一个国际(业务)部来管理协调全部的国际性活动，由此产生了国际(业务)部。所谓国际部(International Division)，是指当跨国公司的国外子公司达到一定数量和规模时，所设立的、与其他国内事业部处于同等地位的、由企业副总经理负责并受企业总经理直接领导的经营母国以外一切业务的国际部门。国际部通常直接负责母国以外各国子公司的经营管理，并涉及母公司的出口、许可证贸易和海外直接投资活动。国际业务部还可以利用各种投资手段为子公司筹措资金，它既可以充当各子公司之间交流的渠道，也可以利用转移定价来减轻一些子公司的纳税负担。有的跨国公司还单独成立一个国际公司，担负着与国际部同样的职责。它是国内产品部与国际部并列的组织结构形式，如图8-3所示。

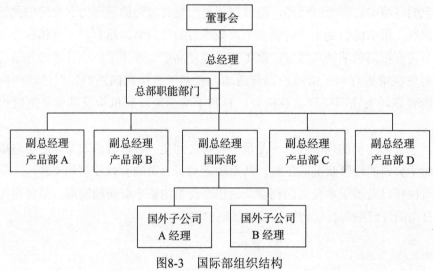

图8-3 国际部组织结构

资料来源：梁镇，郝清民，刘安.跨国公司管理.北京：中国铁道出版社，2006

国际部结构的特点是：国外子公司一般不与企业总部建立直接联系，不直接接受母公司最高管理者的指示，而是在遇到重大的决策问题时向国际部报告。这种联系涉及计划、财务、销售、研究与开发、人事和情报交流等各方面。这时，国外子公司与母公司的联系不再像母、子结构那样属于非正式接触，而是转为一种正式的联系。

国际部结构的主要优点有：第一，有利于企业对国外业务进行集中管理和协调，使企业能够加强对国外子公司的支持和控制，有效协调国外各子公司之间的联系，实施企业总的发展战略；第二，可以使各子公司之间实现资源信息共享。如统一筹措资金，减轻各子公司单独筹资的利息负担；还可以实行内部交易，调整经营战略，转移经营利润，降低整个企业的税收负担等；第三，由国际部为各国子公司划分各自的销售市场，能够避免子公司之间的盲目竞争；第四，有利于培养国际型管理人才。

国际部结构的局限性：一是由于国际部不可能拥有大量有关子公司所在国环境条件的资料信息，在这种情况下由它来统一制定有关决策就对子公司的发展有所阻碍；二是由于国外子公司的决策权受到限制，其灵活性较差，对国外市场变化的反应速度受到较大影响；三是国际部通常没有自己的研究和开发机构，不得不依赖国内各产品部，容易使跨国公司的国内、国外业务经常发生矛盾；四是国内部与国际部在目标、利益、市场、经营管理等方面的差异有时会引发冲突，从而不利于企业总体战略的实现和资源的优化配置。

国际部结构是跨国公司采用最多的一种组织结构。当跨国公司的国外业务规模不是很大、多样化程度较低，且还不具备足够的掌握国际管理知识和技能的管理人员时，较适合采用这种组织结构。

8.2.2 全球组织结构

伴随跨国公司规模的迅速扩大和国际业务量的猛增，企业国际化程度不断提高，国际业务以及国际管理的复杂程度也都在不断提高。传统的组织结构已经无法适应这种发展的需要，于是全球性的组织结构应运而生。

全球性组织结构是跨国公司的国外子公司发展到全球性规模时所采用的组织形式。所谓全球性结构，就是把国内一般企业的分部组织形式扩展到全球范围，从全球角度来协调整个企业的经营活动，统一安排资金和分配利润。它打破了将企业经营分割为国内经营和国外经营、把企业的组织分裂为国内结构和国外结构的格局，从而将世界市场视为一个整体。

全球性组织结构与国际(业务)部结构相比，有两个显著特点：一是在这种组织结构中，把国内和国外的经营决策权都集中到公司的总部，总部不再是只管或主管国内经营决策。避免了以国内部门导向、国内市场导向，国际与国内两部门管理组织形式所引起的结构性冲突。二是把这两者结合为一个整体。总部任何组织部门都是按世界范围来设置的，既管理国内分支机构，又管理国外分支机构，这样就为跨国公司实施全球战略提供了组织保证。

全球性组织结构又可分为以下几种具体的形态。

1. 全球职能结构

全球职能机构(Global Functional Structure)是建立在职能分工的基础上的一种全球性组织结构。一般以企业常见的研究开发、生产制造、销售等职能部门为基础，在母公司总部之下设立若干分部，各分部之间相互依存并由总部协调相互间的关系。在这种组织结构下，公司总部确定全球目标和策略，每个分部统管相应职能领域的国内业务和国际业务，如图8-4所示。

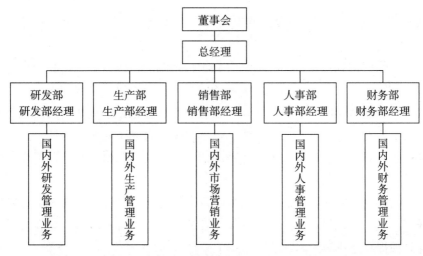

图8-4 全球职能组织结构

资料来源：韩福荣.跨国公司管理.北京：北京工业大学出版社，2006

全球性职能结构的优点是：第一，有利于充分发挥专业化分工的优势，对跨国公司的复杂业务活动实行统一、有效的专业化管理；第二，有利于公司全面统筹国内外的一切业务，有利于公司实施全球化战略，集中管理公司的研发、生产和销售业务，统一协调全球市场；第三，在总公司层次上，它避免了职能机构的重复设置，而且具有职责清晰、权利分明、职能专业的特征；第四，强调集中控制，成本核算、利润获取均集中在母公司总部，便于协调各部门的利益关系，避免了国外子公司之间的矛盾与冲突。

全球性职能结构的局限性主要表现在：第一，企业的各职能部门缺乏横向联系，企业总部需要对各职能部门，特别要对有密切联系的研究与开发、生产和销售活动进行大量协调工作，从而使企业总部的协调工作量加大；第二，在这种结构中，要求各职能部门都应具有熟悉不同产品的管理人员，而管理人员的知识和能力是有限的，这使得企业难以开展产品的多样化经营；第三，容易造成生产和营销脱节，各部门受本位主义的影响会造成相互之间沟通的困难；第四，由总裁负责整个企业的经营决策，并协调各部门间的工作，总裁负担过重。

全球性职能组织结构主要适合企业规模相对较小、产品及技术标准化程度比较高、产品品种比较简单、工艺比较稳定、市场销售情况比较容易掌握的情况下采用。

2. 全球产品结构

全球产品结构(Global Product Structure)是一种把产品或服务作为设立部门标准的组织结构类型。该结构是按照"集中政策，分散经营"的原则，把跨国公司的生产经营活动按产品或服务划分，建立不同的产品事业部。各产品事业部经理负责该产品或服务在全球市场上的生产经营活动，并直接向企业总经理汇报工作。企业的整体经营目标和战略由总部统一制定，总部是国内经营和国外经营的两者统一的决策中心。在部门的划分上，跨国公司可以从两种角度加以考虑：一是按不同产品类别设立部门；二是按照产品的不同加工程度或不同加工工序设立部门。全球产品组织结构，如图8-5所示。

全球产品结构的优点是：第一，它有利于协调全球范围内的生产和销售，提高企业全球生产和经营的效率。国内和国际业务的紧密结合可以使企业的国内外业务相互补充，有利于发挥规模经济效应。第二，它有利于企业根据产品在不同国家所处生命周期的差异安排产品的生产和销售。第三，这种结构有利于在全球保证重点产品的生产，促进产品计划实施；加强顾客与企业间的联系，使产品研究和开发工作立足于满足世界市场的需要；鼓励各级管理人员学习并取得有关产品技术和营销方面的专门知识。第四，它有利于跨国公司进行多角化经营。一方面产品部的主管人员可以把精力放在降低产品成本上，另一方面，有助于企业从总体上实现产品多样化经营战略，从而能够有效地提高企业的国际竞争力。

全球产品结构的局限性主要表现在：第一，各产品事业部都有各自相对的独立利益，事业部之间的协调难度较大，可能导致各产品事业部之间难以发挥协同效应，甚至出现相互竞争的局面。若总公司不能有效协调各产品事业部之间的利益，则可能导致公司整体利益遭受损失。第二，它使整个企业的组织机构过于庞大，意味着企业随产品种类不同而在一个特定地区可能建多个机构，造成机构的重叠和管理人员的浪费。产品分部较难充分考虑到不同国家市场的不同特征，使公司失去对当地需求的回应。

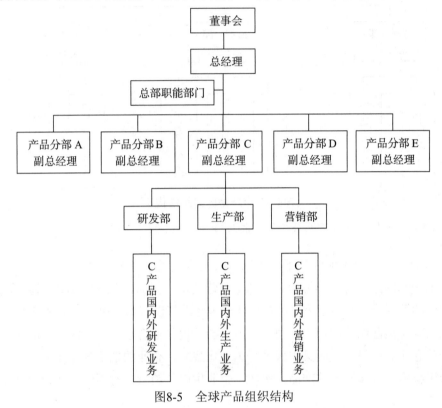

图8-5　全球产品组织结构

资料来源：韩福荣. 跨国公司管理. 北京：北京工业大学出版社，2006

一般来说，全球性产品结构适用于产品多样化程度高、生产技术要求高、市场范围广、技术研究开发较多、消费市场又较为分散、并且具有全球性生产经营活动经验的跨国公司。

3. 全球地区结构

全球地区结构(Global Area Structure)是按跨国公司业务活动的空间位置设立部门的一种国际组织结构类型。在全球地区结构中，地区分部的管理人员只对特定地区的产品和经营活动负责，每个地区分部主管一个或若干个国家的业务，下设国家或跨地区的子公司。企业总部则负责制定全球性经营目标和战略，监督各地区分部的执行情况。根据需要，地区分部的下属机构可以按地区，也可以按产品或职能设立，即为全球地区组织结构，如图8-6所示。

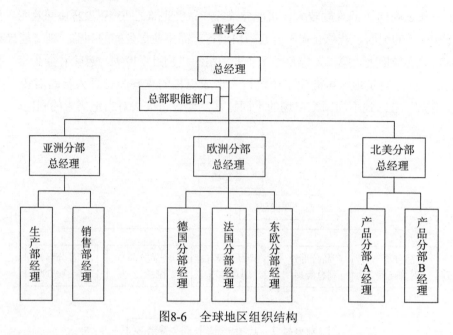

图8-6　全球地区组织结构

资料来源：马述忠，廖红.跨国公司管理.北京：北京大学出版社，2007

全球地区结构给予地区和下属国家子公司高度的决策权和经营权，它们有权根据所在地区和国家的特殊环境确定和调整经营战略。例如，美国的IBM、通用汽车公司，欧洲的菲利浦、西门子公司等在全球许多地区都设有影响很大的地区总部。

采用全球地区结构的跨国公司，一方面能够提供适合于一个地区的标准化、同质化的产品和服务；另一方面又积极推行本土化战略，企业的地区分部致力于生产和销售适合于特定地区和国家的产品。例如，企业生产与销售针对不同地区和国家环境特点的化妆品和饮料等。

全球地区结构的优点有：第一，以地方为单位，使跨国公司针对不同国家和地区的特点，作出针对性很强的决策，将公司的战略任务分配到各地区，有利于简化企业最高领导层对全球业务的管理；第二，有利于地区各职能部门间的互相协调，使企业能有效地根据不同市场的需要作出不同的市场营销策略；第三，当企业决定向该地区范围内某一新东道国投资和拓展业务时，有利于子公司独立进行与东道国政府及企业间的协调；第四，有利于培养具有整体协调能力的国际性管理人员。

全球地区结构的局限性主要表现在：第一，当企业产品品种增多时，难以协调多种产品的生产经营活动，不能迅速地与其他地区或本地区其他国家的子公司分享新产品的协同作用；第二，各地区需要大量的具有国际生产经验的管理人员，会造成人才的不必要的浪费；第三，各地区容易增长地区本位主义，忽视全球战略，人为地在区域内设置地区利益障碍，使得企业总部难以总体协调和管理。

全球地区结构比较适合业务成熟、技术稳定、产品系列单一、不同地区消费者的偏好具有相似性的公司。但是，值得注意的是，由于全球竞争环境发生了巨大变化，为了在竞争更加激烈的全球市场上保持竞争优势，一些长期使用这种组织结构形式的跨国公司也正在进行调整与改变。

4. 全球矩阵结构

全球矩阵结构(Global Matrix Structure)是全球产品结构、全球职能结构和全球地区结构的组合型组织结构，它通常是二维全球矩阵结构(如图8-7所示)或三维全球矩阵结构(如图8-8所示)。但有的跨国公司也采用三维甚至四维矩阵结构。例如，美国的道化学公司就是采用全球三维矩阵结构的跨国公司，其组织结构由5个地区、3个职能(营销、生产和研究)和70多种产品组成。四维矩阵结构则是在职能、产品和地区的基础上，再加上时间或项目等因素作为第四维度构成的组织结构。例如，当一个跨国公司进入的多个国外市场处于不同的发展阶段时，采用考虑时间因素的四维矩阵结构就成为必要。

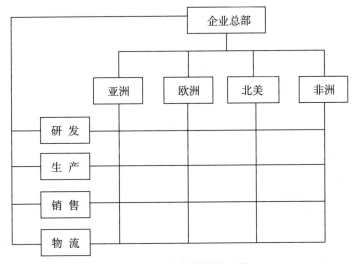

图8-7　二维全球矩阵结构

资料来源：马述忠，廖红.跨国公司管理.北京：北京大学出版社，2007

在全球矩阵结构中，在明确权责关系的前提下，一些子公司往往要受到两个以上部门的控制，企业的各项经营业务实行交叉控制与管理。该结构在管理上有三个不同于其他结构的地方：①每个战略业务单位的主管必须向两个上级汇报工作；②每一个战略业务单位的主管有来自两个部门的员工；③最高层管理人员面临双重结构，必须平衡来自两个方面的压力，处理矛盾与不协调等问题。

全球矩阵结构的优点是：第一，有利于跨国公司全球战略一体化的实施，有利于企业在全球范围内进行有效的资源配置，提高全球整体运作的绩效；第二，有利于综合考虑跨国公司在各地区的生产经营环境与产品生产销售状况，促进各个系统、各个部门之间的合作与协调，充分发挥企业在产品、地区和职能等方面的长处，使企业有更强的应变能力；第三，可以根据跨国公司的特殊需要，灵活地调整组织结构，弥补单项结构造成的经营管理上的不足。

全球矩阵结构的局限性主要有：第一，结构比较复杂，双重主线管理带来的双重领导，一个下级要同时对两个上级负责，这与管理的基本要求相冲突。第二，由于矩阵组织强调灵活性，公司需要为此付出巨大的管理成本，因为它常常需要增加额外的管理人员；同时由于放弃了统一指挥原则而增加了组织的模糊性。由于全球矩阵组织运作起来非常复杂，故它并没有得到广泛应用。

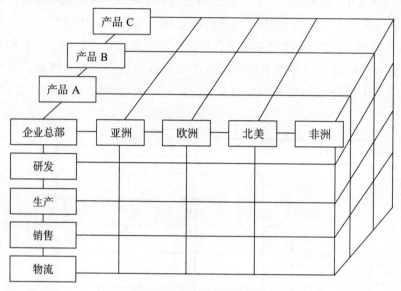

图8-8　三维全球矩阵结构

资料来源：马述忠，廖红.跨国公司管理.北京：北京大学出版社，2007

全球性矩阵结构一般适用于企业规模非常大、实力雄厚、产品多样化程度高、产品竞争激烈的跨国公司，以及地区较为分散的大型跨国公司。

5. 全球混合结构

全球混合结构(Mixed Structure)是把全球产品结构、全球地区结构和全球职能结构加以组合的又一种组织结构类型。尽管全球混合结构与全球矩阵结构都试图把二维或多维因素的优势结合起来，在一个企业内部按混合因素设立部门，但是它们也存在着重要区别。全球矩阵结构是二维或多维因素在企业组织结构中的全面组合，企业各部门之间有着全面广泛的联系；全球混合结构则只是企业的部分部门按混合因素进行组合，部门之间的联系也只发生在有组合关系的部门。全球混合结构可以有两种情况：一是跨国公司总部之下的二级部门是按产品、地区和职能混合设立的；二是企业的两个二级部门混合对下属子公司进行管理，形成一个企业的局部矩阵结构。图8-9是全球混合结构简图，图中用虚线连接是表示产品分部与地区分部负责共同协调管理在某地区的产品子公司。企业从全局协调各产品分部、地区分部和职能分部的活动。

　　近年来，全球混合结构在跨国公司的全球经营活动中越来越流行。一项对跨国公司的调查显示，大约有35.3%的跨国公司已使用了这种结构。产品的多样化通常导致跨国公司在不同国家的市场上销售多样性的产品。在产品系列取向中，跨国公司为每一种产品系列设计不同的市场营销与支持服务系统，而多元化经营的公司则会为若干种不同的产品系列提供多样性的市场营销与支持服务。所以，全球混合结构的特征是：在不损失生产的规模经济或在重要地区的市场竞争优势的前提下，能够有效地协调对管理、产品和地区领域的投入。

　　全球混合结构的优点大体与全球矩阵结构相同，一是有利于吸收产品结构、地区结构和职能结构的优势，既保证企业全球战略得以实施，又使企业能够根据地区和国家市场的特点及时对产品进行调整；二是易于进行组织结构的调整，企业可以根据经营环境的变化和国际经营的需要，及时调整现有的混合型部门或设置新的混合型部门。

　　全球混合结构的局限性主要表现在：组织机构不规范，部门之间差异过大，难以协调和管理，不利于树立企业的总体形象。

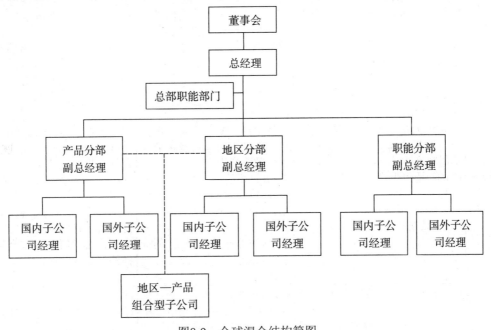

图8-9　全球混合结构简图

　　资料来源：马述忠，廖红.跨国公司管理.北京：北京大学出版社，2007

　　全球混合结构一般适用于公司规模庞大、经营产品种类多且经营地域宽广，公司成长快、兼并或新建了分布于不同国家或经营不同产品的企业。

　　我们将以上5种全球性组织结构的适用条件、优点和不足进行比较，结果如表8-1所示。

表8-1　五种全球性组织结构的比较

名称	组织结构的适用条件	组织结构的优势	组织结构的不足
全球职能结构	(1) 经营产品的种类不多，且多为标准化产品，市场需求量较稳定的企业 (2) 需要以全球为基础、由各个阶段构成的整个生产过程进行紧密协调和控制的企业 (3) 许多产品的原材料需要从世界某一地区向另一地区进行跨国转移的企业，例如，石油、原材料采掘、矿业品加工公司等	(1) 公司总部可以集中权利控制企业各个部门的业务，有助于树立母公司的权威性 (2) 充分发挥各职能部门的积极性，提高专业部门的经营效率 (3) 各职能部门的工作能合理划分、相互衔接、相互配合 (4) 各职能部门间没有直接的利益冲突 (5) 专业管理人员精简	(1) 各职能部门常从专业角度思考问题，有时会意见不一、难以沟通 (2) 难以适应经营扩大的形势
全球产品结构	(1) 经营规模庞大、产品种类与产品线众多且制造技术较为复杂的企业 (2) 跨国运送障碍多，运输成本高的企业 (3) 宜在东道国就地制造、就地销售，且需充分的售后服务的企业 (4) 需要将产品设计、制造、营销统一起来的企业	(1) 便于各个产品部根据东道国需要制造出适宜的产品 (2) 便于与消费者沟通 (3) 便于各个产品部经营行为长期化，使其能够注重原材料投入、生产、成本、研究、人事等工作一元化成长 (4) 便于母公司对各产品部经营业绩进行正确地考核	(1) 各产品部均设有自己的职能部门，造成与公司总部的管理重合，导致资源的浪费 (2) 各产品部既负责国内又负责国外，易产生两种倾向，或对国外业务不甚关心 (3) 处于相同销售区域的不同产品部的管理难以协调与沟通；公司总部对各产品部的决策很难把握
全球地区结构	(1) 企业经营产品种类有限，如未采用大量多元化经营的食品业、饮料业、农业、机械业、原材料业等 (2) 产品的生产技术成熟、销售稳定，同时，产品的制造技术、销售手段较相似 (3) 产品在某些方面出现较强的地区性差异	(1) 区域性经营目标明确、战略较单纯，易于下属贯彻执行，有助于母公司及区域部管理效率的提高 (2) 在同质的产品市场上，充分发挥区域部利润中心的作用，促进各区域部间的有效竞争 (3) 区域部可根据本地区的特点，协调所属各子公司的资源	(1) 区域部对产品、技术、资金难以横向、综合利用 (2) 区域部易和母公司战略目标发生冲突 (3) 无法适应产品多样化的发展 (4) 各区域部机构重叠、资源浪费、管理费用高 (5) 公司总部难以制定全球性的产品开发计划
全球矩阵结构	(1) 公司产品种类繁多、地区分布甚广 (2) 公司国外业务的开展，要求公司的产品部、区域部、职能部等要同时作出反应 (3) 公司最高决策者的协调能力强，公司内部有最完善的、效率高的管理网络 (4) 公司基础雄厚，允许资源在多重部门中共享	(1) 可综合的、全面地设计公司发展战略，充分利用公司内的各种资源 (2) 多方面调整各部门的工作积极性 (3) 能够使公司更加适应外界的变化，及时调整公司行为	(1) 组织结构过于复杂 (2) 多重的报告制度有时会造成管理混乱 (3) 管理决策者们常陷于处理部门冲突之中 (4) 有时会产生责权不清的现象

(续表)

名称	组织结构的适用条件	组织结构的优势	组织结构的不足
全球混合结构	(1) 公司规模庞大、经营产品种类多、经营地域广 (2) 公司成长快，兼并或新建了分布于不同国家或经营不同产品的企业	(1) 适应多元化经营 (2) 多方位地开拓国外市场，使公司的资源得以充分利用	设置不当时，易引起指挥失灵，经营效率低等问题

资料来源：方虹.跨国公司管理.北京：首都经济贸易大学出版社，2006

8.2.3 跨国公司组织结构的新发展

跨国公司的组织结构随着国际经营环境的不断变化也在发展。近些年来出现了一些新型的组织结构，如控股公司结构、国际网络结构和虚拟公司等结构。

1. 控股公司结构

控股公司结构(Holding Structure)是由国际核心控股公司和若干个法律上和组织上独立的子公司组成的组织结构。核心控股公司为该组织结构的战略领导核心，各子公司则独立处理各自的经营业务活动。子公司可以是跨国公司原有的国外子公司，也可以是跨国公司后并购的国外企业。跨国公司结构，如图8-10所示。

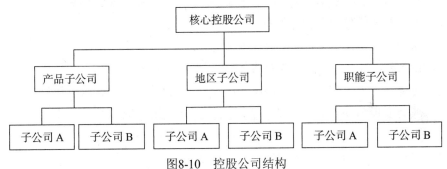

图8-10 控股公司结构

资料来源：马述忠，廖红.跨国公司管理.北京：北京大学出版社，2007

核心控股公司通过参股、吸收子公司管理人员参与高层管理机构、签订合同，以及企业文化和有效沟通等方式来协调和控制与子公司之间的关系。

控股结构包括两种主要形式：财务控股和管理控股。前者主要限于对子公司的财务资金的管理；后者则承担控股公司总的战略管理任务，具体经营任务仍由各子公司独立实施完成。

与传统组织结构相比，控股结构的优点主要有：第一，采用控股结构，核心控股公司与子公司的合作和协调关系变得简单、明了；第二，企业可以通过并购参股的国外公司而使企业迅速扩张；第三，使跨国公司具有高度的灵活性，子公司具有高度的自主权，大大提高了决策的速度；第四，便于发挥优势，实施总体战略；第五，由于企业的管理宽度大，核心控股公司不需要直接参与子公司的经营管理活动，从而能够减少跨国公司的管理费用支出。此外，该结构还能通过年度财务报表等形式增加母、子公司之间关系的透明度，以及可以享受一些国家税率方面的优惠待遇等。

控股公司结构的局限性主要在于：一是子公司之间缺少正式的沟通和协调机制，导致子公司之间协调困难；二是存在着子公司完全独立化的风险；三是当子公司的利益发生矛盾或冲突时，会限制企业总体战略的有效实施；四是在控股公司核心管理层的确定，以及企业文化建设等方面都容易遇到较大困难。

2. 国际网络结构

国际网络结构是依靠现代信息技术实施管理，以横向扁平型的网络组织逐步取代"金字塔"型层级组织的全球性组织结构。

国际网络结构借用了计算机科学中网络的概念，是基于IT应用而发展起来的一种新型的组织形式。网络组织是一个以IT为工作平台，以在跨国公司与社会组织之间以及企业内部各功能单元之间的跨边界资源整合过程中所形成的各种经济性联结为纽带，由网络联结而构成的协助系统。

国际网络结构的核心是追求在当地市场的快速反应能力，同时利用全球规模经济、寻找有特色的资源来整合地方优势。与上述各种组织结构不同，国际网络结构往往不在意三个维度(即组织、产品、地区)之间的管理平衡，而是在意行业关键性资源在全球的分布及其优势的取得和发挥。

一般来说，国际网络结构可以具有多种特点。

(1) 在全球范围内把企业分为许多不同类型的中心或经营单位。在跨国公司的网络架构中可能存在着全球化企业的多个中心，这些中心由于发展历史和行业演变路径的差别，或者表现为功能总部、或者表现为产品或地区总部、或者干脆为多个营运中心的总部。

(2) 按照"弹性集中化"原则运作。公司相关的整体战略设计由多个中心共同参与、共同决策；公司总部从传统的决策中心变为支持性机构，把许多决策转给业务层，自己转而主要负责规划整个企业系统的远景目标和战略，协调成员的利益关系等重大决策，甚至进一步发展为联邦制。

(3) 由于各个国家在经济体制、政治法律环境、文化特征及社会行为方面有着明显的差异性，跨国公司不再按照统一的标准去协调遍布于世界的业务单位，以便使各业务单位的经营活动更能满足当地市场的需要，使国际化到了真正淡化国别、立足当地的全球化企业的发展阶段。

(4) 以自由市场模式替代传统的纵向层级组织。全球性网络结构是由不同的公司、下属分公司、供应商、经销商等组成的一个全球范围内的产品研发、生产和销售网络。

(5) 企业重新考虑自身机构的边界，不断缩小内部生产经营活动的范围，相应扩大与外部单位间的分工协作。以股权、转包、生产许可证、特许经营等契约关系的建立和维持为基础，依靠外部机构进行制造、销售或其他重要业务经营活动。透过一种互惠互利、相互协作、相互信任和支持的机制来进行密切地合作。

国际网络结构的优点是：有利于解决全球化与分权化、地区化与多样化的矛盾，因为它能够把大企业和小企业各自的优势有机地结合起来，具有高度的灵活性。其局限性主要是：协调难度大、协调成本高。

3. 虚拟企业结构

虚拟企业是依托不同独立企业的核心能力，按价值链建立起来的松散型一体化联合体。

虚拟企业的主要特点：一是虚拟企业的成员可以共享对方的核心能力，相互支持和相互补充；二是虚拟企业掌握现代性信息和通讯技术，通过网络连接实现合作；三是虚拟企业不必设立职能部门，不必设立专门的协调机构，而是以程序为导向，根据企业合作发展进程对组织结构进行调整；四是虚拟企业以顾客为导向，企业根据顾客消费需求组建相应的虚拟联合体。

虚拟企业的优点：一是表现出高度的适应性和灵活性；二是企业能够更迅速地开拓和进入新的市场；三是可以节省设立组织机构和协调机构的费用以及管理费用。

虚拟企业的主要局限性表现在：一是难以形成和实施企业总的发展战略；二是难以形成企业总的价值观，难以进行企业文化建设；三是存在着企业核心技术扩散或虚拟企业成员单方面获取和利用其他合作伙伴的核心技术而设法保护自己的核心技术的风险。

4. 无边界企业结构

无边界企业又称无缝组织(Seamless Organization)，它是建立在打破组织内外部边界基础上的一种松散合作型组织结构。与母子公司之间、各子公司之间和公司与客户之间的以正式规范联系为特征的传统组织结构不同，无边界企业致力于淡化和消除企业边界的限制。该类组织结构以团队为基本单位，企业内部部门之间和员工之间的团队合作方式得到肯定和发展，这种团队还跨越企业本身的界限与企业外部的其他团队组成联合体。无边界企业联合体的成员会不断发生变化，但是整个团队的目标可以得到保持和发展。

无边界企业结构的优点：一是具有极大的灵活性，可以更好地适应企业国际业务多样化发展的需要；二是可以利用企业外不同团队各自的优势，加快新产品研究与开发和开拓市场的速度；三是可以通过加强企业内外部人际的沟通与交往，促进劳动效率的提高；四是可以减少管理层次，降低管理成本。

无边界企业结构的局限性主要表现在：目前还缺乏有效的跨企业的团队管理方法，这种组织结构通常更适合以产品和市场为导向的企业，而难以形成企业的全球战略，难以实行全球化、一体化经营。

8.3 跨国公司的生命周期与组织设计

企业的组织结构设计与企业的生命周期的长短有着密切的关系。在激烈的国际竞争中，企业不进则退，只有不断创新，形成自己的组织优势，才能在竞争中生存和发展。世界上一些大型和超大型跨国公司之所以能够历经百年而长盛不衰，重要的原因之一就在于其组织不断地创新、滚动地发展，如在半导体和通讯领域久负盛名的美国摩托罗拉公司从当年750美元、5名员雇员起家，发展到一个全球性的跨国公司，它的发展过程就是企业组织结构不断创新的典范。

8.3.1 跨国公司的生命周期与组织结构

企业种类繁多，差异很大，不同企业的生命周期差别也很大。有的企业昙花一现，尚没有形成大的规模就夭折了；有的企业虽然形成了一定的规模，但在建立现代企业制度、以科学的管理手段持续发展的路上败下阵来；而有的企业却经久不衰，规模越来越大，如荷兰飞利浦公司、美国通用电气公司等。企业的生命周期大致可以归纳为创业、规范化、成熟和衰退4个阶段(如图8-11所示)。在不同的发展阶段，企业组织结构各不相同，采取的调整策略也不相同。

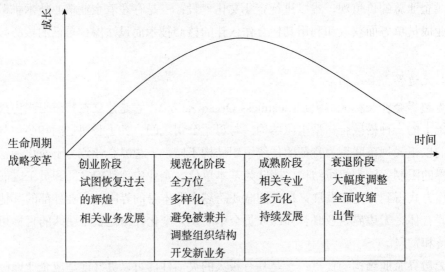

图8-11 企业生命周期

资料来源：方虹.跨国公司管理.北京：首都经济贸易大学出版社，2006

创业阶段是企业的幼年时期。在这一阶段，企业规模小、人心齐、关系简单。一切由投资者指挥，高层管理者直接设计企业结构和控制系统。企业能否生存、发展，完全取决于高层管理者的素质能力。

规范化阶段是企业的青年时期。企业在市场上初步获得成功，人员迅速增多、企业不断壮大。投资者经过不断地磨练成为管理专家，或者引进有管理企业才能的专门人才，重新确立发展目标，按照权利等级建立各个部门，职工情绪饱满，对企业有很强的归属感和自豪感。企业系统内沟通和控制机制还基本上是非正式的，仍由具有很高权威的领导者主宰一切。

成熟阶段是企业的中年时期。这时企业已经有相当规模，增加了许多参谋和辅助机构，制定了一系列加强管理的规章制度，高层与中下层管理者建立了正式的协调控制系统，有明确的分工，按规范化、程序化的模式进行工作，秩序井然。这时企业容易出现惰性，随着时间的推移，企业可能会出现信息失真、指挥不灵、工效不高等"大企业病"。

衰退阶段是企业的没落阶段。在这一阶段，企业管理不善，员工人心涣散，利润大幅度下降，出现严重亏损，难以生存。

企业在其发展的不同阶段应采取的调整策略，如图8-12所示。

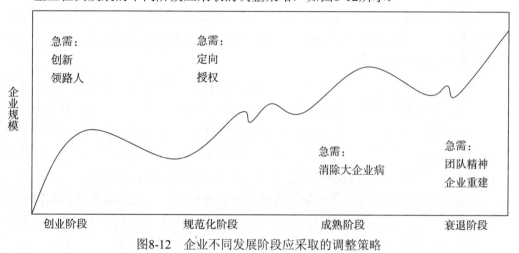

图8-12 企业不同发展阶段应采取的调整策略

资料来源：马述忠，廖红.跨国公司管理.北京：北京大学出版社，2007

8.3.2 跨国公司的组织设计

1. 组织结构的选择

前面已经讨论了现有组织结构的构成。一个有效率的组织必须遵循"战略决定结构"的基本原则。由此，企业必须首先制定出国际经营战略，然后，在战略的指导下，实施战略目标，确定能有效实施这一战略的组织结构。美国学者迈克尔·杜尔(Mikael Duerr)和约翰·罗奇(John Roach)曾指出，一家跨国公司的组织结构设计一般取决于企业对三个战略问题的考虑。这三个问题是：①如何促使以国内市场为主的企业充分利用国外的发展机会；②如何在协调全球业务方面将产品知识与地理地区知识最有效地结合起来；③如何协调好在许多国家内的附属机构的业务活动，同时允许这些附属机构保持其相对独立性。对这三个问题的回答需要考虑多个方面，一般有多种关键因素，在某种情况下，有些因素起到至关重要的作用，组织将依此而设计。不过在多数情况下，组织结构必须根据多个因素的相互作用而设计。

一是国际经营在企业经营中的地位，企业要分析当前与未来国际市场的相对重要性。如果企业目前只有不到10%的国际业务，也许一个出口部的设立就可以完成业务工作，因此企业采取出口部结构能适应经营上的需要。如果企业预计在未来几年内国际业务将增长到总业务量的25%以上，企业就需要考虑建立国际化结构或全球结构，否则企业将难以处理由于业务快速增长所带来的组织结构问题。总之，企业要根据国内市场和国外市场的相对重要性和企业发展战略来进行结构的设计。

二是企业从事国际经营的历史与经验。如果一个企业只进行了很少的国际经营活动，它就应该选择容易理解的和简单的组织结构。如果企业在国际市场中经营了几十年，积累了丰富的经验并配备了熟练的经营者，企业就有条件选择较为复杂的结构。一般在企业国际经营的初级阶段，企业常把国际经营从国内经营中分离出来，设立基本的组织来集中处理业务。而在高级阶段，企业国际经营活动日益广泛与复杂，组织结构的考虑与设置将更多地从如何协调企业内部之间的关系与活动，以充分发挥企业内部潜力的方向着手。

三是企业经营性质与产品战略。选择企业结构形式，也要考虑企业经营的性质与产品战略。如果企业只生产少数几种产品，市场相对集中，产品的市场调整不太多，那么全球职能结构将会十分有效，是企业的首选结构，当企业产品线不多，最终用户市场、营销手段与渠道具有相似性，那么，全球地区结构比较适合。当企业产品线多，最终用户分散，涉及高技术领域，那么全球产品结构具有较大的优势。

四是企业管理特色与经营哲学。有些企业成长较快，又愿意冒经营的风险和不断调整组织结构，而有些企业比较小心谨慎，只有在迫不得已的情况下，才改变其结构。同样，国内总部对海外经营保持严格控制的公司与那些给予地方子公司自主权，鼓励它们自主决策，以保持在当地竞争力的公司相比，会采取不同的组织结构。欧洲一些跨国公司其经营哲学使企业更倾向于选择有利于实行集中管理的结构形式，职能结构比较广泛地被使用；而美国的跨国公司倾向于采取分权决策的结构，为使这种结构能够更有效地运行，常设立某些控制机构，如设置利润中心来实施控制、监督与协调职能。因此，许多美国公司在产品结构和地区结构的基础上建立公司的组织结构。另外，企业对业务经营的控制方式也有差异。例如，日本跨国公司乐于采用非正式的控制方式，而美国跨国公司则更倾向于使用预算、财务数据以及其他正式的管理工具。

五是企业对重大组织结构变动的适应能力。企业在国际经营中随着销售量的不断增长，将不断调整组织结构以与之相适应。但组织结构的较大调整都会打破原有的结构与内部工作关系，如国际业务的增加将会要求国内部分经理放弃一部分权利，国内经营业绩对整个企业的影响力也会下降，如果他们不愿意这样做，有时则会用业绩来阻止变动。一些经理在不愿意放弃自己的权利时，他们往往会建立一个属于自己的小独立王国。当企业调整能力有限，主观上又不想做大的调整时，有时会不得不采取一些非正式的局部结构变动，以获得一个重大变化所可能带来的益处。

企业组织结构的最终选择，属于企业最高决策层。但是，在实践中，最高决策层一般很少把一个重大变动的决策强加给那些直接受到这一决策影响的人，而是反复考虑人事安排问题，最终将出台一个企业与个人均能接受的方案，其应是一个既考虑组织变动要求又人性化的组织结构形式。有时这个结构并非是理论上的最佳方案，而是一个妥协折中的产物。

2. 组织结构设计原则

在公司国际化发展的今天，由于市场经营环境极不稳定，公司内部关系甚为复杂，文化背景差异到处存在，技术变革前景难以预测。所以，有效的跨国公司的组织结构设计不仅要遵循传统的原则，还要考虑更加复杂的影响变量，并根据这些影响变量，确定组织结构设计的新原则。在跨国公司组织结构的设计过程中，无论组织规模及战略目标如何，以下4种原则即平衡全球化与本地化原则、合理化与灵活性原则、扁平化原则及文化适应性原则，是需要特别考虑的。

1) 平衡全球化与本地化原则

全球化与本地化是影响跨国公司组织设计的两个非常重要的变量，如何平衡全球化与本土化，是跨国公司在结构设计中必须考虑的问题。

对跨国公司的组织设计来说，这也是最具有挑战性的任务。全球化的发展确实正在使全世界的不同市场变成一个"统一的世界市场"。为了在全球市场上获得竞争优势，跨国公司追求全球规模并需要具有对全球市场变化作出快速反应的能力，这使得跨国公司必须强化其在全球范围内的控制与协调能力，以实现最佳的资源配置。

同时，每个地区市场的波动及变化同样也会影响跨国公司在全球范围的业务运作。因此，在组织设计过程中，跨国公司必须兼顾本地化与全球化的要求，其结构选择必须既有助于全球整合，又能够推进跨国公司本地化。

全球化要求跨国公司必须具有全球视野，公司战略必须体现全球经营特点；本地化则要求公司必须考虑不同地区的差异性，并按照这种差异性制定与实施公司全球化经营战略的具体措施。按照平衡全球化与本地化的组织设计要求，跨国公司总部应当成为一个多中心的网络状中心，其内部则可以采用多元化的结构形式，使不同国家的分公司在网络状结构中能充分发挥其独特的作用，并能在不同的下属分公司之间进行有效地资源配置与转移，以产生"东方不亮西方亮"的整体效益，实现跨国公司全球运作的最优化。

2) 合理化与灵活性原则

合理化是指跨国公司的结构必须能够将成本、技术、市场进行最佳组合，为每一种产品合理地确定生产地点及市场营销，以获取规模经济效益。所谓灵活性是指跨国公司必须使其结构有对国际市场竞争形势作出自动快速反应并进行自我调整的机能，同时也具有能显示跨国公司结构变革需要的早期预警机制。在全球竞争日趋激烈的今天，公司必须保持灵活、有效，才能够适应不断变化的外部环境，才能够保持竞争优势，以求生存和发展。从另一个角度看，合理化与灵活性就是产品取向与市场取向的有机整合。

3) 扁平化原则

尽管扁平化原则是传统的组织结构设计理论所提出的基本思想，但对跨国公司的组织结构设计仍然是适用的。扁平化原则的基本思想是，一个组织的管理层次越少越好，越简单越好。扁平的组织结构意味着一个管理者的"管理幅度"将被拓宽。需要与更多的雇员进行沟通，需要控制更多的雇员活动。然而，现代计算机信息技术及通信技术的发展，为管理者提升这种能力提供了现实可能性。例如，澳大利亚沃尔沃兹超市连锁集团由于使用先进的计算机管理技术，不仅在业务运作过程中实现了零库存管理的目标，而且也减少了管理层次，总公司与各个连锁店(基层业务单位)借助计算机网络可以进行及时沟通，因此，在整个组织结构中，不存在任何累赘层次。

4) 文化适应性原则

跨国公司在进行组织设计时，也必须考虑文化因素。一个组织结构必须与它的环境相适应，这里，环境包含了组织所在国家的民族文化这一内涵。由于文化的差异性，人们对组织的理解，对组织权力分配的态度，对组织内部人际关系的看法，以及人们在组织中的活动方式等都是具有差异性的。例如，在权利距离较高的国家如印度、土耳其、印尼等，高耸的组织结构能被雇员所接受，而在权力距离较低的国家，扁平的组织结构则更能有效地运作。在回避不确定性程度高的国家，决策的高度集中化是回避不确定性风险的有效形式，而在回避不确定性程度较低的国家，决策分散化则会成为鼓励雇员冒险精神及创造性的激励因素。所以，对跨国公司来说，在规划公司整体组织设计方案时，必须考虑下属分公司所在国家的文化特征，在结构设计过程中体现这种文化的多样性。

需要指出的是，在任何情况下都不存在组织设计的最佳模式。因此，在进行组织设计的过程中，管理者必须坚持权变思想，这就是最佳的组织结构必须有助于实现组织的目标，并且与公司所在的产业及规模、技术、竞争环境和文化要求相适应。结构必须是动态的、有力的，并且高度适应公司变化着的需要。总而言之，跨国公司主体的设计必须满足以下的要求。第一，必须有助于有效地实现组织目标；第二，必须有助于公司资源的全球内的有效配置及战略实施；第三，必须顾及跨国公司经营环境的复杂性及文化多样性；第四，协调与整合公司的全球化与本地化的双重要求，并在公司总部与下属分公司之间建立起符合公司竞争要求的快速沟通渠道；第五，必须能够对环境、市场、技术等因素的变化作出快速反应；第六，必须符合公司倡导的价值观，显示公司的独特经营风格；第七，必须有助于强化公司的核心竞争力；第八，必须与公司国际化发展阶段的要求相吻合，当公司由国际化低级阶段向高级阶段演变时，能够及时发出公司结构需要变革的预警信息。

跨国公司的管理者必须熟悉每一种组织其国际业务运作的结构形式的优势和劣势，了解合理的组织结构设计与选择的基本原则和方式，并能根据组织外部环境与内部环境变化的需要，及时调整组织结构，使其适应公司全球竞争战略的要求。

8.4 跨国公司的组织控制与管理体制

8.4.1 跨国公司的组织控制

跨国公司的组织控制通常是指跨国公司对其遍布全球的海外分支机构的控制，主要内容是对海外分支机构中的人、财、信息等资源的运用状况和成效控制。跨国公司的组织控制模式、手段和方法是多样化的。但无论选择何种控制模式，都要以能够最大限度地实现战略协同效应和发挥母、子公司资源共享优势为目的，要能够保证跨国公司和子公司双方共同利益的最大化和各自利益的平衡。

1.跨国公司组织控制方式

跨国公司对海外分支机构的控制，根据控制角度与深度的不同，有战略控制、股权控制、组织控制、人力资源控制、财务控制、文化控制等。

1) 战略控制

战略控制是指在战略实施过程中，根据战略目标和行动方案，对战略实施的过程进行全面监督、检查、评审以及纠偏、调整的过程。跨国公司战略控制的功能是要保证公司战略实施的稳定性，同时又要保证战略的实施能够适应环境的变化。

跨国公司的战略控制主要是指在实施公司整体战略时，对其子公司的战略过程所进行的控制，其目的是使跨国公司的整体战略与子公司的战略有机地结合起来并得以实现。为了达到这一目的，就要对子公司的战略制定过程和战略实施过程施加有效的影响和控制。

(1) 跨国公司对子公司战略制定过程的控制。为了使子公司的发展战略能够反映跨国公司整体经营战略的要求，母公司通常对子公司的战略选择施加直接干预或间接干预。其采用的手段有很多种，如在把握子公司绝对控制权的条件下，跨国公司可以对子公司战略目标的制定施加直接影响，直接向子公司下达指令性目标，实行自上而下的战略计划管理方式；或是向子公司提出指导性目标，通过确立或设立决策参数来引导子公司的决策制定过程。对战略方案拟定的影响还表现为，通过承诺提供所需要的资源，以达到引导子公司采取跨国公司所期望的战略方案的目的。

(2) 跨国公司对子公司战略实施过程的控制。对战略实施的控制主要表现为跨国公司对子公司所需资源的供应控制，如资金、技术和原料的供应等；对子公司关键职能领域的控制，如研发领域、财务管理领域的战略实施，对子公司高层管理人员的控制；对子公司主导产品和业务实行战略控制，如控制主导产品的营销渠道等。

2) 股权控制

股权控制是指通过股权占有对子公司实施的控制。股权占有直接关系着母公司对子公司的控制力度。跨国公司在从事海外直接投资时，设立的分支机构可有多种选择，如在子公司和分公司之间进行选择，在独资公司与合资公司之间进行选择等。不同形式的选择会导致跨国公司对子公司控制力度的不同。通常跨国公司对分公司和独资公司有着较强的控制力度，对于相对控股的子公司和参股合资公司的控制力度较弱。

在选择国外分支机构的设置时，需要从企业的实力、社会形象、预期的经营状况和所在国的法律等方面综合地加以考虑，采用更为合适的组织结构形式。一般来讲，企业实力雄厚、国际知名度高，可以选择分公司或独资公司的形式，以利于借助母公司的声誉，打入新的国际市场；若预期的投资环境具有较大的不确定性，经营风险较大，则可考虑采用合资的股权结构；如果预期企业在国外的分支机构在初期时会有亏损，则可以选择分公司的结构形式，以减少总体的亏损。

3) 组织控制

组织控制主要是指跨国公司对组织结构设计及其设计方法的控制。组织结构的控制，目的是为公司战略实施提供组织保证，同时又要保证组织结构能够适应环境的变化。

(1) 组织结构的控制。跨国公司的组织结构具有多种表现形式，既有国外子公司结构、市场部结构，也有全球性组织结构的多种形式。各种组织结构形式既各有利弊，也各有不同的使用条件和范围。一般来讲，多国母、子结构比较适合国际化经营初期对全球战略和当地战略的强度都不高时，全球性地区组织结构能够有效满足"思维全球化，行为当地化"战略的要求；全球性产品组织结构能够具有更强的全球视野；全球性网络组织结构能够具有更强的灵活性、适应性和竞争力。

(2) 集权与分权的控制。在跨国经营过程中，母子公司在不同管理层次之间的权力分配上有着不同的要求和表现，从而构成了组织权力系统的不同类型，即集权型与分权型两种控制类型。集权型控制是母公司拥有经营决策权，子公司只有一般业务决策权；分权型控制是将经营管理权限下放给子公司。不管是集权制还是分权制的组织体制都有其不同的适用条件。

4) 人力资源控制

人力资源控制是指为使员工的行为更有效地趋向于组织目标而进行的控制。控制工作从根本上来说是对人的控制。由于人的行为是人的价值观、性格、经验和社会背景等多种因素综合作用的结果，而这些因素本身又很难用精确的方法加以描述，这就使得对人力资源的控制成了控制中最为复杂和困难的一部分。

跨国公司总部本身不可能对海外分支机构全面地实行人力资源的集中管理。如国外子公司员工的招聘、一般的工资管理、员工培训等方面的决策和管理权通常由子公司自行负责。跨国公司总部对子公司人力资源控制的对象主要是子公司总经理和其他高级管理人员和技术人员。对人力资源常用到的控制方法主要是对经理人员的任用、培训、考核和激励等。关于跨国公司人力资源管理的内容，已在本书第7章中有所体现。

5) 财务控制

跨国公司的财务控制是指母公司通过制定财务政策，对子公司内部的财务和会计实行严格的监控和管理。财务控制的目的在于：一是通过对子公司财务部门的直接控制，如利润和红利分配，获取期望的利益；二是借助各种转移机制，如转移价格机制、提前或延缓支付等机制的运用，来实现跨国公司利益最大化的目标；三是借助发达的金融网络获取对子公司资金供应的控制。

跨国公司财务控制的核心，正是跨国公司与其子公司之间得以形成的联结纽带，即资本控制。这主要是通过财务管理的权限控制、组织控制和人员控制来实现的。

(1) 财务管理的权限控制。跨国公司通过建立强有力的母、子公司财务控制体系，能够控制和协调各成员企业的活动，这是集权与分权问题的直接体现。其手段有：集中核算、预算管理、合并报表和资金管理。通过集中核算实现母、子公司财务的集约化管理；通过预算管理达到对子公司的"分散权责、集中控制"；通过合并报表达到监控和反馈子公司经营状况的目的；明确对子公司资金管理的集权程度。

(2) 财务管理的组织控制。跨国公司通过设置合理的母、子公司组织结构实施对财务的有效控制，包括有关财务职能的组织结构和其他牵制财务职能的组织结构。

(3) 财务管理的人员控制。跨国公司要具备有效的母子公司财务监管体制，对子公司的重要的监督手段是财务监督，要在子公司财务机构和财务人员的职能设置上体现出子公司的财务人员是母公司的财务人员，而不是子公司经理的财务人员。

6) 文化控制

企业文化是企业在长期的创业和发展过程中培育形成并共同遵守的最高目标、价值标准、基本信念及行为规范。它是企业理念、形成文化、物质形态文化和制度形态文化的复合体。优秀的企业文化可以为企业提供优秀的管理理念和管理机制，对企业的发展具有极强的导向和凝聚作用。良好、健康的企业文化能够提高效率，提升品牌含金量，增加产品的价值，从而增强企业竞争力和生命力。因此，输出企业文化成为跨国公司对国外子公司实施控制的重要手段。

跨国公司通过向子公司移植其管理思想、管理文化、管理制度和管理程序，一方面直接影响子公司管理制度和管理程序的制定和管理方法的运用，使子公司的经营管理与跨国公司的管理体系兼容；另一方面，通过间接的方式影响和调节子公司的经理人和员工的思想与行为，使子公司的经理人和员工认同和接受跨国公司的管理制度、经营战略与策略,从而将子公司的管理与跨国公司的管理对接,实现对子公司的控制。有关跨国公司文化管理的相关内容会在以后的章节里进行更进一步的分析。

2. 跨国公司母、子公司结构的控制

跨国公司在从事海外直接投资时,设立的分支机构可有多种选择,如在子公司和分公司之间选择,在独资公司与合资公司之间选择等。不同形式的选择会导致跨国公司对子公司控制力度的不同。因此,在选择国外分支机构的设置时,需要从企业的实力、社会形象、预期的经营状况和所在国的法律等方面综合地加以考虑。

1) 分公司

分公司,是指总公司根据需要在国外设置的直属分支机构。从法律意义上讲,分公司只是总公司的一部分,不是独立的法律实体,不具有法人资格。其法律特点主要是:①由总公司授权开展业务,自己没有独立的公司名称;②分公司的全部资本都属于母公司,其债务由总公司负无限责任;③分公司在经济上没有独立性,母公司通过业务直接领导的方式对其进行控制,其全部的生产经营活动都由总公司统一指挥。

由于总公司与分公司同为一个法律实体,因此,虽然分公司设在海外(东道国),但其仍受总公司所在国(母国)的外交保护。它在东道国公众心目中的形象也是外国公司,不能视为当地公司,因此在民族主义潮流高涨的环境中开展业务会处于不利的境地。它从东道国撤出时,只能出售其资产,而不能转让其股权,也不能与其他公司合并。

跨国公司在海外设置分公司的有利方面,主要有以下几点。

(1) 设置程序简单。分公司不是独立的法人,在设置上只需要以总公司的名义向所在国有关管理部门申办即可。

(2) 管理机构精炼。分公司在所有的生产经营决策上均服从于总公司,不需要过多的管理部门与层次,只需保证顺利地执行总公司的决策即可。

(3) 直接参与总公司的资产负债。分公司自己不具有资产负债表,其收益与亏损都反映在总公司的资产负债表上,而且直接分摊总公司的管理费用,同时在税负方面也较子公司要轻。

跨国公司在国外设置分公司也有不利的方面,主要表现在以下几点。

(1) 总公司要为分公司清偿全部债务。由于总公司对分公司债务所负责任为无限责任,所以在特殊情况下,东道国的法院还可以通过诉讼代理人对总公司实行审判权。

(2) 总公司在设置分公司时,东道国的有关部门往往会要求其公开全部的经营状况,这对总公司想要保守商业秘密的初衷是极为不利的。

(3) 东道国往往只关心本国的企业,一般很少关心对作为外国公司的一部分的分公司的经营状况。

2) 子公司

子公司是相对母公司而言的。母公司是指通过掌握其他公司一定比例的股票或资产,从而能实际控制其营业活动的公司。受母公司控制的公司就是子公司。

子公司是指资产全部或部分地为母公司所有，但根据东道国法律在当地登记注册的独立的法人组织。从经营形式上看，子公司可以是母公司的独资企业，也可以是母公司的控股子公司。其法律特点是：①它是独立法人，可以有自己的公司名称和章程，可独立进行诉讼活动；②财务独立，自负盈亏，可公开发行股票，并可独立借贷，而分公司则往往需要总公司担保才能在东道国借款；③停业撤出时可出售股权，或与其他公司合并，或变卖资产，以回收投资；④子公司在东道国注册登记，须受东道国法律管辖，不受母公司所在国政府的外交保护。

母公司与子公司是控制与被控制的关系，这种关系主要是通过股权拥有来建立的。股权拥有关系的建立有两种基本方式：一是母公司购买其他公司股票并达到控股程度；二是母公司自己投资或与其他公司联合投资创办股份公司，并在新建公司中控股。此外，母公司结构的建立还可以通过非股权参与，即以协议形式参与。

按照母公司在其子公司中占有的股份，即股权拥有量的多少，母、子公司结构的类型可分为以下4种：①全部拥有，股权占95%～100%；②多数拥有，股权占51%～94%；③对等拥有，股权为50%；④少数拥有，股权在49%以下。其中，股份全部由母公司拥有的子公司称为全资子公司，母公司持股达到控股程度的子公司称为控股子公司，母公司未达到控股程度的子公司称为参股子公司。

跨国公司在国外设置子公司的有利之处表现在以下几个方面。

(1) 具有资金放大效应。股权分散化可以使母公司无须掌握50%以上股权，就能控股子公司。

(2) 子公司独立承担债务责任。母公司对子公司只承担有限责任，这样就减少了母公司的经营风险。

(3) 子公司可以具有较多的资金来源渠道，可以充分利用东道国的资金市场。

(4) 子公司代表东道国企业的形象，有时比分公司或其他机构更为有利，容易被当地所接受，在经营业务上很少受到限制。

跨国公司在国外设置子公司的不利之处表现在以下几个方面。

(1) 子公司在国外注册登记的手续比较复杂，需要经过严格的审查程序。

(2) 子公司不能直接分摊母公司的管理费用，也不能像分公司那样，可通过账户合并，将亏损转移给总公司。

(3) 有时容易与东道国的利益发生冲突，当有东道国的股份参与时，容易受牵制。

母、子公司之间的管理关系也存在着集权与分权的矛盾。子公司的产品技术复杂程度高、多种经营程度高、地域分布广泛、所处经营环境不确定性大以及母公司国际管理经验少等原因，都会使母公司放权给子公司，使其可以进行自主管理。反之，母公司就会实行相对的集权管理。

3) 子公司与分公司的选择

一般来讲，企业实力雄厚、国际知名度高，可以选择分公司或独资公司的形式，以利于借助母公司的声誉,打入新的国际市场。同时,如果预期企业在国外的分支机构在初期会有亏损,则需选择设立分公司,以减少总体的亏损。但是,如果所在国的法律对分公司的形式有较严格的限制,则需要考虑采用子公司的形式。

总之,跨国公司需要从上述因素出发,综合分公司与子公司各自的利弊,以实现企业总体目标为目的,选择最符合企业利益的国外组织机构形式。

3. 跨国公司集权与分权的控制

企业的组织控制,说到底是一个集权与分权的问题。而所谓集中与分散,并不是非此即彼,在有些决策必须集中的同时,其他决策却可以分散。企业的组织形式,应该体现决策的集中与分散的要求,对集权层面、分权层面及其可以被分散的程度,应有较为明确的划分。

跨国公司为了使组织能够灵活运行,势必要将部分决策权授予各子公司,从而产生了集权与分权的问题。这是跨国公司组织控制中的核心问题。一方面,跨国公司需要通过集中决策来指导分散在全球的子公司;另一方面,为了使子公司能够灵活运行,以适应东道国的不同环境要求,也势必要将部分权利授予各子公司。

集权与分权的主要内容是:如何将重要的经营决策权和管理权集中在跨国公司的公司总部,以保证跨国公司的经营思想和战略目标能够真正得到贯彻执行,同时又能够将需要各个分支机构根据经营外部环境的不断变化而自主决策的部分管理权适当地下放。

1) 集权

跨国公司集权的优势在于,可以统一协调跨国公司的经营活动,节约资源和提高经营效率。为了提高经营资源在各子公司之间的配置效率,必须强化对各子公司的控制,使其运营作业相互协调。集中管理体现在跨国公司总部是最高的统一指挥机构。公司的最高经营决策机构是公司董事会,董事会下设董事长、副董事长和若干个常务董事和非常务董事。公司的最高行政长官是总经理,他对跨国公司的董事会负责,是公司董事会经营决策的具体执行者。目前由于跨国公司经营环境开始发生巨变,为了更好地适应跨国公司经营环境和管理结构复杂化的要求,很多跨国公司开始实行和强调集体领导体制,这改变了以董事长和总经理的经营决策负责制为主的传统方式。电子计算机和通信技术的发展,助长了集权式管理的倾向。在跨国公司董事会内设立执行委员会、管理委员会、董事长办公室、总经理办公室等机构,作为跨国公司的经营决策中心,负责跨国公司的最高层管理工作,有的跨国公司还设有财务、审计、人事、法律等专门委员会。

但是,集权制却使子公司经理人缺乏工作上的激励满足,很容易产生强烈的挫折感,使其士气低落,缺乏主动表现的动力,发展下去可能导致子公司经理人对在其自行决策范围内的问题亦缺乏积极的表现。实行集权制,需要在母公司与各子公司之间进行大量沟通，费时费钱，又难免因信息失真而导致决策失误，或导致正确的决策无法被适当地执行等情况的发生，更可能因时间延误导致获利机会的丧失。另外，母公司为了对企业整体进行严密地控制，往往需要搜集大量信息。由于信息处理量的增大，决策就相当费时，因此无法提高决策的效率。总之，集权制无法提供现代企业在复杂多变的经营环境中所需的迅速决策与弹性的应变机制。采取集权组织形式的主要优缺点，如表8-2所示。

表8-2 集权组织形式的主要优缺点

优点	自上而下的指令线，具有权威性 对关键资源实行集中决策，强化对财务等部门的控制 生产制造与控制可实现规模经济 总部掌管与控制全球战略目标和战略 总部的管理能力因招聘到优秀人才而得以提高 各分支机构的行动能得到统一，全球战略易于实施
缺点	公司对当地市场需求的适应能力减弱 不易根据当地市场需求情况调整产品 各分支机构常强调自身利益、协调差、合作少 总部与分支机构的管理关系不合理

资料来源：梁镇，郝清民，刘安.跨国公司管理.北京：中国铁道出版社，2006

2) 分权

跨国公司的分权管理，体现在跨国公司的各个分支机构是具体实现公司利润计划的责任和独立核算单位。公司的各个分支机构根据跨国公司的总部经营决策，自己负责产品设计、原材料采购、成本核算、产品制造和产品销售活动。在完成跨国公司总部的经营计划指标后，可以自行决定增加生产数量、品种及采取其他经营管理措施。

分权的优势在于，由于母公司与海外子公司相距甚远，联络不便，各国经营环境差异又很大，母公司对子公司的日常经营活动很难进行有效的监督和控制，因此，在企业国际化以后，不仅在组织结构上需要作适当调整，在管理形态与决策过程上也需要适当分权，使海外子公司的经理人员在复杂多变的环境中，无需请示即可迅速采取富于针对性的应变措施。而且分权可以激励子公司经理的创造性与成就感，使其发挥全部潜力，致力于组织目标的达成。

但是，过度的分权往往使企业内部各项决策发生矛盾。例如，在政策执行上各部门之间常缺乏相互的配合，参谋人员的重复雇用，以及对局部有利而对整体却并非最有利等现象都会发生。此外，当跨国公司增加海外子公司的决策权时，总部的经理人员必然会因职权下放而丧失一部分利益，从而易引发争权的冲突。因此，除非企业能明确地将母公司与子公司的权限界定清楚，否则极易发生双方在研制开发等方面的重复投资，造成经营资源的浪费。采取分权组织形式的优缺点，如表8-3所示。

表8-3 分权组织形式的主要优缺点

优点	子公司管理层有较高的自主权 对当地市场能深入了解，能迅速对市场变化作出反应决策 子公司管理层比较有"企业家精神" 子公司有当地企业形象，能较好地融入当地市场 能较好地适应当地文化，采取当地习惯的做法 子公司的绩效有人负责 能适应东道国的某些政策要求
缺点	子公司权限过大会使总部全球战略执行起来很困难，目标不易统一 各子公司分权运作，易受采取全球一致战略公司的挑战 各子公司之间沟通不易，交流与合作很少 子公司重复设置的机构带来整个公司的臃肿和成本增加 资源配置上可能过于分散与不经济

资料来源：梁镇，郝清民，刘安.跨国公司管理.北京：中国铁道出版社，2006

集权与分权决策各有利弊。企业组织机构在设置和决策管理制度的确立中，应该充分利用集中决策的各种优势，如协调各部门各子公司之间的活动，降低成本，节约开支，从战略和全局的高度制定企业的战略目标，实现企业整体最优。同时，也应考虑分散决策的有利一面，如能够灵活及时地控制千变万化的国际经营活动，当机立断地作出决策，激发下属机构或部门的经营主动性和积极性，能使公司总部管理层从繁忙的具体工作中解脱出来，专注于全盘战略与发展方向方面的思考与决策。当然在实际中处理集权与分权仍然是比较困难的，布鲁克等学者在研究了9个国家的跨国公司在附属机构组织关系、母公司—子公司决策权以及控制体系后，得出"分权其表、集中其实"的结构。这是一种值得借鉴的组织控制准则。

3) 影响集权与分权的因素

(1) 国外分支机构发展的阶段。跨国公司对海外子公司的管理方式，应考虑其进入当地市场的时间及业务发展程度。

① 导入阶段。初涉海外市场的跨国公司，因对新市场不甚了解，不敢贸然大量投资。为了在最低财务风险下，测试产品在该市场的销售潜力，多采用出口、技术授权等方式，将部分产品线导入该市场。在此阶段，母公司常对该市场的产销负完全的责任。

② 成长阶段。为了有效把握当地市场机会，母公司势必要增加在当地的运营作业，扩大在当地的产品线。因此在当地增设子公司，或加大当地原有子公司的产销规模，并逐渐扩展当地子公司的管理职能。在此阶段，母公司与国外子公司的关系变化很大：先是为配合当企业的急速发展而给予子公司较大的自主权，又随业务的逐渐稳定转而采取集中控制，随着子公司成长至有足够的经营管理经验时，再一次放权。

③ 稳定阶段。在此阶段，子公司享有相当程度的自主权，尤其在当地经营政策的制定与例行管理作业上更是如此，并且常以当地企业的姿态出现，由当地人持有部

分股权。

(2) 产品特性。产品特性虽然不是影响集权、分权的一项很重要的因素，但就整体而言，其间仍存在一定的相关性。

① 产品线的广度。跨国公司的产品线一般分为单一产品线、技术类似和产品相关的多重产品线、技术类似和产品不相关的多重产品线。产品线的广度，对母公司的授权程度有极大的影响。产品多样化程度低的公司一般采用集权式管理，因为产品线较窄，任一产品对企业经营都具有举足轻重的影响，从而导致母公司对任何能够影响子公司销售额及利润的决策，均予以特别关注。当然这也因为产品线的狭窄为母公司的集权管理提供了便利。相反，拥有多重产品线的跨国公司，不仅面临地理上的分散，还须应付多重产品种类之间的差异，所以多采用分权式管理。

② 新产品。某项产品对子公司、甚至对当地市场而言，若是新产品，则母公司对其行销决策一般都采用集权式的督导控制。原因有两个：一是考虑整体信誉，避免新产品达不到母公司标准而上市；二是某些制造及进入市场所需的专有技术还需母公司提供。这就是说，为了降低新产品导入市场的风险，集权督导是必需的。其实从子公司的立场来看，由于对该新产品缺乏足够的预算和营销经验，也亟需母公司的帮助。不过，如果新产品是针对当地的特殊情况开发的，则跨国公司一般会允许子公司自行负责这种纯粹地区性新产品的营销决策。

③ 产品的技术特性。一般来说，跨国公司的产品和技术开发都集中于母公司。因此，对一些技术复杂的产品线，母公司自然会采取集权式管理。反之，相对于工业性产品而言，日用消费品一般采取分权式管理。

(3) 市场差异及竞争情况。由于各国市场环境及消费者偏好等方面的差异，有些产品必须在各国制定不同的营销计划，此时母公司就需要对子公司采取分权式管理，以适应当地消费者的特殊偏好。此外，当国外市场竞争激烈时，许多跨国公司为了应付当地市场的急剧变化，也往往采取分权式管理。

(4) 子公司之间相互依赖的程度。跨国公司将其各子公司进行专业化分工、协同生产，以期降低制造成本、保证质量、提高市场竞争力，这种全球性的生产统一调配政策将提高各子公司之间的相互依赖程度。因为任何子公司的生产决策都会对其他子公司产生重大影响，母公司势必采取集权式管理，以协调各子公司的决策。总之，如果跨国公司的各个单位在生产、营销、财务方面的相关程度很高，而没有适当加以控制，或子公司之间的业务往来，成本计价方法没有划分清楚，那么，对跨国公司的整体利益必然会产生不利影响。

(5) 对国外投资事业的控制力。跨国公司在海外的子公司若是合资企业，当地股东基于本身的利益，往往会产生与母公司相悖的意见，对跨国公司的全球战略行动产生牵制作用；如果该子公司是刚从当地收购的，母公司对当地业务、经营状况及经理人员还不太了解，无法加以充分的指导，自然只有采取分权式管理。

(6) 管理者的个人素质。企业组织是由人构成的，任何组织问题都离不开人的因素，所以管理者的素质对组织结构及权利分配影响极大。

① 母公司高级主管的管理哲学。跨国公司对管理形态的选择与母公司高级主管的管理哲学密切相关。倾向于独裁思想的管理者，较偏好于集权式管理；而倾向于民主、自由思想的管理者，则较偏好于分权式的管理。

② 子公司经理人员的管理能力。国外子公司经理人的管理能力，对母公司与子公司之间关系的影响相当大。母公司在考虑对各子公司授权时，首先要考虑这个问题。尤其在一些具有极大潜力的海外市场，为了充分把握机会，经理人的能力常被慎重地考虑。如果当地子公司的管理制度不健全或其经理人不熟悉整个跨国公司的经营状况，则可能会对母公司的许多措施产生牵制，母公司就不得不考虑采取集权式管理。反之，母公司则应赋予子公司较大的自主权。

总之，集权与分权的决策实际上是一种取舍与权衡。对集权与分权的决策可以从业务性质、功能特点和活动类型三个方面来决定。企业应对每一业务进行仔细分析，搞清每一项业务所需的集权与分权的程度，以决定适合业务的组织结构与工作流程。

企业应对每一业务的功能特点进行剖析，分清不同业务功能需要集权与分权决策的程度，从而决定结构形式和工作流程。例如，对大多数的企业来说，研发、战略制定、财务比较需要全球协调与集权管理，而销售等功能则基本上以当地需要为基础，根据当地市场的特点来作出决策，因此多采取分权与自主权较大的结构形式。而对于生产制造来说，集权与分权的区分较模糊，全球性生产、区域性生产及当地化生产的要求都可能，故可以视具体情况决定决策权的问题。

企业还应对每一功能所需的特定活动进行分析，以确定对集权与分权的要求。例如，在整个公司全球战略远景目标的设定上，需要总部一级来进行规划与设想，而对各子公司的具体战略计划，则可以由下面制定，再上报总部进行审查与整合。又如在研发功能方面，研究的主题与范围通常由总部决定，研究人员的聘用由总部与分支机构共同决定，而对研究进展的检查与具体管理则由分支机构负责，采用分权制。

8.4.2　跨国公司的组织管理体制

跨国公司在国外的经营活动，需要从全球角度重视竞争的威胁，并寻找对外渗透的机会。因此，既要考虑加强总部的集中决策和控制，又要充分发挥子公司的灵活性和积极性。对具体的公司来讲，在机构设置时，应首先对集权与分权的范围和程度加以充分地考虑。

按照集权与分权的程度进行区分，跨国公司大致可归结为以下三种不同的管理体制。

1. 本国中心型组织管理体制

"本国中心型"(Ethnocentrism)是指母公司对海外子公司的管理采取集权式的计划与控制，这是一种高度集权的管理体制。在这种体制下，跨国公司的一切方针、战略决策以及策略措施等，都由企业总部统一制定，各子公司按照母国总部的要求，统一步调、统一行动，企业总部将其经营计划和方案以命令的方式下达给子公司，国外子公司按照总部制定的方针、政策、计划进行生产经营活动，其业绩用企业总部的会计体系和母国的通货进行考核评价。该体制中母公司的目标高于一切，任何子公司的活动都必须为实现母公司的目标服务。母公司领导直接听取子公司的汇报，然后发布指示和要求。公司领导人还定期或不定期检查子公司计划的执行情况，协调各子公司的业务活动。这种管理体制的优点是便于企业统筹安排生产和销售，便于资金的筹措与配置，有利于提高跨国公司的整体效益。其缺点是权力过于集中，下属各子公司缺乏自主权，很难适应多变的国际市场环境。

2. 多元中心型组织管理体制

多元中心型(Polycentrism)组织管理体制是以各子公司为中心的分权管理体制。由于国际市场环境的复杂多变，跨国公司需要给其子公司以更多的自主权。在多元中心的管理体制下，跨国公司总部仅对重大方针、政策、战略、规划、标准以及投资、财务等有决定权，各子公司是实现利润的独立核算单位，有关生产、技术、销售、供给等问题由各子公司自由决策，企业聘用的子公司经理以当地人为主，子公司的业绩根据东道国的标准衡量，用东道国的货币及结算制度评价。在这种体制下，子公司拥有较大的经营自主权，可以独立地捕捉市场机会以适应环境的变化。这种管理体制适用于市场比较分散，不特别需要统一行动的跨国公司。其优点是能发挥各子公司的积极性，且易受到东道国的欢迎。不足之处在于母公司难以调配资源，各子公司的信息、技术、资源等难以共享。这一体制对于那些市场分散、投资国环境稳定、难以统一行动或无需统一行动的跨国公司比较适用。

3. 全球中心型组织管理体制

全球中心型(Geocentrism)组织管理体制将集权与分权结合在一起，跨国公司的战略决策及关键性经营决策由总部统一制定，具体的经营活动与管理活动由各子公司自主进行。跨国公司总部与子公司的关系是在保证企业总部有效控制的前提下，给子公司较大的自主权以调动其积极性。这种体制与本国中心的管理体制相比有更多的分权，与多元中心体制比有较多的集权。全球中心的管理体制淡化了企业的国籍，而更多着重于适应全球性的经营活动。现已为越来越多的跨国公司所采用。

随着企业规模的进一步扩大，全球中心管理体制成了许多跨国公司的选择。因为一方面，可以通过合作，使母公司与子公司的经营目标充分实现，使双方的积极性得以释放；另一方面，也照顾了母国和东道国的利益，缓解了国际性的经济矛盾与政治矛盾。

以上三种管理体制，跨国公司应根据不同情况分别采用。就一般情况而言，早期的跨国公司由于规模小、产品种类比较单一，采取本国中心或多元中心的管理体制的较多。随着跨国公司规模不断扩大，产品品类增多，业务庞杂以及管理层次复杂等原因，为保证跨国公司战略目标的实现，需要加强总部的集中管理和控制。但是国际市场竞争十分激烈，市场环境多变，子公司需要有较大的自主权才能与之相适应，并发挥其灵活性和积极性。全球中心的管理体制则把高度集权和广泛分权结合起来，充分发挥母公司和子公司的作用。全球管理体制目前为规模较大的跨国公司所普遍采用，但跨国公司采用哪种管理体制也不是固定不变的。由于管理体制的合理与否对公司的发展、经营的成败有着重要影响，所以跨国公司在其发展过程中必须不断调整集权与分权的范围。

8.4.3　跨国公司的组织变革与创新

世界上的一切事物都是不断发展、变化的，没有哪一种组织结构能使企业长盛不衰。随着跨国公司从事跨国经营活动不断深入以及国际市场竞争的日趋激烈，企业必须根据各种环境因素的变化及时调整组织结构，选择适宜的组织结构是跨国公司经营成功的保证。以下主要就信息技术使组织结构产生的变化进行论述。

1. 信息技术革命对跨国公司组织结构产生的影响

1) 信息网的大规模化与组织界限的模糊化

在信息技术发展的初期，企业的信息系统多限于企业内部，往往是封闭式的。而现在，信息网日益大规模化，它逐步超越企业、产业、地区的范围，甚至跨越国界，这就使得企业的管理者、技术人员以及其他的组织成员，比较容易打破企业之间、产业之间、地区之间、甚至国家之间的壁垒，进行各种信息交流，共享信息资源。企业的经营活动将越来越不受时空的局限，因而，企业组织的界限不再像过去工业经济时代那样清晰可辨。与其说企业是一个存在于某一地理位置，由人、厂房、设备、资金等构成的实体，不如说它是一个由各种要素和机能组成的系统。企业作为一个大的现代信息传递网，能够比较容易地使自己企业中的某一要素或几种要素与其他企业系统中的某一种要素或某几种要素相结合，形成高层次的技能，形成新的生产力。如近年来，国外的许多制造企业将自己的工作中心放在产品开发和设计等关键工序上，而将加工组装等工序委托给外部企业。

2) "多对多式"的信息传递方式与组织的水平化

现在，发达国家信息传递方式已经由单向的"一对多式"向双向的"多对多式"转换。互联网的建成使得各信息处理之间的关系发生改变，不再是纵向的主从关系，而是水平的对等关系，信息处理的主体既是信息的接收者，同时也是信息的发出者，传统的自上而下的所谓"金字塔"式的阶层组织已经越来越难以适应这种变化。建立在新的信息传递技术之上的企业组织，将越来越通过水平、对等的信息传递来协调企业内部各部门、各小组之间的活动。组织形态正在从"阶层化"向"水平化"的方向转变。

2. 跨国公司的组织变革

跨国公司在现代信息技术革命的推动下，组织内部信息交流渠道日益通畅，管理协调与控制的手段也日益先进。从外观上表现为并购、跨国战略联盟浪潮及研究与开发的全球化趋势，从内部看，其组织结构也发生了深刻的调整与变革。

1) 信息时代的组织结构再造——变"扁"和变"瘦"

信息时代微电子技术的发展、信息处理技术的进步，加快了信息的收集、传递和处理，缩短了组织高层与基层之间的信息传递距离，提高了决策的速度，生产指令可以一步到位。现在企业需要的是能迅速、明确领会高层管理者意图的工人，工人不再只是简单地执行自金字塔顶层下达的命令。一线作业人员与各级管理人员的界限模糊化。现代企业需要改变传统纵向管理体制，以最新的信息技术为后盾，寻求低成本、高效率、重人性、讲团队、精干、灵活、机动而又能实现规模经济优势的新体制，让传统的组织结构变"扁"和变"瘦"。

所谓"扁"，就是形形色色的纵向结构正在拆除，中间管理阶层被迅速削减。据观测，美国现在的一般公司的管理层有11～13层，今后将会减少1/3左右。而中间管理人员将会削减10%～14%。比较理想的组织是，在高层只保留一个精干的高层经理小组，以发挥其在财务、人事等方面的辅导作用。目前，世界上许多跨国公司都在进行着这方面的组织改造，力求压缩中间管理层，使信息流更加快速、通畅。所谓变"瘦"是指组织部门横向压缩，将原来企业单元中的辅助部门抽出来，组成单独的服务公司，使各企业能够从法律事务、文书等各种后勤服务工作中解脱出来。

2) 新型组织结构下的管理体制——横向管理体制

随着组织结构的重造，跨国公司的组织管理正逐步转向横向管理体制。网络结构能有效地实现知识的交流和才能的发挥，企业由上下级之间实行命令和控制转向以知识型专家为主的信息型组织。现代公司的组织协作需要大量的专家通过高效率的信息传输途径来传达，互通信息。使公司内的沟通更加透明。由于较多的横向协调关系取代了纵向关系，公司管理的民主化程度进一步提高，各环节专家们从新产品的研究开发到推向市场销售，都始终处于一个网络中并进行着密切地合作。这样的组织结构，既保证了总公司总体经营战略的实施，又提高了公司运作的灵活性。总公司在对下属实施有效管理和控制的同时，又最大限度地激发了各子公司的主观能动性，增强了他们的责任感，充分体现了"分散经营、集中调控"的管理原则。

本章思考题

1. 简述跨国公司组织结构演变中4个发展阶段的主要内容。

2. 什么是传统组织结构与全球组织结构？其特征分别是什么？

3. 试述三种典型的传统组织结构类型的含义及优缺点。

4. 试比较全球矩阵结构与全球混合结构的异同。

5. 简述全球网络组织结构的含义及优缺点。

6. 跨国公司组织结构选择需要考虑的因素有哪些？

7. 简述组织内部集权与分权的优缺点及影响因素。

8. 试述跨国公司三种内部管理体制及其基本特征。

9. 试述信息技术革命对跨国公司组织结构产生的影响。

10. 一个跨国企业采用分权控制方式管理海外分支机构，你认为是什么原因促使他采用这样的方式？采用这种方式会遇到什么样的问题？

●案例●

IBM矩阵式的组织结构

近些年来，IBM、HP等著名的外国企业都采用矩阵式的组织结构。尽管我在管理学的教科书上看到过对矩阵组织优劣的探讨，但很难有切身的感受。这次听叶成辉先生谈起自己经历着的IBM公司的矩阵组织，让我感到受益匪浅。

1987年，加州伯克利大学电子工程专业出身的叶成辉在美国加入IBM旧金山公司，成为一名程序员。因为不喜欢编程等技术类的工作，梦想着做生意(DO BUSINESS)、当经理(比较喜欢跟人沟通)，他便主动请缨到销售部门去做，经过了差不多5年时间的努力，获得提升，成为一线的经理。随后，叶先生回到IBM香港公司，做产品经理。由于个人"斗志旺盛"，业绩不错，而且"官运亨通"，差不多每两年他都能够蹦一个台阶，如今，叶成辉已经是IBM大中华区服务器系统事业部AS/400产品的总经理。

从旧金山到香港，再到广州到北京；从普通员工到一线经理，再提升到现在做三线经理；从一般的产品营销，到逐步专注于服务器产品，再到AS/400产品经理，十多年来，叶成辉一直在IBM的"巨型多维矩阵"中不断移动，不断提升。他认为，"IBM的矩阵组织是一个很特别的环境，在这个矩阵环境中，我学到了很多东西。""IBM是一个巨大的公司，很自然地要划分部门。单一地按照区域地域、业务职能、客户群落、产品或产品系列等来划分部门，在企业里是非常普遍的现象，从前的IBM也不例外。近七八年以来，IBM才真正做到了矩阵组织。"这也就是说，IBM公司把多种划分部门的方式有机地结合起来，其组织结构形成了"活着的"立体网络——多维矩阵。IBM既按地域分区，如亚太区、中国区、华南区等；又按产品体系划分事业部，如PC、服务器、软件等事业部；既按照银行、电信、中小企业等行业划分；也有销售、渠道、支持等不同的职能划分；等等，所有这些纵横交错的部门划分有机地结合成为一体。对于这个矩阵中的某一位员工而言，比如叶成辉经理，既是IBM大中华区的一员，又是IBM公司AS/400产品体系中的一员，当然还可以按照另外的标准把他划分在其他的部门里。

IBM公司这种矩阵式组织结构带来的好处是什么呢？叶成辉先生认为，"非常明显的一点就是，矩阵组织能够弥补对企业进行单一划分带来的不足，把各种企业划分的好处充分发挥出来。显然，如果不对企业进行地域上的细分，比如说只有大中华而没有华南、华东、香港、台湾，就无法针对各地区市场的特点把工作深入下去。而如果只进行地域上的划分，对某一种产品比如AS/400而言，就不会有一个人能够非常了解这个产品在各地表现出来的特点，因为每个地区都会只看重该地区整盘的生意。再比如按照行业划分，就会专门有人来研究各个行业客户对IBM产品的需求，从而更加有效地把握住各种产品的重点市场。"

"如果没有这样的矩阵结构，我们要想在某个特定市场推广产品，就会变得非常困难。"叶成辉说，"比如说在中国市场推广AS/400这个产品吧，由于矩阵式组织结构的存在，我们有华南、华东等各大区的队伍，有金融、电信、中小企业等行业队伍，有市场推广、技术支持等各职能部门的队伍，以及专门的AS/400产品的队伍，大家相互协调、配合，就很容易打开局面。"

"首先，我作为AS/400产品经理，会比较清楚该产品在当地的策略是什么。在中国，AS/400的客户主要在银行业、保险业，而不像美国主要是在零售业和流通业；在亚太区，AS/400的产品还需要朝低端走，不能只走高端；中国市场上需要AS/400的价位、配置以及每个月需要的数量等，只有产品经理，才能比较清楚。从产品这条线来看，我需要跟美国工厂订货，保证货源供应。从产品销售的角度看，AS/400的产品部门需要各相关地区的职能部门协助，做好促销的活动；然后需要各大区、各行业销售力量把产品销售出去。比如，我需要在媒体上做一些访问，就要当地负责媒体公关的部门协助。再如，我认为'莲花宝箱'(为中国市场量身订制的AS/400)除了主打银行外，还要大力推向中小企业市场，那么就需要跟中国区负责中小企业的行业总经理达成共识。当然，'莲花宝箱'往低端走，还需要分销渠道介入，这时，就需要负责渠道管理的职能部门进行协调。从某种意义上讲，我们之间也互为'客户'关系，我会创造更好的条件让各区、各行业更努力推广AS/400。"叶成辉说。

"任何事情都有它的两面性。矩阵组织在增强企业产品或项目推广能力、市场渗透能力的同时，也存在它固有的弊端。显然，在矩阵组织当中，每个人都有不止一个老板，上上下下需要更多的沟通协调，所以，IBM的经理开会的时间、沟通的时间，肯定比许多小企业要长，也可能使得决策的过程放慢。"叶成辉进一步强调，"其实，这也不成为问题，因为大多数情况下还是好的，IBM的经理们都知道一个好的决定应该是怎样的。另外，每一位员工都由不同的老板来评估他的业绩，不再是哪一个人说了算，评估的结果也会更加全面。每个人都会更加用心去做工作，而不是花心思去讨好老板。同时，运用不同的标准划分企业部门，就会形成矩阵式组织。显然，在这样的组织结构内部，考核员工业绩的办法也无法简单。在特定客户看来，IBM公司只有'唯一客户出口'，所有种类的产品都是一个销售员销售的；产品部门、行业部门花大气力进行产品、客户推广，但是，对于每一笔交易而言，往往又是由其所在区域的IBM员工最后完成；等等。问题是，最后的业绩怎么计算？产品部门算多少贡献，区域、行业部门又分别算多少呢？"，叶成辉补充说，"其实，IBM经过多年的探索，早已经解决这个问题了。现在，我们有三层销售——产品、行业和区域，同时，我们也采取三层评估，比如说经过各方共同努力，华南区卖给某银行10套AS/400，那么这个销售额给华南区、AS/400产品部门以及金融行业部门都记上一笔。当然，无论从哪一个层面来看，其总和都是一致的。比如从大中华区周伟锟的立场来看，下面各分区业绩的总和，大中华区全部行业销售总额，或者大中华区全部产品(服务)销售总额，三个数字是一样的，都可以说明他的业绩。"

在外界看来，IBM这架巨大的战车是稳步前进的，变化非常缓慢。叶成辉认为，"这其实是一种误会。对于基层的员工，对于比较高层的经理，这两头的变化相对比较小，比较稳定。比如说一名普通员工进入IBM，做AS/400的销售，差不多四五年时间都不会变化，然后，可能有机会升任一线经理。再比如亚太区的总经理，也可能好多年不变，因为熟悉这么大区域的业务，建立起很好的客户关系，也不太容易。所以，外界就觉得IBM变动缓慢。"但是，在IBM矩阵内部的变化还是很快的。中间层的经理人员差不多一两年就要变化工作，或者变化老板、变化下属，这样就促使整个组织不断地创新、不断地向前发展。叶成辉说，"我在IBM公司十多年，换了十多位老板。每一位老板都有不同的长处，从他们那里我学到了很多。其实，IBM的每一位员工都会有这样的幸运。"矩阵组织结构是有机的，既能够保证稳定地发展，又能保证组织内部的变化和创新。所以，IBM公司常常流传着一句话：换了谁也无所谓。

资料来源：http://www.whdx.gov.cn/case/an_info.asp?an_id=58

案例分析

1. 什么是矩阵型组织结构，这种组织结构与其他类型的跨国公司组织结构相比较，有何特点？

2. 结合本案例材料，谈谈矩阵型组织结构的优缺点及克服其缺点的办法。

第9章　跨国公司财务管理

 9.1　跨国公司财务体系设计

1. 财务决策权

1) 集权式财务管理体系

集权式财务管理体系是指跨国公司财务管理的决策权集中在公司总部，各分部按总部制定的财务政策具体管理各自的财务活动。集权式财务管理体系的优点是：①能够发挥总部专家的作用；②获取资金调度和规模经济效益；③优化内部资金配置，满足子公司对资金的不同需求；④提高克服外汇风险的能力。

集权式财务管理体系的不足表现在：①易挫伤子公司经理的积极性；②易伤害子公司与当地利益相关者的关系；③易造成母国与东道国间的摩擦；④易给子公司经营业绩的考核增加困难。

2) 分权式财务管理体系

分权式财务管理体系是指财务决策权在跨国公司总部与下属分部之间进行分权，即授予分部较多的财务决策权。公司总部负责制定全局性的财务政策，分部负责日常的财务工作，涉及全局性问题须报请总部批准方能生效。分权式体系的优点是：①能够充分调动分公司的积极性；②分公司能根据内外部的具体经营环境及时进行调整以增加决策的时效性；③对子公司业绩的评价较为公正、客观。

分权式财务管理体系的不足是：①分公司财务管理各自为政，导致公司整体战略目标难以实行；②公司总部财务管理监管不力，效率低下；③分公司有可能为实现自身利益最大化而损害集团利益。

3) 统分结合管理体系

统分结合管理体系是指在集权和分权的基础上综合分析后两者相融合的产物。跨国公司总部掌握着重大财务决策权，子公司只负责日常的财务决策，公司总部派出专门的财务专家向子公司提供相关业务的信息服务和其他疑难指导、咨询。这种管理体系融合了分权与集权体系各自的优点，规避了部分弊端，是当前大型跨国公司财务管理体系的主要发展方向。

2. 内部财务关系

跨国公司在确定了财务决策权之后，下一步是安排各单位之间的财务关系，即决定内部资金转移的数量、时机、地点和方法。跨国公司内部资金的转移一般包括转移定价、提前或推迟内部应收应付账款、内部贷款、股利支付、对海外子公司的融资、管理费和特许使用费的收取。跨国公司内部资金的调动有以下几种形式。

1) 再开票中心

再开票中心一般在低利率国家设立，对公司下属某一子公司向另一子公司或外部客户所出售的产品拥有所有权，负责向购买者收取货款。其作用是：第一，便于公司迅速对汇率变动作出价格上的调整；第二，集中处理各子公司的商业信用和往来账项，建立多边冲账功能；第三，为选择计价货币提供了极大灵活性，可以根据需要决定各子公司以何种货币支付货款，从而对外汇风险进行管理。

2) 基地公司

基地公司指一个跨国公司出于第三国经营目的而在一个基地国(国际避税地)中组建的法人，绝大多数的基地公司没有实质性经营活动，它们是仅为了避税目的而加以合法利用的独立法人实体。根据需要，可以组建控股公司、金融公司、专利持有公司、贸易公司等不同类型的公司。跨国公司运用转移定价，将全球范围内的利润转移到基地公司，积累以后又用于全球范围的再投资。由于充分利用避税港的优惠税收条款，可以使大笔收入免税。

3) 联系公司

联系公司指出于税收目的，可享受双重居民身份的子公司。联系公司可以随时转移到对税收有利的地方活动，如果两地都对它征税，联系公司也可申请减免重复征税。

4) 境外财务公司、银行业务中心

境外财务公司和银行业务中心是跨国公司管理部门从事金融活动的重要工具，可协调各子公司金融活动，以求金融成本最小化、收益最大化。

3. 财务共享服务中心

财务共享业务诞生于20世纪90年代后期，跨国公司纷纷将各个子公司共同、重复、标准化的财务业务集中于一个组织，实施统一的共享服务，这个组织被称为财务共享服务中心(FSSC)。大型跨国公司通常采用财务共享服务中心的管理模式。目前，全球70%以上的财富500强企业在应用财务共享服务管理模式，90%的跨国公司正在实施财务共享服务。

1) 财务共享服务中心构建

目前国际大型跨国公司的财务流程和会计核算已经达到公司级统一，而且生产业务部门也都建成了ERP系统，为构建财务共享服务中心奠定了坚实基础。

(1) FSSC总体构架。FSSC的总体构架设计，如图9-1所示。

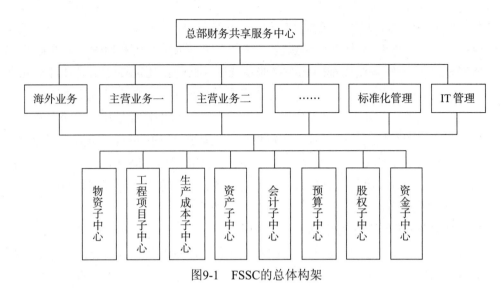

图9-1 FSSC的总体构架

一级为财务总部财务共享服务中心。二级按公司主要业务类型分为海外共享服务中心、主营业务共享服务中心、标准化共享服务中心、信息共享服务中心等。如果公司业务部门已经统一推广ERP系统，那么每个二级中心再根据ERP中各业务模块分类，下设三级子中心，即物资中心、工程项目费用子中心、生产成本子中心等。这样FSSC中负责各业务模块的财会人员对自己所提供支持的业务领域能够有较深入的了解，从而有效地支持业务和财务管理人员进行经营决策。同时，借助财务共享中心，总部的各项战略和财务需求可以直接传递至各单位的业务管理层，为公司的财务战略推出作出贡献。

(2) FSSC职责。FSSC要体现专业性和独立性，以统一的标准反映和衡量各单位的运营成果。FSSC应设置为与总部财务部门平行的部门，但其在业务方面应接受总部财务部的领导。在职责划分层面，FSSC的主要职责应包括以下内容：接受财务部的业务管理；严格执行公司财务政策；为各基层单位和总部财务管理部门提供会计核算、资金结算、会计报表、预算编制、内部控制设计、股权研究等相关财务基础工作的服务。财务部在会计政策制定、资金管理、风险控制、会计核算质量等方面对共享服务中心实施业务管理。

(3) 流程与制度体系。FSSC需要制定较为完善的流程与制度体系，中心流程的规范不仅涉及财务内部流程，而且将与财务流程相关的业务流程也纳入统一规划、统一调整，借助ERP系统实现这个目标。FSSC流程与制度体系由流程规范、岗位职责、管理办法和考核办法4部分组成。流程规范主要包括各主要业务流程的描述和运作流程规定、审批要求，并将内部控制相关要求固化到ERP系统和FMIS系统中，拟定统一的业务流程、审批权限、原始凭证稽核规范和统一各类业务原始附件要求、原始凭证和会计凭证审核要求；岗位职责主要是指按照流水线运作后各岗位的具体职责和操作细则要求；管理办法主要包括员工报账管理、会计档案管理等相关配套制度的规定；考核办法主要指FSSC运作过程中进行评价和内部考核的办法等。

(4) IT支持。FSSC需要将会计系统、资金系统、报销系统和ERP等系统联合起来，将FSSC制定的财务制度都固化在这些系统中。此外，还需要特别设计针对几个关键问题而实施的财务信息化模块。一是满足实物票据和业务单据传递需要。将实物票据传递给异地的财务处理人员需要增加票据实物流、票据影像模块。ERP实施后，大部分业务单据都有相应的电子版，各审批环节也都在系统中进行，可以基于ERP完善电子业务单据，以便远程审核。二是解决绩效测评问题。FSSC工作人员需要与各单位的财务管理人员和业务人员沟通，并为之服务，为此应建立绩效测评系统模块，以强化他们的服务意识。

2) 海外财务共享服务中心实施

(1) 海外FSSC职能范围。海外FSSC的职能是将海外现有的基础会计业务集中起来。共享中心的专职人员由外语好、专业技能强、通晓国际会计准则的专家型人才组成，中心除了提供专业化的会计政策和核算服务，还可以对海外项目中的复杂交易事项，如金融工具、企业并购、递延税等集中在共享中心预处理，然后转至海外机构。

总部海外管理机构集中对海外的财务提供高层次管理和支持，如财务分析、预算管理、资金规范管理、股权管理、并购支持、财务审计管理和税务保险管理等。此外，对原有的海外财务单元在职能上做些调整，主要在搜集资料、绩效管理和决策支持方面做好协调工作。

FSSC能够为总部海外管理机构和海外项目财务单元提供及时、有用的数据，协助管理人员深入分析海外各项目生产进度、资产管理、财务数据分析、预算完成情况以及其他重大交易事项的综合信息。

(2) 海外FSSC工作流程。FSSC建立标准化工作流程包括：整合、规范海外项目财务人员和中心、中心和总部海外管理机构内部间的核算数据传递流程；整合海外项目人员报销流程；整合财务报告编制中关键事项确认控制流程；建立并整合财务报告数据模板，作为国际公司的常务报表规范，以一套相对固定的基础数据满足不同国家和地区以及本公司内部管理层对披露信息的要求；建立财务报告模板和各类合同模式的海外项目经营目标的调整转换流程，以加快报表报送速度。

(3) 搭建FSSC信息管理平台。财务共享服务的信息管理平台非常重要，直接决定了FSSC的工作效率和质量。统一的海外财务信息管理平台需要有规范的境外公司标准化体系，并以固化的系统流程为基础。海外的财务信息系统在满足国内会计一级集中核算系统的基础上，还要针对海外特点增加诸多功能，以便能够支持多语言、多准则、多本位币、多会计期间；支持多级别、多层次的自动重估与自动折算；满足多合同模式会计集中核算的需要；满足本地化会计核算的需要；满足国际化环境下外部监管部门、投资者、当地政府及税务部门对会计数据的需要；适应复杂的应用环境及当地监管环境。

3) 财务共享服务中心作用

(1) 具有整合能力。基础财务业务统一由FSSC专业化的财务会计完成，将财务管理人员从繁杂的基础业务工作中解放出来，公司财务管理人员可以将精力集中于经营分析和战略规划工作。同时，FSSC能为预算管理、资金管理、核算和经营决策分析等提供全方位的数据支撑。

(2) 加强监控。各基层单位内部的环境和人际关系对基层单位财务会造成潜移默化的影响，当会计准则或总部政策与基层单位意愿发生冲突时，财会人员有时会选择向基层单位妥协。实施财务共享服务后，FSSC直接隶属总部管理，而且基于流程和业务分工的财务作业模式使单据随机分配到各个业务处理人员手中，业务人员面对的不再是固定财会人员，而是经过封装的财务共享服务中心分配的单据，串通舞弊的可能性被大大降低。

(3) 控制成本和提高效率。FSSC能够集中、高效地处理业务，在公司规模不断扩大、财务业务量不断增加的情况下，财会人员规模能够维持相对稳定。公司在新的地区建立子公司或收购其他公司时，FSSC能马上为这些新建的子公司提供财务支持。集中处理业务还能减少审计成本、节省培训费用。

(4) 提高会计信息质量。FSSC人员的总体专业技能水平较高，提供的服务更专业。FSSC严格遵守企业会计准则和公司财务规定，能够提高公司会计信息披露的准确性和及时性。

9.2　跨国公司外汇风险管理

外汇风险(Foreign Exchange Risk)也称汇率风险(Exchange Rate Risk)，是指汇率变动对企业业绩的潜在影响。外汇风险有三种类型：①经营风险(Economic Exposure)是指汇率变动对企业的产销数量、价格、成本、费用等产生影响，从而导致企业未来现金流量发生改变的风险。②交易风险(Transaction Exposure)是指汇率变动对企业已经发生尚未结算的外币债权、债务的价值产生影响，从而导致企业未来收入或支出的现金价值发生改变的风险。③折算风险(Translation Exposure)又称会计风险，是指跨国公司在合并财务报表时，将不同货币计价的财务报表折算成同一货币计价的会计报表的过程中企业报表价值和利润价值发生改变的风险。外汇风险管理是国际财务管理中的一个非常特殊和重要的组成部分，其基本目标是通过对汇率和风险暴露的测度和有效管理，使跨国公司的市场价值、获利能力以及净现金流量达到最大化。

9.2.1 交易风险的管理

1. 交易风险的事前管理方法

1) 提前与延迟结算

持有外汇债务的企业都希望能在外汇债务货币升值前偿债或在外汇债务货币贬值之后偿债。提前支付就是在判断出外汇债务货币很可能要升值但还未升值时，尽管债务并没有到期，但提前偿还。延迟支付就是在判断出外汇债务货币很可能要贬值、但尚未贬值时，尽量推迟偿债时间。如果判断准确，这两种方法都可以在一定程度上为企业节约偿债所需的本币资金，降低交易风险。

2) 设置再开票中心

设置再开票中心是跨国公司管理和控制整个企业外汇交易风险的一个有效措施，再开票中心专门管理由跨国公司内部贸易产生的交易风险。它统一负责各子公司外汇收支的发票和结算，而不负责商品的流动。具体做法是，当发生内部贸易时，出口方先将商品出售给再开票中心，但这种出售只是账面上的，出口方用其本币向再开票中心开出发票，再开票中心同时以进口方本币向进口方开出发票，将商品销售给进口方；商品实际上从出口方直接运往进口方，并不经过再开票中心。这样一来，出口方和进口方子公司完全没有外汇交易风险，交易风险则集中到再开票中心，再开票中心可以通过提前或延迟付款的措施，或者采用其他交易保值措施对交易风险进行集中管理，使交易风险管理的效率大大提高。

3) 其他降低交易风险的措施

其他降低交易风险的措施包括调整进口或出口所使用的计价货币，使进口和出口尽量使用同一种外汇，让外汇债权和外汇债务能够最大限度地相互抵消；交易中尽量选用对自己有利的货币；调整商品的价格，使之能够部分弥补由于汇率可能发生的不利变化而导致的损失等。但这些方法并不一定绝对有效，因为交易是双方的事情，只有互利互惠才可能达成。所以采用这些方法时，企业可能会产生其他的成本或损失，比如选用对自己有利的货币时，对方可能会在价格上要求让步；而调整价格弥补损失时，可能会丧失价格优势，降低自身的竞争力。因此，企业在选用降低交易风险的措施时，必须随时关注这些措施可能给企业带来哪些成本上的损失或其他损失以权衡利弊。

2. 交易风险的交易管理方法

1) 利用远期外汇交易保值

当企业拥有远期外汇债权时，可以通过出售远期外汇锁定将来收回外汇债权后兑换的本币金额；反之，当企业拥有远期外汇债务时，则可以通过购买远期外汇锁定偿还外汇债务时所支付的本币。由于远期外汇交易在签订合同时就已经规定了买卖货币的汇率，企业便可以肯定地预知将来收到或支付的货币价值，从而排除未来现金流不稳定的风险。但是，企业为此可能要承担远期外汇交易本身带来的交易风险。

2) 利用借款与投资方式保值

交易风险产生的原因是存在外汇敞口，即没有结清的外汇债权债务。如果企业能够对应地制造相反的债权和债务，就可能消除外汇敞口，避免交易风险，这就运用了借款与投资减少交易风险的原理。

3) 利用外汇期权保值

采用前面所介绍的各种保值方法，企业都将面临当汇率朝向企业预期相反方向变化时，即外汇债权货币升值或外汇债务货币贬值时，采取的保值措施会抵消汇率变化好处的问题。如果企业估计未来外汇债权货币升值或外汇债务货币贬值的可能性比较大，并且很希望得到这种好处，但企业又不愿意承担交易风险对企业未来现金流产生的不利影响，则可采用外汇期权的保值方式。

(1) 买入期权保值。外汇买入期权给予企业在未来用固定价格购入外汇的权利，企业因此限定了购买外币支付债务所需本币的最高价值。当企业外汇债务货币发生升值，即期汇率高于期权的执行价格时，企业可以使用买入期权，以执行价格购买外汇支付债务；当企业外汇债务货币发生贬值，即期汇率低于期权执行价格时，企业可以放弃买入期权，直接从即期市场上用低于执行价格的即期汇率购得所需的外汇，从而减少了本币的支付。

(2) 卖出期权保值。外汇卖出期权给予企业在未来用固定价格卖出外汇的权利，企业因此限定了所收回外汇债权的最低本币价值。当企业外汇债权货币发生贬值，即期汇率低于期权执行价格时，企业可以使用卖出期权，以执行价格卖出收回的外汇债权；当企业外汇债权货币发生升值，即期汇率高于期权执行价格时，企业可以放弃卖出期权，直接在即期市场上以高于执行价格的即期汇率卖出收回的外汇，从而增加了本币的收入。

9.2.2 折算风险的管理

防范折算风险的基本方法是套头交易，即根据会计受险程度，适当增加硬货币的资产和减少软货币的资产，同时，适当减少硬货币的负债和增加软货币的负债。从母公司角度出发，对子公司折算风险的防范措施可分成两类：资金流量调整和远期外汇买卖。

1. 资金流量调整

资金流量调整是指在预期汇率将发生变动之前，改变母公司及其各子公司、分公司计划资金流量的数额、币种，从而达到减少会计受险程度的目的。典型的方法有资产负债平衡法，这种方法是将有风险的资产和有风险的负债做一个平衡，当面对风险的资产和面对风险的负债相等时，风险可以抵消。这可以通过转移定价等内部资金的转移和当地货币借款等手段达到改变当地货币净资产头寸(资产减负债)的目的，即若要消除净资产(负债)头寸,可减少该货币资产(负债)或增加负债(资产)。

2. 远期外汇买卖

采用远期外汇买卖对折算风险暴露保值时,需先在远期市场上出售被暴露的通货,以后在即期市场上购进该种通货,再把购进的通货按照远期合同交割。远期外汇交易可以产生与某种货币资产或负债对冲的负债或资产,从而达到消除该种货币净资产(净负债)头寸、避免折算风险的目的。

在防范折算风险的实际操作中,可将这两类方法结合起来加以运用,即首先根据公司总的会计受险程度及经营目标选择适当的资金流量调整方法,然后再通过在远期市场上的交易对避险措施作进一步修正。

9.2.3　经营风险的管理

外汇风险中的三种类型既有区别,又有联系。如,随着汇率的变化,可能导致外币现金流的变化,这种变化属于经营风险。然而,当外币现金流换算成本币现金流时,又存在着折算问题。正是由于这种关联性,使得某些风险管理措施适用于不同类型的风险。当然,有时各种风险管理之间又是矛盾的。如跨国公司在对外销售中,如果以本币记价,会降低交易风险,但却可能潜伏着较大的经营风险。在进行风险管理时,在几种风险发生矛盾的情况下,应以经营风险管理为主,其次为交易风险,最后考虑折算风险。

经营风险的管理措施是广泛的,除了与折算风险和交易风险管理措施相类似的方法外,还包括如下两个战略。

1. 分散化战略

根据分散风险的原理,企业从事的业务种类越多、经营的范围越广,分散风险的能力越强。多元化经营安排正是这个原理的应用。多元化经营安排不仅指在不同的业务领域经营,比如在不同行业经营或生产和销售多种产品,更重要的是指在全球范围内分散原材料来源、生产和销售地点。当跨国公司在全球范围内分散其经营时,某个国家汇率变化对该国子公司的不利影响可能被在其他国家受到汇率变化的有利影响所抵消,整个企业的经济风险就可以相对减小。

分散化战略除了能够被动地抵御风险之外,还可以通过各地子公司的经营信息,判断国际市场的不均衡性,从而采取主动措施,在汇率发生变化后能够使公司处于更有利的地位。

2. 调整性战略

调整性战略是指跨国公司根据对汇率的变化、市场走势的判断,在经营的各个方面进行调整,以适应变化的趋势,提高全球竞争地位。战略性调整涉及公司经营的各个方面。

1) 产品策略

本币贬值后，公司将扩大其生产额度来满足国内外消费者的需要。反之，本币升值将会迫使公司适应较小的市场份额，将其目标定位于那些高收入、更注重产品质量、对价格不是特别敏感的顾客群。当本币升值后时，尽管产品价格的上升可能会侵蚀公司市场份额，但此时却是跨国公司增加研发费用、实施产品创新的好时机。

2) 市场策略

对于经营所在国货币汇率的变化，如果销售收入比销售成本和费用更加敏感，则减少对其他国家的销售，增加在经营所在地的销售；或是增加从其他国家原材料的进口，减少从经营所在地取得原材料；更多地使用其他国家的债务资金以增加利息支付的敏感性。

9.3 跨国公司资金转移管理

国际资金转移管理主要是通过设计有效的跨国公司内部资金转移机制达到回避障碍、保证跨国公司总体利益的目的。

9.3.1 国际转移价格

从经济实践上看，跨国企业内部贸易的开展是现代国际经济发展的一种必然趋势。首先，当企业的生产扩展到世界范围时，客观存在的各个国家或区域的贸易保护主义以及由此造成的国际贸易障碍和国际市场不完全，国际和国内两个市场的差异以及由此而生的经营中的额外风险和不确定性，都会成为阻碍跨国经营谋求公司整体利益最大化的桎梏。其次，随着企业跨国经营活动在规模上的不断扩大和国际收购与兼并活动的蓬勃开展，传统的企业间国际分工已经在相当大程度上转化为企业内部分工。因而，外部因素和内部因素都促使跨国经营企业将一部分国际贸易转化为公司内部贸易。跨国经营企业内部贸易的交易价格可分为清洁价格(在公司内部贸易中，以交易的货物或劳务的正常成本为基础来制订执行价格)和转移价格。在实践中，转移价格的使用最广泛。

1. 国际转移价格的概念

国际转移价格，指跨国公司管理当局从其全球经营战略出发，为谋求公司整体利益最优，在母公司与子公司、子公司与子公司之间购销商品和提供劳务时所采用的内部价格。如果大企业拥有许多分部，而且商品和劳务经常在分部间转移，那么就需要制定商品和劳务在分部间的转移价格。很显然，转移价格越高，输出方的毛利就会越大，接受方的毛利就会越小。可见，转移价格是企业经营分权化和公司交易内部一体化的必然产物，是国际上惯常使用的避税、避险的方法。

国际转移价格集中管理就是指由跨国公司有关当局统一制定转移价格。价格定得恰当，可以使母公司合并利润达到最高，使整个公司的资源得到合理分配。

如果转移价格不是集中管理，而是由各个子公司自作主张，那么，凡转移价格会影响子公司利益者，子公司经理都倾向于作出有利于本公司利益的定价而不顾公司系统的整体利益，即所谓"次优化观点"。有许多事实表明，凡强制规定兄弟公司必须向他购买原材料(零部件)者，销售方子公司经理的行为都类似垄断者那样，要"卡"购货方公司。反过来，凡规定需向兄弟公司购买者，也都要"卡"供货方公司，进行杀价。所以，转移价格以集中管理为好。

集中管理后，对于某些国际转移价格比国际市场偏低者，其差额应予承认，对销售公司的预期收益应给予调高，对于购货方则应反方向调整，这主要是为了正确考核各公司经理的业绩。对于专门从事生产零部件供应兄弟公司的单位，企业进行考核应以成本为标准，而不是利润，因为他们对销售价格无法控制，转移价格是"不可控的"，而对成本才有一定的控制权。因此，只有降低成本才能真正提高经济效益。

可见，跨国公司通过内部转移价格的运用，可使其分布在世界各地子公司服从于它的全球战略目标，达到调整利润、转移资金、控制市场、避开税收的目的，从而保证整个公司系统获得最大利润。

2. 跨国公司运用转移价格动因

1) 强化管理控制

国际转移价格最初是作为跨国公司对其海外公司进行业绩评价和管理控制的一种手段。随着企业规模扩大、企业组织形式变化和产业一体化的发展，跨国公司往往采用分权式管理的手段。在海外设立的子公司和分公司成为责任中心，实行目标管理和预算控制制度。其核心内容就是把公司战略目标经由预算制度分配给各责任中心，而后对其目标完成情况进行评价、考核和奖惩。这样，跨国公司需在内部进行产品和劳务的转让，从而需要制定内部转移价格，以作为内部结算和控制评价的依据。从这一意义上说，国际转移价格作为分权管理控制的主要手段，是企业经营分权化和内部经济一体化的必然产物，也反映了企业内部分工与合作的要求。

2) 优化资源配置

为了实现公司全球整体利益的最优化，跨国公司要在世界范围内调配公司资源。国际转移价格是优化资源配置的一种手段，尤其是当跨国公司直接转移资金的渠道(如应收账款的提前与延迟支付等)受到东道国限制时，国际转移价格的优势体现得很明显。所以，国际转移价格成为跨国公司绕过外汇管制、避免资金被冻结，根据公司战略要求配置资源的重要工具。

3) 降低整体税负

国际转移价格与国际税收的关系非常紧密。国际转移价格的另一项重要功能就是降低跨国公司的整体税负。转移价格对税收负担的影响主要体现在所得税和关税两个税种上。

(1) 降低所得税。当产品在不同的国家间转移时，输出国和接受国(即出口国与进口国)企业的所得税都将受到影响。在出口国的企业中，转移价格是应税收益；在进口国的企业中，转移价格是可抵税的费用。跨国公司应在税法允许的范围内制定出能令在这两个国家的整体税负最小的价格作为转移价格。各国的税率是不一样的，跨国公司通过转移价格降低所得税负担的原则是：将尽可能多的利润转移到税率较低的国家。

如果有关国家或地区税率相近，跨国公司还可以利用避税港(Tax Heaven)来进一步加大转移价格、降低所得税负面作用的力度。避税港是指单方面向其他国家和地区的投资者提供无税、低税或其他优惠条件的国家和地区，如百慕大群岛、卢森堡、中国香港等。除了税负很低甚至不需纳税外，避税港的当地政府对外国公司的法律管制也较松，公司的资金调拨与利润分配有相当的自由。跨国公司可以在避税港设立象征性的分支机构，利用转移价格，将其他子公司的利润调入避税港，就能够最大幅度地降低公司整体税负。

(2) 降低关税。在确定国际转移价格时，还要考虑关税因素。进口关税一般采用从价计征的比例税率，即按照进口货物的到岸价乘以进口关税税率来计算。跨国公司可以通过转移价格政策改变进口产品的到岸价格。在关税税率既定的前提下，改变到岸价格就可以改变进口国子公司的关税负担。向处于高关税国的子公司销售产品，可以采取低价出售策略减轻关税负担。

在实际中，许多国家意识到了转移价格可能会被用作避税或绕过外汇管制的手段，所以都制定了相应的控制和限制转移价格的法规。如美国税收法典482条规定，允许国内税收署(IRS)在其认为有逃避税收的情况发生时，在有关公司之间重新分配总收入、税收扣除、抵免或津贴。转移价格应反映"独立交易价格"，即公司在相同条件下与其他非关联客户交易时的价格。而且，在出现纠纷时，举证的责任由纳税者承担，即纳税者需要拿出证据证明国内税收署所确定的、并据以征税的转移价格是不合理的。所以，跨国公司不应将所有的成本都计入单一的转移价格中，母公司应该列出它向子公司所提供商品和服务的明细目录，并根据这份明细目录来收取费用。因为详细的目录比较容易取得子公司所在国政府的认可。母公司可以采用向子公司收取服务费、管理费、特许权费、技术培训费等方式。

4) 调节利润水平

跨国公司为了实现其全球战略，可以利用转移价格的变化调高或调低各子公司的利润。子公司高价购入、低价出售可以将利润调低，子公司高价出售、低价购入可以将利润调高。

(1) 调低利润的目的。调低利润可以掩盖公司的获利情况，使公司在竞争中处于有利地位。如果子公司在当地获得的利润较高，一则可能引起东道国政府的注意或反感，其可能要求与跨国公司就有关投资条款重新进行谈判；二则可能会成为工资上升和其他福利开支增加的诱因；三则可能会引起潜在投资者的注意，导致更多的竞争对手进入同一市场，增加子公司的竞争压力。所以当跨国公司发现子公司的利润过高时，可以采用转移价格的方式来提高子公司的生产成本，或者以降低其收入的方式来降低利润，减轻其压力。

调低利润是对付当地合资伙伴的有效手段。因为合资企业的利润由合资各方按比例分配，所以从跨国公司整体利益的角度看，并不一定是合资企业的利润越高越好。一般来讲，跨国公司总希望利用转移价格，将子公司的利润转移到母公司或其他子公司，压低合资企业的利润，减少当地投资者分得的利润。不过，在合资企业中，转移价格是一个非常敏感的话题，往往会造成合资双方的对立情绪的产生，甚至会引起东道国政府的干预。因此，对于转移价格手段的运用跨国公司应慎重考虑。

(2) 调高利润的目的。调高利润可以粉饰子公司状况，在东道国树立良好形象。跨国公司为了使某国的子公司具有良好的资信水平，以便在当地金融市场上发行股票、债券或谋取信贷，经常利用转移价格来调高子公司的利润。

调高利润还可以帮助子公司走出困境，增强竞争能力。对于在国外新设的子公司，跨国公司除在资金等方面给予支持外，往往还低价向子公司供应所需的商品，或者高价购买子公司的产品，帮助子公司打败竞争对手，提高竞争地位。对于在竞争中处于不利地位的子公司，跨国公司也可以利用转移价格，调高其利润，帮助其走出财务困境，人为地改善财务状况和盈利水平。

5) 规避风险与绕过限制

近年来，许多国家政府都加强了对外国企业在本国的经营活动以及外资流动的管理和控制，限制跨国公司进行不利于本国利益的行为。跨国公司可以利用国际转移价格绕开这些限制。在政治局势不稳的国家，跨国公司的正当权利和利益往往难以得到保障，面临财产被征用的风险，国际转移价格可以帮助跨国公司规避这些风险。

(1) 绕过东道国的外汇管制。许多国家为了保持其外汇收支平衡，避免外汇流失，往往实行外汇管制，对外国公司汇出利润在时间和数额上加以限制，有的国家对汇出利润还要再征一定比例的利润汇出税。跨国公司可以采用高转移价格，降低子公司利润，达到调出红利的目的。同样，针对东道国政府限制资金流动的情况，跨国公司往往用高转移价格将资金由子公司调回母公司，或者采取高利贷款的方式，将资金以支付利息的方式调出，以避免资金流动被限制。

(2) 逃避东道国的价格限制。很多国家出于反暴利、反倾销等目的，对某些最终产品给出最高和最低限价。针对最高限价，跨国公司可以利用转移低价向该国子公司提供原材料和零部件，从而降低成本，降低售价；针对最低限价，跨国公司可以利用转移高价向该国子公司提供原材料和零部件，从而增加成本，提高售价。

(3) 规避通货膨胀风险。东道国的通货膨胀，使企业货币性资产的购买力下降。

为了减少因通货膨胀造成的损失，跨国公司应该使处于通货膨胀较为严重的国家的子公司保持最低限度的净货币性资产。跨国公司可以利用转移高价向子公司提供商品和劳务，或以转移低价获取该子公司的商品和劳务，提前或延缓这些资金的转移，以避免货币购买力的损失和外汇风险。

东道国严重的通货膨胀会给跨国公司的资本账户及往来账户带来很大影响，使财务报表不能真实反映公司的实际情况，使现有资金的购买力下降。尽管在这种情况下持当地有价证券是有利的，但在高通货膨胀下，利息率通常都很高。由于成本来自于以前较低的存货价格和资本折旧，使跨国公司出现虚假的高利润，导致更大的税负。这使得跨国公司在设计转移定价时必须灵活，甚至会出现在同一条件下的两家公司采取相反的定价方式的情况。

(4) 规避政治风险。为了使新建的海外子公司在当地取得市场信誉，易于发行股票或取得信贷，跨国公司往往通过转移定价使子公司显示出较高的利润率；同样，为了避免引起当地政府和居民的反感，又可利用转移价格来降低利润率。在政治风险比较大的国家，为了防止财产被东道国征用，跨国公司可以将子公司进口商品的转移价格调高，或者将子公司出口商品的转移价格调低，借以转移子公司的资金与存货，规避政治风险。

3. 跨国公司转移价格的确定方法

1) 以市价为基础的定价方法

以市价为基础的定价方法是以转移产品时的外部市场价格作为企业内部转移定价基础的一种方法。采用这种方法在跨国公司内部转移产品时，将所属各子公司都视为独立经营的企业，所确定的转移价格基本上接近正常的市场交易价格，但最后的内部售出价格要从市价中间取一个固定比率的折让，以给购买单位留下获利的余地。

以市场为基础的国际转移价格有助于子公司作出正确的生产决策和采购决策，有利于发挥子公司的自主权，使其有效地利用资源。同时，还有利于子公司管理层充分利用市场，增强其适应市场的能力。而且在采用以市场为基础的国际转移价格的情况下，企业的利润基本上反映了真实的经营业绩，所以其所确定的子公司收益较为真实，从而有利于经营业绩的考评。

按市价确定的转移价格，在很大程度上排除了人为因素的影响，较为客观公平，因此，这种转移价格易被所在国政府接受。目前，许多国家都倾向于这种定价方法。现在，经济合作与发展组织也倾向于采用这种定价方法来处理有关的双边税务问题。

实际工作中，往往很难找到中间市场和公允的市价，因为交易是在跨国公司内部进行，即使存在这样的市场，也很少是完全竞争性的。此外，这种定价方法，也有可能导致对成本数据搜集工作的忽视。

2) 以成本为基础的定价方法

以成本为基础的定价方法，其转移价格是以供货企业的实际成本、标准成本或预算成本为基础，加上一个固定比率的毛利来确定的。

采用按成本定价的方法，可以避免按市场定价的某些局限性，而且由于各公司的成本资料容易搜集，因此，这种方法简便易行；同时，有助于各公司重视成本的管理和成本数据的搜集，并且可以避免在定价上的人为判断。这一定价方法的采用还有利于跨国公司内部间的相互合作，也经得起各国家税务部门的稽核和审查，并且有助于避免由主观判断所形成的内部摩擦和外部职责。但按成本定价的方法也有其局限性，主要是由于成本也有很大的人为性。实践中，往往采用的都是具有变通性的成本。以成本为基础的定价方法限制了各销售利润中心的出售权，使其失去了对外销售的盈利机会。这种方法还限制了各购买利润中心的购买权，阻止了这些购买利润中心从企业外部市场上取得物美价廉的资源。因此导致各利润中心缺乏决策的灵活机动性。另外，各国的成本内容和范围不尽相同，这使即使生产和销售同样的产品，其成本也缺乏可比性。

3) 交易自主的定价方法

在交易自主的定价方法下，每个利润中心都被认为是一个独立经营的企业，他们可以自主定价。由于此时的交易不是受托的而是自愿的，总部不加干涉，所以转移价格决定了购买利润中心是否愿意内购，也决定了销售利润中心是否愿意内销。

此种定价方法，有利于企业的分权化经营，使各子公司经理人的权责相对称，也有利于企业管理当局对各子公司进行业绩考评和奖惩。但由于交易是自愿的，所以不利于实现企业全球战略目标和整体利益最大化。

4) 双重定价方法

双重定价方法是指企业管理当局对购买利润中心采取以完全成本为基础的定价方法，对销售利润中心则采取以市场价格为基础的定价方法。它不会产生完全成本定价方法下销售利润中心既作为成本中心、又作为利润中心的矛盾，也不存在以市价为基础的定价方法下购买利润中心不愿意内购的可能。

这种方法不以任何方式改变各利润中心的职权，却减少了他们的责任。因为它与以成本为基础的定价方法不同，购买利润中心无需对进入最终产品的中间产品赚取的全部利润负责；也与市价为基础的定价方法不同，销售利润中心无需对内部交易的中间产品的全部盈利负责。但其缺点也显而易见，主要是利润的重复计算问题，并且随着企业内部交易的增多，问题会日益突出。双重定价还会导致无人负责或责任不清的问题的产生。因此，双重定价方法必须根据跨国公司的实际情况制定，并与其他方法相结合。

9.3.2 跨国公司的内部资金调配

跨国界的内部资金调配是跨国公司财务管理与普通国内企业财务管理的最大区别之一。国际金融市场的缺陷和各国税收等方面的差异，决定了跨国公司内部资金调配对其总体利润最大化具有重要意义。跨国公司内部资金调配可利用的技巧有如下几个。

1. 转移定价

转移定价是跨国公司出于对共同利益的考虑，人为制定的背离正常市场价格的内部交易价格。利用转移定价的主要目的在于减少公司的税负，此外，利用转移价格还可以达到逃避东道国的外汇管制、改变子公司名义盈利能力等目的。

2. 设立再开票中心

在低税率国家或地区设立再开票中心是与转移定价策略相协调的另一种资金内部转移的方法。再开票中心的主要职能是：当跨国公司集团成员从事贸易时，商品或劳务直接由生产工厂或仓库发送到客户手中，但有关收支等交易都通过此中心进行。设立再开票中心的作用主要表现在：一是避开政府监督。再开票中心设在没有实行外汇管制的东道国，可充分利用中心的提前或延期付款能力，并可以利用东道国内与国际金融市场之间经常发生的利率差异获得好处，使那些在东道国筹集资金比较困难的子公司享受许多便利。二是由于产品的所有报价出自同一地点，它能够使公司及时迅速地对汇率的变动作出价格上的调整。三是它使选择计价货币更加灵活，公司可以根据需要决定各子公司以何种货币来支付货款，这对于防范外汇风险是有利的。

这种方法由于生产中心与购销中心地理分布遥远，需要支付大量通信成本，使得企业经营再开票中心需要花费很大一笔成本。

3. 提前与延迟结账

提前与延迟结账是最受跨国公司欢迎的国际内部资金转移手段。所谓提前结账就是在应收或应付账款到期之前结账；所谓延迟结账则是将应收或应付账款推延到到期日之后结账。提前与延迟结账是对收付单位之间信用条件的改变，为跨国公司有效转移内部资金提供了很大的灵活性，可以使部分流动资金从外汇管制的国家转移出来。

采用提前或延期结账的办法来调度资金有许多优点：①它并不需要付款方正式承认其对销售商负有债务，而且可以通过缩短或延长信用期间，来调高或调低其信用额度。②这种方式是属于跨国公司内部账户结转，而不是跨国公司内部贷款的方式，故政府的干预较少。③许多国家的税法(如美国)规定，6个月以内的赊欠账户不必交付利息，而对公司内部的贷款则必须支付利息。

4. 公司间贷款

公司间贷款不仅是跨国公司内部资金供应的有效手段，而且也是跨国公司进行国际资金转移的有效手段。这种贷款的借出和偿还往往只有跨国公司才能加以合法利用。只要信贷配额、货币控制和不同国家税率有差异这三者之一存在，公司间贷款就比公平价格交易对跨国公司更有利。

在公司内部贷款中，除了通常形式的直接贷款外，还有背对背贷款、平行贷款和货币互换等间接形式。背对背贷款和平行贷款分别通过银行或其他跨国公司作中介而进行。使用货币互换的目的与平行贷款相似，但操作更为简单，通常只涉及两方当事人，只需签一份协议。两方按即期汇率相互出售货币，到规定的期限后再重新换回。与平行贷款不同的是，双方互不付息，只付手续费。手续费实际上等于远期升水或贴水。对跨国公司而言，间接贷款比直接贷款更优越：①在外汇管制中，它比直接贷款更为安全。因为银行，特别是国际性大银行的往来业务要比普通公司的内部往来业务更不易受到当地政府政策影响。②当有些国家对内部直接贷款的利息征收较高的预提所得税时，采取背对背贷款可以避开此类税收。

5. 股利支付

支付股利是将资金从子公司向母公司转移的最主要手段。为了充分、有效地利用这一手段，跨国公司在制定股息政策时，需综合考虑以下因素。

1) 税率的因素

由于各子公司所在国的税率是不同的，如果适当安排各子公司的股利支付率，可能使公司总的税负减轻。

2) 资金的机会成本

考虑各子公司的资金需求和相应的融资成本，为资金机会成本较低的子公司规定较高的派息率，为需要取得高成本资金或面临投资良机的子公司规定较低的派息率，则能提高资金调度的价值。

3) 外汇风险

为降低外汇风险，大多数跨国公司预计到派息货币将要贬值时，就加快股息的派发，或者做与股息时间相吻合的远期外汇买卖，到时用交割回的货币(软币)派息。

4) 财务报表效果

海外子公司股息的财务报表效果首先取决于母公司是否合并其海外业务。如果合并，海外子公司的利润一旦取得，母公司就予以确认。如果不合并，海外子公司汇回的股息要等汇回收入后才在母公司的权益表上加以反映。这时，母公司可根据实现目标收益增长的需要，来调整海外子公司的股息支付量。在不景气年份，国内经营不佳，海外子公司汇回的股息则可以用来充数；在景气年份，则可让海外子公司有更多的利润留成。

5) 外汇管制

有时，支付股利还会遇到东道国对股息汇出额度的限制，或绝对限制，或只能按利润、股权或者注册资本的一定比例汇出。为此，一些子公司采取不变股利政策，让东道国了解本公司的股利派发是公司既定财务计划的一部分，而不是针对东道国政策的投机行为。公司每年同样支付股利，而不论其财务效果或税收效果是否合理。即便有时股利不能汇回，也同样宣布支付股利，以便东道国将来一旦修改或取消其限制时，本公司能将累积股利汇回。类似的，有些跨国公司在世界各地采取统一的股利率，以便一旦某子公司遇到汇出限制，便可与东道国据理力争。

9.3.3　跨国公司避让管制

近年来，越来越多的国家，尤其是发展中国家都加强了对外资的控制和管理，以限制外资作出不利于本国利益的行为。因此，避让管制已成为跨国公司财务管理的重要内容之一。跨国公司避让管制的目的主要有三点：第一，保证各机构(子公司)间资金的自由移动，以达到资金向高收益子公司流动的目的；第二，保证母公司收回股利，跨国公司国外建立子公司的目的是为了占领更广阔的市场，获取更高收益，但如果获得的收益不能汇回国内总部，其投资便失去了意义；第三是保值，当一地汇率将要下跌时，可以通过资金转移尽快兑换成硬通货币以达到保值的目的。各国实施管制的方式多种多样，跨国公司应根据不同的管制方式，采取相应的措施，以达到收回利润和发展子公司的目的。

1. 避让外汇管制

绝大多数发展中国家实行严格的外汇管制，在这种情况下，跨国公司可以通过内部贷款和转移贸易等方式避让管制，达到母公司与子公司之间、子公司与子公司之间的资金流动。

1) 内部贷款避让

根据外汇管制的松紧程度，转移资金常用的内部贷款方式有三种，即直接贷款、背对背贷款和平行贷款。

(1) 直接贷款。当资金移动受到较少限制时，跨国公司的一个机构可以以直接贷款的形式向另一机构提供信贷资金。这些贷款的利率是确定的，一般表现为资金的转移价格，标价货币可以是任何一方或第三国的货币。

(2) 背对背贷款。在外汇管制较为严格的国家，跨国公司便可利用商业银行或其他金融机构做中介，以背对背贷款的形式达到转移资金的目的。背对背贷款的操作过程，如图9-2所示。

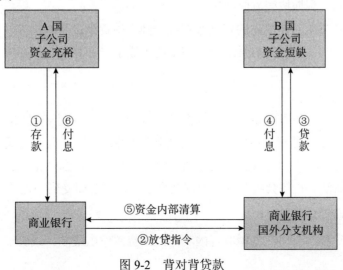

图 9-2　背对背贷款

跨国公司母公司或提供资金的子公司将资金存放在商业银行里，银行通过国外分支机构向指定的子公司发放信贷资金，借款子公司向银行支付利息，而银行则向存款母公司或子公司支付利息，其利率是双方商定的，银行会从中赚取利差和一定的服务费。这种借贷对于银行来说没有信用风险，因为有母公司存款作抵押。

(3) 平行贷款。在外汇管制非常严格的国家，跨国公司国外子公司急需资金，或需要将资金汇回国内，于是在银行或者第三方的帮助下，寻找另一家跨国公司，其情况恰与本公司情况相反，于是两家母公司与子公司之间通过平行贷款达到转移资金的目的。如图9-3所示。

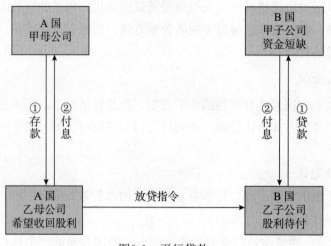

图9-3　平行贷款

在B国的乙子公司需要向在A国的母公司汇回股息，而遇到了东道国政府严格的外汇管制，而在B国的甲子公司资金短缺，需要在A国的甲母公司提供贷款。于是，两家公司达成背对背贷款协议，由B国乙子公司向B国甲子公司直接放贷，而A国甲母公司则按确定的汇率折算成同样数量的资金直接向A国乙母公司放贷，贷入方则按规定利率支付利息，到期按同方向归还本金。

平行贷款双方所需要流动的资金数量统一到一种货币后基本相等，需要使用资金时间基本相同，利率是按各自贷款国家利率的一般水平计算的，其期限一般较长，通常为5～15年。

2) 转移贸易避让

当跨国公司A子公司需要购入某种商品而缺少资金，在另一国家的B子公司希望为其提供帮助，而又受到东道国政府严格的外汇管制时，B子公司可通过在当地购买A子公司所需商品，然后再以出口的形式提供给A子公司。这种通过贸易方式达到转移资金目的的做法，往往会因为给东道国提供了出口机会而受到当地政府的赞赏。

2. 避让利润汇回管制

很多国家对外国公司在本国取得的利润汇出份额作出限制，或对汇出利润再征收一定的预扣税，而对利润在该国的再投资则加以鼓励。针对这种利润汇回限制，跨国公司通常采用利用转移价格、再投资、转移贸易等方式进行避让。

1) 国际转移价格避让

当东道国政府子公司对母公司的股利汇回实行较为严格的管制时，跨国公司通过国际转移价格达到转移资金的目的不失为一种良策。如果母公司是销售中心，子公司是采购中心，在母公司所在国与子公司所在东道国所得税税率相同情况下，母公司通过提高转移价格来达到收回资金的目的是非常可取的方法。因为在这种情况下，转移价格高低只影响子公司汇回母公司利润多少，而不影响合并税后利润。

2) 再投资与转移贸易避让

当国外子公司利润汇回时受到严格限制，而东道国政府又提供了较好的投资环境和再投资税收优惠条件的情况下，母公司可以考虑再投资。再投资不仅可以享受东道国的优惠条件，主要是能够在东道国政府面前树立起好的形象，为今后的各项经济活动奠定基础，以等待时机，收回股息。

除此以外，利用转移贸易形式同样也可以达到避让的目的。将应该汇回母公司的股利购入国内紧俏商品，然后以出口方式转移给母公司，借出口贸易达到转移利润的目的。

3. 避让其他管制

1) 避让最终产品管制

有些东道国政府根据生产成本，对某些产品作出最高限价规定。针对这一管制，跨国公司往往利用转移价格来达到避让最终产品管制的目的。将该产品或者生产该产品的中间产品以高价转移到该国子公司，形成较高的生产成本，从而为提高产品售价制造借口。

2) 避让反倾销法与反垄断法管制

制定反倾销法的目的在于保护本国国内制造商免于非正常低价产品的侵袭，反倾销法尤其在主要工业国家流行。当跨国公司以较低价格在国外销售产品时，很容易被认为是倾销产品，东道国政府根据反倾销法可以提高关税，以提高该产品在本国市场上的售价。针对这一管制，跨国公司也可以通过转移价格的手段提高产品成本，从而提高产品售价。

目前，世界上很多国家都制定了反垄断法，但有些国家并不是根据某种产品的集中程度制定，而是根据产品的销售价格水平来判断该企业是否有垄断行为。价格水平越高，被认为是其垄断程度越高。针对这一管制，同样可以通过转移价格方式进行避让。

3) 避让资金完全封锁管制

如果资金完全被东道国政府封锁，转移价格也受到严格监控，子公司应采取以下相应措施：①保值。管制严格的国家其货币往往是软货币，容易贬值，因此保值是跨国公司子公司应首先考虑的问题。保值的方法有许多，除利用衍生金融工具以外，还可以投资当地政府债券或购置土地、房产等，将流动资金转换成不动产，以等待时机。待时机成熟时，再转换成流动资金汇回母公司。②当地消费。公司每年的年会、员工休养可以安排在管制严格的国家进行。③创建研发机构。利用被封锁的当地货币资金在当地建立实验室，科研人员调往该实验室，其全部消费及员工工资均用当地货币支付。值得注意的是跨国公司在利用以上的方法寻求"秘密渠道"转移被封锁资金时，一定要考虑东道国政府的态度，以避免因避让经济风险而带来的政治风险。

9.4 跨国公司税收管理

国际税收是指两个或两个以上国家政府，在对跨国纳税人行使各自的征税权利时发生的国家之间的税收分配关系。

9.4.1 国际双重征税及避免

国际双重征税是指两个国家对同一纳税人的同一所得额，同时按本国税法课征所得税。

国际双重课税产生的根本原因在于，有关国家采用不同的税收原则，或者在采用同一税收原则时具体的规定不同。税收管辖权是国家主权在税收领域的体现，可分为三类：①居民税收管辖权，其原则是国家对其居民从境内外取得的所有收入都有权征收所得税；②公民税收管辖权，其原则是国家税收当局对本国居住在国内外的公民所取得的全部所得予以征税；③地域税收管辖权，其原则是国家有权对发生在本国境内的所得征税，而对来自国外的所得免税。这种根据收入来源地行使税收管辖权的原则通常叫做从源征税。

双重征税主要是由管辖权引起的。如果一国按地域税收管辖权征税，而另一国按居民税收管辖权征税，或两国对居民身份的定义不同，那么，跨国公司的某些所得必然会遭受双重征税。这样，就违背了税负公平原则，大大加重了纳税人的负担，阻碍了国际经营的发展。

我们假设世界各国都统一使用一种税收管辖权，而且管辖权的范围规定一致，那么，因管辖权交叉而导致的双重征税现象自然消失了。然而这是不现实的，因为各国经济发展水平不一样。若统一行使收入来源地税收管辖权，发展中国家将会积极接受，因为它们引进外资和先进技术而实现的税收利益没有外流；但发达国家将会抵制，因为它们失去了直接投资的税收利益。若要求各国统一行使居民管辖权，经济发达国家将十分满意，因为它们的居民拥有来源于全世界的绝大部分收入。为解决双重征税的问题，联合国经济合作与发展组织以及政府间的双边或多边协定提出了一系列的解决办法。

1. 免税法

免税法是指海外企业所取得的收入，只需在东道国缴纳所得税，税后利润汇回母国，母国政府不再对这项收入征收所得税。免税法分为两种：①全额免税法，即居住国政府对本国居的国外所得完全放弃征税权；②累进免税法，即居住国政府依据本国居民国内外所得总和，使用边际税率来征税。

免税法承认地域管辖权的独占地位，这就使得国际所得的双重课税根本不可能发生，跨国经营企业对这种办法最为欢迎。但是，由于世界上70％的国际直接投资来源于经济发达国家，实行免税法对经济发达国家的财政收入显然不利；同时，国际直接投资企业，都利用了企业自身的技术、资金和管理优势以及东道国的劳动力、市场、原料和税收等有利条件，从而在经营中产生了一种国内企业难以比拟的国际结合优势，因而实行免税法易导致国内技术、资金的过量外流，于投资国经济发展也不利，故多数国家都尽量避免采用这种办法。

2. 抵免法

抵免法是将海外企业的全部收入，按国内所得税率计税征收，但企业已向东道国缴纳的所得税，从国内应纳所得税中抵扣。这种办法承认地域管辖权的优先地位，而不承认它的独占地位。抵免法又分为三种方法。

1) 直接抵免法

直接抵免法是母国政府允许母公司将其分公司(机构)已缴纳给东道国政府的所得税额从应向本国政府缴纳的所得税额中扣除的免税方法。它适用于同一经济实体的跨国纳税人的抵免方法。

2) 间接抵免法

间接抵免法是指母国政府允许母公司将其子公司已缴纳给东道国政府的所得税款从应向本国政府缴纳的所得税额中扣除的免税方法。它适用于被同一经济渊源所联系起来的不同经济实体的跨国纳税人。

各国在实施税收抵免中，规定了一些限制条件：一是给予税收抵免的，必须是税，是所得税，是净所得税；二是享受间接抵免的子公司、母公司必须掌握其一定比例的股权，而且必须是从事工业、商业、建筑业等积极经营活动的企业；三是规定抵免限额。

抵免法大大减轻了双重征税，但如果跨国公司投资于抵税国或免税国，或母国实行限制条件，则跨国公司将很难享受东道国所给予的税收优惠。

3) 税收法

税收法是指一国政府将纳税人在国外享受的税收减免优惠，视为已纳税并准许其抵免。这是只有发展中国家才会提供的真正的避免双重征税的优惠政策。

3. 扣税法

扣税法是指一国政府允许纳税人将其向外国政府缴纳的所得税款,从应税所得中扣除,其余额按居住国税率计征所得税。扣税法对双重征税起一定的减轻作用。

4. 减税法

减税法是指一国政府对本国居民来源于国外的所得给予一定的减征优惠。由于实行减税法的国家在减税程度上常常差别很大,因此,这种方法只能作为辅助性措施。

9.4.2 国际避税与反避税

1. 国际避税

国际避税是指跨国公司利用税法规定的差别,采用选择合适的经营地点和经营方式等种种合法手段,来减少或消除其纳税义务的一种行为。国际逃税是指跨国公司利用有关国家的疏漏,运用欺诈、隐瞒等非法手段减轻或逃避有关国家纳税义务的行径。两者性质是不同的。各国税收管辖权、税负以及征收管理水平的不同为避税和逃税提供了可能性。常用的避税方法有:利用内部转移价格避税、利用避税地避税、变换机构身份避税。

1) 利用内部转移价格避税

利用内部转移价格避税是跨国公司利用各国间税率和税法的差异通过调节内部转移价格来达到避税目的的一种手段。由于转移定价作为跨国公司经营活动的伴生物会引起关联企业之间国际收入和费用分配的大量问题,从而影响有关国家的税收利益,故备受各国税务当局的国际税收专家的关注。

利用内部转移价格避税不仅适用于一般的商品供应,还适用于下列情况:①内部贷款。跨国公司的总公司通常都以内部贷款的形式向其子公司提供资金。如果子公司所在国的税率较高,则贷款可采用高利息率政策;如果子公司所在国的税率较低,则贷款可采用低利息率政策。②专利和专有技术等无形资产转让费。③管理成本或费用。④租赁。租赁是一种新兴的避税方式,跨国公司在内部进行租赁活动时,可以通过抬高或降低租金的办法来达到避税的目的。

2) 利用避税地避税

避税地是指那些对人们取得的国际所得或财产提供免税或低税待遇的国家和地区。避税地大致有三种类型:①完全免除所得税、财产税、遗产税。②对来自境外的收入全部免税。③对外国经营者给予特别税收优惠。

跨国公司利用避税地避税的主要方法,是在避税地设置各种各样的挂牌公司或信箱公司。这些公司一般都是出于减少纳税支出的目的而在避税地注册的公司。它们的实际经营活动往往不发生在避税地内、但却将收益在避税地申报,以避免征税。一般有以下几种做法。

(1) 以挂牌公司作为虚设的中转销售公司。一个跨国公司在甲、乙两地各有一子公司A与B，在某一避税地有一子公司C。甲国子公司A的产品实际上是直接供应给乙国子公司B的，但为了避税，A公司以低价销给设在避税地内的C公司，C公司再以高价卖给B公司。这样，收益大都转给了C公司，而C公司所在避税地的税率较低，就可以少纳税、甚至不纳税。这种情况实际上只在C公司的账簿上转了一笔账，而货物却直接由A公司发往B公司。

(2) 以挂牌公司作为收付代理公司。任何跨国公司的母公司都要为子公司提供贷款服务、技术服务、劳务服务、管理咨询服务等多种服务，这也是母公司一笔很大的收入。为了减少这部分收入的税负，可在进税港设置一个收付代理公司，这样就可以把大部分收入转移给该公司。但实际上，款项的贷出、许可证的发放、劳务的提供，均不是由收付代理公司完成的，而是由母公司负责安排的。

(3) 以挂牌公司作为持股公司。跨国公司的母公司一般都从子公司中获得较多的股息和红利。为了避税，可在避税港设一个持股公司，要求下属公司把股息和红利汇到避税地，以减少纳税负担。

3) 变换机构身份避税

由于一个国家的任何一种税收都规定有具体的纳税人和纳税对象，那么跨国公司通过在海外机构上做文章来达到避税目的就是自然而然的事情了。在这方面，通常有这样几种做法。

(1) 规避税收管辖权。就居民管辖权而言，各国执行不同的标准，常用标准有管理机构所在地标准、注册地标准和总机构所在地标准三种。跨国公司可在实行管理机构所在地标准的国家注册成立子公司，而把实际管理机构设在使用注册地标准或总机构所在地标准的国家，其总机构则设在实行注册地标准或管理机构所在地标准的国家，这样就避开了有关国家的税收管辖权。

(2) 选择组织形式避税。跨国公司对外投资，可以选择不同的组织形式：子公司或分公司。子公司在东道国具有独立的法人地位，分公司则不具有独立的法人地位。在避税方面，两种公司各有利弊。

设立分公司的有利条件是：注册手续简单，可以免缴注册税或印花税；财务处理宽松，东道国不要求财务全部公开，减少审计等麻烦；免去对利息、特许权使用费及股息(分配时)征收预提税；经营亏损冲销总公司的盈利，自然免去了双重征税。

设立分公司的不利条件是：享受不到东道国为子公司提供的免税期或其他投资鼓励的优惠；分公司的利润须在当年汇回并纳税，如外国税率低于母国税率时，无法获取延期纳税(子公司的利润以股息形式汇回之前，母公司可不缴所得税)的好处；在转移定价问题上，更易引起当地税务部门的关注；缺乏利用两国税率差异而从中避税的灵活性；分公司向总公司支付的利息或特许权使用费一般是不允许从纳税收入中扣除的。

上述分公司的有利条件和不利条件大体上是子公司的不利条件和有利条件。跨国公司通常根据不同阶段的需要，扬长避短地选择有利的组织形式。在营业初期一般选择分公司形式，因为这一时期往往亏损，设立分公司不仅减少了注册等麻烦，还能在汇总纳税时冲抵总公司利润，减轻总公司税负。当分公司扭亏增盈后，将其转变为子公司更为有利，可以享受各种优惠待遇，提高避税灵活性，特别是子公司与母公司各自纳税，可以避免在母国的高税率负担。

(3) 避免成为常设机构。世界上绝大多数国家在非居民公司经营所得来源的确定上都采用联合国和经济合作与发展组织关于"常设机构"的概念。现有许多经营形式不在常设机构的判定因素之列，如货物储运、货物购买、广告宣传、情报收集、准备性或辅助性活动等，因而跨国公司在国外可利用一些替代性活动避免成为常设机构，从而避免非居住国行使地域管辖权。另外，常设机构的判定标准之一是"固定"性，即在一国之内拥有的经营场所达到一定时间，针对这一点，跨国公司可在认定期限以下设立经营场所，或经常改变经营场所。现代化的交通、通讯条件和跨国经营活动的丰富多样为跨国公司在很短的时间内完成较大额度的交易提供了有利条件。

2. 国际反避税

近年来，跨国公司避税规模有增无减，避税方式更是不断更新，还往往与国际偷税、漏税结合在一起，造成财富的不正当分配，歪曲了国际竞争条件，影响了一些国家(主要是实行高税率的国家)的财政收入。为此，许多国家特别是发达国家纷纷采取对策，完善税收立法，加强征税管理，以防止和消除国际避税的泛滥。在长期实践中，一些国家逐渐形成了一些反避税的方法。虽然这些方法离真正消除避税行为的目标还有相当大的差距，但对抑制避税行为确实起到了作用。

1) 单边制定反避税法

反避税立法是反避税措施中的主要方面。各国反避税立法有以下几种形式。

(1) 针对一种或多种跨国公司避税做法而加入特殊税法条款。如美国的国内收入法典中第482页、法国的税收总法典中第57条、比利时的税法中第24条等对跨国公司内部转移价格作出了具体限制规定。又如，比利时所得税法第46条、法国《税收总法典》第283条，对纳税收入的可扣项目做了具体规定。

(2) 加入具有全面影响力的综合性条款。有些国家制定了在原则上适用于全部税收法规的综合性避税条款。

(3) 加入必须获取政府同意的有关条款。在税法中加入规定，某些交易活动必须事先征得税务当局的同意，否则便以违法论处的内容。这是国际反避税领域中最严厉的立法形式。

2) 双边或多边的反避税措施

双边反避税措施，主要是通过签订双边税收协定来限制跨国公司避税，并规定双方在纳税管理上要相互协助、互通信息。多边反避税措施是许多国家签订多边协定来防止跨国公司避税。例如，欧洲经济共同体于1975年作出的"关于共同体为反对国际逃税和避税应采取的措施"的协定，便属于多边反避税措施。

3) 加强纳税管理

税法上规定的反避税措施，还必须在纳税管理实践中加以落实，否则再完善的法律也只能是一纸空文。为了有效地同国际避税行为作斗争，各国税务部门必须对跨国公司在国外的经济活动有个全面地了解，这是相当复杂和十分困难的事。为此，各国税务部门一般来说采取如下三种方法：一是向纳税人或第三方施加压力，要求他们提供详细的纳税资料；二是在税收人员为反避税需要纳税资料时，要求银行给予配合；三是各国之间加强税收情报的交流。

9.4.3 国际税收协调

1. 国际税收协调的内容

在国际经济活动中需要协调国家与国家之间的税收分配，协调的税种主要有两大类，一类是商品税，一类是所得税。

商品税也叫流通税、流转税。这是个历史悠久、实行面很广的税种，只是各个国家征税的阶段不同。当商品流通跨越国界，发生了对外贸易而要课征商品的进口、出口或过境的税收——关税时，就出现了国际税收的协调问题。对此，从事国际经营的企业需要注意两方面问题：一是"关税壁垒"，即主权国家一方面通过对进口商品课征重税，以保护本国商品不受外来商品的冲击；另一方面通过对出口商品不征税，甚至给予财政补贴，来刺激本国商品打入国际市场。二是"关税同盟"，是指通过国家政府，缔结双边或多边的关税条约，双方同盟国家实行关税优惠，推行自由贸易。但对非同盟国家实行普通税制，以达到排他的目的。国家之间建立关税同盟，是进行国际税收协调的重要成果，它在一定程度上缓和了某些国家之间关税壁垒的尖锐对峙局面，畅通了国际贸易往来。

所得税是一个历史较短的税种，但是由于生产国际化日趋发展，资本投资日益越出国界，加之跨国公司的发展，使人力、资源、技术、劳务跨越国界的活动日趋频繁，这些国际化的生产经营带来纳税人收入的国际化，因而使国与国之间的税收关系问题变得非常突出。

所得税的计税依据是所得额，所得额是一个十分重要的概念，它的确定是所得税的一个基本问题。所得额的计算问题既涉及纳税人同一国政府之间的法律关系，也涉及国与国之间税收分配关系，处理不好就会出现双重征税和偷税漏税的问题，成为世界经济发展的障碍。为此，有关国家政府之间就需要通过签订税收协定来协调这些问题。

2. 国际税收协定

国际税收协定是主权国家为了协调相互间的税收关系和处理税务方面的问题，通过谈判缔结的一种协议或条约。

在对跨国纳税人的跨国所得进行征税时，会遇到国际双重征税的消除、国际偷漏税收的防止以及国际税收歧视的避免等方面的问题。对于这些问题，并不是一国政府所能独立解决的。消除国际双重征税，是在承认跨国纳税人所得只能承受一次税收负担总额的原则下，合理地分配有关国家之间的税收权益。这既不能指望某国政府的单方面退让，也不能设想由某国政府对他国政府实行强制性约束。当纳税人发生偷漏税行为时，由于受国家管辖权的控制，一个主权国家不具有要求另一个主权国家提供税收情报的权利，也不被允许进入他国境内进行税收检查。一国政府采用一种明显的对外税收歧视，可能招致相关外国政府采取相应的抵制措施和报复行动。对于上述这些问题，只能采取通过缔结国际税收协定的办法来解决。

国际税收协定是国际公约的一个重要组成部分，它是调整国家与国家之间税收关系的法律规范，是经济国际化和税收国际化发展的产物。国际税收协定在协调国际税收的过程中具有以下作用。

1) 体现主权国家之间相互尊重、平等协商的关系

国际税收协定是在有关国家相互尊重、增进了解、互让互利、平等协商的基础上产生的，它是在排斥了任何以一国的意志强加于另一国的不平等手段后，来解决国际税收的分配矛盾和争端的。即使在协定的执行过程中，遇到一些未尽明确的问题需要处理，双方的主管当局仍然需要按协商程序来解决。

2) 赋予本国居民(公民)履行跨国纳税义务的安全保障

很多国家为了鼓励输出，使本国居民(公民)能够在国际市场上有较强的竞争能力，常常在国内实施税收抵免或免税，以免除跨国纳税人的国际双重征税。但是，事实证明，仅仅依靠单方面措施来解决双重征税问题的作用毕竟是有限的。因为它不可能充分考虑各有关国家税制不同的特点，因此，缔结税收协定可以使本国居民(公民)在履行有关缔约国的跨国纳税义务时，获得本国政府的保护和法律保障。

3) 可以解决有关国家之间的财权利益矛盾

由于主权国家基于各自税收制度所体现的利益不同，当发生冲突时，不可能以一方的意志强加于另一方，使对方受损、本国得益，因而只能以国际法为准绳，通过平等协商，制定相应的调整规范，以税收协定的形式加以约束，才能取得妥善处理。

4) 能够促进经济技术的合作与交流

国际税收协定的签订，可以为从事国际经济活动者实现合理的税收负担而创造条件，为引导投资方向提供税收鼓励。可以说，国际税收协定签订的状况，在某种程度上可以显示一国国家经济朝着外向型发展的趋势如何。

5) 防止纳税人避(逃)税

一般来说，跨国纳税人在进行国际避税和逃税时所采用的种种方式，无非都是钻了各国之间税收制度的差异和税收管理缺乏合作的空子。要防止此类非法行为的发生，不仅要依靠每一国自身的努力，而且必须同时发挥包括互换情报条款在内的税收

协定的作用。例如，中日双边税收协定中就规定，缔约国双方主管当局应交换为实施本协定的规定所需要的情报、缔约国双方与本协定有关税种的国内法律的情报和防止偷漏税的情报等。

本章思考题

1. 论述跨国公司财务风险管理的内容。
2. 什么是国际转移价格？国际转移价格的确定有哪些方法？
3. 阐述跨国公司避让管理的内容。
4. 怎样进行国际税收的协调？
5. 跨国公司内部资金调配可利用的技巧有哪些？
6. 跨国公司财务管理体系有哪几种类型？
7. 跨国公司内部资金调度的组织形式有哪些？
8. 国际转移价格的确定有哪些方法？
9. 阐述跨国公司避让管理的内容。
10. 怎样进行国际税收的协调？
11. 跨国公司内部资金调配可利用的技巧有哪些？
12. 跨国公司财务管理体系有哪几种类型？
13. 跨国公司内部资金调度的组织形式有哪些？

●案例●

卡森国际的"瘦身运动"

位于浙江海宁的卡森国际，是中国最大的皮革家具OEM供应商，卡森一直致力于"成为全球最大的软体家具产品及汽车皮革生产商"，并为此进行了广泛的生产能力布局，其2004年、2005年资本支出分别为7.4亿元和2.3亿元。

卡森的扩张，具有中国制造企业扩张路径的典型性：重资产，高折旧；高负债率(特别是短期负债多)，高利息费用，或者短期的商业交易融资多，短期现金流出压力大。在2005年香港IPO之前，资产负债率达到70%，一年内到期的银行借贷相对于总资产的比值是36.5%。

自2006年，卡森开始遭遇一系列外部宏观因素的打击，人民币升值、原材料涨价、出口退税减少，最沉重的打击来自发生次贷危机的美国，美国市场曾占据卡森超过70%的收入。2007、2008财年，卡森分别巨亏1.9亿元和2.78亿元。

从2007年，卡森开始正视产能利用不充分的问题，并迅速开展了"瘦身"运动。2007年1月和8月，卡森出售了两间沙发制造附属公司的权益，并关闭了位于上海的另一家工厂，获得了资产净值加出售收益共8620万元。2008年，卡森再次分批出售了两间附属公司的股权，出售所得超过5000万元。

卡森曾经有进军地产的计划，其合营公司(卡森拥有60%股权)曾以总成本26 378万元购得长沙一块土地，准备兴建皮革以及家具的零售市场，2009年，卡森退回了土地，直接套现2.8亿元；在公司总部所在地海宁，还将一块工业用地退还给当地政府，套现5亿元。据卡森副总裁兼CFO钟剑粗略估计，两年间，卡森累计回收现金约在10亿元。

"去资产化"在卡森最近公布的2008年报中得到了直接体现。其中"物业、厂房及设备"一项，从2006年的11.73亿元，迅速下降到5.72亿元。截至2008年年底，卡森的雇员总数已下降至5400余名，而其高峰期雇佣工人数是28 000名。

资料来源：节选自21世纪经济导报.2009略有改动。

案例分析

卡森国际为什么要"进行瘦身运动"？

第10章 跨国公司文化管理

 ## 10.1 跨国公司的文化

跨国公司的运作中，每一个国家都有它特定的经济、文化、法律、政治和竞争市场，在这些因素中，文化是关键因素之一。不同文化之间，价值观念、思维方式、行为准则、语言、习惯和信仰都存在着明显的差异。文化背景不同的人，其经营理念和管理方式往往大相径庭。作为跨国企业，不仅要关注个体之间的不同文化背景，还要关注跨国管理中的企业文化。

10.1.1 文化的含义

文化一词的使用极为广泛，其定义也有许多。日本明和太郎《经济和文化》一书，对文化所下的定义竟多达260余种。文化一词被引入管理学研究领域，同样很难找到统一的定义。管理学的研究学者们并不接受单一的文化定义，有可能会造成验证与对话的难度。不过，研究者们用不同的文化理论来诠释管理行为的差异，文化成了用于合成管理变量的自变量因素，因此而产生了种种不同的理论和概念。

爱德华·布奈特·泰勒(Edward Burnett Tylor)是这样定义文化的：文化是一个综合体，其中包括了知识、信仰、艺术、道德、法律、风俗以及人作为社会成员而习得的任何其他的能力和习惯。这个定义使我们明确了文化是"人类的特性"，是行为的产物，而不是行为本身。

美国人类学家克罗博和克鲁豪恩(Kroeber&Kluckhohn)认为，文化由各种模式组成，即文化是通过符号习得或展现的显性的和隐性的行为。这些符号构成了人类部落独特的成就，包括具体的人造物。文化的核心由传统(比如，历史演变和选择)思想，特别是相应的价值观所构成。一方面，文化体系可以被认为是行动的产物；另一方面，它也可以是未来行为的制约要素。这个文化概念恰如其分地揭示了文化的本质，即同一文化体系中的成员共享一整套思想，尤其是价值观；这些是通过符号来传播的；文化是由一个群体及其成员的过去的行为所形成的；文化是需要学习的；文化形成个体的行为并影响其世界观。

在这个框架中语言作为社会交流的媒介而成为特定文化思想的关键，因此也就形成并保持了语言、文化和民族三者间相互依存、互为补充、共同发展的微妙关系。

霍夫斯泰德(Hofstede)的观点如下：文化是区别人类群体成员的一种集体的思维

方式，能够把一个人类群体成员和另一个群体成员区分开来。

可以看出，这个定义强调文化差异，霍夫斯泰德认为文化影响人类群体对其环境作出反应。文化差异对跨国文化管理的影响将在本章后面章节中加以详细论述。

爱德华·霍尔(Edward Hall)认为文化基本上是一个创造、传递、储存和处理信息的系统。埃德加·沙因(Edgar Schein)则认为文化是成员们认同的价值观、信仰和期望。他们关注有形文化和无形文化，但实际上，无形文化相对来说更为重要——"文化的实质不在于其表面上那些看得到的东西，而是群体中人们所共有的理解和诠释世界的方式。这种文化赋予他们对环境的不同解释才是影响跨文化工作和管理的人们之间互动的重要因素。"(霍克林)

在哈里斯和莫兰(Harris&Moran)看来，文化是人类独特的适应环境并把这种适应性技能和知识传给后代的能力。在这里文化被看做是被社会化而且代代相传的、相对稳定的、同质的和内在一致的假设、价值观和准则系统，由于强调了共享的特性，文化的这种观点似乎"由于把社会变化和多样性局限在一个组织或民族内而显得盲目"。

10.1.2　文化维度

各国因其各自潜在的文化差异而不同，文化的差异源于不同价值观产生的不同观念，如果一个团队中的成员各自坚持认为只有自己的价值观才是最好的、正确的，那么纷争和误会都会纷至沓来。文化特征变量会从每个变量的层面上帮助我们理解两种或多种文化是怎样相同或不同的。至今已经有很多种分析角度被发明了，这里将会引用其中的几种模式来引导我们更好地理解世界上的各种文化。

1. 规划全球文化维度

近年来关于文化维度的研究结果已被GLOBE(全球领导力和组织行为有效性)项目团队调整成可以通用的了。该团队由170名研究者组成，7年来，他们收集了关于文化价值和实践方面的数据，以及来自62个国家的18 000名管理者有关领导力方面的数据。这些管理者来自全球各地，所处的行业和组织的规模有着广泛的代表性。该团队区分了9种文化维度，能够区分社会的不同之处，并且有重要的管理内涵：自信度、未来导向、业绩导向、人性导向、性别区分、规避不确定性、权力的距离、集体主义与个人主义以及群体内的集体主义。这里只讨论前4个，因为其他5个与霍夫斯泰德(Hofstede)的研究很相似。从GLOBE项目中选择的文化维度排序，如表10-1所示。

表10-1　从GLOBE项目中选择的文化维度排序

关于自信度的排序					
最低自信度国家或地区		中等自信度国家或地区		高自信度国家或地区	
瑞典	3.38	埃及	3.91	西班牙	4.42
新西兰	3.42	爱尔兰	3.92	美国	4.55

(续表)

关于自信度的排序					
最低自信度国家或地区		中等自信度国家或地区		高自信度国家或地区	
瑞士	3.47	菲律宾	4.01	希腊	4.58
日本	3.59	厄瓜多尔	4.09	奥地利	4.62
科威特	3.63	法国	4.13	德国	4.73

关于业绩导向的排序					
最低业绩导向国家或地区		中等业绩导向国家或地区		最高业绩导向国家或地区	
俄罗斯	2.28	瑞典	3.72	美国	4.49
阿根廷	3.08	以色列	3.85	中国台湾	4.56
希腊	3.20	西班牙	4.01	新西兰	4.72
委内瑞拉	3.32	英国	4.08	中国香港	4.80
意大利	3.58	日本	4.22	新加坡	4.90

关于未来导向的排序					
最低未来导向国家或地区		中等未来导向国家或地区		最高未来导向国家或地区	
俄罗斯	2.88	斯洛文尼亚	3.59	丹麦	4.44
阿根廷	3.08	埃及	3.86	加拿大(英语区)	4.44
波兰	3.11	爱尔兰	3.98	荷兰	4.61
意大利	3.25	澳大利亚	4.09	瑞士	4.73
科威特	3.26	印度	4.10	新加坡	5.07

关于人性导向的排序					
最低人力导向国家或地区		中等人力导向国家或地区		最高人力导向国家或地区	
德国	3.18	中国香港	3.90	印度尼西亚	4.69
西班牙	3.32	瑞典	4.10	埃及	4.73
法国	3.40	中国台湾	4.11	马来西亚	4.87
新加坡	3.49	美国	4.17	爱尔兰	4.96
巴西	3.66	新西兰	4.32	菲律宾	5.12

1) 自信度

该维度指的是一个社会中人们在多大程度上被期望是强硬的、敢于对抗的、竞争性的而不是谦虚的和软弱的。例如奥地利和德国是高度强硬的国家，他们鼓励竞争，有一种"能干"的态度。与之相比，瑞典和日本自信度则较弱，它们倾向于温和、合作的关系以及和谐。GLOBE团队得出结论，认为这些社会对弱者有同情心，强调忠诚和团结。

2) 未来导向

该维度指的是一个社会关注未来导向行为的重要性的水平，例如未来的计划和投资。瑞士和新加坡，在这一维度上比较高，它们倾向于为未来节约，有较长的时间做决定。俄罗斯和阿根廷则倾向于在较短的时间内作出更多的计划，更关注直接的满足。

3) 业绩导向

该维度衡量一个社会中业绩提升的重要性，表明人们是否被鼓励努力不断取得进步。新加坡、美国和中国香港在这一维度上得分较高，这意味着人们倾向于掌握主动权，有一种紧迫感和信心去完成工作。俄罗斯和意大利在这一维度上得分较低，它们优先考虑的是其他，如传统、忠诚、家庭、背景，并把竞争与失败联系在一起。

4) 人性导向

该维度衡量的是一个社会鼓励和奖励人们公正、利他、慷慨、有同情心和仁慈的程度。该维度得分最高的是菲律宾、爱尔兰、马来西亚和埃及，集中体现在对弱者的同情和支持。在这些社会中，家长式统治和保护人的身份很重要，人们通常友好、宽容、价值观一致。与西班牙、法国和德国相比，后者在这个维度上得分较低，这些国家的人们对权力、物质财富和自我提升给予了同样的重视。

很显然，这些研究结果对于在一种文化的相互影响中成功地寻找管理者是有帮助的。

2. 霍夫斯泰德的价值观维度

戈尔特·霍夫斯泰德(Geert Hofstede)使用5种指标来解释各种文化中的行为差异。他的研究工作主要是基于对IBM的来自70个国家的众多员工所完成的调查问卷，这也是世界管理界所进行过的最大型的研究活动之一。他提出了5个维度。

1) 权力距离

这一维度的前提是，社会不均匀地分配各种关系、机构和组织中的权力，它衡量对人与人之间平等的期望，考虑的主要是文化如何解决不平等问题。"在一些文化中，那些拥有权力的人和受权力影响的人之间在各个方面存在明显的差异(高权力距离)，而在其他文化中，这两类人之间的关系却相当紧密(低权力距离)。

在权力距离较大的国家里，文化总是有意或无意地使他们的成员认为，世界上人与人之间是不平等的，社会中有许多垂直的从属关系，每个人在这些关系中各居其位。社会等级无处不在，并且不平等的关系趋于机制化。在权力距离大的文化组织中，权力高度集中，地位和等级非常重要，人事监督占较大比重，拥有严格的评定工作价值的体系，决策过程中下属的意见不太受重视。

对于权力距离小的国家，文化使得他们认为社会上的不平等应该减少到最小，人们拥有获得权力的途径，他们追求权力的平等化。人们认为上下级之间应经常交流，使双方尽量和谐一致。

2) 不确定性规避

霍夫斯泰德用不确定性规避这个维度来"界定一种程度，一种当人们遇到混乱不清、难以预测的情况时所感到的不安程度，于是人们通过对严格的行为方式的遵循和对绝对真理的信仰，尽力避免这些情况"。

在高度不确定性规避的文化中，为了避免不确定性和模糊性，而制定正式的规则，这种文化通常无法容忍偏离正道的观点和行为，群体中的个体也更倾向于寻求共识，并相信绝对的真理和专业技艺的成就。一个强烈追求防止不确定性的社会，一般说来会产生高度的紧迫感和进取心，会激发人们努力工作的动机。

低度不确定性规避的国家，人们会比较容易接受生活中的不确定性，不为偏离主流的人或主张所困扰，喜欢主动性、不喜欢等级关系、乐于冒险、灵活性强。

对待不确定性规避的态度会影响来自两种不同文化成员之间的谈判。来自高度不确定性规避文化的成员喜欢较慢的谈判节奏，要求大量的细节和重视筹划。对于正式性的要求，各个文化之间也存在不同程度上的差异。即使会议安排不明确，来自低度不确定性规避文化的成员也不会感到焦虑。另外，谈判过程还会体现双方对冒险的不同理解。

3) 个人主义与集体主义

个人主义是指一种结合松散的社会组织结构，其中每个人只关心自己，而且也只依靠个人的努力来为自己谋取利益。在倾向于个人主义的文化中，人们更多地是鼓励竞争而非合作；个人目标重于集体目标；人们在感情上不会依赖于组织或结构；每个人都有权拥有个人资产，发表个人想法和观点。这些文化重视个人动机和成就，重视个人决策。当需要制定决策的时候，来自个人主义文化的人常常会和来自集体主义文化的人发生冲突。在谈判时，这种不同显然会引起严重的分歧。

集体主义则指一种结合紧密的社会组织结构，其中所有的人往往接受"在群体之内(小集团内、组织群体内、亲戚朋友圈内)"的人员的照顾，但同时也以对该群体保持绝对的忠诚作为报答。集体主义更多地强调团体而非个人的观点、需要和目标，团体界定的社会规范和责任而非个人获取利益的行为，崇尚集体主义的人时刻准备与团体内成员合作等。

4) 男性化与女性化

这个维度所表示的是所谓的"男子气概"价值观在社会中占统治地位的程度。而"男子气概"则是指：自信武断，进取好胜，喜欢冒险。这些价值观之所以用男子气概这个词来表示，是因为在几乎所有的社会中，男子对这种价值观都有较高的评价。一个社会对男子气概的评价越高，其男子与女子之间的价值观差异也越大。

男性化倾向的社会中成就、金钱、英雄主义、自信武断等价值观居于统治地位，性别角色被严格区别，男人在社会中占支配地位，人们喜欢严密的逻辑推理和定量分析得出精确科学的结论。

女性化倾向的社会中则以妥协、平衡、谦逊等为主要价值取向，社会中人们追求和谐的人际关系，同情弱者，注重生活质量。在思维方式上，重视直觉与内省，喜欢做定性分析，行为上常常显示出随意性和随机性。

5) 长期取向与短期取向

这个维度所表示的是，一个国家或民族对长期利益和近期利益的价值观，即时间观。

具有长期导向的文化和社会主要面向未来，较注重对未来的考虑，对待事物以动态的观点去考察，注重节约、节俭和储备，接受缓慢的结果，做任何事情均留有余地。

短期导向型的文化与社会则面向过去与现在，着重眼前的利益，最重要的是此时此地。表10-2列出了一些国家按照霍夫斯泰德价值观维度进行的排序。

表10-2 一些国家按霍夫斯泰德价值观维度进行的排序

国家	权力化程度	不确定性规避	个人主义	男性主义	长期取向
中国	80	40	15	55	100
美国	40	46	91	62	29
日本	54	92	46	95	80
英国	35	35	89	66	25

资料来源：ITMT-Business Culture and International Management.http://www.itim.org

3. 琼潘纳斯的价值维度

丰斯·琼潘纳斯(Fons Tropenaars)也研究价值维度，他的工作历时十年，他的研究对象包括来自28个国家、代表47种文化的15 000名管理者。琼潘纳斯使用了7项指标描述了各国的文化差异：①普遍性与具体性；②个人主义与集体主义；③中性与情感性；④特殊性与扩散性；⑤成就文化与归因文化；⑥人们对时间的理解——包括这种文化对历史、现在、将来的理解以及对时间连续性、一时性的理解；⑦与自然的关系，指人们对自然是采取"内控"还是"外控"的态度。

1) 普遍性与具体性

在强调普遍性的社会里，人们相信不管在任何情境下，"真"和"好"都是普遍的，人的思想和实践可以不受任何限制地运用于任何地方。另一方面，在强调具体性的社会里，人们的思想和实践必须根据情景因素进行调整，"真"和"好"是依据具体情境而定的。在高普遍性的社会，如在美国、英国和德国，人们以法律合同来缔结商业关系，合同中明确规定双方的权责，当有纠纷和冲突时，大家也是以合同来解决问题。在高具体性的社会，如中国、部分拉丁美洲国家，法律合同不怎么被重视，合同只是反映了双方愿意合作的意向，具体到双方的权责等还要看具体情况。

2) 个人主义与集体主义

这一指标与霍夫斯泰德的同一指标基本一致。在偏向个人主义的社会中，个人努力追求自己的目标，每个人只关注于个人财富的不断增长，而且法律法规赋予了个人权力极大的重要性，西方文化基本都是这个取向。集体主义社会则强调集体的重要性，认为个人要学会将集体的目标放在自身以及自身的目标之上，东南亚、拉丁美洲、中东以及非洲都是集体主义文化。

3) 中性与情感性

在这个指标中，琼潘纳斯关注了各种文化中人们采取怎样的情感表达方式。在中性文化中，人们对情感采取抑制和控制的方法，使情感不会影响到对事物的判断；相反，情感性文化鼓励人们向他人表达自己的感情。在商业场合，来自情感性文化的人们，比如巴西人、墨西哥人以及意大利人，他们能够自在地表达自己的愤怒、欢乐或困扰之情，相比之下，来自中性文化的英国人、新加坡人以及日本人则不会这样做。

4) 特殊性与扩散性

这个指标说明了各种文化下人们对于私人空间的概念和强调程度。在特殊性文化中，人们拥有较大的公共空间和相对较小的私人空间。公共空间和私人空间的分别是很清楚的，所谓一个人的私人空间是指具有隐私性质的，禁止除了亲近的人之外的任何人进入的空间。美国就是特殊性文化的一个很好的代表。在英国，这种私人空间要更为严格，人们如果想要拜访一位经理，即使是事先约好的，也要经过前台、秘书、私人助理等才能见到本人。相反，在拉丁美洲、南欧诸国等扩散性文化的国家中，对私人空间和公共空间的划分就不那么清晰，公司领导的家庭和办公场所也不像特殊性文化中的那样分得一清二楚，在扩散性文化中，工作关系很容易转化为私人关系。

5) 成就文化与归因文化

这个指标说明了各种文化中，人们从何种途径获得权力和地位。成就文化，比如美国和英国，那些有能力的人才能获得高的地位和权力；归因文化，比如沙特阿拉伯国家，人们往往是靠着关系获得权力和地位的，也就是说，有的人天生就有权有势。

6) 对时间的理解

琼潘纳斯的时间取向指标分两个方面，其一是指人们对过去、现在、未来有不同的理解，这与霍夫斯泰德的研究观点一样；其二是指人们对时间的持续性和一时性的理解也不同，这一点与霍夫斯泰德的研究不一样。在认为时间是连续的社会中，时间是线性的、可分割的，我们可以把时间划分成不同的时间段作出每天的规划。在时间连续观的社会，比如美国和英国，日程表管理着人们每天的工作生活和家庭生活，日程安排比朋友关系更为重要。相反地，在认为时间一时性的社会中，时间被看成是可循环的、不可分割的，朋友关系要远比日程安排更重要。在埃及和葡萄牙等认为时间一时性的国家中，做事不用限定起始时间和最后期限，人们一件事做完就做另一件事，而不是赶完一个最后期限又赶下一个最后期限。

7) 自然内控与自然外控

在采取自然内控的文化中，人们控制环境。比如在美国，如果一个人迟到，那么这就是他的错；而在自然外控的文化下，个人不能控制环境，比如在阿根廷，如果一个人迟到，那么这并不是他的错，错的是使他不能按时到达的环境。

4. 爱德华·霍尔的高语境和低语境导向

人类学家爱德华·霍尔从感知和交流方面研究文化之间的异同，根据交流中所传达的意义是来自交流的场合还是来自交流的语言，他将文化分为高语境和低语境两种。霍尔这种分类所用的假设是："文化的功能之一是在人和外在世界中间建立一个高度选择性的屏幕。文化通过该屏幕的各种各样的形式决定了我们注意到的内容和忽视的内容。"

语境可被定义为"围绕事件的信息，它与事件的意义紧密相连"。高语境(High Context, HC)的交流或信息是指大多数信息都已经体现出来了，只有极少的信息清楚地以编码的方式进行传达。低语境(Low Context, LC)的交流正好相反，即大多数信息都是通过外在的语言方式进行传达。

在高语境文化中，人们在经历、信息网络资源等方面具有极高的同质性。由于传统和历史因素，高语境文化随时间推移所发生的变动不大。在这些文化中，一致的信息会获得对外在环境的一致反应。在高语境文化当中，可以通过手势、空间的使用甚至沉默来提供信息。高语境文化对周围的事物和环境更加敏感，不通过语言也能传达他们的感情。

在低语境文化中，人口具有较低的同质性，所以造成人际交往的区别。缺少共同的经历意味着"每次他们和别人交流时都需要详细的背景信息"。在低语境文化中，语言传达了大多数信息，语境和参与者方面只包含极少的信息。这一特点反映在多个方面。举例来说，亚洲人的交流方式常常比较隐晦、间接和含蓄，而西方人的交流方式常常比较直接和坦率。

在这一维度方面的差异甚至会改变人们感知冲突和对冲突作出反应的方式。例如，因为低语境文化比较含蓄，所以这一语境下的人们认为冲突破坏交流。对于他们而言，应该慎重而巧妙地解决冲突。

10.2 跨国公司的文化差异

10.2.1 文化差异的层次与内容

所谓文化差异，是指不同国家、民族、地区之间文化以及不同企业文化之间的差别。一方面，不同的民族文化具有独特性、传统性、非物质性等特点，以及各个民族间的语言、传统、性格和生活方式不尽相同，使得各个国家、民族在文化方面千姿百态。例如，西方强调个性和创新，而东方更强调集体和稳健。另一方面，跨国公司在开展跨国经营时，除了需要面对国家民族的文化环境之外，还需要应对合资企业内部的企业文化的挑战。所以，从研究跨文化管理的角度来看，不仅国家的文化背景差异是文化差异的来源之一，公司之间的企业文化和组织文化的风格差异以及员工个体文化素质的差异，也是文化差异的重要来源。

1. 国家和民族文化差异

从国家、民族的角度来看，文化差异主要包括法律制度、语言沟通、教育、民族宗教以及风俗习惯等。国家(民族)层面上的文化差异，如表10-3所示。

表10-3　国家(民族)层面上的文化差异

方　　面	原　　因
法律制度	东道国政府制定的各种法律制度对跨国经营环境具有决定性影响
语言沟通	语言差异是从事跨国经营最直接的障碍
教育	教育水平和结构决定了该国的国民素质和人才结构，一国的教育体制在很大程度上反映了该国的文化和传统
民族宗教	宗教和信仰是文化中真正能够持久的基质，凝聚着一个民族的历史和文化，不同的宗教对同一事物可能有着截然不同的态度，从而导致人的不同观念
风俗习惯	跨国公司必须"入乡随俗"，方能"适者生存"

资料来源：原毅军.跨国公司管理.大连：大连理工大学出版社，2006

1) 法律制度

法律制度对企业开展跨国经营活动产生的影响较大。东道国政府制定的各种政策，尤其是针对外商投资企业的政策对跨国经营环境具有决定性的影响。在一个政府干预频繁、对外资企业严加限制的国家中，跨国公司的经营难以获得成功。一般来说，跨国公司在进入一个国家之前，必须考察该国政策是否有利于外商投资。

2) 语言沟通

语言差异是从事跨国经营最直接的障碍。语言是"文化的镜子"，是"文化的外壳"。语言作为人类进行信息沟通的方式，它不仅是简单的字符排列，而且包含着丰富的知识、历史、情感和态度，在很大程度上体现了一个社会的文化，表达了一种文化的思维模式。

掌握一种语言是了解它所体现的文化的关键。无论是语言的还是非语言的沟通方式，都可以将不同文化的人群分开。只有通晓该国语言，才能真正认识该国的文化。语言是打开文化窗户的钥匙，要了解一国的文化状况，分析其社会文化环境，就要通晓该国的语言文字。

一个成功的跨国公司管理人员不仅要懂得和善用别国的语言，而且更要理解这些语言中深层次的文化含义。跨国公司派往国外子公司的管理人员只有懂得东道国当地语言，才能直接与当地员工和顾客交流。在母国制作的广告也须经翻译后才能在东道国使用。子公司向母公司汇报各种计划、报告、和财务报表等也都必须翻译成母国语言。显然，语言障碍提高了跨国经营成本。

除了语言之外，沟通障碍还来自于非语言方面。非语言行为是任何一种有目的的或无目的超越语言并被接受者认为有意义的行为，包括表情、手势、眼神、身体移动、姿势、衣着、接触等。形体语言是沟通的另一种形式，它体现在人们的行为之中，常常是"只能意会，不能言传"。在不同文化中，相同的手势或其他动作可能有不同的含义。

3) 教育

一个国家的教育水平和结构决定了该国的国民素质和人才结构，一国的教育体制在很大程度上反映了该国的文化和传统。无论是学校教育还是非正式教育，在文明的传递中都扮演着关键的角色。教育的水平和内容在不同文化中亦有很大不同。教育对一个组织的领导方式及训练计划的选择有很大影响。各国教育水平的差异也成为经营管理人员决策时应考虑的因素。

教育的差异给跨国经营带来的影响：首先，教育程度是市场细分的标准之一，教育程度较高的国家和地区，由于人们的文化素养高，具有一定文化内涵的产品销路会比较好。其次，教育水平对招募培训员工有较大的影响，在教育水平低的国家，企业在当地招聘合格工人、管理人员和技术人员都会遇到很大困难。为了使公司管理水平和生产技术水平达到母公司要求的标准，跨国公司往往要花费大量的时间和经费对东道国当地员工进行系统地培训。

4) 民族宗教

宗教是一种文化中的精神寄托与信仰，它与企业的管理有着重要的关系。不同的宗教对同一事物可能有着截然不同的态度，从而导致人的不同观念，这也是影响跨国经营成败的重要因素。众所周知，在全世界有数千个民族以及形形色色的宗教组织。在拉美、非洲、中东、东南亚等地，宗教更是深入渗透到个人、家庭、社会群体的方方面面。

宗教和信仰是文化中真正能够持久的基质，凝聚着一个民族的历史和文化。不同的宗教有不同的倾向和禁忌，影响着人们认识事物的方式、行为准则和价值观念。世界上大多数人都具有对某种宗教的信仰，在跨国经营中，对各种宗教的节日、禁忌、思维方式、独特要求等应有充分的认识，应根据不同地域的具体情况制定合适的经营战略，合理地利用宗教信仰的某些特殊性创造商业机会，避免由于宗教信仰不同而引起冲突。

5) 风俗习惯

不同的国家、地区和民族由于受传统文化的影响，形成了各自独特的风俗习惯，表现为独有的消费传统、偏好和禁忌。风俗习惯经过千百年来的传承、强化而深深地根植于民族心灵深处，它带有强烈的地域、乡土特征和浓厚的感情色彩。风俗习惯有高度的稳定性、广泛的影响力、敏感的自我肯定机制和防范机制。企业经营者从事国际营销活动必须了解它、尊重它、遵循它，必要的场合还要回避它。跨国公司必须"入乡随俗"，方能"适者生存"。

世界上不同国家的风俗习惯千差万别，甚至在一个国家里，不同地区间也有极不同的习惯，从而对企业的经营活动产生不同的影响。中国有句话：入门问禁，入国问俗，入境问讳。进入国际市场，到异国开展经营活动，要了解对方的风俗习惯，包括商务方面的传统习惯、礼仪等。有一位美国营销家根据多年的业务经验，对在各国推销总结出一些规律：与东方人做生意，应该多加理解，少做争论，以免伤面子；对法国人则要强力推销，反复强调自己产品和服务的特色，解释价格的合理性，并一再登门拜访或函电联系；对英国客户则要有礼貌地慢慢进行说服工作；对瑞士客户则宜特别重视函电的质量，考虑文字装饰。因此，对不同国家管理人员必须区分不同对象、不同对待，才能事半功倍。

2. 企业文化差异

在企业的层面上，文化差异包括经营理念、制度规范、行为方式等方面的差异。企业文化差异，如图10-1所示。

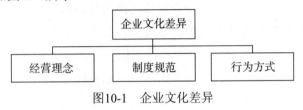

图10-1　企业文化差异

资料来源：原毅军.跨国公司管理.大连：大连理工大学出版社，2006

跨国公司开展跨国经营，尤其是以合资的方式开展经营时，不可避免地需要与当地企业产生商业关系，因此，企业文化所起的作用不容忽视。企业文化，就是在一定的社会历史环境下，企业及企业职工在企业生产经营和管理活动中逐渐形成的观念形态、文化形式和价值体系的总和。企业文化是企业的一种文化观念和价值准则，是企业员工信念和凝聚力的体现。具体而言，企业文化包括经营理念、制度规范和行为方式等。

1) 经营理念

所谓的企业经营理念是指企业一整套的价值系统，是随着企业诞生而诞生的一种与企业物质文化相应的观念形式，具体包含企业价值观念、企业精神和企业道德等方面。由于企业经营理念是支撑一个企业经营的最基本的价值取向、行为规范和根本宗旨的总和，因此它成为整体企业运作的灵魂，成为增强企业凝聚力的一块磁石，同时也成为企业市场竞争能力的源泉。简单讲，经营理念就是"这家公司为什么而存在"以及"这家公司朝什么方向前进、应当拥有什么形象"等企业所具有的基本概念。

企业的经营理念，首先是企业的使命、宗旨，它规定了企业作为特殊社会组织的责任、以及应当把企业办成什么样的社会组织的基准，它是企业自觉经营的依据。其次，经营理念是企业进行决策的一系列根本指导思想和思维方法。企业经营需要时时刻刻作出决断，决断时所依据的根本基准就是经营理念。能够统率众多员工，使众多员工团结一致的中心思想，就是该公司的经营理念。经营理念是企业全体成员共同认可的价值标准和价值取向，它为企业内部提供一种走向共同目标的指导性意识，也为企业员工的日常行为规范提供方向性前提，因此，它是一个企业产生持久向心力和凝聚力的精神源泉，是文化的基础。

经营理念也是企业的文化特征。首先，经营理念是一种优势文化。企业的文化优势，主要体现在企业群体的观念、精神上，通过最佳发挥而形成的一种优于别人的力量。经营理念是整个企业中最富有魅力、最具有鼓动性意义的无形的价值因素。企业在价值观念上取得文化优势，就能使整个企业充满活力和朝气，并激发广大员工释放身上蕴含的各种潜能，从而也使得企业在激烈的市场竞争中取得生产经营上的优势。其次，经营理念是一种核心文化。经营理念的重要功能在于使企业成员在思想观念上把握前进的共同目标，这种目标是一种无形的自导力，它规定和支配着每个成员的行为方向。企业在生产经营活动实践中形成的价值观念，能够将企业内部各种力量统一于共同的理想信念上，发扬共同的企业精神，遵循共同的企业道德，齐心协力地去实现企业目标。经营理念作为超个性的群体意识，是企业长期文化建设的结晶，企业文化的凝聚功能、激励功能、导向功能等都深刻地体现在经营理念方面。

经营理念的差异对合资企业来说是致命的，它直接导致企业目标的错位，以及目标不一致时企业经营过程中冲突的不断出现。

2) 制度规范

企业制度规范，是指企业在生产经营活动中所形成的与经营理念等意识形态相适应的制度。企业制度规范是一种"规范性"文化，是企业为实现企业目标给予企业员工的行为以一定方向、方式的具有适应性的文化。这种对员工的行为给予一定限制的文化，它具有共性和强有力的行为划一的要求。企业制度规范的"规范性"是一种来自员工自身以外的、带有强制性的约束，它规范着企业及其每个员工的行为。

企业制度规范主要包括企业领导体制、企业组织机构和企业管理制度。企业领导体制是企业领导方式、领导结构和领导制度的总称，其中主要是领导制度。企业的领导体制受生产力和文化的制约，生产力水平的提高和文化的进步就会产生与之相适应的领导体制。在企业制度规范中，领导体制影响着企业组织机构的设置，制约着企业管理的各个方面。所以，企业领导体制是企业制度规范的核心内容。优秀企业文化的领导体制应做到统一协调和畅通。

企业组织机构是指企业为了有效地实现企业目标而策划建立的企业内部各组成部分及其关系。组织机构是否适应企业生产经营管理的要求，对企业的生存与发展有很大的影响。不同的企业文化有着不同的组织机构。企业制度规范中的领导体制、企业环境、企业目标、企业生产技术及企业职工的思想文化素质等因素，都会对企业组织机构产生影响。组织机构形式的选择必须有利于企业目标的实现。优秀企业文化的组织机构设置要精简合理，讲究效率。

企业管理制度是企业为求得最大效益，在生产管理实践活动中制定的各种带有强制性的义务，并能保障一定权利的各项规定和条例，包括企业的人事制度、生产管理制度、民主管理制度等一切规章制度。企业管理制度是实现企业目标的有力措施和手段，是企业进行正常的生产经营管理所必须的，是一种强有力的保证。优秀企业文化的管理制度要做到科学、完善和实用。

3) 行为方式

行为方式是一个企业形成的正式或非正式的处事方式。来自不同企业的员工一起工作，难免带入原来企业的行为方式，也会不知不觉地要求他人按照原来企业的行为方式来做事。

3. 美德日中的企业文化差异比较

1) 美国企业文化

美国是一个年轻的国家，从1492年哥伦布发现新大陆到现在只有五百多年的历史，美国建国也只有二百多年的历史，可以说美国的文化根基很浅。然而美国又是一个移民国家，各国移民所带来的各国文化汇集美国，经过二百多年的相互融合和优胜劣汰，美国逐渐形成了具有鲜明特色的民族文化。

具体来讲，美国的民族文化可以概括为：清教主义、自由主义和个人主义。清教主义是美国文化的根，它赋予了美国民族文化倡导道德、民主、平等的内涵。自由主义是美国民族文化的核心，构成了美国政治文化的基础，它赋予了美国民族文化倡导言论自由，发展自由市场经济的内涵。个人主义是美国民族文化的基本特征和主要内容，它赋予了美国民族文化倡导个人的生命和幸福终极价值的内涵。概括起来，美国的民族文化主要有以下几点。

(1) 个人主义价值观占主导地位，注重自由、平等。由于美国早期居民是各国移民，彼此之间没有血缘关系，在同自然斗争过程中主要依赖个人奋斗。因此，美国人崇尚生活中的强者，鄙视懦弱无能的胆小鬼，这使得美国人崇尚自由、平等。在美国，除法律明文规定加以限制并由执行机关执行限制外，任何机关和个人不得非法限制他人的自由。美国人相信这样的格言：一个人富裕到什么程度，就表明他的才能发挥到了什么程度。也就是说，在美国人看来，在机会均等的情况下，人的才能决定了个人富裕的程度。

美国颁布《人权法案》，在法律上认可个人在人身、财产和政治上享有完全的自由，这也就是说，作为一个多民族的移民国家，美国文化认同了多元宗教信仰、文化习俗的合理性，接受了互相尊重和宽容的文化约定，并将其视为实现个人理想和自由的社会基础。

(2) 以实用主义为生活哲学，注重追求物质利益。所谓实用主义，就是"有用、有效、有利就是真理"。美国人以此为自己的生活哲学。实用主义的形成源自早期美国居民开发北美大陆的过程。要开发北美大陆，就必须打破一切常规，服从于实际问题的解决。在实用主义哲学影响下的美国人，不喜欢常规的、抽象的、概念性的东西。在美国人眼里，有用就是真理，成功就是真理。他们立足于现实生活和经验，把确定信念当作出发点，把采取行动当做主要手段，把获得效率当作最高目的，一切为了效益和成功。

在实用主义哲学的影响下，美国人更崇尚物质生活，认为生活舒适是理所当然的人生追求。美国人以赚钱多少作为评价一个人社会地位的高低的重要依据。因此在美国，企业家普遍受到尊敬，大学里的管理专业成为热门，人人都想办企业发财致富。

(3) 崇尚冒险、开拓、创新精神。早期的美国人面对有待开发的富庶的北美大陆，必须要善于打破常规，才有可能成功。这也培育了美国人开拓进取和敢于冒险的精神。美国人身上较少存在传统思想的保守性，这使得在"硝烟弥漫"的商战中，美国人敢于创新、敢于冒险；而且他们在生活中追求新奇刺激，如他们热衷于参加汽车大赛、环球探险、高山滑雪等。

美国作为世界头号经济强国是十分重视企业文化的构建的，这是其经济能迅速发展的重要原因之一。美国的企业文化具有以下特征。

(1) 重视人、尊重人的价值，注重发挥员工的个人才能。许多成功的美国企业都把面向人、尊重人、关心人放在首位，把它看作是企业成功的关键。美国著名的苹果电脑公司认为，要开发每个人的智力闪光点的资源，"人人参与""群言堂"的企业文化，使该公司不断开发出具有轰动效应的新产品。美国最大的电子计算机公司IBM之所以能够在激烈的竞争中不断取得成功，一个最重要的原因是贯彻了这一经营哲学——尊重人、信任人，这也是IBM的第一宗旨。公司高层认为只有尊重职工、信任职工、充分发挥他们的聪明才智，才能使他们竭尽全力为公司服务，保证公司不断获利。

(2) 提倡制度化和合理化并存的管理哲学。美国企业提倡科学性和合理性，重视组织机构和规章制度的作用。美国企业继承了泰勒的科学管理思想，比较注重确定严密的组织系统、合理的管理程序、明确的职责分工、严格的工作标准、科学的规章制度、先进的管理手段和管理方法，即美国企业比较重视硬性管理。美国哈佛商学院集一百五十多年的教学经验，编制了大到企业经营方针制定，小到下脚料处理的企业管理都有相关的规章制度。

但是，过分强调制度、量化的刚性管理模式，容易造成人与人之间关系的冷漠，形成单纯契约关系；它使企业与社会脱离，使企业变成单纯赢利场所。因此，在20世纪80年代的企业文化建设中，美国许多成功的企业认识到单纯依靠制度管理的弊端，从而把企业文化建设放在十分重要的位置。

(3) 注重企业的社会效益，坚持质量第一、顾客至上的经营理念。近年来，美国一些成功的大企业把企业看作社会的有机组成部分，是社会财富的创造者、群众美好生活的服务者；企业不仅要注意经济效益，还要注重社会效益。这方面IBM是个典型。它的经营哲学有三条：必须尊重每一个员工；必须为用户提供尽可能好的服务；必须寻求最优秀的成绩。在这三条中，人们几乎看不到功利主义色彩，强调的是尊重、服务和优秀。

在企业注重社会效益的同时，政府鼓励企业提高产品质量，保护消费者利益，依法严惩制假贩假者。早在20世纪60年代初，美国总统肯尼迪就发出《总统关于保护消费者的特别咨文》，提出了著名的消费者四大权力，即安全权、知情权、意见权、选择权，要求企业给予保护。

(4) 具有顽强的创新意识，建立激烈的竞争机制。竞争出效益，竞争出成果，竞争出人才，但竞争的目的不在于消灭对手，而在于使参与竞争的各方更加努力工作。美国企业中顽强的创新精神和激烈的竞争机制随处可见。这是美国人敢于冒险、敢于创新、乐于竞争的民族性格在企业文化中的反映。美国企业家总是在寻找新机会，探索新的管理方法。

惠普公司原董事长兼CEO卢·普拉特说："过去的辉煌只属于过去而非将来。"比尔·盖茨反复向员工强调："微软离破产永远只有18个月。""淘汰自己，否则竞争将淘汰我们。"杰克·韦尔奇在通用电气公司实行"末日管理"，启用大胆改革与创新的管理人员，免去那些循规蹈矩的高级职员。这种强烈的忧患意识和危机理念赋予美国企业一种创新的紧迫感和敏锐性，使企业始终保持着旺盛的创新能力。

除此之外，美国企业十分重视为职工提供公平的竞争环境和竞争规则，充分调动其积极性，发挥他们的才能。如IBM公司对员工的评价是以其贡献来衡量，提倡高效率和卓越精神，鼓励所有管理人员成为电脑应用技术专家。福特汽车公司在提升管理人员时，凭业绩取人，严格按照"贵以授爵，能以授职"的原则行事。福特公司前总裁亨特·福特说："最高职位是不能遗传的，只能靠自己去争取。"

2) 德国企业文化

德国的民族文化受欧洲文化价值的影响十分深刻。而欧洲大陆的文化主要来源于古希腊文化和基督教文化。古希腊文化给欧洲留下了科学和民主，基督教文化给欧洲提供了理想人格的道德楷模。在此基础上，欧洲大陆形成了追求精神自由、人文主义、理性和民主的文化传统。欧洲文艺复兴运动和法国资产阶级大革命带来的民主、自由等价值观，对德国民族文化的发展产生了很大的影响。而欧洲的宗教所主张的博爱、平等、勤俭、节制等价值观念，在很大程度上影响了德国民族文化的产生和发展。概括起来，德国的民族文化主要有以下几点。

(1) 追求民主自由精神。作为现代科技文明的发源地，欧洲的生产力水平在18世纪至19世纪已经超过其他地方，商品经济的发展和生产力的迅速提升，唤起了人们内心深处独立意识和民主意识的觉醒。18世纪相继在欧洲爆发的资产阶级民主革命正是人们追求民主自由的表现。

(2) 提倡人文主义。人文主义突出人的地位，主张自由、民主、平等、博爱，提倡个性解放，反对迷信、神学和权威对人的精神的愚弄。崇尚个人价值观在德国文化中有着悠久的历史。德国适宜的气候、平和的自然环境，使生活在这一地区的人们不太需要集体的协作就能维持生存，这种生产方式的特点使德国人很早就形成了崇尚个人、反对强权的价值观。14世纪到17世纪发生在的欧洲文艺复兴，更是将人文主义的思想推到了一个高峰。这时的人文主义强调个性的至上性，反对国家至上主义。17世纪以后，个人主义被进　步理论化和系统化，"崇尚白我"的观念渗透到欧洲文化的每个角落，德国也不例外。

(3) 强调科学与理性。众所周知，德国人有着讲究信用、严谨、追求完美的行为习惯，他们强调逻辑推理与分析的理性主义。德国人具有注重研究自然的传统。他们抬高理性，崇尚智慧，强调观察，推崇演绎。到了文艺复兴时期，理性主义态度和科学实验精神得到进一步发扬。理性科学的思维方式对德国人的思维方式产生了深远的影响。

追求民主自由、倡导人文主义的文化传统使德国的企业文化重视员工的参与管理。强调科学与理性的文化传统使德国企业文化重视理性管理、重视研究开发和创新、具有着眼于世界市场的战略眼光。这两方面的结合，形成了德国企业冷静、理智和近乎保守的认真、刻板、规则的文化传统。德国企业文化明显区别于美国的以自由、个性、追求多样性、勇于冒险为特征的企业文化，也区别于日本企业强调团体精神在市场中取胜的企业文化。德国的企业文化所具有的特征具体概括如下。

(1) 强调以人为本，注重提高员工素质，开发人力资源。德国企业文化十分强调以人为本，提高员工素质，这主要体现在注重员工教育、大力开发人力资源上。德国企业在管理人才选拔与培养方面颇具特色。例如，大众汽车公司除了最高决策层之外，拥有各方面的优异的管理人才。他们以高薪吸纳了大批优秀管理人才和科研专家，并为其发挥才能提供广阔的空间，使他们产生一种自豪感，使企业产生一种凝聚力和向心力。西门子公司也特别重视对管理人才的选拔和录用，他们聘用的管理者必须具备以下4个条件：一是具有较强的工作能力，特别是冲破障碍的能力。二是具有不屈不挠的精神和坚强的意志。三是具有老练的性格，能使部下信赖，富有人情味。四是具有与他人协作的能力。

(2) 强调加强员工的责任感，注重创造和谐、合作的文化氛围。德国企业文化体现出企业员工具有很强的责任感。这种责任感包括家庭责任、工作责任和社会责任，他们就是带着这样的责任感去对待自己周围事物的。企业对员工强调的主要是工作责任，尤其是每一个人对所处的工作岗位或生产环节的责任。

德国企业十分重视企业兼并重组过程中的文化整合。为解决企业兼并重组中的文化冲突，保持和谐的文化氛围，保证企业兼并重组目标的实现，他们在公司并购、重组时，十分重视企业文化的融合。如德国戴姆勒·奔驰公司与美国克莱斯勒公司合并后，为解决两国企业在文化上的差异和冲突，成立了专门委员会，制订了三年的工作计划，通过加强员工之间的联系与沟通，进行文化整合。

(3) 具有精益求精的意识和注重诚信的精神。德国企业非常重视产品质量，强烈的质量意识已成为企业文化的核心内容，并深深根植于广大员工心中。大众公司在职工中树立了严格的质量意识，强调对职工进行职业道德熏陶，在企业中树立精益求精的质量理念。西门子公司以"以新取胜,以质取胜"为理念,使西门子立于不败之地。就注重产品质量而言,戴姆勒·克莱斯勒公司非常具有代表性。第一,他们认为高质量意识与员工的高素质是分不开的,因此,十分注意培养具有专门技能和知识的职工队伍,千方百计地提高员工的质量意识。第二,具有精工细作、一丝不苟、严肃认真的工作态度,这种态度几乎到了吹毛求疵的地步。第三,把好质量关,严格检查制度,做到层层把关,严格检查。

(4) 注重实效,融入管理,树立良好的企业形象。德国企业文化建设特别注重围绕企业的具体实际进行。德国企业非常注重实际,他们以精湛的技术、务实的态度和良好的敬业精神从事经营。他们将企业文化建设融入企业管理,注重实际内容,不拘泥于具体形式,说得少而做得多。除此之外,德国企业还特别重视有效的形象宣传,那些在德国乃至世界各地树起的"奔驰""大众""西门子"等具有国际竞争力和时代气息的德国跨国集团的品牌,已经成为企业实力的象征。

总之,德国企业文化是规范、和谐、负责的文化。所说的规范就是依法治理,从培训中树立遵纪守法意识和加强对法律条文的掌握,从一点一滴做起,杜绝随意性和灵活性。和谐就是管理体制的顺畅,人际关系的和谐。负责就是一种企业与职工双方互有的责任心,即职工对企业负责任,企业对职工也要负责任,企业与员工共同对社会负责。

3) 日本企业文化

日本民族文化与其地理特点和社会发展过程密不可分。日本是一个疆土狭小、资源匮乏的群岛国家,独特的自然环境需要人相互依靠,人们也因此需要重视集体智慧、集体力量。日本历史上长期盛行单一的种植经济,这种劳作方式需要整个家庭及邻居的相互协作,因而,长期的互助生产劳动也使得人们倾向于发挥集体智慧。再加上日本是单一民族、单一文化的岛国,这更有利于重视集体力量、发挥集体智慧。最后,由于中国儒家文化传入日本,日本人接受了儒家文化中的等级观念、忠孝思想、宗法观念等,并结合民族特征,逐步形成了稳定性强的文化传统,这对日本人的思维方式、行为方式、企业经营方式的形成等都产生了深远的影响。概括起来,其民族文化主要有以下几个方面。

(1) 整体思维意识强,重视"团体"观念。日本人的思维意识具有整体思维倾向,并且重视"团体"观念。西方人考虑问题注重个体,而日本人则注重从全局出发。如写信署地址时,当代日本人与中国人一样,其书写顺序依次为国名、市名、街名、宅名。西方则相反,其顺序为宅名、街名、市名、国名。二战后的日本,虽已从思想与法律制度上承认与保护个人权利、人格尊严和自我完成,但仍具有个人与团体不可分割、整体重于个人的倾向。日本人认为,不应以个人的幸福、人格尊严和自我完成为优先,而应以团体的目标和利益为优先;不应将自我的尊严和成就与团体的利益和规则相对立;不认为个人的尊严和成就首先依靠个人的才智、奋斗和机遇,而是认为自我尊严和成就需经由团体而达成。

(2) 重视礼节礼仪，具有"忠诚"意识。日本人十分重视礼节礼仪。日语讲究"敬语"的用法。除语言外，行为动作也是如此。如鞠躬，不仅要依据对象确定是否应该鞠躬，还要根据自己与鞠躬对象的身份、地位关系确定鞠躬的程度与次数。

通常日本人的言谈举止，不是单纯地取决于他本人的情感与意志，而是首先要确定自己在集体或人际关系中所处的等级或地位，然后依照约定俗成的规则和惯例，来决定自己的行为。因而，日本人自身的行为受到集体较大的约束。这在日本人的行为规范中表现为"忠"，这一思想也在经历变迁，从封建时代对领主的效忠，演变为近、现代对国家、企业的忠诚，即员工忠诚于企业，企业忠诚于社会、国家。事实上，日本企业的员工普遍有一种对公司感恩、从一而终的感情，而忠诚的标志就是献身工作。

(3) 重视亲和一致，保持行为的规范性。日本历史上长期盛行单一的种植经济，经常需要集体成员的共同协作，这使从事稻作农耕生产的人们必须注意遵守集体(主要指村落)决定的计划或规范，从而形成行为的规范性。这种状况即使到了近代，也就是许多日本人开始在城市生活，仍无根本性的改变。当代日本人仍趋同从众和追随"流行"。某电视台曾在东京最繁华的商业区银座进行如下实验。一位电视台职员一声不响地抬头往天上看，不一会便有几个过路的行人聚拢过来跟着仰头看天。人越围越多，片刻功夫已是人山人海，个个举头仰望。可见，他们的行为并非出于个人的主观判断，而是出于追随他人行为的目的。

(4) 民族自尊意识和民族昌盛愿望强烈。日本是一个疆域狭小、资源匮乏的国家，而由历史知，日本的周边一直存在着一些强大的国家，因此日本人很早就认识到：必须奋发图强，振兴经济，赢得民族独立，才能受到周边国家的尊重。经过多年的实践和发展，今天的日本成为世界屈指可数的经济强国，并在诸多领域居于领先地位，但这种民族自尊一直经久不衰。"日本第一""世界一流"也始终是当代日本人的口头禅。

(5) 注重学习，具有永不满足的精神。狭小的岛国、历史上长期孤立和现代工业对国外市场的依赖性，使日本人有着强烈的危机感。为了摆脱危机，日本人养成了广采博取的学习精神。

日本文化很大程度上可以说是外来文化。日本人吸收中国、荷兰、英国、法国和美国等多个国家的文化，然后根据本国需要和本国特点，对外来文化进行改造加工。例如，在企业管理上，日本人对中国儒学进行了大规模的吸收和嫁接。但值得注意的是，日本人在接受外来文化时较好地保持了自己的民族特性。日本人在接受西方生活方式时，也形成了西服与和服、西餐与日餐等双重生活方式。

20世纪70年代中后期，日本经济迅速崛起，在短短的不到30年时间内异军突起，一跃成为世界经济强国之一。战后日本经济的高速发展和企业经营的成功与其企业文化的建立与发展息息相关。日本企业文化的表现形式多样，如"经营原则""社风""社训"等，都能够用来体现日本企业文化。日本的企业文化其特征主要有以下几点。

(1) 强调以和为贵，注重学习他国先进技术。日本自称大和民族，"和魂"就是指日本的民族精神。"和魂"实际上是以儒家思想为代表的中国传统文化的产物。中国儒家文化的实质是人伦文化、家族文化，提倡仁、义、礼、智、信、忠、孝、和、爱等思想，归纳起来就是重视思想统治，讲究伦理道德。日本"忠于天皇、拼死不憾"的武士道精神就是"和魂"的集中体现。日本企业家在经营管理中很好地利用了这种"和魂"，提倡从业人员应忠于企业，提倡劳资一家、和谐一致、相安而处、共存共荣，从强调人际和谐入手以稳定劳资关系。"和为贵"的思想是日本企业文化的核心。

日本人对外来文化有很强的吸收和消化能力。战后日本引进、吸收、消化了大量的欧美先进技术，同时又在此基础上用嫁接、模仿的方法创造了大量具有竞争力的新产品，创造了远比其他资本主义国家大得多的资本增值。

(2) 倡导团队精神。日本民族文化中的家族主义观念在企业中普遍表现为"团队精神"，更具体地说，即一种为群体牺牲个人的意识。许多日本企业家认为，企业不仅是一种获得利润的经济实体，而且还是满足企业成员广泛需求的场所。因此，日本的企业管理十分强调员工对企业要有强烈的荣誉感和认同感，要与企业共存共荣。日本企业一般采用雇佣制，使员工有职业保障的安全感；在工资及晋升上实行年功序列制，把员工的收入与其对企业服务的年限挂钩；此外还提供廉价公寓、减免医疗费、发放红利等全面福利，从物质利益上诱使员工对企业"从一而终"。这强化了员工对公司的家庭般的归属感，使他们将自己对工作、事业的追求，甚至精神的寄托都纳入以企业为中心的轨道。同时，日本企业还特别强调献身精神、报恩精神，要求员工、尤其是管理人员要把自己的命运与企业的事业融为一体。

(3) 强调以人为本，尊重企业员工的合理化建议，与员工结成利益共同体。日本企业家认为，企业不仅是一种获得利润的经济实体，而且是满足企业成员广泛需求的场所。日本企业进行利益分配时，会将大部分留给企业，以保证企业进行设备更新和新产品开发。但随着企业的发展，员工的福利和保障条件也随之升高。日本企业十分重视员工的职业培训和技能教育。

此外，日本企业重视员工的合理化建议。日本丰田汽车公司，到处都挂有"好主意，好产品"的标语牌。1968—1976年，通过"提合理化建议"活动，获得员工的合理化建议达46万条。在总公司设立"创造发明委员会"，各部门、各厂设立"合理建议委员会"，各工作现场自发形成各类"发明创造小组"。公司在各处设立合理化建议箱，分三级审查职工建议，有重大发明者总经理发重奖给予表彰。未经采用的建议，也发给一定数额的鼓励奖。

当然，日本的企业文化尤其是家族主义传统和团队精神也有压制个性、妨碍竞争、妨碍自由发展、不利于个人能力发挥等弊端。近年来，越来越多的日本青年不满于现行制度和传统，尤其对年功序列工资制和论资排辈的晋升制度表现出强烈不满。但众所周知，日本"团队文化"等企业文化来源于日本民族文化，对促进生产力发挥了重要的积极作用，这些文化是不会被轻易否定的。

4) 中国企业文化

几千年来，中华民族创造了光辉灿烂的文化，它们源远流长，博大精深，形成了悠久的民族文化传统，这些民族文化传统以无形的巨大力量，深深地积淀在我们民族心理与民族性格之中。儒家思想是中国传统文化的主干，其作为封建社会的正统思想长达两千多年，对中华民族的文化心理、风俗习惯、伦理道德、价值观、人生观的影响极其深远。其思想精髓概括如下。

(1) 具有"以天下为己任"，为国图强的爱国精神。孔子一生中热心救世，到处奔走，自云："天下有道，丘不与易也。""如有用我者，吾其为东周乎！"但由于他所处的周王室时代的衰微和政令的不行，以及中原各国不是政权落于卿大夫，就是"陪臣执国命"，要实现他的治国理想根本是不可能的，时人评其"知其不可而为之"。孔子终其一生没有停止奋斗，史称"席不暇暖"，这种坚韧不拔的精神深为后世所敬仰。孟子也曾说过："夫天如欲平治天下，当今之世，舍我其谁。"和道家相比，孔、孟所代表的儒家是主张积极入世的，对国家、社会具有强烈的责任感。历史上后来的许多名臣良相，如"先天下之忧而忧，后天下之乐而乐"的范仲淹，"人生自古谁无死，留取丹心照汗青"的文天祥，"天下兴亡，匹夫有责"的顾炎武等，都是深受儒家思想影响的。

(2) 注重人本思想。儒家思想最早把人们的视野从"天"转向了"人"，主张"仁"道，提出了"仁者爱人""己欲立而立人，己欲达而达人"；"敬事而信，节用而爱民，使民以时"等，孔子所分析的，是己与人、人与人的关系，他所提倡的是一种将心比心、推己及人的精神。儒家"仁"的思想历史价值和文化价值十分巨大，它对于中华民族乃至整个东方国家都产生了深厚的影响。

(3) 强调以德服人、以礼待人的行为准则。在《论语》一书中多处涉及为政之道，如"为政以德，譬如北辰居其所而众星共之。"孔子认为，"德"是领导者必备的修养，是治国平天下必须遵守的原则。孔子非常重视领导者的表率作用，提出："政者，正也。子帅以正，孰敢不正。""其身正，不令则行，其身不正，虽令不行。"这里明确指出，在位的人一定要以身作则。如果身居领导位置的人不能行德政，百姓就会不服气，"举直措诸枉，则民服；举枉措诸直，则民不服。"可见，对于选用当政者，儒家认为"贤"是第一位的，如孟子所云："左右皆曰贤，未可也；诸大夫皆曰贤，未可也；国人皆曰贤，然后察之，见贤焉，然后用之。"受历史阶段和文化背景限制，儒家所论及的领导者当然都是指向君主和官吏的，是当时社会的统治者，这些"为政之道"言论的提出也是为统治者服务的。但是，抛开"阶级分析"

的保守立场，就儒家所倡导的"为政以德"的思想本身和其诞生的年代来看，都是难能可贵的。

(4) 具有整体意识。在中国的传统文化中，家族整体主义是建立在等级制度基础上的，在一个家族整体内，以家族利益为最高目标，追求家族利益最大化，强调整体重于个人，个人无条件服从整体，强调家族内部以伦理关系为基础的和谐与稳定。这种文化虽然有压抑个性、不利于创新和竞争的消极作用，但它对今天的现代化建设还是具有积极意义的。因为企业作为一个相对封闭的系统，可以视为"一个小家庭"，如果对"整体意识"加以改造和利用，保留人与人之间的和谐关系，则可以增强企业员工的"家族"观念，有利于企业形成团队凝聚力和竞争力，有利于重构人们以整体利益为重的团体精神。

(5) 等级有"序"，静思而慎行。中国的管理决策方式受传统的君臣关系影响。传统的君臣关系的总原则是"惠忠"，它要求做君主的实行仁政，要有恩惠加于辅臣，同时做辅臣的一定要忠诚，要以诚心侍奉君主。在这一传统思想影响下，儒家提出了"按等级固定消费"的观念，孔子就执著地贯彻"俭不违礼"的原则。

由于传统的等级制度的影响，形成了中国企业中上下级之间较大的权力差距，这种大的权力差距表现为企业中的管理者等级秩序严格，权利较大者拥有相应的特权，下属对上级有强烈的依附心理。

与西方国家相比，中国企业文化的形成和发展的历史是比较短暂的。日本二战后的迅速崛起让世人瞩目，这其中日本的企业文化是功不可没的。事实上，在日本的企业文化形成过程中，中国传统文化特别是中国儒家文化发挥了巨大作用。而儒家思想作为中国传统文化的主干，其作为封建社会的正统思想长达两千多年，对中华民族的文化心理、风俗习惯、道德伦理、价值观、人生观影响极其深远，这种深刻的影响发展至今，仍然渗透到中国现代企业的管理当中，并在企业文化中反映出来。在中国企业文化，特别是在儒家文化的熏陶下，表现出以下特点。

(1) 具有产业报国、服务社会的理念。"以天下为己任，关心社会、奋发有为"是儒家思想的精华，是中华民族的优良传统，几千年来已经深植于人们心中。无论是任何一种所有制的企业，都在努力营造"以天下为己任，关心社会、奋发有为"的企业精神，让企业员工和社会认同这种精神，鼓励员工以为社会创造价值为荣，从而形成了中国民族企业家们实业报国、服务社会的理念。事实证明，这种理念既符合了民族文化传统，又遵循了企业成长规律，必将为企业的经营和发展带来极大的推动。四川长虹集团以"产业报国"的文化理念凝聚员工的智慧与力量，赢得了公众的信赖和支持，而其独具特色的文化理念也成为当今企业界成功企业文化的典范。

(2) 讲究人和，注重以人为本的管理方式。中国企业文化的特点之一就是以人为本，将"物"的管理和"人"的管理有机结合起来，而以"人"的管理为主。中国企业文化重视人的价值和人格，即"民为贵"；正确把握人性的本质，推己及人，"己欲立而立人"。关心人、理解人、重视人、依靠人、尊重人、凝聚人、培育人，最大限度地开发企业的人力资源。中国人有"家"和"情"的理念。"家"不仅指家庭之小家，还指企业之大家。又因为中国人自幼便接受"爱家"教育，因此，企业老板自然以"家"之理念，引导员工树立集体主义价值观，在企业内外追求和谐统一，建立顺畅的人际关系。"情"则包含着尊重员工人格，促进心灵沟通，互相激励的含义。在中国，企业的领导风格基本上是协商型，领导不突出个人的地位和作用，注意同下属和员工之间建立相互信任的关系。企业实行的是集体决策，在决策方法上强调集体讨论，重视广泛听取和探讨各种意见。全国模范企业青岛港的领导干部有一句座右铭："职工的事再小也是大事，再难也要办好。"这种以人为本的思想赢得了全体职工的拥护，职工们向领导保证："港里的事再小也是大事。"港口效益连续多年保持了增长的势头。

(3) 注重伦理观念。我国的企业文化建设受儒家传统文化的影响较深，以儒家传统文化作为维护人与人之间的伦理规范，形成了"重义轻利"、重"人伦"和重价值理性的价值观念。人们在对企业经营绩效、企业决策及其行为的选择和评价方面，往往重伦理道德标准轻经济效果；在调整人际关系方面，人与人之间能够保持"长幼有序、尊卑有别"的人际关系格局。中国企业员工情感性强，伦理性强，有用亲疏关系代替制度规范的倾向。

此外，中国企业文化还有讲究用人之道和锐意进取、开拓创新等优秀方面。与此同时，中国企业文化也存在一些缺陷，例如中国员工凡事讲面子，缺乏理性；喜欢求稳定，缺乏变革精神；政治性强，容易把政治准则与经济准则相混同，这些缺陷都有待于在未来企业文化的塑造中加以改善。

5) 美德日中的文化差异比较分析

各国文化的不同，直接导致各国企业管理流程的不同。在一个特定文化环境中，行之有效的管理理念可能在另一个特定文化环境中无法运行。人们的不同价值观念导致了不同文化背景中的人采取不同的行为方式，并将导致文化摩擦。当人们以一国文化凌驾于另一国文化之上时，跨文化问题就会显现出来。如何在不同文化背景下实施管理活动就是跨文化管理所要研究的内容。表10-4通过对比中、美、德、日4个国家的行为差异，来表现跨文化差异。

表10-4　中、美、德、日的行为差异与文化差异

行为差异	美国文化	德国文化	日本文化	中国文化
价值观念	注重物质，强调金钱就是一切	精神与物质并重	精神与物质并重	注重精神、思想，认为义重于利
思维方式	强调个人利益，具有较强的自我意识，时间观念较强	具有自我意识，时间观念较强，善于理性分析	团队意识和时间观念较强	注重整体观念，以团队意识为主，时间观念较差

(续表)

行为差异	美国文化	德国文化	日本文化	中国文化
工作方式	选人做事，自由竞争，法律意识较强	选人、因人做事，竞争有限，法律意识强	因人设事，团队内部和谐，团队之间竞争激烈，法律意识强	因人设事，中庸之道，避免竞争，法律意识弱
人际关系	关系无强制性，关系圈子选择性大	关系无强制性，关系圈子选择性大	关系具有强制性，关系圈子无选择性	关系具体强制性，关系圈子选择性较小

资料来源：定雄武. 企业文化. 北京：北京理工大学出版社，2007

10.2.2 文化差异的正负效应分析

文化差异对跨国公司的影响程度，与企业自身的跨国程度有关。也就是说，由于各个企业进入国外市场和参与国际化经营的程度不同，因此文化差异对其影响的程度也不同。一般来说，文化差异对跨国公司的影响程度与企业的跨国程度呈正相关关系，随着企业跨国经营的广度和深度的不断增加，文化环境的影响力也不断增加。

1. 文化差异对跨国公司的不良影响

1) 文化差异极易导致文化冲突与困惑

民族文化差异和企业文化差异极易导致文化冲突与困惑，而且这种差异越大，产生的冲突与困惑的可能性与程度也越大，从而使企业的管理也变得更为复杂。

文化冲突可以从两个层面来认识。一是在企业外部层面，企业从事跨国经营活动进入东道国之后，会受到来自东道国外在文化环境的影响，包括消费者、供应商、商业合作伙伴、有关法律法规、相关团体及政府机构等。二是在企业内部层面，企业从事跨国经营活动时，往往为了实现当地化目标而聘用东道国人员，特别是当企业的全球扩张导致内部成员来自多个国家和地区时，这些人员由于各自所处的文化环境不同，极易在企业内部造成文化冲突，包括企业成员之间的文化冲突和来自企业成员的文化与企业原先文化之间的冲突。文化冲突的结果往往导致跨国经营的企业遭到来自企业外部和内部两方面的打击。从外部看，与东道国的文化环境及当地企业文化的冲突，会使企业及其在东道国的经营活动受到东道国的国民抵制，损害跨国战略联盟伙伴间的合作关系，甚至受到来自东道国政府及有关部门的限制和制裁。从内部看，员工之间的文化冲突通常导致沟通不畅或中断、对于同一个问题产生不同的看法等，也会导致各方误解和冲突的产生，采取不同的行动，甚至产生抱怨、怀恨、报复等非理性反应，致使企业管理效率下降，甚至导致跨国经营的彻底失败。如广州汽车工业集团与法国标致汽车公司战略联盟解体就是企业文化差异导致企业文化冲突的结果。

2) 文化差异加大跨国经营成本

在跨国经营中，跨国公司往往要面对一个对本企业文化一无所知的合作伙伴或生意对象，这使跨国公司经常会有不合理的行动，经纪上的纠纷也会很频繁，因而举办一次集中的文化知识培训通常是必需的，培训的成本也是显而易见的。除了培训成本之外，另外还有三种无形的文化成本。对于无形的文化成本，可以用"TEA成本评估法"来衡量。它意味着当我们和不同文化的伙伴共事时为了达成基本的经营任务所需要的额外的时间、努力及注意力。这里"TEA=时间+努力+注意力"。

(1) 时间成本(Time Costs)。时间成本也就是从协议签订一直到联合增效计划(Synergy Plan)成立的整个进展速度。一般来说，在联合增效出现之前，双方需要一个磨合期。文化差异越大，则需要更多的努力来避免误会的发生。

(2) 努力成本(Effort Costs)。努力成本指在相互交往时所需要的心理上的付出：耐心、耐挫折、交流时的专心等。如双方语言不通会带来很高的努力成本，特别是通过翻译进行交流时。

(3) 注意力成本(Attention Costs)。注意力成本指的是高级管理人员为了处理合作关系中的一些"软"事务，所被占用的工作时间。其表现为：回顾合作进展的总部会议、正式访问、社交活动，以及对内外股东们解释合作的目的和意义等各个方面。

一般来讲，双方文化、管理模式越相近、越坦诚、越自信、则花费的成本越少；文化、管理模式越相对，要整合文化差异时，花费的成本也就越大；特别是当双方都忽视了文化差异时，成本就会直线上升；当文化差异造成的成本超过了跨国经营所带来的预期利益时，企业间的合作就会以失败告终。

2. 文化差异对跨国公司的积极影响

文化差异固然潜藏着文化冲突的因素，但它并不必然引起文化冲突；而且文化差异即使引起文化冲突，也并不总是破坏性的，也有可能给企业带来多方面的益处。

1) 文化差异有利于激发新观点和新方法，避免思维的模式化

不同的文化在处理同一问题时，很容易发生不同价值观、不同思想和观点之间的碰撞，即企业文化碰撞。按照创新的一般规律，不同思想和观点的碰撞是创新的源泉，它可以促进相互启发，活跃思维，开拓视野，进而获取新的思想、新的观点和新的方法，从而推动企业创新。同时，每种企业文化都有其独特的思维方式，每一种企业文化都有其合理性和局限性，如成本导向的企业文化，其合理性在于它把握了人类的共同需要，但其局限性是它忽略了人类的个性化需求；而差异化导向的企业文化则相反。拥有不同企业文化的联盟伙伴之间会发生企业文化之间的比较，通过比较，可以发现自身企业文化的优点和缺点，引发对自身企业文化的反思以及企业文化间的相互学习，促进自身企业文化的创新和变革，丰富企业自身的思维方式，从而防止企业思维的模式化。

2) 文化差异有利于提高企业对环境的应变能力和适应力

目前，企业面临的环境十分复杂，而且变化非常迅速，常常使企业处在模糊的、不确定的经营环境条件之下，这就需要企业对环境必须具有强大的应变能力和适应

能力。由于不同的企业文化具有不同的价值观和管理行为模式，而不同的价值观和管理行为模式适应于不同的企业内部和外部环境特点。因此，跨国战略联盟间企业文化的多样性可使其对环境的应变能力和适应能力大大提高。自然界有"杂交优势"的说法，在人类社会实践中也存在着"文化交叉优势"。心理学家阿尔弗雷德·阿德勒(Alfred Alder)认为：由不同文化背景的人员组成的高层管理小组对所面临的问题会提出更多的观点，更容易接受新的思想，面对困难的市场环境会产生更有创造性的方案，这些都是单一文化的组织所不具备的。当然，这种优势只是潜在的，它的获得有利于跨文化企业的经理和管理人员进行恰当地领导和激励，从而将潜能转变为现实优势。

从上面分析可以看出，一方面，跨国企业在跨国经营中面临文化差异是客观存在的，这就不可避免地导致上述管理问题及联盟伙伴间激烈的冲突，甚至导致联盟解体。另一方面，企业文化差异也会给跨国公司带来许多益处，使其获得企业文化多样性优势。因此，企业国际化管理面临的挑战是：如何在发挥文化差异优势的同时，避免文化差异造成的劣势，即如何实现有效的跨文化管理。

10.2.3　文化差异与跨文化管理

每一种文化都体现出其民族特定的思维和行为方式。虽然经济全球化已越来越使不同地域的人们面临基本类似的境遇，但不同地域的人们还是会表现出很大的差异性。从深层次原因上讲"文化是一个群体在价值观念、行为准则、风俗习惯等方面表现出来的区别于另一群体的显著特征"。而文化的差异就是内在不同特质的外显。

1. 认识文化差异

在一定程度上，每个人都是以本国文化为中心的。人们在面对文化差异时，总是以自己的文化为参照物来认识和评价其他文化。这就是西方文化研究专家所说的"自我优越感"(Ethnocentrism，又译种族优越感)，即认为自己的行为方式总是优于其他文化背景的人们。跨国公司的"自我优越感"有多种表现形式，如在国外采取与国内相同的经营方式；不能改造产品以适应特定市场的特殊需求；派遣在国内干得很好却没有国际经验的管理者担任海外企业要职等。很显然，这些经营方式是难以取得成功的。1985—1997年中法合作"广州标致"失败的最根本的原因就是文化的"自我优越感"——法方照搬"标致"在法国的管理方式，中方来自原有国有企业的工人们不能接受。双方都只看到对方与自己不同的地方，没有正确认识文化差异，从而导致中法合作"广州标致"的失败。可见，跨国公司要想在跨文化经营中取得成功，必须拓宽视野，防止以"自我优越感"来制定决策。当然，跨国公司跨文化经营时也要避免另一种极端：由于欣赏东道国文化而放弃自己的文化。

认识文化差异的重要性在于彼此理解，而不是强行推荐自己的或迁就别人的。各种文化都有其某些独一无二的认知，也都存在着一些独特的盲点。

2. 尊重文化差异

理解是尊重的前提，在理解基础上的尊重才有可能发自内心。这种理解首先是对自己民族文化的理解。只有对自己民族文化具有相当高的理解水平，才能准确把握自己文化的精神和特点，进而正确理解异质文化。其次，跨国公司应当通过培训、沟通等方式引导员工树立正确的文化观，实行多元文化的相互理解，防止文化误读，避免文化冲突。而要实现文化的理解，必须具备一个先决条件，即克服主体在自己民族文化环境中形成的"先见"和"偏见"。

尊重对方的文化是解决问题的首要条件。只有尊重对方，才能激起对方内心的共鸣；也只有尊重对方，才能得到对方的尊重。在相互尊重的基础上，才能建立起相互的信任。信任是有效沟通的前提。只有相互信任，才能坦诚地说出自己的想法、意见和建议，才能达成共识，寻求共赢方案。沟通是一个双向的过程，双向沟通有助于对来自不同文化背景的信息进行客观诠释，而不是按自己的文化背景以及由此决定的模式进行文化诠释。双向沟通的结果所得到的反馈可以帮助进一步阐述、验证对方的意图，减少沟通的误解。与此同时，良好的沟通还能促进对自己民族文化和异质文化更好的理解。这样，认识、理解、尊重、信任、沟通、更好地认识和理解就形成了一个良性循环。跨国公司通过这个循环能够降低文化差异带来的风险和冲突，同时建立起一种良好的企业文化。

3. 协同文化差异

企业在跨文化经营时至少必须协同三种文化——本土文化、东道国文化、企业文化。执行这项任务的企业的国际经理人必须没有偏见，不歧视任何一种文化，具有包容心。他既要掌握企业的原则性文化，又要根据不同情景作出适应性判断。

跨国公司协同文化差异是一个较为复杂、困难和漫长的过程，一般需经过冲突期、交汇期和聚合期。在冲突期，来自不同文化的管理人员要认真认识对方文化与己方文化的差异，表现出对文化的理解和尊重，这样才会有以后的真诚合作。交汇期是各种文化相互渗透的时期。在这一时期，各种文化背景的管理人员清楚地认识各种文化的优点和不足，相互学习，取长补短。聚合期是跨文化的全面融合期。在这一时期，企业内既有各种文化的共存共荣，又有全体员工共同追求的统一的价值观和行为准则。

4. 利用文化差异

传统的文化差异处理方式强调文化融合，即磨平各种文化的棱角，相互学习，相互渗透，求同存异，形成一种各方都能接受的文化。在这种情况下，跨国公司变成了文化大熔炉。然而，这样做的结果是，各种文化相融合的同时，也失去了特色，包括文化的优势。我们认为，跨国公司应逐渐学会从已经存在的文化差异中发掘出对企业跨文化经营有用的方面，而不仅仅是将其影响最小化。

广州本田汽车公司总经理门胁轰二先生曾说："我们企业内部的矛盾颇多，但这也正是本田好的一面。我们在中国选择合作伙伴时，总是喜欢挑选一些与我们想法不同的合作者，这使我们经常发生意见的碰撞，这样不同思想的碰撞就会产生新的想法，从而创造出本田新的企业文化。"此时，文化差异不仅不会形成障碍，反而成为企业发展的动力、创新的源泉。

从长远发展的角度看，跨国公司必须在全球范围内利用资源，将自己的优势与东道国所拥有的资本、技术、市场、研发及人力资源的优势相结合，利用文化差异，实现优势互补。

跨国公司面对的挑战是如何在多元化的文化管理中最大限度地趋利避害。利用文化差异，从各种文化中获得竞争优势，发挥各种文化背景人员的长处。多元文化使跨国公司具有更广阔的视野、能够进行更周密的分析、从而获得更多的解决问题的方案。

10.3　跨国公司文化冲突与融合

10.3.1　文化冲突

1. 跨文化冲突的概念及其产生的原因

1) 跨文化冲突的概念

文化冲突是指不同形态的文化或者文化要素之间相互对立、相互排斥的过程，它既指跨国企业在他国经营时与东道国的文化观念不同而产生的冲突，又包含了在一个企业内部由于员工分属不同文化背景的国家而产生的冲突。

跨文化冲突的结果可能是文化的融合，也可能出现文化的取代，还可能是两种或两种以上文化脱离接触、宣告文化接触失败。跨文化冲突的特征有：①非线性。不同质的文化像不同的水域，几片或多片水域的冲突常常表现错综复杂的状态，因而具有非线性特征。②间接性。文化冲突一般都在心理、情感、思想观念等精神领域中进行，其结果是人们在不知不觉中发生变化，但是这种变化需要较长的时间才能表现出来。③内在性。文化是以思想观念为核心的，文化的冲突往往表现在思想观念的冲突上。④交融性。文化冲突与文化交融始终相伴而行。

2) 跨文化冲突产生的原因

跨文化经营具有相当的优势，这是企业进行跨文化经营的动因和机遇。但是企业在跨文化经营过程中，不可避免地要碰到因为文化差异而引起的冲突。这些矛盾和冲突如果正确对待，不仅不会形成障碍，而且会成为企业发展的动力、创新的源泉。相反，如果企业不能正确认识和对待跨文化冲突，企业很可能就会陷入一个内耗严重、士气低落、经济效益持续下降的怪圈之中。企业跨国经营过程所面临的文化冲突，其成因可以归纳为如下几个方面。

(1) 沟通方式和语言导致的文化冲突。由于语言、文字的深层内涵及其表达方式上的不同造成了沟通中的误会，因而易产生文化冲突。沟通方式，无论是语言的还是非语言的，都可以将不同文化的人群分开。语言是人类相互沟通的主要手段，它在很大程度上体现了一个社会的文化。语言不仅仅是词和句的集合，还表达了一种文化的思维模式。因此，掌握一种语言是了解它所体现的文化的关键。由于语言或非语言障碍的存在，人们对时空、习俗、价值观等的认识也有所不同，要想充分沟通往往有一定难度，沟通时比较容易产生误会。例如，我们熟悉的OK手势，在日本、韩国等国家，表示金钱；在印度尼西亚，表示什么也干不了；在法国，表示微不足道；在荷兰，表示正顺利进行、微妙等。

另外，由于不同企业是在不同的文化环境中产生和发展起来的，因此，人们对同一事物的描述和表达有着不同的方式。人们通过翻译在对同一事物进行交流时，往往只是在字义层面上沟通，而对包含在事物深层的各国、各地区、各民族在其长期生产实践中所形成的风俗习惯，则无法用语言准确表述出来，这就为文化的冲突埋下了导火索。例如，"白象牌"电池在我国是名牌，但英文中白象"White Elephant"却是"华贵但却笨重和无用"的意思。在企业的实际跨国经营过程中，若对此不进行及时、妥善地协调，则极有可能会造成严重的文化冲突。

(2) 宗教信仰与风俗习惯导致的文化冲突。宗教和信仰是文化中真正能够持久的基质，是处于文化深层的东西，它凝聚着一个民族的历史和文化。不同的宗教有不同的倾向和禁忌，影响着人们认识事物的方式、行为准则和价值观念。对一些广为流传的宗教进行研究，能够帮助跨国公司的管理人员更好地理解为什么不同国家的人民行动不尽相同，并据此作出正确的决策。同时，宗教直接影响着人们的观念和态度。每一种文化有其特定的价值观念，支配着人们的行为，影响着人们对事物的看法。不同国家的人们在观念上的差异常常会使跨国公司的管理人员感到困惑和苦恼，从而可能在跨国经营中产生文化冲突。另外，宗教还直接影响着人们的消费行为和模式。不同的国家、地区或民族由于受传统文化的影响，形成了各自独特的风俗习惯，表现为独有的消费传统、偏好和禁忌。

另外，种族优越感也是造成文化冲突的重要原因。种族优越感是指认定一个种族优越于其他种族，认为自己的文化价值体系较其他优越。目前跨国公司的对外直接投资活动通常是从发达国家流向发展中国家，这往往就会引起跨国公司的管理者以此种观点对待东道国的人，这样他的行为将可能被东道国的人所忌恨，也可能遭到抵制，甚至引发冲突，造成管理失败。

(3) 刚性的企业文化导致的文化冲突。一些企业在从事跨国经营活动时，对于如何将本企业原有文化与东道国的文化相融合关注得甚少。企业内部人员特别是经理人因循守旧、不愿变革，忽视甚至无视东道国文化的存在及其对本企业海外经营活动的影响，沿用原来企业的文化模式，形成以自我为中心的管理。这种情形下，如果企业片面地以自我为中心、死守教条、不知变通，就往往会导致企业内外文化冲突的产生和加剧，不利于企业顺利地从事跨国经营活动。

由此我们不难看出，企业的跨国经营是企业发展的必由之路，而跨国经营中的文化冲突又是一个不可避免的问题，因此，我们要成功地进行跨国经营活动，首要解决的就是文化冲突的问题。

2. 跨文化冲突的表现

跨国经营中的文化冲突到底表现在哪些方面，目前国内学者对这方面的研究，大部分集中在跨国公司在海外所设组织中内部管理的冲突上，主要涉及显性文化、制度文化、价值文化、劳动人事等方面的冲突，需要注意的是，文化冲突不仅表现在内部管理上，还会从其他方面表现出来。总体来看，主要包括以下方面。

1) 管理冲突

(1) 显性的文化冲突。显性的文化冲突即来自行为双方的象征符号系统之间的冲突，也就是通常所说的表达方式所含的意义不同而引起的文化冲突。这些表达方式通常通过语言、手势、表情、举止等表现出来，来自不同文化背景的人，相同的文化符号所象征的意义很有可能是不同的。例如在中国的某一合资企业，一位外方总经理时常抱怨中方职工对他不友好，他经常看到中方员工在工闲时三五成群地攀谈，但每当他靠近时，职工们便散开，没人搭理他，也没有人表示出亲切。每当这时，外方总经理总会有一种受奚落的感觉，他感到很不理解。这其实是一种由于对潜意识语言理解上的差异而产生的误会：在西方，一般来说对别人的热情报以一种无表情的沉默，意味着不友好，对一个有身份的人来说，更是如此；相反，在中国，一个普通的成员，一般见到职位比自己高的领导时，往往会有意无意地流露出一种谦卑的神态，表现得手足无措，甚至会有意回避。由此案例可以推定：中国跨国公司在海外的经理与当地员工由于象征符号系统之间的差异，必然带来两者文化上的冲突。

(2) 制度文化的冲突。西方企业一般是在法律环境比较严格和完善的条件下开展经营与管理的，自然会用法律条文作为自己言行举止的依据；而中国企业往往以擅变的条文、指令、文件作为企业成员的办事章程和决策依据。由于双方行为的标准和依据不同，冲突在所难免。例如，广州标致汽车有限公司存续时，实行了法国标致的全套规章制度。这套规章制度是在总结了它在全球二十多个国家建立合资企业的经验的基础上制定的，有一定的科学性和合理性。但是，由于中国企业管理的基础不同，特别是员工长期在一种缺乏竞争的环境下工作和生活，部分中方员工对规章制度的执行往往不够严格，带有一定的随意性，法方人员对中方人员的做法表示不理解并进行抗议。在中国的中外合资企业存在制度文化的冲突，同样，在海外的中外合资企业也不例外。

(3) 价值文化的冲突。在风险意识方面，中国企业一般缺乏风险意识和冒险精神；而西方企业家则敢于创新和冒险，在新市场开拓、新方法运用等方面都充满了竞争和冒险精神，由此也会引起双方冲突。在对工作和成就的态度方面，中国企业目前还不能指望通过工作努力得到物质上的满足，缺乏灵活的激励机制；而在西方企业，员工能从自身的工作努力过程中得到更多的物质满足和乐趣，这造成双方对工作和成就态度上的差异，并因此引发冲突。在对上级和权威的态度方面，西方大多数企业的下级对上级有一定建议权，下级在自己的职权范围内有较大的自主权；而我国企业的实际情况则是更多地偏向另一极端，由此即造成冲突。一项调查表明，一家美国的跨国公司内部不同文化背景的职员对美国管理者有不同的反应态度。这个调查的内容是，如果你不赞成你的美国管理者，你将：①保持沉默，因为你不能反对上司；②事后再与你的管理者交换意见；③对你的管理者上司提出异议；④直接与你的管理者公开讨论这件事。调查结果显示：大多数亚洲职员选择第一种态度，因为亚洲文化看重资历；日本职员比较重视人际关系，一般选择第二种态度；而在阿拉伯文化中，职员不能解决他与上司的分歧，便会寻找更高的权威，所以会选择第三种态度；美国人注重平等开放，他们更多地选择第四种态度。因此，如果事先不了解各种文化的差异，而采取单一的管理方式，必然会造成管理上的文化冲突。

(4) 劳动人事方面的冲突。在增长企业工资基数和企业经济效益的关系方面，中方往往将企业能否增长工资基数和企业经济效益挂钩；而外方一般认为，企业增长工资基数的目的是适应物价指数和生活指数上涨以及通货膨胀的需要。在企业人员的工资调整方面，中方偏重于企业人员的资历、经历和学历；而外方则认为，企业人员的工资和他们所从事的企业工作性质有关，所以只有当企业人员的工作内容发生变化时，才能考虑调整工资。在人才的选拔任用方面，中方比较注重德才兼备，重视人的政治素质、个人历史和人际关系，在上级面前必须谦虚谨慎，同事间必须相互帮助，在许多情况下，选出的有文凭、有技术的干部，只是很听话而已，并不具备组织和管理才能；而外方选拔人才则把能力放在第一位，量才而用，由此亦会造成冲突。

2) 合作冲突

跨国公司在对外经营时，由于双方或多方在语言、习惯、价值观等方面存在文化差异，使得经营环境更加复杂，从而加大了市场经营的难度。

微观环境中的供应商和营销中介是企业经营的合作伙伴。当企业实施跨国经营时，在与供应商、营销中介进行合作时会由于文化背景差异产生合作上的冲突，甚至会导致合作关系破裂。例如，2004年，一位日本公司的董事与一名加拿大董事在温哥华会面，讨论从哥伦比亚运到日本的煤炭销售问题。日本人虽然想减少煤炭供应的不确定性，保证日本生产的连续性和稳定性，希望与加方签订10年期的合同。而加方则相反，不愿意签订如此长期的合同，因为他们有可能在合同期间找到更有利可图的寻价。日方想减少他们煤炭供应的风险，而加方宁愿为未来从一个更有利可图的买主那里赚一笔潜在利润而冒失去一个固定买主和一笔可观利润的风险。双方谈判碰上了钉子，除非合同的时间框架得到解决，否则不可能签订合同，而这笔可使双方获利的生意显然因为合作中个别事项的冲突有可能不会达成。

3) 市场冲突

企业在进入海外市场时，将面临新顾客的不同文化价值观念的挑战。在新的文化环境中，消费者对企业产品的消费观念，是从自身的文化根源出发来考虑的，而不同文化间的差异会导致消费观念的变化。跨国企业若不了解这种差异，就会对市场反应产生困惑，导致海外经营的困难。肯德基在美国是为快节奏的工作生活提供的便利性快餐，价格相对不贵。但来到中国后，由于在中国人的观念中，吃"鸡"表示的是很正式的用餐，而不是快餐的概念，很多人去肯德基是为了招待朋友，或者显示一种首先尝试的自豪感。肯德基在美国和中国的消费观念的不一致将最终将影响到其经营方式、经营策略的差异。迪斯尼公司在美国成功经营的基础上，跨出海外经营的第一步，建造了东京迪斯尼乐园，结果取得了巨大成功：当年游客达到1000万人次，游乐支出达3550万美元。此后，迪斯尼又在巴黎开设欧洲迪斯尼乐园。一开始这一计划便遭到法国知识分子的无情中伤，他们攻击移植迪斯尼梦幻世界到巴黎是对法国文化的侮辱。一位知名学者把它叫做"文化上的切尔诺贝利核灾难"。文化部长宣布将抵制开幕式，声称欧洲迪斯尼乐园是美国的陈旧货色和为消费社会所不受欢迎的象征。1992年夏，迪斯尼乐园按计划开办了价值50亿美元的主题公园，但经营并不理想。第一年便亏损了9亿美元，游乐园不得不关闭一所附设的旅馆，解雇980名雇员。到1994年底，欧洲迪斯尼乐园累计亏损额已达20亿美元。同是迪斯尼乐园，管理方式也一样，为何产生如此大的反差？调查发现，日本消费者有足够的闲暇，但还未形成度假的习惯，乐园的设立满足了他们寻找新型娱乐方式的欲望和需求。法国的消费者已形成定期度假的习惯，并且闲暇时间的支配方式和娱乐习惯也很稳定，乐园的开设只是向他们提供了一种新型娱乐方式，并没有形成社会的消费热点。可见，文化差异引起的消费观念的不同，造成了严重的市场冲突。

4) 协调冲突

全世界的驻外经理都不约而同地发现他们处于一个两难境地，夹在总公司和当地办事处之间不知所从。以一家全球性化妆品公司驻吉隆坡的地区经理所处的困境为例：总公司要求他将新产品系列摆上货架，但马来西亚的消费者并不热衷于这类产品。当地人不喜欢他们的香皂气味，又嫌唇膏太贵，这就造成了二者协调上的冲突。又如一美国著名的跨国公司，公司要求所有欧洲子公司都应建立一个关于所有职员的医疗保健信息系统，来自英国、德国、荷兰、瑞典、西班牙、卢森堡和意大利的人力资源管理经理召开了会议，就应该达到的目标及如何实现目标形成了一致意见，然而，各个国家的立法、文化观念、公会制度和商会协会所带来的限制使所达成的协议难以顺利实施，从而使母公司和子公司在这个问题上的协调出现了冲突。

3. 跨文化冲突产生的后果及其解决策略

1) 跨文化冲突产生的后果

(1) 跨文化冲突的宏观后果。从客观上来看，跨文化的剧烈冲突以及难以解决将直接导致跨国公司经营上的失败。为使跨国经营者深刻领悟这方面的教训，我们着重看一下颇有对外投资经验的日本索尼、松下、三菱公司在美国所受到的重创。

1989年，索尼公司从可口可乐公司手中买下了哥伦比亚影片公司和三星电影公司，随即又投入了十几亿美元促进这两家电影公司的经营发展。1990年，松下公司又出资61亿美元，成为美国音乐公司及其所属的环球电影公司的新主人。MLA是一家大型综合娱乐公司，主要生产电影和各种音乐唱片，被视为美国好莱坞的代表产业。几乎与此同时，日本最大的三菱房地产公司投下4亿美元购买了纽约洛克菲勒中心80%的产权。日本公司的这一系列大举措在国际社会上引起了广泛关注，国际舆论称"日本人要买下美国的灵魂"，日本人也为自己的"鸿篇巨制"得意不已，并梦想着巨额利润将随之而来。

然而，事与愿违，三家企业的投资不仅分文未赚，反而遭受了巨额亏损的沉重打击。1991年1月，索尼公司宣布其在美国的影片亏损了32亿美元，之后被迫将公司转让他人。1995年4月，松下公司在损失30亿美元的情况下，也宣布将其拥有的80%MLA公司的股票转让给加拿大的一家饮料公司。更让人意想不到的是，同年5月，三菱公司负责经营的洛克菲勒中心因负债沉重，被迫申请破产保护，到了9月，三菱公司又决定把他对该中心拥有的产权转让给洛克菲勒房地产公司。

虽然日本在美国直接投资的失败是诸多因素综合作用造成的，然而，因日元升值而"暴富"的日本公司在盲目地对外投资中忽略了自身与美国文化背景及企业文化方面存在的差异，而这无疑是造成日本企业遭受重创的主要原因。特别是当日本人携带着儒家传统文化去经营位于西方文化前沿阵地的好莱坞电影业时，从一开始就注定了他必定失败的命运。此外，美日双方因文化背景不同而形成的不同企业文化也是造成日本企业失败的又一重要因素。索尼、松下当初购买好莱坞的电影公司时，在很大程度上是看中了公司里包括超级导演斯皮尔伯格在内的一大批电影天才，他们希望通过公司对这些人委以重任后，他们会像日本雇员一样对公司忠孝，长久地为公司服务，可没想到，这些天才不愿为日方服务，他们纷纷辞职，另起炉灶，使日方束手无策，最终损兵折将撤出好莱坞。日美不同的文化背景孕育出了不同的管理文化，而在各自文化上，两者差异非常大，这就要求日美两国在相互投资中必须重视这些差异并采取适当的方式加以调和，只有这样才能在跨文化的国际直接投资中获得成功。如果忽略这些差异或调和不得法，则最终投资必将以失败告终。

(2) 跨文化冲突的微观后果。目前国内学者对这一问题的研究呈现出两个侧重点：一是侧重于个人有何反应；二是侧重于对组织的影响。在此，我们试图将两个侧重点加以结合。文化冲突的后果，如图10-2所示。

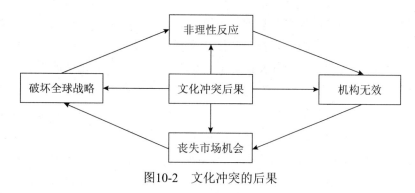

图10-2 文化冲突的后果

资料来源：梁镇，郝清民，刘安.跨国公司管理.北京：中国铁道出版社，2006

① 跨文化冲突影响了跨国公司经营管理者与当地员工之间的和谐关系，产生"非理性反应"。跨国经理人员在异国文化中如果不能很好地解决文化冲突问题，则可能常常导致生活失调，生活失调又将加剧文化冲突。二者相互影响，极易出现怀恨心理、极度保守、沟通中断、非理性反应等不良后果。

② 文化冲突导致组织机构的低效率。由于人们的不同价值取向，必然导致不同文化背景的人采取不同的行为方式，而同一公司内部便会产生文化冲突。随着跨国公司经营区位和员工国籍的多元化，这种日益增多的文化冲突就会表现在公司的内部管理上，从而导致管理费用的增大，也会增加组织协调的难度，甚至造成组织机构的低效率运转。

③ 文化冲突导致市场机会的损失。文化冲突不仅表现在内部管理上，同样会反映在外部经营中。由于文化冲突的存在，使跨国公司不能以积极和高效的组织形象去迎接市场竞争，往往使企业在竞争中处于被动地位，甚至丧失许多好的市场机会。文化冲突涉及企业与东道国政府、金融、税务、社区、用户等多方面的关系。可以说，企业外部环境处理得好，企业就可以顺利发展，反之，一个环节的失控可使企业全线崩溃。

④ 文化冲突使跨国公司全球战略的实施陷入困境。从一般的市场战略、资源战略向全球战略的转变，是跨国公司在世界范围内提高经济效益、增强全球竞争力的重要步骤。全球战略是跨国公司发展到高级阶段的产物，它对跨国公司的经营管理提出了更高的要求。为保证全球战略的实施，跨国公司必须具有相当的规模，以全球性的组织机构和科学的管理体系作为载体。但是，目前大多数跨国公司普遍采取矩阵式的组织机构，由于文化冲突和缺乏集体意识，导致组织秩序紊乱、信息阻塞、各部门职责不分、相互争夺地盘，海外子公司和母公司的离心力越大，则母公司对子公司的控制越难上加难，从而造成跨国公司结构复杂、运转不灵、反应迟钝、不利于全球战略的实行。

2) 跨文化冲突的解决策略

要解决跨国经营中的文化冲突问题，促进跨国经营健康发展，就必须有效地实施跨文化管理策略。目前，跨文化管理策略在国内的相关研究还不多，国外可以借鉴的理论主要有本国中心论、客国中心论、全球中心论和区域中心论等。加拿大著名的跨文化管理学家南希·爱德勒认为解决文化冲突有三种方法：一是凌越，即企业的一种文化凌驾于其他文化之上，一种义化支配着整个企业，其他文化则被压制。这种方法的优点是短期内可以形成"统一"的企业文化，但由于其他文化受到压制会使一些员工产生反感，最终反而会加剧冲突。二是折中，即不同文化之间采取妥协和退让的方式，有意回避文化差异，以实现企业内的和谐与稳定，但这种方法只有当文化差异很小时才适用，否则最终也会爆发危机。三是融合，即不同文化间在承认、重视彼此间差异的基础上，相互尊重，相互补充，相互协调，从而形成一种合一的、全新的企业文化，这种方法不仅可以吸取不同文化的优势，而且稳定性强。

在解决文化冲突，有效实施跨文化管理战略的过程中，应从以下几个方面入手。

(1) 分析和识别文化差异。企业文化差异是企业文化冲突的根本原因，要消除文化冲突，首先要分析识别其文化差异。从文化的角度讲，企业文化可分为三个范畴：正式范畴、非正式范畴和技术范畴。正式范畴是人的基本价值观念，是判断是非的标准，它能抵御企业改变它的外部力量，所以正式范畴带来的摩擦和冲突常常不易消除，只能通过教育转变其价值观念。非正式规范是人们的习惯、风俗等，由此引起的冲突可以通过较长时间的交流、相互影响而消除；技术范畴则可以通过人们对知识的学习来掌握，比较容易改变。可见，不同规范的文化所造成的文化差异的程度和类型是不同的。因此，应区分文化差异中哪些属于正式规范的差异，明确树立优质企业文化的主体，即形成共同的价值观，以此来引导全体员工的行为；哪些属于非正式规范的习惯行为，可以怎样去影响它、改造它；哪些是属于技术规范的不同，可以通过组织学习培训直接改造它。最终，通过分析识别企业文化差别的类型，找出消除文化冲突的正确途径。

(2) 进行有效地跨文化培训，培养高质量的跨文化管理人员。跨文化培训主要是培养管理人员在跨国经营中的跨文化理解能力和文化适应能力。通过适应性训练，提高员工对不同文化的适应性，在此基础上进行文化整合，进而消除文化冲突，实现文化协同。

跨文化理解包含两个方面的意义：一是要理解他人文化，首先必须理解自己的文化。对自己的文化模式，包括对其优缺点演变的理解，使我们在跨文化交往中能够获得识别自己和有关他人文化之间存在的文化上的类同和差异。二是要善于"文化移情"，理解他人文化。文化移情要求人们必须在某种程度上摆脱自身的本土文化，摆脱原来自身的文化约束，从另一个不同的角度反观自己的文化，同时又能够对他人文化有正确地理解和认识，而不是盲目地落到另一种文化的俗套之中。

文化敏感性训练是跨文化培训中的一种重要方式。它是为了加强人们对不同文化环境的反应和适应能力，以促进不同文化背景的人之间的沟通和理解。具体措施是把不同文化背景的人或在不同文化地区的经理和职员结合在一起进行多种文化培训。打破每个人对不同文化环境的适应性，加强不同文化之间的合作意识和联系。

(3) 进行文化整合，消除文化冲突。通过对文化差异的识别和文化敏感性训练等，公司职员提高了对文化的鉴别和适应能力。在文化产生共性认识的基础上，根据环境的要求和公司战略的需求建立起公司的共同经营观和强有力的公司文化。这样不断减少文化摩擦，使得每个职员能够把自己的思想与行为同公司的经营业务和宗旨结合起来，在国际市场上建立起良好的声誉，增强企业在国际上的文化变通能力，从而建立起共同的经营观，建设"合金"企业文化。

按照文化要素对象的不同，文化整合的工作可以包括三方面的内容。

① 价值观念的整合。企业在跨国经营的过程中，应当通过宣传、动员，将不同的看法规范成为一种新的、适应企业发展战略的统一的价值观念。价值观的整合是文化整合的核心，如果一个企业的员工在思想认识上存在很大的分歧，那么精诚团结、协作的团队精神就无从谈起。

② 制度文化的整合。制度文化是企业文化的一个重要方面。制度设立不宜过于繁琐，但制度一旦被确立，便要严格执行，不能徇私舞弊。

③ 物质文化的整合。对物质层面的一些文化要素的整合，能够进一步强化员工对企业的认同感和对企业深层观念文化的理解。比如，企业统一的着装就能使员工产生归属感和纪律感。企业的商标、标识物、厂房车间、工作与闲暇环境等物质因素，都与企业文化一起，逐步在员工的思想上发挥影响力。

(4) 实施人才本土化策略。文化融合是跨文化管理的核心和关键，是解决文化冲突的最有效方法。目前为了有效实施文化融合，许多跨国公司都采用了管理人员的本土化，即跨国公司的国外子公司的经营管理人员，尤其是中高级管理人员、关键技术人员等主要由东道国当地人员担任。外国学者的调查表明，44家美国跨国公司中有43家都雇用了当地人员作为高级管理者。

中国改革开放以来，大量的跨国公司到中国来进行对外直接投资活动。为了适应中国的独特的经营环境，跨国公司在不同程度上使用了本土化经营战略，而人才本土化是其主要的特征之一。如诺基亚在中国已经拥有员工3500人，其中本地员工占90%以上；摩托罗拉(天津)公司拥有8000名中国员工；东芝公司设在中国的23个法人机构中，共拥有员工近万名。人才本土化对跨国公司在中国的经营具有重要意义。中国人受聘管理生产、经营业务，他们深谙中国的文化传统及其影响下的行为和思维方式，能很好地与下属沟通和合作，从而能够进行有效的管理；同时，这些中方人员往往受过较多的西方教育，对西方的行为方式、管理方法等有深刻的了解，能较好地理解和贯彻外方上司的管理思想。因此，管理人员本土化对于化解文化冲突、促进有效合作具有重要的作用。

总之，在世界经济一体化趋势进一步发展的趋势下，跨国公司要想获得更大的发展，必须高度重视文化冲突，实施有效的跨文化管理策略。其中本土化经营可以减少文化冲突对跨国经营的影响，以期更好地实现企业的目标。同时，跨国公司的本土化经营也给中国经济的发展，管理人才水平的提高带来了机遇，中国企业也要很好地把握跨国公司实施本土化战略的有利条件，使中国的经济发展和人才管理的水平都能得到更进一步的发展。

10.3.2　文化融合

1. 跨文化融合的概念及其重要性

1) 跨文化融合的概念

目前，对于跨文化融合研究虽有逐渐增多之势，但明确给出"文化融合"定义的却寥若晨星。其中比较有代表性的观点有以下几种。薛求知教授认为：跨文化融合是指通过跨文化理解和跨文化沟通，达到跨文化和谐的具有东道国特色的经营管理模式。朱筼笙先生认为：文化融合是指不同形态的文化或者文化要素之间的相互结合、相互吸收的过程。各种文化彼此塑造对方，各种文化要素之间相互渗透、相互结合、互为表里、最终融为一体。还有学者认为，企业文化融合就是改造弱势企业文化使其与强势企业文化保持一致的过程。但是，实践证明，这种将一种企业文化强行灌输给另一种企业的融合方法并不适合所有的企业。因此，又有学者提出，企业文化融合应该遵循"权变原则"，不存在最佳模式。

由上可知，文化融合不是两种文化的叠加，而是在两种文化的基础上整合出第三种新文化。在联合整体优势产生总体效果后，会比单独的团队所作的贡献大得多。跨文化企业是由来自不同文化背景的员工组成的。他们的传统文化、价值观、思维方式、经营理念明显存在着差异和冲突。文化融合对于企业意义重大，其主要的意义在于，提升企业核心竞争力和国际竞争能力，深入了解本土文化以减少文化冲突，改变企业员工的价值观，增进雇员的凝聚力，激发跨国企业活力和通过融合打造学习型组织。

可见，跨文化融合是不同文化相互渗透、相互结合的过程，共同追求一种文化的"和谐"状态；融合后的文化应具有东道国文化特色；文化融合通过跨文化的理解和沟通等手段得以实现。

2) 跨文化融合的重要性

(1) 跨文化融合是解决文化冲突的有效手段。从跨国公司的管理实践来看，以一国文化为中心或使各种文化并存往往都无法彻底解决跨文化冲突问题。只有正视文化的差异，不断进行文化融合以形成新的组织文化，才是使得跨文化融合的有效手段。从某种意义上说，文化融合具有比经营管理协调更深层次的意义，是决定跨国公司合作各方能否融为一个具有共同目标、相同价值观和共同利益的组织的根本。在西方企业文化中，劳工对立、利益第一、股东至上、强调个人自由与权力，这与中国企业的文化产生了冲突，但摩托罗拉在中国的子公司却很好地将两种文化、两种价值观融合为一体：既重视员工的个性与独创性的发挥，又重视为员工营造一种东方人特有的大家庭的和谐气氛；既重视经济利益，更重视社会效益，认为企业的经济利益来源于企业为社会所付出的努力；既强调企业家的作用，更强调全体员工的集体主义精神；既肯定员工自我价值的实现，又强调员工的归属感。正是这种文化的融合，使在中国的摩托罗拉公司化解了很多经营中的文化冲突，使其事业得以蓬勃发展。

(2) 跨文化融合是跨国公司是否成熟的标志。正像德鲁克所说："跨国公司应该使自己的跨文化性成为一种长处……而在管理结构、管理职务和人事政策上完全超越国家和文化的界限既不可能、也不可取的。真正需要的是在互相决定的各种需要和要求之间求得一种浮动的平衡。"一个真正成熟的跨国公司的标志，是在交叉文化传统基础上，相互适应、整合、定型出一种表征跨国公司文明状态的、新型的、具有广泛适应性的、跨国企业的企业文化。

2. 跨文化融合的内容

在认识影响跨国公司文化融合需求强度因素的基础上，跨国公司可以确定本公司为顺利展开预定的跨国经营活动而需要在体制、结构以及管理方法上所做的调整，进而与东道国文化融合。由于不同跨国公司在不同时期展开的经营活动并不完全一样，且有关国家文化特点不同，因而这种调整和融合的内容及程度存在很大差异，根据霍夫斯坦特的四维文化分析，这种融合可主要从4个方面对10种公司行为进行重新规范和选择。跨国公司行为融合的内容，如图10-3所示。

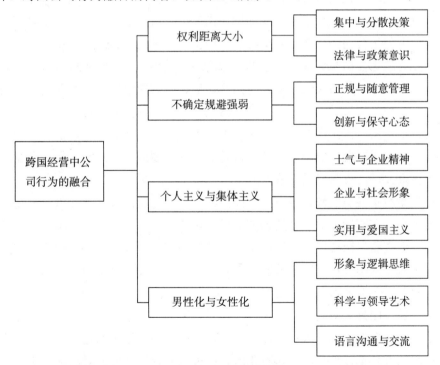

图10-3　跨国公司行为融合的内容

资料来源：梁镇，郝清民，刘安. 跨国公司管理. 北京：中国铁道出版社，2006

3. 跨文化融合的过程

跨文化融合的关键路径，从主体到过程，主要包括海外经理选聘、跨文化选择与认同、跨文化理解、跨文化培训4个基本步骤。跨文化融合的过程，如图10-4所示。

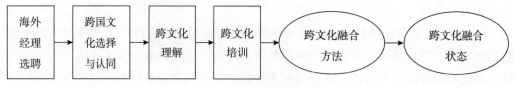

图10-4 跨文化融合的过程

资料来源：梁镇，郝清民，刘安.跨国公司管理.北京：中国铁道出版社，2006

1) 海外经理选聘

选聘的海外经理人本身是否能适应东道国的文化，是否能把母国与东道国文化进行融合，是整个文化能否融合的主导性、决定性因素，如果海外经理本身就不能进行文化调试，那么整个企业的文化融合便十分渺茫，海外经营的失败率就会提高。

跨国公司选聘海外经理基本有三种政策取向，即民族中心政策、多中心政策和全球中心政策。在民族中心政策取向下，跨国公司征聘来自总部或来自母国的人担任海外子公司的经理。这些人熟悉母公司的目标、政策和实践，能够与母公司人员保持有效地联络，使总部也比较容易控制海外子公司的经营，但这样的人员往往难以适应外国语言以及社会文化、政治和法律环境。在多中心政策取向下，跨国公司征聘东道国国民担任海外子公司经理人。东道国员工熟悉所在国的社会经济文化、政治和法律环境、商业习惯等，但与母国管理层的交流沟通比较困难，总部难以有效地控制子公司的经营。在全球中心政策取向下，跨国公司通过选聘第三国国民来获得所需的技术和管理专家。他们所选聘的第三国国民通常是一些职业性国际商务经营管理人员，但跨国公司在雇用第三国国民担任经理时，不得不考虑国家间的关系以及有关的敏感问题。另外，第三国国民可能成为当地人晋升、担任重要职务的障碍，在许多发展中国家，作为管理人员，母国国民比第三国国民更容易被接受。

上述三种政策各有利弊，没有一种能为跨国公司选聘海外经理提供一个完美的答案。一般来说，在跨国公司发展的初期，母公司希望为总部建立一个国际导向型的管理体系，一般选聘母国公民出任海外经理；当海外企业管理经营比较规范时，大多数西方发达国家的跨国公司趋向于采取多中心政策，在海外子公司中选派当地人担任海外经理，而发展中国家则多采用民族中心政策。

中国企业在国外大多处于创业阶段，如果希望为国内总部建立一个国际导向性的管理体系，则应多选用本国人员出任海外经理，但应特别指出的是：存在"种族中心主义"思想的人是不能胜任的。随着我国企业进入海外扩张的相对高级阶段，可以适当选用、提拔东道国国民出任海外经理，以更好地适应所在国的经济、政治和法律环境以及商业管理等，同时又可以对东道国政府当地化的要求有所反应。

2) 跨文化选择与认同

跨文化选择与认同，其共同实质是如何对待外来文化的问题，这是能否顺利实现文化融合的关键。

跨文化选择的一般规律是：本土文化只选择外来文化中与自身本质相契合的部分。国内企业吸收外来文化的因素，都是从自身文化结构出发，按照自身文化的价值观念作出的一种选择。只有这样，外来文化因素才能顺利地被接纳为企业文化的一部分。因而，从另一方面讲，外来文化要融入国内企业原有文化的体系中，也就必须在国内企业原有文化中寻找共同点，并适当地改变自身，才能赢得原有文化的承认和接纳。

跨文化认同是跨文化选择的结果，它使原先分属于不同的文化群体现在具有相同的文化意识和文化归属感。跨文化企业的特征之一就是相同的文化意识和文化归属感。其功能在于：第一，文化认同是文化群体中基本的价值取向。在各种因素的作用下所形成的文化认同，具有很强的稳定性。一种文化要素一旦被认同，往往可以被规范化、制度化和法律化。第二，文化认同是跨文化形成、存在和发展的凝聚力。第三，文化认同是文化群体的粘合剂。

3) 跨文化理解

跨文化理解是跨文化融合的先导程序之一。它包括两层基本含义：第一，要理解跨文化，首先必须理解自己的文化。对我们自己的文化模式，包括对其优缺点的理解，能够促使所谓文化关联态度的形成，从而使我们在跨文化交往中能够获得识别自己和其他文化之间存在的文化上的类同和差异的参照系。第二，对于文化移情的理解。文化移情要求人们必须在某种程度上摆脱自身的本土文化，克服"心理投射"的认知类同，避免种族中心主义，摆脱原来自身文化的约束，从另一个不同的参照系反观原来的文化，同时又能对其他文化采取一种超然的立场，避免盲目落到另一种文化俗套和框架之中。

为促进企业内部的跨文化理解，需要有意识地建立各种正式和非正式的、有形和无形的跨文化传统组织与渠道。可选择的方法有：设置企业内部的通用语言以利于直接沟通，并避免使用隐语；组织多形式、多层次、不同规模的公共联谊活动；倡导并制定有效的行为规范；办事公开、坦率待人、不互抱戒心、不搞"小账簿"；灵活与原则性相结合，注意交往方式等。

4) 跨文化培训

跨文化培训是公认的进行跨文化融合的一项基本手段，它具有以下功效：减少驻外经理可能遇到的文化冲突，使之迅速适应当地环境并正常发挥作用；促进当地员工对公司经营理念及习惯做法的理解；维持组织内良好稳定的人际关系；保持企业内信息流的畅通及决策过程的高峰；加强团队协作精神与公司凝聚力。这些功效的发挥，使跨文化融合成为现实。

对来自母国的管理人员的培训，其目的是使他们了解将赴任国家的文化氛围，充分理解东道国国民的价值观和行为观，迅速地增强在东道国工作和生活的适应能力，充当两种不同文化的桥梁。培训内容包括：①环境介绍。目的是向来自母国的管理人员提供东道国的气候、地理、学校和住房这类信息。②文化介绍。目的是使他们熟悉东道国的文化制度和价值体系。③文化学习者。这是一种通过让他们做习题从而进行自学的方法，目的在于使他们了解其他文化中的一些基本概念、态度、习惯、价值观和角色观念等。④语言训练。它往往包含一些基本的口语训练，如学习如何问好、点菜、在旅馆登记、打电话的等日常用语。学习语言也是了解当地人们行为方式及其原因的最好方法。⑤敏感性训练。一是系统训练有关母国文化背景、文化本质和有别于其他文化的主要特点；二是培训他们对东道国文化特征的理性和感性分析能力，以便他们能够迅速掌握东道国文化的精髓。敏感性训练的真正目的在于使人们更加清楚地意识到自己的行为会对他人产生的影响。实践证明，较为完善的文化敏感性训练在较大程度上代替了实际的国外生活经验，使他们在心理上和应付不同文化冲突的手段上做好准备，减轻他们在东道国不同文化环境中的苦恼、不适应和挫折感。⑥现场体验。是将他们送往将派驻的国家，以便体验在那里生活和工作将要受到的精神压力。

对来自东道国管理人员进行培训的目的，明显不同于对来自母国管理人员所进行的培训。由于来自东道国的管理人员对母公司的跨国经营战略、管理风格和管理程度缺乏深刻的了解，因而这种培训主要是针对管理方法、管理技能、技术和有关公司文化的培训。其目的是使东道国当地管理人员的管理水平尽快到达公司的要求，以提高母公司对子公司生产经营活动的协调和控制的程度。培训内容侧重于生产技术和管理技术方面，文化敏感度培训已不是重点。应特别注意的是：在培训东道国管理人员时需考虑到由于东道国管理人员自小接受的教育、经历和文化熏陶，在管理活动中容易偏向民族利益，因此，必须加强对他们的忠诚度的培训，力图使他们站在较公正的立场上考虑与决策公司事务，使他们时刻以跨国经营活动整体利益最大化为目标。

跨文化培训的路径一般有两种：一是通过公司内部的培训部门及培训人员进行培训；二是利用外部培训机构进行培训，如大学、科研机构、咨询公司等。

在跨文化培训过程中，应特别注意两个问题，方能达到良好的培训效果：一是被培训者在培训过程中是否有机会充分地接触其他文化并与之沟通与互动；二是培训人员的素质，这对跨文化培训能否收效良好起到非常关键的作用。

10.4 跨文化管理与全球学习型跨国公司

10.4.1 全球学习——跨国公司新认识

1. 跨国公司竞争优势的来源

20世纪80年代以来，动荡的国际竞争环境对全球经济背景下的跨国公司如何建立竞争优势提出了新的挑战，获取持续的竞争优势是跨国公司经理们每天必须面对的现实。为此，跨国公司有必要同时发展自身的全球规模效率、多国适应性和在全球范围基础上创新和利用知识的能力。全球竞争能力、多国适应能力和全球学习能力被认为是跨国公司应对新环境挑战的有效反应，而竞争优势获取的过程也就是这些能力建立的过程。Barlett&Ghoshal认为当代跨国公司竞争优势的来源主要有三个：国家差异、规模经济和范围经济。跨国公司竞争优势来源，如表10-5所示。

表10-5 跨国公司竞争优势来源

战略目标	国家差异	规模经济	范围经济
在日常经营中获取效率	来源于工资、资本成本等要素成本的收益	在每一业务活动中扩展并利用潜在的规模经济	在不同市场和业务中分享投资和分担成本
通过多国灵活性管理风险	管理在不同国家比较优势方面源于市场或政策的变化所产生的各种风险	在规模与战略和灵活经营间寻求平衡	通过投资组合分散风险、创造(更多)方案和不搞孤注一掷
创新、学习和调整	从组织与管理的过程与系统的社会差别中学习	来源于经验—成本降低和创新的利益	在不同产品、市场或业务的组织构成间分享学习

资料来源：阎海峰.跨国公司网络组织.上海：复旦大学出版社，2007

显然，研究者关注的焦点是竞争优势的建立问题。而优势是存在于多方面、多层次和多领域的，它既存在于企业内部，更存在于企业外部。因此，从企业外部获取竞争优势就显得越来越重要。不仅如此，企业的竞争优势总是暂时的，所以，持续不断地全球学习与创新就成为跨国公司赢得竞争优势的关键。

2. 全球学习与跨国公司竞争优势

以知识为基础的企业理论将企业视为知识的社会共同体，认为是企业知识积累和知识水平的差异决定了企业的异质性，并进而构成了企业赢得持续竞争优势的基础。然而，对企业来说，最具价值的显然不是企业拥有的知识存量本身，而是知识在企业内部的共享。

从全球学习的角度来解释跨国公司的行为和竞争优势的来源，正是试图对公司战略和环境的正反馈机制有一个新的认识。在传统经济向网络经济转变的过程中，知识作为一种生产要素的重要性日益显现，而知识产生、更新、传递及其转变为生产力，自始至终都贯穿着学习，因此，学习成为运行在非凯恩斯经济中的正反馈机制的核心部分。

认知科学认为学习是通过实践获得的对行为模式的改变，生物学上学习的含义很广，不只限于对语言材料的学习和新技艺的掌握，原有习惯的放弃也属于学习的范畴。而组织理论把学习看作企业在特定的行为和文化下，建立完善组织的知识和常规，通过不断应用相关工具与技能来加强企业适应性与竞争方式。而我们讨论的全球学习是企业跨越国界不断调整自身以适应多元的、变化的环境的创新过程。

　　早期从组织学习视角研究跨国公司行为的学者试图回答的问题是，进行国际化经营的企业必须面对不同的环境，要与不同的消费者、员工、供应商、政府组织以及方方面面建立关系，而这些人可能有着完全不同的观念和要求，因此，企业就面临着如何理解和适应国外环境的问题，或者说，企业需要进行额外的信息处理和组织学习。这种学习行为的选择是具有适应性的、被动的。现在的问题是，对于已经确立跨国地位的跨国公司应如何实施有效的管理并赢得独特的竞争优势。

　　企业知识论者认为，跨国公司是一种社会共同体，知识在这个共同体中得以创造和转移。但是，他们并没有解释这种创造和转移的过程究竟如何。因此，有学者批评说，这个理论框架与早期的内部化理论并没有什么区别。而根据动态能力理论，一个持续的学习过程是维持企业独特能力的关键途径。这就意味着对学习过程的有效管理将直接影响到跨国公司在全球范围内竞争优势的保持，全球性的学习被认为是跨国公司赢得国际竞争优势的一项战略要求。

　　在全球学习思维下，跨国公司把对稀缺信息和知识的寻求看作关键点，因而重视分散在不同文化背景下的子公司具有的搜寻、获取知识的能力。这就要求跨国公司承认每个子公司的专有资源和专有能力(Subsidiary-specific Advantages，SSA)，并与子公司所在市场环境中的重要性结合起来以实现企业的全球战略目标。因此，全球学习的出发点在于对子公司专有能力的充分挖掘，各个子公司的SSA决定了其在公司网络内的地位、作用和权力，同时被认为是跨国公司竞争优势的重要来源。

　　基于知识的企业观认为跨国公司海外经营、拓展市场就是将现有知识进行复制和转移并创造新知识的过程，而其优势就体现在比竞争对手能够更有效地理解和实施这一过程。企业选择国际化经营是为了更有效地在组织内部转移和利用知识(尤其是隐性知识)，但随着国际化经营的深入，它需要不断地产生和创造新知识，因此，选择跨国经营不仅仅是为了保持现有知识存量和对现有知识的利用，更是为了创造新知识而构筑的一个平台。通过跨国经营，企业不断获取新的当地市场知识和国际化知识，并将从海外市场获得的知识在整个网络内进行国际化转移、结合和创造，从而获得知识的积累，进一步推动其国际化进程。

　　一般说来，一个企业在国内长期经营实践中会逐渐积累起基于母国市场环境的知识集合，并开发出赖以管理母国市场经营活动的组织结构和惯例，但由于母国和东道国环境的差异，它会显示出与东道国的不适应，这就需要通过学习逐渐了解当地的经营环境，不断积累相关的知识和经验。东道国子公司还要经常把与当地环境有关的独特知识传递到母国公司或其他东道国子公司，进行信息的融合和新知识的创造，这样，跨国公司就会不断获取和积累与跨国经营有关的知识，从而获取跨国经营的优势。因此，我们认为，跨国公司通过组织学习，不断获取和积累有关知识，可以在"跨国经营"这一工具和"竞争优势"这一目标之间架起一道桥梁。跨国公司组织学习的桥梁作用，如图10-5所示。

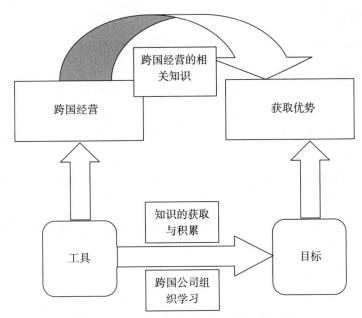

图10-5 跨国公司组织学习的桥梁作用

资料来源：薛求知. 当代跨国公司新理论.上海：复旦大学出版社，2007

10.4.2 建立全球学习型跨国公司

1. 创建全球学习的文化

除了组织、资源上的保证外，全球学习型跨国公司还应建立一种基于全球企业的企业文化作为精神上的粘合剂(Glue)，将它分散在全球的各个节点、各个构面粘结成一个整体。但这并不意味着无视、压制当地文化；相反，全球学习的理念是"Local integration for global"，这就决定了它必须承认地区文化的价值创造潜力。通过跨国文化管理，节点的独特性能够与强势的公司共存下来，没有一个统一的公司文化能够适合所有的公司，不同公司由于其历史、分布、行业等特点，其全球学习文化也必定千差万别。但是，所有成功的全球学习型跨国公司都应具有能够适合全球学习的核心理念的一系列信条和价值观。最基本的信条包括以下几个。

(1) 公司总部不是知识的源泉，它只是由公司内部分散的专业技术、知识、能力构成的星系中的一颗星星，或许是较亮的一颗罢了。

(2) 当地文化并没有优等、劣等之分，他们只是互不相同而已。

(3) 创新源自于多样性。

(4) 全球知识经济的赢家需要将基于全球学习的创新活动与运营效率结合起来。

全球学习型跨国公司的核心价值观包括如下几点。

(1) 差异性的价值大于同一性。

(2) 判断每一节点、区位的价值在于它们对全球效果的独特贡献，而不在于其当地单独的绩效成果。

(3) 重视通过向其他节点、向全世界的学习来创造价值。

(4) 重视吸收、容纳创新成果的柔性和意愿。

对运营网络而言，其压倒一切的目标就是：在全球市场上有效扩散、推广创新。为达到这一目标，肯定需要相应的结构、流程和制度提供支持。这包括运营能力的合理配置、负责协调和整合相关节点的全球业务单位以及基于全球学习的文化等。

公司高级经理需要配置一系列世界级的运营能力。它们既可以是自有的，也可以是通过合资企业、战略联盟、分包商等方式获得的。这些运营方式的选择取决于成本、柔性和控制权之间的权衡。

配置好世界级的能力之后，还有必要对之进行整合，以优化全球效率、质量和使顾客满意，这是跨国公司中全球运营单位的责任。而且，每一个节点——或许是制造工厂、分销网点、营销或研发机构、各类团队、合资企业、分销商——都必须持续改进，以保持它们处于世界级水平的运营效率，这就是各个节点领导者和员工的工作重心。

CEO和其他高层领导需要全面负责全球知识搜寻、知识集聚和运营网络各构面的工作以及各构面之间的协调与整合。这意味着他们需要帮助建立和监督搜寻组织以及知识整合组织中的重大创新项目；同时也意味着帮助协调、确保创新成果能顺利传递到运营网络；高层经理还需要主动关心如何提高运营网络吸收具有潜在创造性的创新成果的能力，高层经理们还可以通过视察世界各地的、公司内部的以及合作伙伴的节点，保持对全球市场、技术趋势的敏感性，了解公司正在学习什么，并时刻关注可能出现的潜在创新项目。高层经理还必须保证各构面之间的紧密联系以获取全球成功的共同目标。

2. 建立全球学习的组织体系和文化氛围

全球公司迈向全球学习的下一步，就是建立子系统发掘和探测差异化的知识，它必须有能力在世界范围内识别和预测创新性的技术和市场知识的新的温床，它必须牢牢嵌入于当地环境当中，充分利用顾客、供应商、大学等一切可以利用的渠道来获取复杂的当地知识。

国别性或区位性专有知识对于提高跨国公司的全球运作效率和当地反应能力是至关重要的。但是由于语言不通，尤其是文化距离的存在，使得这类知识的获得只有通过企业在当地市场上的实际运作，而且分支机构如果能够嵌入当地的网络中，就能学习到这类知识。通过与当地的供应商、客户以及研发机构进行有效地跨文化沟通与谈判，从而嵌入当地网络中，就使得跨国公司能够接近来自当地的知识和技术，并使这种知识有可能在公司成员中得以分享。

但是，如果其价值得不到公司其他构面的承认，即使是设计最为完善的搜寻组织也无法取得成功。这就需要跨国公司主动去推动建设、支持从全球范围内营造学习、获得知识的文化氛围。其具体做法包括以下几点：

(1) 在整个组织中强调"不知道自己不知道"的潜在威胁。不断提醒人们由于未能深入了解非主流市场而丢失的机会，指出脱离我们视野范围的正在悄然发展的突破性技术，呼吁人们认识到任何区位优势都不是永恒的。

(2) 提升公司文化，使之超越母国文化层面，发展成为一种基于共同基础上的"区位整合"的文化。使人们意识到只有尊重并融入当地文化，才有可能深入发掘、获得当地知识。

(3) 建立国际化的管理团队。将母国以外的员工吸收进公司高层管理团队，而且这些任命不应当仅仅是象征性的。并向全公司发出一个明确的信号：传统的中心不再是新的和有影响力的创意和思路的唯一来源。公司还可以为年轻的、有潜力的管理人，尤其是来自于"边缘地带"的员工提供全球职业路径。但也要注意，他们在国家间也不能轮换得太频繁，否则他们也许是国际化的，但是却始终无法深入了解当地文化差异的内在动因。

(4) 分散总部职能。全球主义公司的标志性特征就是全球职能高度集中于总部。要转变成一个全球学习型公司，全球公司就必须将全球职能分散到世界范围内的不同区位。显然，不同的全球主义公司在建立搜寻组织和相应的文化氛围时的策略和手段各不相同，但是它们奋斗的目标却是一致的：去除全球扩散基于母国的竞争优势的"Home for global"式的思维定势，建立基于从全球范围发掘、获得新知识进而创建新的竞争优势的"Local integration for global"式的全球学习思维模式。

3. 培养核心竞争力

核心竞争力这一表述与无形资产、战略性资产和组织的各种独特能力相关。格里菲斯(Griffiths)给出了以下有关核心竞争力的一些有益的特点：对于公司来说，它们是独一无二的；它们的不可模仿性或不可替代性使它们具有可持续性；它们将某种功能带给顾客；它们部分属于学习产物，因此它们融合了隐性知识和显性知识；它们是通用的，因为它们被涵盖在大量的产品和生产过程中。

如果我们把核心竞争力视为"组织中集体学习"的一种表现，那么多样性文化既是集体学习的创造者，又是集体学习的对象。从这个意义上说，核心竞争力是有效运作特别强大的国际化公司、开发新产品和服务、管理多文化项目团队以及与顾客进行交流所必需的新知识、新想法及新视角的潜在而丰富的来源。开发这种丰富的来源是跨国文化管理的任务，其目的在于将知识、想法及视角转换为独特的、难以模仿的并且带有附加值的跨文化专门知识[①]。

[①] 根据尼格尔·霍顿在《跨文化管理——一个知识管理的视角》中的分析，跨文化专门知识是应用于跨文化交流并随着经历不断更新的实用性知识；这种类型的专门知识常常是主观的且基于经验的，常常涵盖大量的隐性内容；是在头脑与头脑之间传递的知识；促进交流，强调参与性能力并且鼓励跨文化协作式学习。跨文化专门知识是知识与认知的结合，认知是用来使知识在实际应用中变得有用的额外知识。在一定意义上，跨文化专门知识是行动中的知识。

正如莱塞姆所指出的那样，核心竞争力涉及"有助于公司为顾客提供具体利益的一大堆技能和技术"，"代表了个体技能和组织分支机构的学习总和，它是竞争力的一个级系"，需要数年而非数月才能获得。从这个意义上来讲，跨文化专门知识恰好是一种核心竞争力：它是贯穿公司整个网络的针对跨文化知识共享的一种学习储备。

所有这些表述表明，作为一种核心竞争力的跨文化专门知识，不再只是将利益传递给顾客及利益相关者的传输系统，事实上，它促进着来自组织内外不同文化源的知识、价值观和经验的流动，并且将它们转换为行为、概念、产品或服务，为接受方作出重要的贡献。跨文化专门知识是储存在组织中的最佳知识，这种知识涉及组织如何通过其整个国际商业网络，与其诸多多样化的接受方进行交流的最佳知识。同时它也运用来自网络的知识不断更新自己，并将这种知识转换成组织能力，然后再将此转换成核心竞争力。

具体来说，子公司获得来自母公司的资源、东道国市场当地的特定区位资源，同时子公司内部知识创新以及能力的提高，使子公司逐渐提高在当地市场的竞争优势。子公司特定优势的形成主要是通过对跨国公司层面非区位限制的特定资源、东道国子公司层面的特定资源以及东道国特定区位资源的结合运用而产生的。这三种资源相互作用，构成子公司特定的资源和能力，并进而形成子公司的特定优势。

总之，一方面，跨国公司可以通过跨文化沟通与当地企业建立起紧密的网络关系，在当地的市场上占据有利的位置，将竞争对手排除在网络之外，从而获得竞争优势。另一方面，虽然各分支机构的专有知识在内部较难扩散，但如果跨国公司通过跨国文化管理将各分支机构与所在的当地文化相联系，就可以充分发挥知识的杠杆作用，产生巨大的绩效，进而增强跨国公司在全球的竞争优势，这实际上是一种独一无二的组织资本，是一种难以模仿和复制的核心能力。

👆本章思考题

1. 简述企业文化差异的内容及它们对企业文化的影响。

2. 试论述美德日中各自的文化特点并比较它们之间的文化差异。

3. 简要回答文化差异对跨国公司的正负效应。

4. 什么是跨文化冲突？跨文化冲突的表现都有哪些？

5. 跨国公司如何解决跨文化冲突？

6. 什么是跨文化融合？跨文化融合的内容都有哪些？

7. 简要回答跨文化融合的过程。

8. 从知识型员工的角度探讨跨文化经理应该具备的素质。

9. 跨国公司竞争优势的最新趋势。

10. 怎样通过跨国文化管理来实现跨国公司的竞争优势？

●案例●

跨国并购文化整合困难，70%并购后企业因此失败

跨国并购是一条发展的捷径。1+1>2的梦想，让无数企业前赴后继。但这条捷径，却也充满着坎坷与荆棘，太多的企业没能完成它们最初的梦想。著名的"七七定律"就曾指出，70%的并购没有实现期望的商业价值，而其中70%失败于并购后的文化整合。跨国并购，看上去很美，但文化的差异，却是最大的阻隔！

2011年2月，一组照片在网络上引起了众多网民的转载、热议，照片上的中国人是大家熟悉的吉利汽车掌门人李书福，而正在帮他脱衣服的外国人是沃尔沃汽车公司总裁兼首席执行官斯蒂芬·雅各布。从照片上看，李书福正舒服地"享受"着雅各布的"服务"。网友们调侃到，看来老外CEO已经学会了中国式的奉承文化。

吉利集团、沃尔沃汽车公司董事长李书福说，绝对不是，雅各布没有给他脱衣服，只是耳机就卡住了，他帮助了一下。

紧接着人们发现，在这场发布会上，坐在台上的李书福并没有讲太多话，他把大多的时间都让给了斯蒂芬·雅各布。对此媒体这样评论到：对于这个来自瑞典的外国人，李书福给足了面子。

时针拨回到2010年8月2日，那一天，吉利完成了对沃尔沃的全部股权收购。至此，这家全球名列第三、安全技术世界排名第一、拥有80多年历史的豪华车品牌，被只有短短13年造车史的中国吉利买下。人们把这场并购形象地比喻成"跨国婚姻"，一方是来自东方的农村青年，另一方则是北欧公主。双方地位的悬殊，注定了爱得艰辛。

当沃尔沃的高级工程师桑德默得知沃尔沃将被出售给吉利时，这位工程师工会负责人，第一个带头叫板，强烈反对，他的理由很简单：来自东方的吉利根本不懂得沃尔沃的文化。

沃尔沃高级工程师麦格纳斯·桑德默说，西方著名的汽车品牌经常被中国公司模仿。而在他们的文化里，保持自己的独特性很重要。

为了阻止吉利并购沃尔沃，麦格纳斯·桑德默所在的工程师协会甚至联合了瑞典一家财团在最后一次竞标前半路杀出，参与到收购沃尔沃的争夺中来。

麦格纳斯·桑德默表示，问题是，他们无法筹集足够的资金，因此，他们无法与吉利竞争。

虽然当时吉利很有希望买下沃尔沃，但工会的立场就是不欢迎中国人，由1800位工程师组成的沃尔沃轿车工程师工会，仍然希望公司由欧洲人来领导，因为他们更了解沃尔沃的文化。那么，他们所强调的文化到底是什么呢？

沃尔沃工人们说，文化是一种生活方式，文化有自己的旅程，从人开始也结束于人。必须尊重两种文化，公司文化和社会文化，或者说是国家文化。

沃尔沃汽车公司全球高级副总裁沈晖说，他们把它比喻成一棵莲花，有在水面以上的东西，水面以下就是文化，它就像莲花的水面下的部分，看不到，但是会影响水面上的各种行为。在沃尔沃员工眼中，曾经的收购方福特公司与沃尔沃之间也存在这样的差异，即使都身处大西洋两岸，文化鸿沟也始终难以逾越。麦格纳斯·桑德默说，美国公司文化最消极的方面就是控制太紧，瑞典文化强调的是实践，不应每一步都按部就班，因为依靠的是员工。

2009年10月28日，李书福迎来了一场文化大考。这一天，当福特宣布吉利成为沃尔沃首选竞购方之后，李书福同福特高管一起，共同飞赴比利时的沃尔沃根特工厂，同那里的工会代表进行对话。李书福说，如果工会说有太大的意见的话，并购是很难实现的。李书福心里担忧的是，西方的工会和我们有所不同，他们可以和雇主谈判、可以左右公司对产品的调整、可以发起罢工，甚至可以对潜在的新主人说"不"。

在根特工厂的会议室，就是当时的"考场"，6名来自根特工厂不同工会的负责人就是当天的"考官"。菲利普·莫蒂埃是当天其中一位"考官"。他向"考生"李书福提出了一道问题：请用三个词来说明为什么吉利是最合适竞购沃尔沃的公司？没想到李书福说，"我，爱，你"。

李书福说，"我爱你"的"你"就是"沃尔沃"。李书福并不精通英文，甚至还带着点浙江味道的英文"我爱你"，眼前的工会代表们，会买账吗？菲利普·莫蒂埃说，当时会场爆笑，从那时起，参加会议的各方才真正放松下来，会议才真正开始。布鲁诺也表示，他们第一次与中国人面对面交谈，"我爱你"这样的回答，解除了他们的心理防备，更有利于交流。他很喜欢李书福的回答。

李书福说，沟通要从心开始，而不是苍白无力的语言。

在跨国并购中，70%的并购没有实现期望的商业价值，而其中70%失败于并购后的文化整合，文化差异越大，失败的可能性越高，这个规律被人们总结概括为"七七定律"。在跨国并购中，文化的冲突是整合面临的巨大问题，是融合还是独立，企业有着自己的选择和考虑，但无论如何，这都将是一条布满荆棘的险途。对于文化的差异，除了沟通与理解，更重要的是，在并购前就未雨绸缪，做好一切的准备。

资料来源：根据网络资料http://news.sohu.com/20111003/n321267446.shtml整理

案例分析

1. 结合你自身的感受，谈谈中国民族文化究竟是什么？
2. 运用霍夫斯泰德的文化理论，分析中国民族文化和瑞典民族文化各有什么特点？
3. 结合案例资料，谈谈如何跨越吉利集团和沃尔沃汽车公司之间的文化障碍？

第11章 跨国公司公共事务管理

11.1 跨国公司的法律事务

11.1.1 跨国公司的基本法律关系

1. 几个基本法律概念

跨国公司内部实体主要包括跨国公司母公司(也即总公司)、子公司和分公司。母公司与子公司、分公司之间的联系，主要是基于产权关系的纽带，使母公司对整个跨国公司的经营、人事、财务等方面的控制得以充分实现。

跨国公司的法律组织形式是指符合法律要求的、能最有效地实现其经营目标的、明确总公司与其子公司之间所有权关系的组织形式。它包括母公司、子公司、分公司和联络办事处。有关它们的定义，如表11-1所示。

表11-1 母公司、子公司和分公司的定义

形　式	定　义
母公司	它是指通过掌握其他公司的股票(股份)，从而能实际上控制其营业活动的公司。事实上，总公司除了实行股份控制外，还可通过其他方式如设备原材料供应等来影响子公司
子公司	它是指受母公司控制的在国外设立的企业法人。子公司是一个具有法人资格的、完整的独立公司
分公司	它是总公司在国外的派出机构，是总公司的组成部分，因而它不是独立的经济实体。分公司的资产100%的归总公司所有，总公司也承担清偿责任。分公司没有自己独立的公司名称和章程，也没有自己的资产和资产负债表。分公司受总公司的委托从事业务活动
联络办事处	它是母公司在海外建立企业的初级形式。严格地说，联络办事处并不是企业(至多起到一个窗口企业的作用)，更不是一个法律实体，而只是母国企业在东道国依法设立的、直接从事一些商业活动的机构

1) 母公司和总公司

与子公司的概念相对应，母公司是指凡是在子公司中享有全部或多数股权，或通过合同等其他手段控制子公司的公司。母公司控制子公司的方式有两种：一种是买进现有公司的足以使其受控制的一定数量的股票，或以本公司的股票与另一公司的股票交换，或以专利使用权授予某公司以换取该公司的股票。另一种是创建新公司，并拥有足以对其实行控制的一定数量的股票。母公司的股票并不一定必须超过半数，实际上大多数母公司只拥有子公司半数以下的股权。由于某些公司股份分散，往往不需要

达到50%以上就可以取得对该公司的实际控制权。

与分公司的概念相对应,总公司(又称母公司)是指凡是设立该分公司的公司。也就是指依法首先设立,并管辖公司全部组织的总机构。总公司的资格要在公司章程中加以确认,并经核准注册,成为独立的法律实体,独立享有权利并承担义务和责任。总公司对所属的分公司行使指挥、监督和管理的权利,处于管辖者的地位,关于业务的经营、资金的安排、人事的调动,均由总公司统一指挥决定。

2) 子公司和分公司

子公司又称"附属公司"或"从属公司",通常是指由母公司持有全部或多数股份的企业,亦即是指股权和经营业务活动受其他公司控制的公司,其股份的全部或多数(有时无法达到半数以上)归于实际控制的公司(控股公司或母公司)所有。当跨国公司这一主体最初受到注意的时候,人们的分析主要集中于外国子公司,即母公司拥有很大程度控制权的外国公司,这种控制通常是通过对外国公司产权拥有相当大部分(往往是多数)股份来实现的。但现代跨国公司行使控制的手段已经不仅仅局限于所有权,还有许多非股权投资方式,如管理合同、许可证合同等,因而子公司的概念也发生了某些变化,一些欧洲国家,如德国、意大利、丹麦、瑞典的法律规定,由于持股或协议而处于另一公司决定性影响下的公司,是该另一公司的子公司。因此,许多位于发展中国家的与外国投资者合办的合营企业、外控企业均可纳入子公司的范围。

分公司通常是与总公司相对应的一个概念。跨国公司的经营管理活动分布于世界各地,而直接从事经营管理业务的是总公司设置在各地的办事机构或营业机构,即分公司。分公司是总公司在外地增设的附设机构,具有总公司的国籍。分公司实质上并不是公司,与子公司的独立法律人格不同,其与总公司是同一公司,是总公司的组成部分或派出的业务机构。

3) 关联企业

关联企业又称关系企业,关联企业内的子公司具有高度的独立性。它不同于一般的合作伙伴关系,是企业之间有组织的联合。它是在家族企业基础上发展起来的,在海外华商企业中比较流行。

其主要特征是各企业自主发展、环环相扣,实行多元化主从架构。无论大"主"小"主",大"从"小"从",都可以自主决策,无须层层汇报和审批,这样就有效地解决了企业总部机构臃肿、决策缓慢、应变与创新能力差的"大企业病"。台湾施振荣的宏基电脑集团就是备受跨国公司界关注的关联企业,公司高层管理机构不惜大权旁落,分散股权给各地经销商,鼓励各子公司独立开拓。公司总部只掌握品牌和专利技术的控制权,拥有包括知名度、形象、联合采购和推广能力等无形资产,并以此凝聚子公司。公司每半年举行一次各子公司经理高峰会议,协调关联企业间的问题,在经营理念和战略方面达成共识。1993年宏基集团扭亏为盈,1997年一跃成为世界第七大PC机生产厂商。1996年施振荣被美国《商业周刊》评为全球最佳的企业家,称他"将企业切割成一群各自独立灵活运作的联属企业",创造性地推行了分权式管理。而在新加坡政府管理的企业中,由政府设计企业架构,并出资参股,将一些企业组成联合体,或者让各企业招标管理国有企业。20世纪90年代以后,日本也出现了部分大企业与"风险企业"相关联的企业形式。

2. 跨国公司的母子公司关系

1) 跨国公司母子公司体系设置的基本法律准则

一是在确定母子公司出资关系、规范权利和义务的基础上,必须确保母公司对子公司以出资额为限承担有限责任。母公司的出资额应与子公司的业务规模相适应,否则子公司将不得不转而谋求母公司的信贷担保。这在无形之中就扩大了母公司的法律责任,同时也加重了子公司的经营风险。

二是子公司应成为真正独立的法人实体。不能推行"四世同堂"式的管理体制,必须确保子公司根据业务所在地的法律规定,制定自己的公司章程和经营战略等。如果没有这种法律机制,最常见的结果就是母公司越级干涉子公司的经营管理事务和子公司由于缺乏责任而吃母公司的"大锅饭"。

三是规范母公司对子公司的管理。母公司与子公司是出资与被出资的合伙关系,母公司参与子公司的经营管理活动是通过董事会进行的。按照国际惯例,为了提高运营效率,母公司和子公司可以根据需要,在公司章程之外订立管理协议,进一步确定相互间的权利与义务关系。

2) 母公司与子公司间的关系

母公司与子公司之间主要是控制与被控制的关系。由于各自设立于不同的国家,各自具有所在国的法人资格,具有不同的国籍,因此是相互独立的实体。虽然内部实行一体化,但一定程度上子公司也有其自身的经济利益,因而母公司想要对子公司加以控制实际上是不容易的。就子公司而言,这种受控关系使其内部关系及内部事务的处理方式均产生了很大的变化。

首先,从公司与股东的关系看,是母公司通过法律手段对子公司实行股权控制。这是基于股权的占有或控制协议而实现的控制,即母公司通过拥有子公司50%以上的股权达到控制子公司的目的。对于公司集团的核心层、具有关键性的子公司,如关系到科技秘密、专利技术、商标等无形资产,母公司甚至可以拥有100%的股权或绝大部分股权。在这种情况下,母公司成为子公司唯一的股东,对子公司有决定性的影响。当母公司在子公司中占有多数股权时,还会产生母公司与少数股权的股东间的关系问题。由于占少数股权的股东在子公司里处于从属地位,其利益可能会受到母公司根据整个公司集团的利益作出的决策或决定的损害,因而也就产生了对子公司中少数股权的股东利益的保护问题。母公司对子公司的股权控制,主要目的包括:保守母公司的科技、商业秘密;有时也可通过各种技巧和方法,如通过转移价格,来转移公司的利润,逃避税收,从而实现母公司利润最大化。

其次,一些研究表明,跨国公司对子公司的控制还出于一些战略动机。在全球性行业中,跨国公司倾向于对海外业务实施较高程度的控制。这种较高程度的控制使跨国公司具备这样一种能力,它使跨国公司能够确保子公司在一个国家市场上的战略行为不会对其他国家市场造成负面影响。同时,较高程度的控制也能够使跨国公司利用子公司在一个国家市场上的优势,帮助另外的子公司在其他市场上实现竞争行为,从而有助于实现公司的总体利益。当一个跨国公司的投入能够被"共享"或者"完全利用"时,全球性的协同作用就产生了。我们这里所说的投入,是指一个跨国公司的核心要素,例如研发、营销、或者生产。在这方面的一个很好的例子是本田公司,它在全球范围内利用自身在摩托车方面的先进的引擎技术,将业务扩展到了汽车、除草机以及吹雪机(Snow Blower)行业。另一个例子是Yves Saint Layrent,他利用其在时装方面的品牌优势,将业务向全球范围内的香水、化妆品和烟草行业进行了相应的扩展。全球性的协同作用隐含着的竞争优势越来越明显了,这种协同作用对公司的盈利具有积极的作用。这种战略性的协同作用通常是通过创新能力或者某种形式的降低成本来实现的。例如,本田一旦开发出生产摩托车的引擎技术,它就可以几乎不花费任何成本将这项技术扩展到其他相关产品在全球范围内的生产。一些研究人员认为,协同作用(包括范围经济)的利益增加了企业对业务单位的承诺,并且可以通过层级控制得到最好的利用。由于以市场为中介的交易企图实现协同作用的目标具有风险性,层级控制就是弥补这一不足的必要手段。困难的是,为了实现协同作用,交易各方的投入必须共享或共同使用。但是,这种共享性使得区分每一方的绩效和贡献非常困难。这里涉及一个监督的问题,并因此产生了管理决断的问题。在不存在内部组织的情况下,管理的决断将引发机会主义行为,以及相互依赖的交易各方的"偷懒"问题。因此,需要层级治理来避免这些问题。我们提出的假设是:在其他条件不变的情况下,在现有的业务单位和其他业务单位之间的潜在的全球性协同作用越高,跨国公司越倾向于对海外业务进行较高程度的控制。

3) 总公司(母公司)与分公司间的关系

在法律上,分公司只是总公司(母公司)的一部分,是其增设或派出的机构。总公司对分公司也是一种控制与被控制关系,总公司对分公司的控制比较容易(相对于母公司对子公司而言),从法律上讲属于内部控制,因为二者不是法人与法人的关系,而是某种上下级关系。分公司具有与总公司同一国籍、同一法人的内部机构的地位。分公司的资金全部来源于总公司,总公司对分公司债务负有连带清偿责任。总公司对分公司具有完全控制权。分公司缺乏相应的独立性,创新动力也不足。分公司的收益必须纳入总公司的报表,亏损可由总公司税收栏中扣除。可见,分公司是被总公司直接地完全控制的公司,它没有子公司与母公司间的那么复杂的关系,但它和总公司之间也并非没有矛盾和冲突。

3. 跨国公司的法律存在形式

企业的法律形式是从法律的角度给企业定位，明确企业在法律上的权利和责任。其核心是企业的产权制度，它是具体的、特殊的和动态的存在，是适应不同时期、不同阶段生产力发展状况及其生产关系需要而组建的。纵观市场经济发展的历史，与主要的产权形式相适应的企业制度主要有业主制、合伙制和公司制等各种形式。

1) 业主制企业

现代企业制度和企业法人治理机构的形成经历了一个漫长的历史过程。在公司制企业出现以前，大多数企业的经营规模都比较小，经营范围也比较狭窄，经济学家一般将它们划分为两大类，这就是业主制企业(Sole or Individual Proprietorship)和合伙制企业(Partnership)。

业主制企业通常是以家庭为基础的生产和经营实体，是由个人出资设立并经营管理的企业，又称独资企业。从法律意义上说，业主对企业的债务负无限责任，业主制企业的资产与业主个人的私有财产没有法律上的区别，因此，企业不具有独立的法人资格。随着市场扩张和经营规模的扩大，业主经营体系无疑受到资本和经营能力缺乏等方面的束缚与挑战，这必然限制了企业的持续发展和产品结构的调整，企业谋求发展的需要驱动了同业经营者、利益相关者或有产者等市场主体之间相互融合与利益上的相互支持，从而加快了合伙制企业的形成。

2) 合伙制企业

合伙制取代业主制是市场经济迅速发展的必然，是企业组织形式的一种创新。合伙制企业是两个或两个以上出资人共同设立、共同经营、利益共享的企业。合伙制企业以合伙契约和相互约定与彼此信赖为基础，契约规定了合伙人的权利和义务，合伙人对企业债务负连带责任，如会计师事务所、律师事务所、诊所等。合伙制企业有两个突出的缺陷：一是每个合伙人都是业主，都有权对外签约，彼此之间很难协调一致；二是任何一个人签约失误而导致企业亏损，或其中一个合伙人退出、破产和死亡等，都会影响到企业的生存和发展。因此合伙制企业发展的规模必然有限，很难适应社会化大生产的要求。

按照国际惯例，中介机构(如咨询公司、经纪人公司、会计师事务所、律师事务所等)常常实行无限连带责任的合伙人制，因为它不同于有固定资产可以抵债的企业，中介机构凭借的是智力和专门知识，不需要投入多少成本，所需固定资产也非常少。

3) 公司制企业

(1) 公司制企业以法人产权制度为核心，是由两个以上的投资者，按照一定的法律程序组建，以盈利为目的的经济组织。它有两个突出的特征：第一，公司是法人，拥有法人地位、法人产权和一系列法人的自主行为权力。第二，公司对债权人负有限责任，即出资者对公司以自己的出资额为限承担责任。大型企业往往采用公司制。公司制企业的数量虽然不多，但在经济上通常掌握一国国民经济的命脉，具有巨大影响力。在美国，只占企业总数15%的公司制企业，创造了占全部企业收入85%以上的产出。可以说，公司制企业是现代经济社会的主要组织形式。

(2) 公司制企业的主要类型有无限责任公司、有限责任公司和股份有限公司。

无限责任公司(Unlimited Liability Company)的股东对企业的债务负无限责任，但它具有独立的法人地位。从法律方面来看，它是合伙制企业的一种发展，兼有公司制企业和合伙制企业的双重特征。

有限责任公司(Limited Liability Company)的成立由发起人集资，并非向社会公开募集资金。股东人数既有上限，又有下限。有限责任公司的股权证明是出资证明书，该出资证明不能流通，也不可以随意转让。有限责任公司的所有权与经营权分离的程度相对较低，董事往往就是股东，并且常常兼任公司高级管理职员。有限责任公司属于封闭公司，财务会计报表可以不经过中介机构审计和认证，也可以不存档和公布，可以只按规定送交股东。

股份有限公司(Limited Liability Company by Share)是市场经济国家广泛采用的、规模最大的、地位最为重要的一种企业组织形式。它是根据立法或公司法规定的程序，通过采取发行股票的办法将社会分散的公众资金集中起来经营的企业组织。其中"股份"是公司均分资本的单元，每一股代表一定的金额，每股的金额均等划一。

证券市场有两类：一是公开挂牌交易；二是非公开挂牌交易，即所谓的柜台交易。由于证券市场双重存在，所以股份公司分为公开上市的股份有限公司和非公开交易的股份有限公司。

股份有限公司的成立条件比较苛刻，它可以向社会公众公开募集资金，其股东人数只有下限限制，而没有上限限制。股份有限公司的股东可以自由转让自己的股份。股份有限公司的股权证明是股票，股东持有的股份以股票数量的百分比来表示。股票可以转让和流通。股份有限公司的股东大会和董事会通常被认定为最高权力机构和权力执行机构，所有权与经营权的分离程度较高。股份有限公司的信息披露程度非常高，而且执行财务公开制度。财务报表须经中介机构权威认证并予以公开发布。

4. 跨国公司的内部法人结构

从产权的意义上看，随着企业规模的扩张、市场占有率的提高，对企业内部的组织形式必然要进行结构性的调整，从而使一部分市场交易内部化于企业之中，使相关的产品或经营区域进一步地集中到具体的产品或区域机构，从而形成一个较为发达的层级组织和健康的法人治理结构。跨国公司的内部法人结构有以下几种形式。

1) 控股公司结构

控股公司(Holding Company)结构，简称H型结构(如图11-1所示)。一家公司拥有另一家或几家公司的股权，并能够控制其生产经营活动，那么该公司则称为母公司，在法律上它则认定为一级法人；另一家或几家公司便成为该公司的子公司(Subsidiary)，也称二级法人。从经营业务来说，一类子公司是母公司业务的延伸与扩张；一类子公司与母公司的经营业务相对分离并拥有准自主权(Quasi-autonomous)。H型结构大多是由于企业间的横向合并而形成的，在H型的大公司中，母公司持有子公司的全部或部分股权，下属各子公司拥有独立的法人地位，可以独立地开展经营业务，并成为相对独立的利润中心和投资中心。H型结构是公司内部分权管理的一种形式，母公司的控制权大多局限于控制或影响公司董事会、评价各子公司的财务绩效、资金调配以及通过控股比例增减来调整总体的业务规模。所以，H型结构很像一个以资本经营为核心的内部资本市场。在H型结构下，母公司与子公司的所有权(股权)联系严格受制于公司法的管辖，公司管理运作必须按公司章程的规定进行。根据中国的《公司法》，持有公司10%股份以上的股东可以请求召开临时股东大会，《上市公司章程指引》中又规定，公司召开股东大会时，持有或合并持有公司发行在外有表决权股份总数的5%以上的股东，有权向公司提出新的提案。

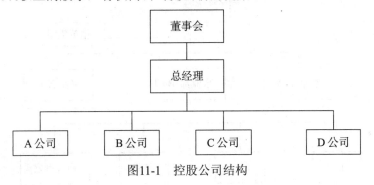

图11-1　控股公司结构

按照控股的程度，控股公司包括全资控股和非全资控股。如德尔福汽车系统公司是世界上最大的、最多元化的汽车零部件及系统供应商，现由通用汽车公司全资所有。根据通用公司的战略安排，德尔福在1999年成为独立的上市公司，通用公司把德尔福的股票派售给通用汽车的股票持有者。

2) 一元结构

一元结构是按职能划分出来的，(Unitary Structure)简称U型结构(如图11-2所示)。U型结构是企业纵向扩张的结构。所谓纵向扩张，即企业根据物流的方向进行前向或后向的一体化。在这种大公司的内部，没有一个部门可以成为独立的法人机构或利润中心，公司的一切经营活动必须服从高层管理机构的指令和安排。U型结构是典型的中央集权管理结构。然而，这种组织结构有两个根本性的缺陷和漏洞，即这个集中型结构会因管理跨度过大而造成管理的累积性失控，会加大行政管理的费用。另外，由此也会造成各个部门在目标上偏离利润最大化转而追逐各自的小目标。

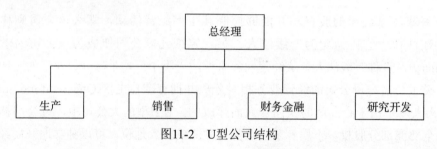

图11-2　U型公司结构

3) 事业部制的多元结构

事业部制的多元结构(Multidivisional Structure)又称M型结构(如图11-3所示)。在这种结构下，各事业部(分公司)通常是半自主的利润中心，分公司(Branch)的经营活动高度依赖于母公司的决策，同时母公司利用层级制度和市场机制对各分公司进行控制。分公司由母公司授权开展业务，母公司对分公司的债务负无限责任。M型结构的集权程度介于集权的U型结构和分权的H型结构之间，在逻辑上，它相当于把过去市场上独立活动的若干个U型结构的企业合并为一个公司，而市场交易则进一步内部化。

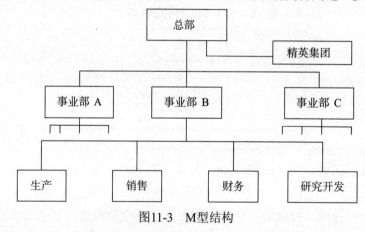

图11-3　M型结构

威廉姆森在1975年提出了著名的"M型假说"，对M型公司的优点作出了总的概括。

M型假说认为：M型公司的组织和运营在目标的追求和最低成本行为方面比U型的组织结构更接近于新古典的利润最大化。

根据M型假说，M型公司的目标和行为比较符合公司所有者即股东的偏好，因而支持了新古典经济学的利润最大化的假定，而不再更多地朝有利于职业经理的复杂目标靠拢。对于这一假说的验证众说纷纭，莫衷一是。从那以后，关于M型假说的验证理论层出不穷，至今尚未形成定论。例如钱德勒考证，M型公司结构可以追溯到20世纪20年代的杜邦公司、通用汽车公司、标准石油公司和西尔斯公司等，但真正进化到(或模仿)普通模式，是在第二次世界大战以后，尤其是20世纪50年代至60年代。

威廉姆森对这些M型公司的优点作了如下归纳。

(1) 经营决策由独立的事业部各自作出；

(2) 直接附属于总部的所谓"精英集团"通过提供参谋和审计等方式有助于总部对事业部的控制;

(3) 总部负责战略或者长期发展规划和目标,只注重总体的绩效而不直接过问各个事业部的绩效;

(4) 由于M型公司具有很好的协同作用,因而更加追求总的利润最大化。

M型结构的主要缺点如下所述。

(1) 职能部门内部不能实现规模经济;

(2) 产品线之间缺乏协调;

(3) 失去了技术专业化优势;

(4) 产品线的整合与标准化变得困难。

11.1.2 跨国公司国际商务活动的相关法律

1. 合同法

合同是当事人双方就某一共同参与的特定的事件所达成的协议。它明确了合同双方的关系,规定了一种受法律保护的义务,这种义务是被法庭认可并且可以被强制执行的。合同法是商法的一个非常重要的部分。合同法同时也涉及了商法其他领域的问题,例如,财产法和代理人法,同时还涉及了与合同相关的商业行为,包括购买原材料和资产、出售商品、租借设备和聘请顾问等。

1) 合同生效的要件

商业交易离不开合同,因此了解使合同生效的必要条件,是非常重要的。如果希望一个合同能够具备法律效力,它必须具备以下的所有要素。

(1) 双方的同意。当事人出于自愿的赞同。合同涉及的当事人必须在不被任何外力强迫的情况下自由地参与合同。通过暴力手段,或是经济上施加压力,从而迫使某一方签订合同,例如,武力威胁或以拒绝给予下一次的同等待遇作为威胁,在这样情势下所签订的合同是无效的。同样,通过欺骗行为,例如通过错误地陈述交易情况,来促使合同签订也是无效的。

(2) 签约资格。签约资格是指当事人参与合同的合法条件。依据法律规定,未成年人(18岁以下)、智力不健全者、有毒瘾或嗜酒成瘾者以及囚犯都没有签署合同的资格。

(3) 对价。对价是合同当事人之间合法的价值和利益的交换。对价可以以现金、货物或放弃合法权利的形式进行。

(4) 合法目的。合法目的是相对于违法行为而言的。签订合同的最终目的必须是合法的,只有这样合同才能生效。合同中不能要求任何一方参与违法行为。比方说,如果一个合同的签订是为了向某一个地区或国家走私毒品来赚钱,那么这个合同是不具备法律效力的。

(5) 形式要求。形式要求即符合标准的口头或文字形式。很多合同可以是口头上的。

2) 违约

违约是指合同涉及的某一当事人在没有合法理由的情况下，不履行合同中规定的内容。此时，合同的另一当事人就有权通过法庭要求补偿。针对违约，共有三种合法的补偿形式。

(1) 对造成的破坏进行赔偿。这些赔偿金将被给予合同中因合同未能被履行而受害的一方，作为对其损失的补偿。

(2) 合同的实际履行。这是指法院为了勒令违约的一方依据合同指定的内容履行其义务而发出命令。合同的实际履行是法院在解决违约案时最常用的一种办法。

(3) 恢复原状。取消合同并且将情况转为合同签署以前的样子。如果合同中的一方无法履行合同规定的内容，那么合同双方都不再对对方有进一步的义务。

3) 担保

明示担保是卖方所作出的关于买卖物的事实的肯定或承诺。这种形式的担保构成了影响买方利益的交易的一部分。明示担保以条款或说明的形式出现，可视为对事实的肯定。默示担保既不是书面的，也不是口头的，这类担保是法律或法庭裁决对交易的要求。默示担保保证货物与买方期望的水平相符。

2. 知识产权保护

法律通过给予作者、发明者及其他知识型财产的创造者相应的、与其作品有关的各项权利，从而保护他们的劳动。知识产权(又称知识财产)是人类脑力与智力的创造物。知识产权包括版权、专利权、商标、工业品的外观设计、未公开的信息(包括商业秘密)、集成电路布图设计、地域标志(包括原产地标志)等。知识产权的国际保护问题很大程度上起因于二战后跨国公司对外大量的直接投资以及与之相关的贸易活动，跨国公司对产品的高附加值和高技术含量依赖的程度越来越明显，这使得知识产权的国际保护问题日益突出。我们也已经看到，在一些产权保护意识薄弱、保护和执法机制不完善的国家，仿制、盗版和假冒等非法活动已经非常猖獗，直接冲击了正常的投资经营活动。

1) 专利

专利是为发明者提供的一种财产权。发明是实践中可解决某个(些)领域中某个技术问题的新想法。它的基本特征是新颖、独创和能应用于工业生产。它通过注册来获得保护。

美国专利法规定给予发明者生产、使用和售卖其发明的专有权，期限为17年。联邦专利局是授予专利的政府机构，凡是创新的、独特的并且有用的、能迎合需求的点子即可被授予专利权。物理疗程、器械或者药物配方等就可有专利权。例如，制药公司拥有的生产他们所发现的药物的权利，就被看成是一种专利权。

保护范围涉及产品和工艺(包括制造产品过程中所应用的工艺)两个方面。WTO关于《与贸易有关的多边协议与协定》第28条规定：如果一项专利的标的为一产品，第三者只有在获得专利人同意的情况下才能制作、销售或进口。如果一套工艺获得专利，第三方在没有得到专利人同意时，不得使用该工艺。没有得到专利人的同意，第三方同样不能销售或进口直接由一项专利工艺生产的产品。

专利旨在授予专利持有人财产独占权。这些独占权允许专利持有人禁止他人利用该项专利包含的发明。制造商想利用专利发明，须获得专利人的许可或授权，并支付一定的专利使用费。

2) 版权

版权保护的标的包括文学、科学和艺术作品。一部享有版权保护的作品不需要思想和观点新颖，但必须是原始作品。

版权通常是指给予作家、艺术家或剧作家使用他(或她)的创作的权利。受版权保护的作品包括印刷品(书本、杂志文章、讲座)、艺术品、照片以及电影。在现行版权法下，创造者拥有版权的期限为其一生的时间加上死后的50年。专利和版权是一种知识型资产，是今天很多诉讼案的主题。

版权所有人的权利常常被描述为独享权，即只有当获得授权时才能使用受保护的产品。版权还赋予原作者道义权，即原作者在版权转让以后也可以声明其作者的身份，反对任何歪曲和篡改行为。

3) 商标

商标是生产者用于在市场上将自己的产品与其他同类产品区别开的图形、文字或者其他明显标记。苹果电脑公司的多色苹果图案就是一个商标。服务标志可以是符号、文字或图形，它用于标记一种服务而不是一个有形的物体。旅行者保险公司的伞形图案就是一个服务标志。

大多数公司在广告中使用符号®来标记他们的商标。这个符号表明这个商标已经由版权注册部门、版权局、国会图书馆机构批准注册。通常商标总带有一个属类说明，如Fritos牌玉米片、Xerox牌复印机、Sotch牌胶带、Kleenex牌手纸等。

商标权具有以下几个特征。

第一，商标所有人具有独占权。商标的有效保护是通过正式注册实现的。注册商标所有人具有禁止第三者使用与其注册商标相同或类似的产品标记的独占权，之所以这样做是为免引起混乱或混淆。

第二，商标的应用与实施有明确的地域界限和时间期限。大多数国家的法律规定，如果一个注册商标在一段时间内未被使用，那么这一商标将被中止或废除。

《马德里协定》(*Madrid Agreement*)是有关工业商标权保护(The Protection of Industrial Trademark Rights)的早期协定之一，此多边协议的全称为《商标国际注册的马德里协定》(*The Madrid Agreement Concerning the International Registration of Marks*)。《马德里协定》允许签约国的公司在一国申请注册，即可获得国际保护。世

界知识产权组织(World Intellectual Property Organization，WIPO)负责监督此协定的实施。协定签约国对商标同时自动提供另外20年的保护。

在国际商业活动中，由于驰名(Well-known)商标的信誉好、市场广阔，被侵权的现象时有发生，因此许多国家通过立法对其进行特殊保护。WTO总协定关于确定驰名商标的有关规定指出：成员方应考虑该商标在相关行业中的知名度，包括由于促销宣传而在该成员方获取的知名度。也就是说，驰名商标并非单纯地由政府当局主观确定，而是必须根据该商标在行业中的客观情况来确定。

4) 工业产品的外观设计

工业产品外观设计包括装饰特征(如外形、线条和图案)和颜色。涉及的领域非常广泛，如服装和汽车等。对其提供保护的前提条件是：它是新的或独创性的，是独立创作的设计。"新的或独创性的"通常是指与已知的外观设计特征有重大区别的。

5) 集成电路的布图设计(拓扑图)

微电子和计算机技术的迅猛发展，使与集成电路技术有关的知识产权的保护成为各国普遍关注的焦点。

保护知识产权对一个国家的经济发展和产业发展具有重大意义。保护知识产权能促进经济发展，保护知识产权会激发人们的创造力。如果置知识产权保护于不顾，剽窃他人成果则变得非常容易，"借用别人的成果"来发展自己，在短时间内是非常有效的，但是对一国国民经济的长远发展，对调动企业和专业技术人才投入研究开发的积极性都会产生严重不利的影响。这是一条国际经验。美国在建国以后一百多年的时间里，一直无偿地使用英国的商标和版权，后来才慢慢建立起了知识产权保护体系。马克·吐温是美国第一个宣传保护知识产权的人，他对自己的著作未经许可就被复制感到十分愤怒。美国的第一部有效的版权法在1880年前后颁布。那时的美国人意识到保护知识产权会促进经济发展而不会妨碍经济的发展。

中国的知识产权制度与美国有一定的差异，主要表现在：美国是发明人专利优先，中国是申请人优先。申请人优先通常说起来是管理费用较低，而发明人优先通常代价较大。因为发明专利的人必须用数字、数据、实验手段和逻辑程序等来证明自己是首先发明者。

1995年中美双方签署了知识产权保护协定，中国政府承诺在保护方面采取实际性的措施，包括关闭非法的CD工厂、解决假冒伪劣产品的批发和零售问题。

3. 产品责任法

产品责任是指产品的生产者、销售者对其生产、售出的产品的缺陷依法应承担的责任。这已成为一个特殊的法律领域。在美国，产品责任法融入了合同法、担保法、侵权法和成文法各分支(包括州级和联邦级)的相关内容。产品责任的归责原则包括：过错推定原则和严格责任原则(两者都属侵权范围)，以及违反担保原则(属合同法的一部分)。

严格责任是产品责任法中的一个重要概念，是指只要产品或其包装有缺陷，并造成消费者人身伤亡或财产损害时，该产品生产者、销售者均对此承担责任(即使已经采取了所有可能避免伤害的措施)。这里"有缺陷"概念范围很广，包括设计缺陷、生产缺陷、说明缺陷及包装缺陷等。

4. 破产法

在工商界，债务人可以随时宣布破产(Bankruptcy)。破产并不意味着犯罪，也不意味着债务人要重起炉灶就很困难。一个公司破产对其股东和它所拥有的其他公司并没有实质性的影响。因此当与一个公司有生意上的往来时必须取得该公司股东的保证。

破产可分为自愿清算与强制清算两种。在自愿清算中，由债务人向法院提出清算申请，其中包括资不抵债的详细情况，并要求法院宣告债务人破产。而在强制清算中，则是由债权人提出清算申请，债权人为了督促债务人去登记破产，由三个以上的债权人联合向法院提出强制清算申请。

5. 公平竞争法

为保证市场不限制竞争，法律上采取了很多措施。所谓公平竞争法是对各国用于规范合理竞争的法律制度。如美国的反托拉斯法、日本的反垄断法、原欧共体的竞争法。它们主要通过禁止某些活动维护本国市场秩序，保护本国竞争者。这些活动滥用包括禁止卡特尔协议，禁止以搭卖、排他性交易或价格歧视等形式达到支配地位。

从纯粹经济和法律的角度分析，反垄断的概念就是在公平和效率之间找到一个平衡点。所谓公平就是维护消费者的利益；所谓效率就是保证工商企业发展和进取的主动性和积极性，而不管它对消费者的利益有没有损害。

6. 定价法

跨国公司实行价格差别和战略定价的能力可能会受到国内和国际法规的限制。更重要的是，企业定价的自由程度还要受到反倾销法规和竞争政策的制约。

1) 反倾销法

根据世界贸易组织(WTO)规定，倾销是指以低于正常价值的手段将一国产品引入另一国并对该国已经建立的产业造成实质性损害，或存在实质性损害威胁的行为。反倾销法就是针对倾销行为，用来抵制外国竞争者，保护本国竞争者优势的一种法律手段。

掠夺性定价和经验曲线定价都可能触犯反倾销法规。从技术上说，倾销是指企业以低于生产成本的价格出售产品。然而，大部分法规对倾销的定义要模糊得多。比如，根据关贸总协定(GATT)第六条的规定，只要出现以下两种情况，一个国家就可以对进口商品采取反倾销行动：其一是以"低于公平价值"的价格出售；其二是"对国内工业造成实质性伤害"。这种说法的问题在于，它没有明确说明什么是公平价值。

从国际性企业的角度来看，重要的是，反倾销法规为进口价格设置了一个底价，从而限制了企业战略定价的能力。而大多数反倾销行为中使用的模糊性语言意味着企业实行价格差别的战略也将受到反倾销法律的检验。

反倾销的问题不只中国才有。反倾销本质上就是一种贸易保护措施,从世界贸易组织的贸易自由化的角度来说,它不应该存在。但是由于关税、数量限制等其他贸易壁垒的作用不断被削弱,使得包括美国、欧盟在内的发达国家需要一种便于使用的贸易保护手段,因此在世界贸易组织成立前,美国、欧盟、加拿大、澳大利亚、新西兰是反倾销的最大使用国,这些国家之所以运用这一手段,是为实现本国贸易壁垒几近消除状况下对贸易的保护。而世界贸易组织成立以后,由于其他国家的贸易壁垒也大幅度削弱,而反倾销仍然作为一种合法的贸易保护手段而存在,特别是它的易用性,使得大家都倾向于运用反倾销措施。世界贸易组织2001年的年度报告也承认反倾销的运用在不断增长。从1995年到2001年6月,共发起了1229起反倾销诉讼,其中发展中国家的增长势头迅猛,如印度在20世纪90年代的前5年中只有15起反倾销诉讼,而世界贸易组织成立后它却发起了140起,南美也从16起增长到129起。

20世纪80年代以来,中国在对欧美出口商品的过程中曾屡次遭到反倾销诉讼。我国所谓的"强制性劳动产品"始终是外国反倾销投诉的热点,并据世贸专家学者的观点,中国未来将成为反倾销投诉中最大的被投诉国。无疑,反倾销法已成为中国企业从事国际商务活动最主要的法律障碍。究其原因,主要有如下三点。

(1) 反倾销法强制征收高额反倾销税。反倾销税是对抗倾销行为的一项强制措施,其结果是导致有关产品在被征税的市场上价格上涨,且一般高于该市场上同类产品。如果被征税产品在价格以外的其他方面也缺乏竞争力,那么其结果只能是无人问津而产品也会最终退出市场。

对于中国产品来讲,在国外市场竞争的最有力的武器就是价格。我们的产品在科技含量、品质性能、外观设计等各个方面都不占优势,因此一旦被征收反倾销税,企业在出口方面将蒙受不可估量的损失。要想最大限度地降低反倾销投诉对我国国际商务活动的威胁,就要转换我们的产品结构和出口战略,在技术开发、性能设计、营销策略等各个方面要不断升级完善,以适应国际市场的需求,削弱对单一价格因素的依赖性。

(2) 反倾销程序启动诉讼费用高昂。调查旷日持久,无论是在美国、欧盟还是世贸组织框架中,反倾销诉讼都是一个极端繁琐而漫长的过程。对于瞬息万变的商业战场,不论判决结果如何,被投诉本身就已是致命一击。无论在欧盟还是美国,反倾销程序都要历经公告、书面调查、鉴别与核实、结论4个阶段。由国际贸易委员会和美国商务部分别作出两个初步结论和两个最终结论。因此每个反倾销案要想完结少则数月,多则十年。

更为重要的是在整个调查过程中,被告企业在其被指控倾销市场上的经营活动应一律停止,并有可能经特殊申请,这一状态会继续拖延下去。这将引起的直接经济损失和商誉损害是可想而知的。无论是否存在倾销事实，该企业的发展已遭受沉重打击。

(3) 反倾销对非市场经济国家的特殊待遇。在欧美国家反倾销实践中，无论是"正常价值"还是"出口价格"，都是以"市场过程"为前提确定的指标。面对非市场经济国家要确定所谓的"可靠"的正常价值，就必须选择一个"可比"的市场经济国家为"替代国"。这一程序就成为西方国家对非市场经济国家的一种"合法有效"的歧视与对抗的手段。

由于各国具体情况千差万别，替代国的寻找复杂又困难，且具有随机性和不确定性，往往被指控方选定为价格水平奇高的国家，以达到歧视外国竞争者的目的，实质上则使非市场经济国家陷于不平等地位，经济利益面临严重威胁。由于我国始终被拒绝承认为市场经济国家，因此在这一方面也深受其害。

2) 维护公平竞争政策

大部分工业化国家都制定了促进竞争、限制垄断行为的法规。这些法规可能会被用来限制企业在特定国家的定价。例如在20世纪60年代至70年代，瑞士制药企业霍夫曼-罗氏(Hoffmann-LaRoche)公司垄断了两种镇静剂(Valium&Librium)在欧洲市场的供应。1973年，英国负责促进竞争的垄断和兼并委员会对这家公司进行了调查。委员会发现霍夫曼公司定价过高，要求该公司降价35%～40%。霍夫曼公司认为它只不过是在实行价格差别。但是它的辩解没有成功，后来德国卡特尔管理当局以及荷兰和丹麦政府都对霍夫曼公司采取了相应的管制。

有关商品定价的法律中最重要的一个就是《罗宾逊—佩特曼法》，这是一项1936年通过的联邦法律，进一步补充和完善了《克莱顿法》中禁止价格歧视的规定。这里的一个例外是大批量购买的折扣情况。但是生产者不可以仅仅因为一家公司从该生产者手中购买了所需的全部商品就可以按更低的价格将商品卖给该公司。同时，如果一家公司获得了上述折扣，那么其他任何公司在购买相同数量的该种商品时也应获得同样的折扣。联邦贸易委员会以及司法部的反垄断部门对商品定价进行监督。

3) 其他一些联邦法律

1938年，美国的《惠勒里亚法案法》对《联邦贸易委员会法》作出改进并赋予联邦贸易委员会管理和规范广告业的权力。联邦贸易委员会负责监督各公司的虚假或欺骗性广告。

7. 消费者权益保护法

20世纪60年代初期，美国总统肯尼迪提出了一项"消费者权益法案"，提出了消费者的4项基本权益：①要求产品安全可靠的权利；②要求得到有关商品的准确资料的权利；③选择不同品牌的商品的权利；④"说话有人听的权利"，也就是对商品提出反馈意见、投诉并诉诸法院解决商品问题的权利。

现代经济是消费者经济，消费者购买商品是驱动经济发展的动力。消费者权益与知识产权保护之间存在着密切的关联性。当市场上出现假冒伪劣商品的时候，消费者的诸项权利就被剥夺了，特别是选择有信誉的商品的权利。

假冒伪劣不仅剥夺了这项权利，而且还大大阻碍了企业的创新。有人坚持这样一种观点，一个国家某个产业或者某项产品得以发展，正是该产业或该产品所体现的产权保护使得制造商们得以成熟壮大，使他们有足够的能力参与国际竞争。

8. 互联网规范化

互联网现在被认为是新经济的一个重要内容，因此，互联网运行和安全方面的问题已经受到政府、工商业界、法律界的广泛关注。据统计，1999年美国有700万公民是互联网相对固定的用户，但是他们中只有少部分人经常性地在网上购物，电子商务大部分仍停留在商家之间的业务处理上。美国人更愿意在网上了解最新的新闻，而不是最新的时尚。

有关电子商务方面的立法和运行安全方面的保护问题呼声越来越高，许多国家正在着手开展工作。中国网民数量增长迅速，1999年年底统计达到1200万人，这无疑为电子商务的开展开辟了一个巨大的空间，当然这种经济形态要想最终形成并占主导地位还需要时间，因为这不仅需要市场的培养和发育，更迫切需要有关制度和法律的完善。

11.1.3 跨国公司国际投资活动的法律事务

1. 投资保护

20世纪70年代初，联合国经社理事会所属的跨国公司委员会开始草拟《联合国跨国公司行为守则》，1992年9月21日，世界银行与IMF联合公布了《外商直接投资待遇准则》(*Guidelines on the Treatment of Foreign Direct Investment*)，并要求各成员国在其领土内将"准则"作为对外国私人投资和待遇的参照尺度。

1987年，世界银行发起组建了多边投资担保机构(Multilateral Investment Guarantee Agency，MIGA)，其目的是为世界银行成员国的对外投资者提供国家风险(政治风险)方面的保险。MIGA提供的保险范围涉及财产没收、合同撕毁、合同违约、战争、国内政治骚乱和货币不可兑换等。这种类型的保险可以帮助对外投资者回避整体风险，与此同时，保险基金的出资人也常常要求对外投资者投保政治险及不可兑换险(Political Risk & Inconvertibility Coverage)。

2. 东道国对国际投资的限制

许多国家的法律禁止外国投资者拥有或控制一些工业部门，传统意义上，这些法律是在各种政治力量妥协和公众反对外国企业收购本国企业的情况下被通过和实行的，但它们至今仍然具有较大的影响力。一般说来，各国法律通常限制外国公司进入军事工业、防御工业和其他与国家经济安全和政府相关的主导产业。

如何理解东道国政府和法律限制国外投资者进入"投资禁区"这个问题，我们可以引用"国计民生"(Linkage)来说明。什么行业才是国计民生呢？在一个国家的经济体系中，一个颇有实力的行业，在就业、生产能力及贸易平衡等方面与东道国国民经济发展有着非常密切的联系，同样，这个行业与国民经济的其他产业领域有着密切的联系，这种联系性程度可以被定义为"国计民生"。例如，在一个国家，一些大公司由于地位特殊、影响面广，因此可以从政府部门获得税收优惠或土地优惠使用权。在美国，汽车行业就是一个对美国政治和经济可以施加较大影响的行业。在能源原产国家，与能源相关的采掘业、加工工业(尤其是石油)同样具有这种影响力。因为没有这些行业，整个国家经济就会出现故障或遭受重创。这种风险属于宏观性风险，是能够给一国整体经济带来急剧变化的风险。当然这种风险不是一个绝对概念，它是相对于由一系列单个因素的变化所产生的不确定性而言的。

3. 海外收入的汇出

1) 利润汇回国内

到境外发展业务或从事投资活动，必须考虑到利润或红利汇回国内(Repatriation of Profits)的问题。跨国公司必须事先对利润或投资红利汇回方面的限制或管制情况有一个比较全面的认识和了解。海外收入(Foreign Source Income)是指跨国公司或某个自然人取得的来自本土以外的收入所得。这部分收入所得如何处理呢？既可以用于在当地企业或投资项目上的追加投资，也可以直接将收入所得汇回国内或汇到其他经营场所。利润汇回国内是指跨国公司从事国际投资和商务活动，将国外利润所得经由正式渠道汇回本国。

一般说来，为了促进经济的进一步增长和稳定，东道国当然希望能把跨国公司的投资所得留在其境内。当外国投资者要求将利润或红利汇出东道国时，一般都会受到适当的限制，有的国家甚至对此实施管制。当然必须强调说明的是，对利润汇回的限制或管制常常成为一个国家吸收引资的障碍，使一国自身的投资环境的品质大打折扣或出现恶化。

2) 货币不可兑换的问题

货币不可兑换是利润汇回国内的又一个重要障碍。不能将当地的货币兑换成公司所在国的货币，对于试图将利润或红利从国外的业务中汇回本国的企业来说，这是一个应予以考虑的重要的因素。

为了对付因货币不可兑换而产生的风险，跨国公司可以从专业国际保险市场上得到此类的保险服务，即不可兑换险(Inconvertibility of Currency Coverage)。这种保险一般保护下述一种或两种同时发生的情况。

(1) 法律或法规的变化限制了兑换货币的权利。只要在保险合同生效前存在着一个官方的货币兑换办法，保险范围通常就适用于从那一刻以后的法律上的变化。大多数保单要求被延迟的正常兑换时间应超出正常兑换期限60到90天。

(2) 因一国的兑换管理当局推迟货币兑换而造成行政上的延迟。大多数保单要求这种延迟的天数至少要超出正常兑换所需要的期限。

如果上述任何一种情况发生，保险公司会将投保的货币兑换成合同中指定的货币。

4. 征用

征用属政府没收外国资产的行为，分为两种：一种是采取快速果断行动没收外国资产；一种是潜行征用(Creeping Expropriation)，即东道国政府逐步剥夺外国资产的财产所有权，可采取以下方式。

(1) 逐步增加针对外国企业利润的税率，最终使跨国公司不能获利；

(2) 对利润或股利的汇出设置持续增加的障碍；

(3) 对外国公司逐步增加财产税的征收幅度；

(4) 提高本国资本法定控股比率。

潜行征用的发生会经历很长一个时期，一般不会得到保险公司为政治风险作出的赔偿。

11.2 跨国公司与公共政策

11.2.1 母国政府对跨国公司的政策调控

发达国家既是跨国公司的母国，又是跨国公司最主要的东道国。这种双重身份与大多数发展中国家基本上是东道国的角色是全然不同的。这就决定了发达国家对跨国公司采取相对开放的政策，主张生产要素的跨国界自由流动，以便将资源在全球范围内进行有效地配置。因此，大多数发达国家对于跨国公司政策的共同点，多于发展中国家对跨国公司政策的共同点。这种共同点表现为：大多数发达国家对跨国公司始终保持传统的自由主义态度，发达资本主义国家不再像以往那样，划分各自的势力范围，使他方从属于自己，而是相互允许跨国公司进入自己的市场，并以此建立相互依存的关系。发达国家普遍反对外国公司接管本国企业，并且将重要经济部门的经营权只交给本国企业。

1. 跨国公司母国对本国企业国外直接投资的政策

投资国和接受投资国对国际直接投资问题的考虑角度是不同的。母国主要关心国际收支、就业问题、国民收入的水平和分配以及投资将对经济结构产生的影响等，而东道国强调的则是经济增长、生产率和国家主权等问题。

母国期望对对外投资收益征收最佳税收，目的就是使投资国的国民收入最大化，因为税收会直接影响国内经济的发展和社会福利事业。

首先，税收会影响国内和国外的投资配置，若增加税收就会抑制资本外流，鼓励资本投向国内。如果流向国外的资本过少则会降低投资者的国外收益，那就意味着会影响母国的投资者在国外的垄断地位。于是，母国政府征收一种能减少资本流出并支持国外收益上升到高于其竞争对手水平的税收，就可能增加母国净收益。

其次，税率变动不仅会影响国内外的投资配置，而且也会影响资本形成的实际水平，甚至会影响收入、储蓄和国民收入的增长率。

再次，就企业而言，究竟税收交给哪国，对它无关紧要，但对母国而言，情况就不同了。过多地向外国政府交付所得税意味着母国经济上的损失。当母国出现过量的对外投资时，母国可能采取的最佳税收政策，是对投资进行重新分配，从而增加国内收入和就业。

发达国家作为跨国公司的母国，对本国跨国公司的政策，既有积极支持和鼓励的一面，又有对跨国公司国外业务活动加强监督管理的一面。

1) 母国政府支持和鼓励措施

母国政府支持和鼓励跨国公司向外扩大投资。其主要措施有以下几项。

(1) 借助于政府对外援助的贷款之机，要求受援国实行非国有化政策，给外国公司的投资提供便利条件。

(2) 利用反托拉斯法刺激私人资本向国外流动。

(3) 政府通过向跨国公司提供出口信贷，扶植积极开拓高科技产品的跨国工业公司，有意和无意地使本国货币升值，刺激企业对外直接投资等，加强本国跨国公司的竞争力。

(4) 对国外投资提供保护。母国政府同外国政府签订双边投资保护协定和避免双重课税协定，使本国跨国公司免遭政治风险并避免因此带来的损失，享受国民待遇，得到因国有化而给予的合理补偿，能够自由地撤出投资的本金和汇回利润，合理解决投资争端以及避免双重课税等。

(5) 建立国外投资担保制。各国目前实行的国外投资担保，实际上是投资保险，是指在一定条件下，对投资项目所受损失，给予一定比例的补偿。

(6) 提供信息服务。在美国，提供这种服务的机构是海外私人投资公司；在日本是通产省所属亚洲经济研究所经济调查部、日本输出入银行的海外投资研究所。另外，政府还协助民间成立非盈利机构，为企业提供咨询服务，如美国的"国际经营服务队"、加拿大的"加拿大海外经营服务机构"、日本的"世界经营协议会"等。

2) 母国政府监管措施

政府在向跨国公司提供保护的同时，对跨国公司海外直接投资也要相应加强监督管理，主要的做法有以下三种。

(1) 严格审查资本和技术的外流。保持垄断优势短期内的大规模对外投资，会对投资国国际收支平衡造成不利的影响。因此,各国政府制订了投资审批标准,但这些标准因国而异。日本、意大利、澳大利亚等国侧重的对外直接投资侧重对出口贸易或国际收支经常项目的促进;英国、爱尔兰、瑞典等国侧重外流资金对国际收支的影响。同时,政府担心投资带动技术出口,使本国先进技术被外国利用。因此在技术出口时,尤其是向社会主义国家出口技术,进行更加严格的审查。实际上,跨国公司只是将一些辅助性生产活动转移到国外,真正具有竞争优势的技术和技术密集型生产项目仍会留在本国。跨国企业这样做只会促进专业化,提高生产效率,增加净出口。同时有利于母公司的巨额研究和开发费用分散在更大数额的销售上。

(2) 防止输出就业。美国工会担心,由于对外直接投资,美国工人的就业机会会被工资成本低的国家夺去。因此,要求政府立法不应鼓励向国外投资和输出技术。近年来,不断出现的中美贸易摩擦,也与此有关。

(3) 加大对财务欺诈的审计力度。由于跨国公司子公司分布在世界各地,因而政府当局很难确定跨国公司的应税利润。跨国公司又利用内部交易和在避税地设立分支机构进一步加剧了这种复杂性。20世纪80年代,美国率先倡导联合审计,加强业务往来,密切国家之间的情报交流,防止跨国公司偷税漏税事件的发生。

总之,跨国化体制的产生和发展中,跨国公司无视国界之存在,使企业同国家之间的关系复杂化,甚至导致国家之间的摩擦和对立。因此对跨国公司实行国际监督和控制,当前已成为一个亟待解决的国际性问题。

2. 发达国家东道国对国际直接投资的政策

工业发达的东道国对外国跨国公司历来采取鼓励公平竞争的开放性政策。但是,当东道国经济受到外国公司较大控制时,东道国政府的态度会从中立转向对外国公司进行一定程度的限制。

1) 限制投资部门

有些发达的东道国不允许外国公司进入有关国防、军事、通信等关键性行业;有的对进入某些部门的外资股权比例和董事会成员的国籍加以限制;有的对进入某些产业的外资企业设立专门审批机构和规定特殊的管制条例;有的反对外国公司对少数产业过分集中投资,以便给本国企业创造适宜的竞争条件。通常外国公司倾向于在技术水平较高的产业(如电子工业)投资。一开始东道国政府也鼓励跨国公司在新兴工业部门投资,后来外国公司几乎控制了这些产业的大部分生产,东道国政府也会从国家安全和民族自尊感出发,对外国公司进行限制。

2) 对外国公司投入与产出的限制

有些发达国家如加拿大、意大利、澳大利亚、爱尔兰、新西兰、西班牙等,要求外国跨国公司,其产品应含有一定百分比的本地原材料,其企业的设立能够吸纳东道国劳动力成分以及削弱对进出口的限制。按照美国《汽车成分法案》的规定,在美国市场销售10万辆以上小汽车的厂商,必须保证有10%以上的国内成分。

3) 加强外资审批工作

大多数发达国家政府对外国跨国公司进行严格的投资审批。审批内容包括：能否创造更多的就业机会；能否促进企业的竞争和效率的提高；能否有助于东道国经济结构的改革；能否扩大利用当地资源；能否增加政府财政及税收；能否刺激出口等。

4) 实行有差别的国民待遇

大多数发达国家原则上承诺给予外资以国民待遇，但这并不意味着外国公司在政治、经济、社会各个方面与东道国公司享受完全相同的待遇。有的国家允许本国公司投资的部门，未必也允许外国公司投资；有的国家对本国公司实施的财政和税收优惠措施，未必对外国公司实施。一般说来，不仅发展中东道国，就连发达东道国都坚持主张对跨国公司实行最惠国待遇及在一定范围内的国民待遇。

有些国家实行限制与鼓励的两面性政策。发达东道国对外国公司一方面实行限制政策，另一方面鼓励外国公司向东道国特定的经济发展目标投资。为达到这一目的，它们大多采用政府干预和诱导措施，给予外国公司种种奖励，如提供贷款、贷款担保、投资津贴和股份投资等直接优惠；允许加速折旧，给予减免租税和关税等税收优惠；提供关税和配额保护、培训人员、禁止没收外资财产、承诺公开合理解决一切争端等行政管理奖励措施。

11.2.2　东道国政府对跨国公司的政策调控

1. 东道国政府对跨国公司的政策

跨国企业对外直接投资对东道国产生的最重要的影响是：提供资金、增加税收、推动技术进步、增加就业、促进贸易和国际收支、主权和自主效应等。

1) 资源转移效应

外国公司通过提供资金、技术和管理，可能对东道国经济发展起到积极作用。但是，如果跨国企业投资资本主要来自东道国，就会有挖其他生产部门墙角的嫌疑，这样，就会对东道国产生不利影响。引进技术的利弊取决于转让技术的条件和对这种技术的适应性。

对于技术转移问题，跨国企业的考虑是技术转让以不损害其技术垄断地位为出发点，因而通常只向国外输出那种已经失去竞争力或正在被普及和标准化的技术，即使跨国公司转移了部分高精尖的技术，也往往以各种限制性条款来限制东道国对转让技术的使用，典型的例子就是跨国医药公司，对医治艾滋病的药物生产配方守口如瓶，秘而不宣。

2) 外国公司逃避纳税，影响东道国的财政收入

跨国公司经常在几个不同国家从事经营活动，其资产受不同税制的管辖，这使得跨国公司有机会在几种不同税制和几种管理制度之间寻找出路、以逃避母国政府和东

道国政府的控制。此外，跨国公司还面临着来自母国政府和东道国政府的双重征税的问题。外国公司从企业利润最大化出发，只要有法律空子可钻，它们就会千方百计来使其纳税额最小化。通常的做法是：通过公司内部的商品和劳务交换，任意规定公司内部交易的"转移价格"，以降低纳税基数；以在避税地设立附属公司的方式，将利润转入低税区或免税区，以减少纳税额。东道国本想通过设立外资企业来增加财政收入，但跨国企业这些逃避纳税的经营策略是违反东道国的这一政策目标的，所以，跨国企业这一行为势必引起东道国的不满。

3) 增加就业，减少失业

跨国企业的对外直接投资对东道国就业机会的创造和就业质量的提高具有积极的意义。联合国贸易与发展会议发布的《2013年世界投资报告》指出，2012年，跨国公司的外国子公司直接雇员为7200万人，较2011年增加了5.7%，近三分之一为东道国雇员。跨国公司实施创业发展政策，包括管理和创业培训，帮助失业者找到新工作，而增加就业、减少失业一直是各国政府关注的问题。但东道国政府也担心，跨国企业在工资及工作条件上比东道国平均标准高很多，容易造成东道国二元收入结构模式，并间接影响市场的消费结构。这对发展中的东道国尤为不利。

4) 对贸易与国际收支的影响

目前，跨国公司的内部贸易已占世界贸易的1/3，跨国公司已经占据了世界贸易的1/2，这足以说明，跨国公司是当前国际贸易的主体。另外，跨国公司掌握全球市场体系和网络，控制世界市场的走势。跨国公司采用对外直接投资的方式就是为了绕过东道国的各种关税和非关税壁垒，开辟并占领东道国的当地市场。跨国公司还采用限制性商业惯例对市场、价格和销售统计进行严密控制。限制性商业管理近年来在国际技术转让中采用得比较多。在大多数情况下啊，跨国公司无论是实现技术的内循环即向子公司转让技术，还是向局外企业转让技术，其技术转让合同中一般都包含这样或那样的限制性规定和条款，如限购条款、搭售条款、市场限定条款、技术反馈条款等。这些限制性做法都在很大程度上限制了公平竞争，加强了跨国企业的垄断地位，损害了东道国的经济利益。为此，1980年4月联合国贸易与发展会议就达成了《管制限制性商业惯例多边协议的公平原则和规则》，以保护东道国利益。

跨国企业对外直接投资作为东道国最初的资本收入，对东道国国际收支会有一定好处，但应把它和随后的红利、特许费、利息和管理费等持续的资本流出相比较。跨国企业利用转移价格达到了逃避税收和进行外汇投机的目的。同时，外国投资对东道国的进出口水平的影响也是相当大的。所有这些都关系到东道国的国际收支和经济增长。

5) 主权和自主效应

如果外国投资企业最终决策权在母国的母公司手中，那么，外国投资不可避免地会使东道国的经济自主权遭受某些损害。由此，它削弱了东道国政府在实施其税收、贸易等方面预期政策的能力。

　　跨国企业对外直接投资的重大决策，包括生产安排、成本和预算、劳资关系、投资开发等，往往全部由母公司作出。外资数量越多的东道国，它们在上述企业决策职能上依靠跨国企业决策的程度就越大。

　　总之，在东道国与跨国企业打交道的过程中，跨国企业摄取的利益可能是以当地较低的或负社会收益为代价的。发展中东道国与跨国企业相比，仍处于相对较弱的讨价还价地位。

　　2. 发展中东道国对跨国企业的政策调控

　　1) 发展中国家对跨国公司政策的探索

　　(1) 外资投入对发展中国家的积极作用。对外贸易和对外投资是经济增长的主要部分。发展中国家经济发动机的传动齿轮是与西方跨国公司咬合在一起的。从贸易关系考察，发展中国家与发达国家的贸易占其对外贸易总额的2/3。在投资关系方面，西方跨国公司约1/4的对外直接投资投在了发展中国家市场上。跨国公司在发展中国家直接投资的主要着眼点在于：获取资源、扩大市场、实施国际分工、实现经济结构调整的转移。因此，发展中国家对跨国公司政策的探索，直接关系到发展中国家民族经济的发展。

　　跨国公司对发展中国家的投资既有积极意义，又有消极影响，发展中国家应以此制定相应的政策。外资投入对发展中国家的积极影响表现为：①外资的投入在一定程度上弥补了投资的结构性短缺，并使因投资力量不足而不能发展的部门得到发展。②外资的投入导致了生产技术、管理经验和销售技能向发展中国家的转移。③一个部门的外资引入，会产生国民经济的"传递效应"，直接或间接地影响与该部门投入和产出相关联的其他部门。④发展中国家由被动接受外资向主动吸引外资转变，将外来投资纳入整个国民经济的计划之中，从而为协调外国公司的投资目标与发展中东道国的发展目标提供了基础。

　　(2) 外资投入对发展中国家的不利影响。跨国公司与民族国家之间存在在矛盾和冲突，各国政府、社会团体和政治人物纷纷对跨国公司图谋私利的各种行为提出批评，指出它们依仗其实力，操纵民族经济的发展；转移"不适合"的技术，影响东道国的技术发展；控制销售市场，以垄断代替竞争；逃避管制和责任，实行转移定价、逃税、操纵通货等，使东道国蒙受重大的经济与财务损失；隐瞒实情，伪造账目；干涉别国内政，阴谋颠覆主权国家的合法政府等。因此，发展中东道国面临的问题不在于反对和阻止跨国公司的发展和渗透，而是应该制定有效的国家法律和国际行动准则以防止跨国公司滥用权力造成危害，控制和监管跨国公司的活动，同时又不会因此而妨碍与此相联系的投资、技术传播和国际贸易。

　　(3) 发展中国家对跨国公司的政策。发展中国家对跨国公司的政策是这个国家的政治文化面貌、资源禀赋、经济活动水平和总体发展战略的体现。各国政治条件不同，政策应各有差异。就资源禀赋而言，一个资源丰富的国家在对待跨国公司问题上要比资源贫乏的国家有更多的选择余地；就民族市场而言，一个大国与跨国公司讨价还价的能力不同于一个小国；就经济发展水平而言，对一个工业化已经达到相当水平的国家适合的政策，有时候对一个工业不发达国家并不一定合适；就长期战略而言，在一种强调迅速增长的战略指导下向跨国公司提出的要求，就不同于一种着重平均分配的战略指导下向公司提出的要求。因而，各国在对待跨国公司的政策上会有很大的差异。

各发展中国家对跨国公司的政策存在一些共同点，这些共同点的产生对于发展中国家而言都经历了一个探索与认知的过程。即从最初的采取谨慎态度，到20世纪60年代简单地对跨国公司加以严格限制，再到20世纪70年代中期对跨国公司采取限制与鼓励相结合的政策。进入21世纪，发展中国家的外资政策具有明显的两重性——既有抑制作用，又有激励作用。有时候这种抑制作用是强制性的，因而更加体现发展中国家的主权和自主性。

2) 发展中国家对跨国公司采取限制与鼓励相结合的政策

(1) 限制投资的措施。发展中国家从发展本国民族经济的战略目标出发，通过制定外资企业法，严格审查外国投资项目，控制外国公司的经营活动，以及设置各种规章制度，实施有限制地利用外资政策。主要限制性措施有以下几个。

① 发展中国家限制跨国公司的投资措施。此政策的主要特点是：将外资和技术引向特定重点建设部门；要求在重点部门的投资，应逐步增加本地附加价值，扩大出口比重和及时转让先进技术；引进外资应有助于增强本国技术与经营管理能力。在将外资引向发展民族经济的重点目标和重点部门的同时，限制或禁止外资进入战略性和敏感性的部门，一般包括：少数基础工业和重要工业部门；自然资源的开采部门；公用事业和国防工业部门，如规定邮电、通信、广告、电台、电视台、报纸、广播、交通等公用事业及国防工业部门；易于垄断和兼并的部门。

② 发展中国家限制跨国公司参股比例。发展中国家掌握外资参股比例的原则是：逐步削减外资股权，不断增加当地资本的股权，但并不相应削减外国公司的经营管理权和利润份额。具体做法是：在合资企业中，除了特许外，外国资本最高只能占49%，当地资本占51%，借以保证当地资本对企业有较大的控制权和决策权。规定外资在一定时期内可以持有多数股权或独资经营的部门：高技术工业部门，如核能工业、航天工业、电子工业、新材料工业等；出口导向工业；开拓性工业部门，如石油和稀有矿藏的开采工业。

发展中国家逐步收回或减少外资在合资经营企业中的股权比重，通常准许有一个合理的时期，并在股权削减过程结束时，有的允许外国公司股权能有一个合理的最低水平，有的允许外国公司失去股权后，仍可以采取非股权安排保持和原经营企业的联系并对原经营企业进行控制。之后，外资将逐渐退出政策。它是外国企业国有化斗争中，发展中国家对跨国公司股权加以限制的一种形式。对跨国公司股权加以限制有利于发展中国家吸收外资、掌握先进技术和管理知识，并能最终摆脱外资控制。但也有不利的一面，即外资有可能转向能够迅速收回资本、前景最好的投资部门，这些部门从东道国长远利益看，并不一定是最佳投资部门，而这样的投资就会背离发展民族经济所希望的方向。

③ 对跨国公司资金和利润汇出的限制。发展中国家对外资的股金、利润、红利、技术使用费以及管理服务费的汇出都有限制措施。1970年12月，安第斯条约组织国家就通过了世界上作为区域性经济贸易组织的文件中第一个限制外资的条例，对外国公司资金和利润的汇出加以明确地限制。此后这种限制性措施，在很多发展中国家得以普遍推广。

④ 对产品的限制政策。包括：对购买投入物进行限制；规定外资企业的产品出口量应占总产量的最低的百分比；规定外销产品和内销产品不同的优惠待遇，外销比例越大，享受优惠越多。

⑤ 加强对跨国公司技术转让的管理。包括：严格审查引进技术的先进性和适用性；防止引进的技术只提供硬件不供应软件；仔细核算技术转让的条件和费用，争取有利的转让条件等。

⑥ 完善对跨国公司投资的监督和管理。主要内容包括：制订和修改外资企业管理法；加强政府对外资企业的宏观控制；利用税收杠杆，进行财务监督和管理；限定企业工资和福利待遇等。

(2) 鼓励投资的措施。1970年以后，大多数发展中国家逐步调整了有关跨国公司的政策，表现出较大的务实性、灵活性和成熟性，实行了既限制又利用的政策，也就是在使跨国公司的经营活动同本国目标协调一致的同时，较大程度地鼓励跨国公司在民族经济发展中发挥其作用。

① 政策性优惠措施。发展中国家认识到，在大多数情况下，投资和经营环境捉摸不定对外国投资的抑制作用可能会大于投资鼓励措施的吸引力。因此，许多发展中国家已将改善投资和经营环境作为吸引外资的出发点。投资环境是指影响资本行使其职能的外部条件。资本在其为获取高额利润的运动中，要排除环境风险可能造成的损失，达到风险最小化，机会最大化。发展中国家鼓励外资政策的前提条件是保证民族经济总目标的实现。各国提供的鼓励方式和规模，取决于该国所要吸收的投资市场动向和它在吸收该种投资时所面临的他国的竞争程度。

发展中国家为外国投资者提供一系列的优惠措施，其主要内容包括以下几点。

a. 避免采取简单的国有化手段。国有化(Nationalization)即发展中国家政府将外国投资者拥有或经营的企业、财产和经营特许权收归本国国家所有，并由国家经营的行为。其具体形式有：收买外国公司的股份；征收财产；没收财产等。发展中国家对外资企业国有化，直接触及了外国投资者的利益，因而必然会遭到外国垄断资本集团的敌视、阻挠和破坏。为了鼓励外国公司投资的积极性，有的国家如埃及、马耳他、马来西亚等，法律明文规定一般情况下对外资企业不实行国有化；有的国家与跨国公司母国签订避免双重课税和保证投资协定，避免对外资企业实行国有化；有的国家规定，如确有必要实行国有化，将会给予合理的补偿。

b. 提供必要的财政和税收优惠。发展中国家对外国公司的投资普遍实行低税率，一般比发达国家低30%～50%，对投资于高科技企业和落后地区的外资还提供特殊税收减免和实施财政优惠的办法。

c. 适当放宽外汇管制。大多数发展中国家准许外资企业的合法利润自由汇出。有的国家还允许在外资企业出口创汇收入大于企业利润时，外国投资者所得的利润、红利、利息收入，在纳税后均可自由汇出。

d. 鼓励利润再投资。发展中国家对利润再投资实行减税，对在指定部门和地区的投资可以享受延长免税期。例如，新加坡对利润再投资于政府优先发展地区和投资周期较长的项目免税期可长达10年。

e. 给予外资企业享受国民待遇的优惠。按国民待遇原则给予在其领土内的外国公司投资包括投资管理、维持、使用、享有和收益方面的待遇，使跨国公司享有不低于东道国应给予本国国民或公司的待遇。

② 既限制又鼓励的政策。发展中国家在与跨国公司打交道的过程中，逐步认识到既要充分利用跨国公司作为生产要素在各国间流动的媒介所起到的积极作用，又要严格限制它对东道国经济发展和社会政治产生的消极影响。因此发展中国家采用了既限制又鼓励的政策，其主要内容有以下几个方面。

a. 外资政策中的"限制"和"鼓励"两者不可偏废。在引进外资的创业阶段，应主动给外国公司创造一个良好的投资环境，并且正确引导将外资投向发展民族经济的主要目标。当发展中国家普遍采取开放政策的时候，跨国公司投资条件会变得更加苛刻。为此，发展中国家一方面应适当放宽条件，增加对投资者的吸引力，另一方面应寻求投资来源多样化，利用矛盾，争取有利条件。

b. 鼓励措施应使长期与临时相结合，优惠政策有主有次，使其真正起到鼓励外国投资的作用。通过对不同部门的投资给予不同的优惠，指导外资的流向和流量，从而主动把握外资的类型和形式，并且按照实际情况，随时调整优惠政策的侧重面。

c. 利用外资应使长远利益和眼前利益相结合。从发展中国家利用外资的情况看，利用外资的重点不同，效果也各异。从长远利益出发，重点应是引进先进技术，发展新兴工业，改造现有企业，增加民族经济和技术创新的能力；从眼前利益出发，需引进外资弥补建设资金和投资结构性短缺及国际收支的逆差。

d. 注重政策的制订与政策的执行相结合。发展中国家利用外资的实践表明，有时，即使有了好的政策，如果执行政策的部门不健全，执行力差，力量就会相互抵消，使前后不接续，利用外资的效果较差。有些国家虽然现有政策的科学性和有效性欠缺，但是，它们的政策执行部门比较健全，行政效率高，使前后左右有一定的配合和联系，在实践中又不断完善不足之处，效果也较好。

11.2.3　国际社会对跨国公司的行为规范

国际社会对跨国公司的政策调控曾走过漫长曲折的道路。国际联盟早在1929年就曾提出过一个有关保护对外投资的建议，不过并没有取得实质性进展。1948年，《哈瓦那宪章》也曾打算建立一个国际贸易组织(International Trade Organization，ITO)，其中包括有关投资保护和限制性商业活动的条款。ITO原计划建立战后国际组织的体系，其中由关税与贸易总协定处理贸易事务，国际货币基金组织(IMF)处理短期货币基金事务。由于《哈瓦那宪章》没有通过，影响到其他有关规范跨国企业活动的种种努力也未能成功。直到20世纪60年代后，国际社会对在国际层次上管理和监督跨国企业才有一些实质性的进展。而到21世纪，对跨国公司的管理和监督已走向普遍的程式化。

对跨国企业管理的各种政策中，国际调控应算作最优的管理方法。国际社会若能制订一种综合性的、通观世界全局的、具有权威性的方法可能是最理想的。这种国际控制手段所能影响的范围应与跨国企业本身影响的范围一样，即全球范围。

1. 制订综合性的国际协定

跨国公司活动的一个显著的特点是在许多不同国家经营业务，因而具有较大的灵活性和选择性。跨国公司经常利用发展中国家之间的竞争来促使它们竞相增加对自身的优惠待遇，其结果是自身获利，但是损害了发展中国家的利益。发展中国家在与跨国公司打交道时，逐渐感到单个国家的力量太小，无力抗衡财大气粗的跨国公司，因而希望进行区域性的或国际性的合作，形成较强大的力量。同时，就国际范围而言，迫切需要对跨国公司和跨国经营活动进行协调、监督和管理，使所有跨越国界的经济活动被纳入国际公认的原则与规范，即实现国际跨国界经济活动的稳定、有序和公平地发展。

1) 联合国针对跨国公司行为制定的措施

联合国有关机构就有关跨国公司的一些专门问题，设立专门机构进行研究，并且达成了一致的意见。其中有如下几点。

(1) 应向发展中国家提供援助，以帮助这些国家同跨国企业进行谈判和签订协议。

(2) 发展中国家，不论是个别国家还是一个集团，应该自己制定允许跨国企业进入它们市场的条件，其中包括国有化条件和补偿、劳动法、资本注册等。

(3) 应该着手制订有关跨国企业全部活动的行为守则、公约及模型法，同时也可以就专门问题(如技术转移、转移定价和国际反托拉斯法等)制定法规。

2) 国际社会对跨国公司子公司行为的要求

国际社会对有关跨国企业行为加以管理和控制。东道国除了对外国企业所有权比重加以限制外，还对跨国企业子公司的特定行为进行管理，其主要问题包括：在当地采购原材料；对最终产品的出口和出口市场的控制；跨国企业内部的转移定价；资本和利润的汇出；特许经营费和管理费；从当地市场筹集资本；管理人员本地化；当地雇员的培训；劳工工会及劳工的权利和义务；折旧抵免纳税；信贷政策，如补贴利率等；对能源、运输和资本开支的补贴；竞争程度和形式；建立研究与开发设施；获得专有技术的种类；使用当地的运输设施；环境和社会的保护。

2. 制定联合国《跨国公司行为守则》

国际社会除了需要制定综合性的国际协议外，还需要制定若干商业行为守则。制定行为守则的目的就是提出一套系统的、科学的指导方针，规范跨国企业的经营行为。

1) 行为守则的特征

(1) 自律性。负责制定行为守则的机构虽然可能成为解决纠纷的仲裁者，但行为守则只是一种自愿遵守的行为规范。

(2) 通用性。企业行为守则有其自身的弱点，即由于它要使所有各方都能接受，因此，其内容和要求十分泛化，甚至使个别条款变得毫无意义。

(3) 指南性。行为守则只能视作是协调各国法规的初步指导意见，因为实际管理权仍保留在各国政府手中。

跨国公司行为守则的基本出发点，主要是关心发展中国家的利益，而发展中国家从保护自身利益出发，在守则制定过程中，提出一系列的要求，例如，只要支付足够的补偿，允许实行国有化；守则应体现非歧视原则；应该严格控制自然资源的开采；应更加符合民族和国家的经济发展目标；尊重人权和保护生态环境等。更重要的是，尽管"知名人士小组"建议制定一个自愿遵守的原则，但发展中国家强烈要求制订一个有法律约束力的协定，这一协定在目前是完全不能为发达国家所接受的。

2) 联合国《跨国公司行为守则》

(1) 制定《跨国公司行为守则》(以下简称《守则》)的历程。1994年联合国跨国公司委员会(United Nations Inter-governmental Commission on Transnational Corporations)第20届会议通过了一项决议，建议把跨国公司委员会变成联合国贸发理事会的一个委员会，并更名为"国际投资和跨国公司委员会"。联合国跨国公司委员会成立于1974年，由48个成员国组成，是一个政府间永久性的组织。其目标包括以下几点。

第一，促进关于跨国公司在本国和东道国，特别在发达国家和发展中国家之间各种活动的性质及其对政治、经济、法律和社会影响的了解。

第二，对跨国公司的业务活动作出有效的国际安排，从而促进跨国公司为各国的发展目标与世界经济增长作出贡献，同时控制并消除其消极影响。

第三，加强东道国、特别是发展中国家与跨国公司打交道时的谈判能力。

几十年来，联合国跨国公司委员会致力于制定《跨国公司行为守则》，并已草拟了《守则》的大部分条文，但有关该守则的目的、定义、国有化等带有高度政治性的问题却仍然未能达成一致。由于发展中国家与跨国公司相比是处于弱势的地位，因而发展中国家要求实施有利于发展中国家的"差别待遇"。此外，对跨国公司的垄断、贿赂、不合理的转移定价及转嫁环境污染等不法行为，应该加以限制，但如何对"过分行为"的范围加以界定，以及如何确定限制的方法，则有不同的见解。发达国家认为，跨国公司为了谋取利润和扩大市场而进行海外直接投资，即使有一些过分也是正常的，由于跨国公司的海外直接投资对投资国和投资接受国都是有利的，因此不能随意对其行动滥加限制。由此可见，两类国家对跨国公司行为的对立态度是根深蒂固的。

(2) 经各国政府的努力，迄今所完成的联合国《跨国公司行为守则》由六章组成，已经草拟了71条条文，各章内容如下所述。

第一章，前言与目的。第二章，跨国公司的定义。第三章，跨国公司的活动(包括一般性问题与政治问题；经济的、财务的与社会的问题；公开情报资料问题等)。第四章，如何对待跨国公司的投资企业(包括有关投资接受国如何对待跨国公司的一般性问题；国有化和补偿；裁判管辖权等)。第五章，政府间的协调。第六章，履行。

在这六章内容中，各国政府经长时间谈判已在下列问题上取得了一致性的意见。

① 在政治方面，跨国公司应尊重东道国的主权及法令，不干涉内政，遵循东道国所制定的国民经济发展的目标。

② 在经济方面，跨国公司在东道国的经营活动应尽可能多地利用当地资源，雇佣当地人员，促进东道国的出口贸易。

③ 在财务金融方面，跨国公司与东道国就所有权及控制、国际收支与融资、转移定价及课税的谈判取得了某些进展。

④ 在社会方面，已就消费者保护、环境保护以及各国政府、企业主和工人的"三方面声明"等取得一致意见。

⑤ 在信息材料公开方面，跨国公司有责任向东道国政府和工会组织提供足够的信息资料以使公众更多地了解公司的经营状况。

(3)特定项目的基本协议。联合国也对某些特定的项目达成了基本协议，如《国际技术转让行为守则》《技术转让协定评定准则》《发展中国家工业合资企业协议手册》《工业可行性研究编制手册》以及《跨国公司会计核算与报告的国际标准》等。

联合国从1976年起着手研究《国际技术转让行为守则》的制定工作，经十年努力，初步拟定了技术转让守则草案文本，其内容包括序言和九章条款。

序言强调指出，促进充分的技术转让和技术发展，加强所有国家、特别是发展中国家的科技能力，加强同发展中国家技术合作，是走向建立新的国际经济秩序的决定性一步。

九章条款的内容为：第一章，定义和适用范围。第二章，目标和原则。第三章，国家对技术转让交易的管制。第四章，限制性惯例。第五章，技术转让交易当事各方的责任和义务。第六章，对发展中国家的特殊待遇。第七章，国际协作。第八章，国际体制机构。第九章，适用的法律和争端的解决。

目前除了第四章和第九章内容外，各国已就序言及其他各章均已达成协议。

在对跨国公司进行国际干预这一层面上，各种国际组织协同进行国际监督起到了一定的作用，有助于发挥跨国公司的积极作用，同时限制其消极作用。

总之，发展中国家的经济发展，主要靠自力更生，没有任何外来的因素可以代替自身的力量，但它同时又可以合理运用一切外来的力量加速国民经济的发展。发展中国家可以利用跨国公司的力量，还可以动员区域性及国际组织的力量作为辅助，在世界范围内，实现国际经济新秩序。

3. 国际社会有关跨国企业的政策协调

在处理与跨国企业的关系方面，无论是一国的政策，或是区域性的、国际性的措施，其成功的要诀是要做到真正了解实情。有关跨国企业的政策需要进行国际协调的问题，主要有以下几个方面。

1) 对外国公司所有权的限制

发达东道国与发展中东道国关于对外国公司所有权的限制方面的意见并非完全一致。发达国家鼓励外国公司间的竞争，而发展中国家，尤其是拉丁美洲的发展中国家曾制定了种种限制措施。目前，这两类国家已在两个方面取得一致意见。

(1) 各国政府在它的国境内对于自然资源拥有永久主权。

(2) 禁止或严格限制外国公司反竞争所取得的利益。

2) 遵守东道国政府的政策

发展中国家在与跨国公司打交道时，深感一国势单力薄，难以有效阻止跨国公司可能在国境外维护其母国对于附属公司的规定。为此，发展中国家要求在《跨国公司行为守则》中列明，跨国公司在东道国的一切活动必须维护东道国的国家主权。发达国家认为可以把这个问题包括在《跨国公司行文守则》的条款中。但是，对于如何解决东道国与跨国公司之间的纠纷这一问题，出现了不同的意见。发展中国家坚持东道国的国内法是最终的裁判，而发达国家则谋求诉诸国际法和依赖于解决纠纷的国际协定。

3) 关于扩大技术转让的问题

扩大技术转让在过去10年里已成为发展中国家经济发展的一个重点。两类国家原则上都同意《跨国公司行为守则》的"普遍适用"原则，但对该守则是否适用于跨国公司设在国外的子公司在东道国境内的技术转让，却存在着分歧。"七十七国集团"认为这些子公司的技术转让活动受其设在其他国家的母公司的控制，因此属于《跨国公司行为守则》的适用范围。但是发达国家坚持母子公司内部安排不受守则约束，因此，认为子公司在东道国所进行的技术转让交易不属该守则的管辖范围。

4) 避免行贿受贿的措施

跨国公司为了争夺东道国的市场，经常在国际商业活动中进行违法支付、发生贿赂行为，以图借此收买东道国的有关人员，使其为跨国公司的进入大开绿灯。联合国谴责在国际商业活动中的这种不正当的支付行为。发达国家，特别是美国，主张订立关于制裁贿赂和勒索的法规。发展中国家要求阻止跨国公司因非法手段干预东道国的内外政策。因此，两类国家原则上同意《跨国公司行为守则》中包含的这类法规。

5) 关于限制性商业惯例

两类国家集团都表示要限制跨国公司内部的转移定价，其目的在于"公平"定价。它们一致认为大多数商业惯例是不合理的，但是，发达国家主张，只有对交易双方以外其他方产生不利影响，并达到不合理程度时，才应当避免。它们坚持，对在组织、经营、法律关系上合法的同一实体内实行的惯例，通常应当接受，除非这种惯例造成了市场支配地位的滥用。也就是说，它们主张按是否造成市场支配地位的滥用而违反反托拉斯法，或以是否妨碍市场自由竞争，来评价这些限制性惯例。

关于跨国公司母子公司间的惯例，七十七国集团认为，此类惯例是否应当避免，要视其对当事方以外其他方经济发展是否带来不利影响而定。一些拉丁美洲国家认为，母子公司之间的交易应视为独立公司间的交易，相互间的惯例不应作例外处理，应受《跨国公司行为守则》的管制。

6) 金融管制

发达国家在声明中指出，跨国公司应该避免破坏稳定的国际资本流动。发展中国家则以保护本国国际收支为出发点，要求跨国公司给每个发展中东道国的国际收支提供净盈余，为此，应主张限制子公司的就地集资、外国借款以及公司内部的定价和借款。

7) 就业和劳资关系

两类国家对就业与劳资关系具有相当广泛的谅解基础，它们对国际劳工组织提出的"三方声明"(各国政府、企业主及工人三方面)表示一致赞同，并主张列入《跨国公司行为守则》。三方均应尊重国家主权、遵守国家法令、尊重人权。跨国公司投资活动应配合东道国优先经济发展目标的要求，应积极增进就业，提供就业培训和良好的工作条件，注意改善劳资关系。

8) 关于解决投资争端的国际协定

跨国公司与东道国发生了投资纠纷应在公平合理的基础上求得解决。1996年，在世界银行主持下，在华盛顿签署了《关于解决国家与其他国家国民之间投资争端公约》，还规定设立一个"解决投资争端国际中心"(International Center for the Settlement of Investment Disputes，ICSID)作为世界银行的非财政机构，调解并仲裁私人投资者和东道国之间的争端。目前两类国家对纠纷由谁仲裁仍存在着分歧，发展中国家主张由国内法裁定，发达国家倾向于由国际仲裁机构仲裁。

9) 对环境保护的国际管理

随着发达国家与发展中国家新的国际分工的加深，跨国公司往往将那些严重污染环境的项目转移到发展中国家去。为此，发展中东道国政府提出了一系列保护环境的政策和措施。例如，在采矿业中要求外国公司在开采后修复土地、保护生态和致力于社会环境的完善，而这种要求会增加跨国公司的成本。因此，考虑环境保护问题也应列入《跨国公司行为守则》。

10) 有关资料公开问题

1975年10月，国际自由工会联盟(International Confederation of Free Trade Unions，ICFTU)在墨西哥世界大会通过关于《工会对立法管制多国籍公司的要求宪章》，其中明确提出要求跨国公司公开公司财务及其他有关的资料，发展中国家主张跨国公司在必要的报告和资料中应有更多的具体细节。而发达国家认为这样不仅会使报告和资料的成本价过高，而且有违竞争企业保护情报机密的原则。当然，这些分歧也有待于进一步解决。

11.3 跨国公司的社会责任

11.3.1 跨国公司社会责任相关理论

1. 企业社会责任产生的背景

近半个世纪以来，发达国家的大公司在自由经济政策指引下，迅速扩大，尤其在20世纪90年代大规模并购浪潮的推动下，很多跨国公司由此发展成了巨型的全球公司。这些"公司帝国"凭借雄厚的财力，在社会的各个领域发挥深远的影响。

公司巨型化的规模效应降低了整个社会的市场交易成本，但这种公司规模的巨型化也暴露出许多负面的问题。

首先，科技的发展和大公司为谋求发展对科技的广泛运用，使得生产效率大大提高了，从而出现了"机器排挤工人"的现象，造成大量的劳动者失业。

其次，公司的经济实力的增长使得数量广大而分散的消费者在与这些经济实力雄厚的公司打交道时显得势单力薄，沦为了无法与其抗衡的社会弱势群体。

第三，公司的膨胀和进一步的扩张离不开对资源的控制和利用，但是占所有经济活动组织少数的巨型公司对某些资源的几乎垄断性的占有和掠夺式的利用，使得资源的总储存量锐减。同时，由于这些公司对资源掠夺式的开采和不合理地利用，以及一些具有垄断优势的大公司肆意排放污染物，致使整个生态环境急剧恶化，生态危机更加突出。

第四，公司的巨型化所产生的最直接的后果是破坏自由竞争的市场结构，在经济生活中形成滋生垄断和限制自由竞争的温床。公司的巨型化使市场日益集中，从而形成了阻碍其他市场参与者进入市场的壁垒，影响着整个市场经济秩序的健康和稳定。如果这些巨型公司滥用其经济优势，其他市场参与者以及消费者又将必然遭受更大的损失。这是从 19 世纪末以来反垄断法持续受到各国普遍关注的主要原因，是现代社会之所以强化公司社会责任的最为重要的原因。

第五，公司的经济实力得到膨胀，之后会千方百计地寻求政治上的保护和支持，以维护其既得利益和进一步谋求其更大更稳定的超额利润。

公司巨型化的种种弊端，引发了19世纪末以来资本主义社会严重的社会问题：劳资的尖锐对立与冲突、经济强者对社会的弱势群体(比如劳动者和消费者)的支配和压迫异常深重、环境遭到严重的破坏、社会公正的缺失等。这些严重的社会问题使得人们对公司的不满情绪高涨，并最终导致了20世纪资本主义世界一场浩大的公司社会责任运动。

在这场声势浩大的公司社会责任运动中突出表现了以下几方面的特点。

(1) 劳工争取和维护其权利的运动高涨，尤其是在30年代的"经济大萧条"及以后的"滞涨"导致劳资矛盾异常尖锐，并由此引发了劳工与公司的多次大规模的冲突。在这些斗争中，劳动者取得了一定的胜利，特别是就工资、劳动时间、就业保障、组织工会的权利、社会保险与福利待遇、职业安全与保健、集体谈判、职工参与等问题的斗争取得了明显的成果。

(2) 环境保护问题日益受到关注。在公司巨型化的过程中，自然资源日益匮乏、环境恶化严重，威胁着人类的生存。随着人们环保意识的觉醒和环保运动的兴起，环保问题成为人们关注的中心。美国于二十世纪六七十年代掀起了一场新环保主义运动，成立了许多民间性的或半民间性的环保组织。这些环保组织的存在和发展推动了美国自然资源和环境保护运动向纵深发展，并对美国的环境保护立法起到了很大的促进作用。例如美国著名的快餐店麦当劳就在环境运动基金会(Environmental Action Foundation)的"聚苯乙烯的制造过程颇具污染性，聚乙烯单体可能致癌"的意见下，于1990年宣布在该年年底前开始淘汰塑料包装而恢复纸包装。

(3) 消费者维权意识增强，维权运动高潮迭起。公司日益巨型化后，其经济实力的增大和滥用极大地侵害了消费者的权益，因此20世纪各国在经济、社会生活中倡导以维护消费者权利为主题的消费者权益保护运动在全球范围内开展得如火如荼。

(4) 公司社会责任全球化。20世纪这场声势浩大的公司社会责任运动从各国内部发展逐步汇集成为一种全球化的国际潮流，所关注的问题从小范围的、局部性的，发展为更具有广泛性和全局性的，除了传统的劳动者和消费者权益保障、生态保护环境治理等问题之外，还更为关注一些宏大的目标的实现，例如维护人权、维护社会少数者或弱势者的权益、消除贫困、消除种族歧视、遏制腐败、创造社会公平、缩小发达国家与发展中国家之间劳工标准和工资待遇上的差异等。这场波澜壮阔的公司社会责任运动使因公司的巨型化所带来的这一系列严重的社会问题得到了不同程度的缓和。

2. 跨国公司社会责任的界定

公司制度是现代市场机制的核心。传统公司法理论认为，公司的所有权属于股东，因此，公司存在的目的在于使股东获得最大利益，这些利润最终应该归属于股东。因此公司在发展过程中也产生了一些消极现象，如一些公司只顾追求股东和经营者的利益，而漠视劳动者、消费者、债权人、竞争者和社会公众利益。于是，近年出现了公司社会责任的概念，强调公司对非股东利益相关者(Stakeholders，即指那些股东以外的影响公司的决定、政策和经营或者受公司的决定、决策和经营影响的个人以及组织，以下简称"利益相关者")的义务。

公司社会责任(Corporate Social Responsibility)，指公司在谋求股东利益最大化之外所负有的维护和增进社会利益的义务。从广义上讲，公司社会责任是公司的法律义务和道德义务，或者正式制度安排和非正式制度安排的统一体。当然法律义务和道德义务，正式制度安排和非正式制度安排的界线是随着社会变迁而变化的。一般而言，公司社会责任包括但不限于：对雇员的责任，对消费者的责任，对债权人的责任，对环境、资源的保护与合理利用的责任，对社区的责任，对社会福利和社会公益事业的责任。

公司社会责任是对传统的股东利润最大化原则的修正和补充，是在对传统公司理论的反思和不满中发展起来的。公司社会责任理论主张，公司的目的是二元的：除了追求利润外，还应当保障和提升社会利益。公司作为在社会中生存和运作的经济实体，除了资本和机器这些客观的物质外，公司更多的是作为一种社会现象而存在，并且它将更多地吸纳和整合社会资源，运用社会资源为股东创造财富。因此公司不仅应当为投资者创造价值，也应当为公司利益相关者和社会创造价值。公司社会责任理念在法学上应用的目的在于最大限度地克服法律本身所固有的止恶有余、扬善不足的弱点，适当纠正过分强调以公司盈利为本、以股东利益为重的传统公司法理念，谋求一套适当的首因效应理论和制度以强化公司的社会责任。

跨国公司社会责任的范围主要包括跨国公司的母国、东道国、世界经济、发展中国家。也就是说，跨国公司在这些国家范围和领域内、对利益相关者承担相应的社会责任。

1) 对母国承担的社会责任

只有在通过初始发展的所在国政府采取对外开放政策、鼓励对外投资经营的前提下，企业才有可能把资金投往国外，在国外拥有资产的所有权、控制权，才有可能出现跨国公司，所以，跨国公司承担并履行社会责任的范围首先就应该是它的母国。总的来讲，首先应把跨国公司承担社会责任的范围界定在其母国，其理由可以概括为以下几点。

(1) 母国为跨国公司初始发展创造了成长的平台，如果没有在母国的市场、消费者、经济环境，公司也就不会有资本积累和发展壮大，也就不可能走出国门，对外投资、开展跨国经营，所以母国是跨国公司孕育的土壤。

(2) 正因为母国政府对外开放、鼓励对外直接投资的政策，跨国公司才有可能把资本输往国外，在外国投资生产。

(3) 由于世界经济、国际政治风云始终存在突变的可能，跨国公司全球化经营的风险也日益增大，因此，跨国公司始终把母国作为全球化经营的安全后方。

(4) 母国政府良好的国际关系和在世界上谋求国际地位的努力为跨国公司在全球范围内的经营活动提供了良好的环境和安全保障。

上述理由说明了，跨国公司首先必须对母国的利益相关者承担并履行相应的社会责任，这不仅是公司战略的要求，更是商业伦理的客观要求，对母国承担责任就是对母国政府和母国人民的回报。而且，跨国公司对母国承担社会责也可以为公司带来巨大的经济利益，比如跨国公司可以获得母国稳定的市场以维持顾客忠诚度、取得政府在税收、融资等多方面的支持等。所以，对母国承担社会责任，跨国公司既可以获得巨大的经济效益，也可以获得相应的社会效益。

2) 对东道国承担的社会责任

跨国公司能够在东道国成功地开展生产经营活动，完全取决于东道国政府和东道国人民的支持，所以，跨国公司在东道国也必须承担相应的社会责任。跨国公司之所以必须对东道国承担社会责任，主要原因可以概括为以下几点：①东道国政府吸引外资的政策激励，给跨国公司创造了新的赢利空间；②东道国丰富的资源和密集的生产要素降低了跨国公司的经营成本；③东道国广大的市场为跨国公司提供了发展空间；④东道国稳定的政治经济环境为跨国公司发展提供了保证。基于上述原因，跨国公司社会责任的范围必然包括东道国，如果不对东国承担社会责任，跨国公司的全球化经营也将不复存在，也没有跨国公司的生存与发展。总之，跨国公司在东道国投资经营，无论是法律强制，还是伦理要求，都应该承担相应的社会责任。

3) 对世界经济承担的社会责任

跨国公司是世界经济的发动机，也是世界经济的稳定器。世界贸易总额中的80%是跨国公司实现的；国际投资90%是跨国公司完成的；国际金融的中间力量也是跨国公司。基于跨国公司在世界经济中的特殊地位和作用，跨国公司有理由对整个世界经济承担相应的责任和义务，以维护世界经济的稳定与发展，在世界范围内具体包括：遵循国际经营惯例；注重保护环境的生态伦理；尊重其他国家的发展权；注重全球经济的平衡发展；寻求与维护公平的国际机制、维护公平交换等。

(1) 遵循国际经营惯例。跨国公司全球化经营，和其他公司一样，都必须遵守国际惯例和国际法规，不能有特殊与例外。

(2) 注重保护环境的生态伦理。跨国公司在世界各国投资生产和开展各种经营活动，必然涉及所在地的生态环境，保护和维持生态就成为跨国公司对世界经济承担的社会责任。

(3) 尊重其他国家的发展权。跨国公司在其他国家投资经营，必须按照所在国家和地区的经济社会发展战略，来制定自己的发展战略，决不能违背东道国的法律法规，必须尊重其他国家的发展权。

(4) 注重全球经济的平衡发展。由于跨国公司全球化战略的核心是利益全球化，如果片面地强调经济利益原则，跨国公司的畸形发展就可能造成世界经济发展的失衡，所以，跨国公司全球化战略，必须注重全球均衡发展，既要在发达国家开展投资经营，也要在发展中国家开展经营，这样才能促进世界经济平衡发展。

(5) 寻求与维护公平的国际机制。跨国公司也是世界市场的一个参与者，市场机制是世界市场基本的调节机制，但由于跨国公司规模巨大、涉及的范围广、作用特殊，跨国公司往往会趋于垄断世界市场、破坏世界经济规则，造成不公平竞争，所以，跨国公司在全球范围内，必须自觉寻求和维护公平的国竞争机制。

(6) 秉承公平交换原则。在国际机制的作用下，跨国公司在与发展中国家和发达国家进行的交换活动中，也必须同时都是平等互利、共同发展，不能有偏见、更不能有歧视。

跨国公司在全球范围内具有上述责任，一方面是维护和促进世界经济的整体协调发展，另一方面，也是跨国公司自身发展所必需，所以，必须把上述责任内化为跨国公司的自觉行为，以树立跨国公司的全球形象，也为其增强自身的全球竞争力和盈利能力。

4) 对发展中国家承担的社会责任

跨国公司对发展中国家也承担着重要的社会责任。由于历史的原因和先天的自然条件，发展中国家长期以来发展缓慢、经济落后、社会矛盾突出，逐渐沦为边沿国家，但它们也是世界大家庭的一员，在世界经全球化进程中，发展中国家也被卷入全球化浪潮之中，它们的经济发展也不再是闭关锁国的孤立发展，而是与世界经济、国际大家庭有着千丝万缕的联系，加之它们也有自身独特的优势，如丰富的资源和劳动力、广大的市场、要求发展的强烈愿望，这些都是发展中国家与世界经济联系的基础，所以跨国公司投资于发展中国家，不仅为跨国公司自身赢得丰厚的经济利益，而且也为发展中国家的发展作出贡献。所以，跨国公司应将积极投资于发展中国家化为自身的责任和义务。具体来讲，跨国公司对发展中国家的社会责任主要包括以下几方面。

(1) 合理利用发展中国家的经济资源。这些国家由于长期处于不合理的经济结构之中，致使它们片面发展、滥用自然资源，基于这一情况，跨国公司在利用发展中国家自然资源时必须自觉遵循市场规则，合理有效地利用自然资源，促进经济结构优化和经济发展水平的提升，这样不仅有利于跨国公司在当地的发展，而且从跨国公司的长远利益出发，也是十分有利的。

(2) 把满足当地市场需求作为投资目标。发展中国家物质产品的匮乏，致使人们生活水平低下，所以，跨国公司可以把满足当地市场的消费要求，提高发展中国家的物质消费水平，作为主要的投资经营战略，这不仅可以为跨国公司自身带来巨大的经济利益，而且可以为该国的社会进步作出贡献。

(3) 尊重发展中国家的经济主权。自觉遵守所在国家的法律、法规和经济策，绝不搞经济侵略，与当地同业公平竞争。

(4) 尊重发展中国家的文化习俗，自觉保护它们历史悠久的文化遗产，不能以经济利益为目的掠夺发展中国家的宝贵文化遗产。

3. 跨国公司承担社会责任的标准体系

为了规范跨国公司在东道国的生产经营行为，使其切实履行应当承担的社会责任，包括国际社会、跨国公司母国、东道国和跨国公司自身在内的各方都应该作出不懈的努力。

在国际社会方面，1976年，经济合作发展组织(OECD)制订了《跨国公司行为准则》这一迄今为止唯一由政府签署并承诺执行的，多边、综合性跨国公司行为规范，于2000年进行了重新修订；1977年，国际劳工组织、各国政府和企业三方通过了《关于跨国公司和社会政策原则三方宣言》，制订了国际劳工标准的基本框架；1980年，联合国贸易与发展会议通过了《关于限制性商业活动的准则》；国际标准化组织于1995年建立了一套环境管理系统准则；1997年10月，作为"国际社会责任"组织前身的美国"经济优先委员会认证署"制定的"社会责任8000"(即SA8000)成为全球第一个社会责任标准认证体系；联合国环境与发展大会则积极推动了有关环境原则的建立，促使各国政府签署了《里约宣言》和《京都议定书》；另外，世界自然保护同盟、绿色和平组织、沙利文原则等国际民间组织也都在促进国际环境法规完善、劳工标准健全和人权发展方面作出了各自的贡献。

近年来，在一些非政府组织与大型跨国公司的共同努力下，逐步形成了一些有关企业社会责任的评价体系和认证制度，得到公认的有国际标准化组织为保护环境而制定的ISO14000标准与社会责任国际为维护劳动者利益制定的SA8000标准等。ISO14000是国际标准化组织在汲取世界发达国家多年环境管理经验的基础上制定并颁布的环境管理系列标准，目前已成为一套世界上最全面、最系统的环境管理国际化标准，受到世界各国政府、企业界的普遍重视和积极响应。一些著名的跨国企业已开始制订、实施ISO14000的内部计划，并将ISO14000作为对其供应商进行环境管理的考核标准。SA8000是继ISO14000之后出现的又一个重要的国际性标准。SA8000社会责任认证标准是由总部设在美国的社会责任国际(Social Accountability International，SAI)发起并联合欧美部分跨国公司和其他一些国际组织制定的。它是世界上第一个以改善工人工作条件和环境为目的的标准。它根基于《国际劳工组织公约》《联合国儿童福利公约》和《世界人权宣言》的一些要求，其主要包括童工、强迫劳动、安全卫生、结社自由和集体谈判权、歧视、惩罚性措施、工作时间、工资报酬及管理体系等9个要素。目的是使劳工多方面的权益获得保障。可以说，SA8000是全球首个关于社会责任的国际标准。

SA8000具体内容包括：公司不能支持雇用童工，童工的处理要有文件化程序；根据国际劳工组织建议第146条，促进儿童教育要有文件化的程序；员工花在交通、学校和工作的时间累计每天不能超过10小时；童工和年轻工人不应被安排在危险的、不安全的或不健康的环境下工作；公司雇用员工时不应要求员工交纳押金或身份证；公司应提供安全、健康的工作环境；应指定高级管理代表，以确保实施健康和安全措施；提供定期的健康与安全培训并做记录；应尽可能避免隐患，向员工提供干净的卫生间和可饮用水；公司不应限制工人参加工会活动和集体谈判的权利，不能不公平地对待参与上述活动的代表和会员；公司不能支持使用体罚、心理压迫和言语上的侮辱；公司不能要求工人每周工作时间超过48小时，每7天应至少允许工人休息一天；加班时间每周不应超过12小时，加班应付加班费；不能歧视员工的各种权利，允许员工有参加宗教或工会的权利；公司不能允许有强迫和辱骂的行为；工人工资应不低于法定最低工资，并允许工人有基本足够和可自行处理的收入；不能以扣发工资作为惩罚，并使员工能清楚了解其工资和福利；不能以虚假的学徒计划作为逃避法定义务的办法。

目前，SA8000正逐步得到国际社会的认可。德国进口商协会已制定了《社会责任行为准则》，要求德国进口商按照SA8000标准对其供应商的社会行为进行审查。该准则有可能被法国和荷兰的进口商协会所采用。美国、法国、意大利等国要求将中国纺织品、玩具、鞋类生产企业通过SA8000认证作为选择供应商的标准。虽然目前它只涉及人身权益以及与健康、安全、机会平等等核心要素有关的初始审核，但随着对其的不断修订和完善，该标准最终可能发展成为一个覆盖道德、社会和环境等的范围很广的标准，SA8000最终可能与ISO9000和ISO14000一样为国际社会所广泛接受。

11.3.2　社会责任与跨国公司伦理

1. 跨国公司伦理的定义

社会责任意味着一个公司不仅要为股东谋利益，还必须考虑其他成员(如顾客、供应商)等的利益。虽然企业伦理通常关心的是管理人员个人所遇到的伦理困境，但社会责任通常关注公司作为一个组织，其政策和程序所形成的伦理后果。因此，社会责任的概念同企业伦理密切相关。

跨国公司伦理是指跨国公司在处理与其有利益关系的个体和利益方时的商业行为与道德标准。这种行为在很大程度上基于文化价值系统和每个国家和地区做生意时可接受的行为方式。相应的，这些标准是基于更广泛的可接受的宗教、哲学、专业组织和法律体系基础之上的，即在一个特殊的环境中，综合各种国家的、文化的因素以决定伦理或非伦理的社会准则的复杂性。跨文化社会伦理的道德哲学，如图11-4所示。

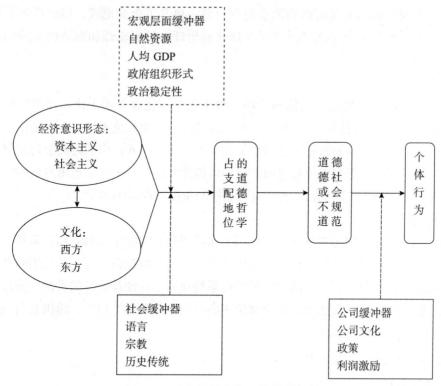

图11-4 跨文化社会伦理的道德哲学

2.跨国公司伦理的特点

1) 跨国性

跨国公司伦理是在多个国家不同伦理规范、价值观冲突的基础上形成的,它不同于国内企业伦理的原因在于以下两个方面:首先,因为其经营是跨越国界进行的,不同的文化价值观和制度体系必然意味着人们不能总在一个人"应该"做什么上达成共识,外派管理者人员可能会遇到当地商业惯例违背其文化敏感性及其母国法律的情况。其次,一些非常强大的跨国公司常常拥有和它们经营所在的某些东道国同等的实力和资产,这些规模大、实力雄厚的跨国公司的管理人员在怎样运用这种力量方面,则要面对富有挑战性的、伦理上的两难困境。

2) 复杂性

跨国公司伦理不单纯是一般的商业伦理关系、国与国之间的贸易关系,也不仅仅是地区同盟与同盟之间、发达国家与发展中国家之间的关系,还涉及商业价值观与多元价值观之间、跨国公司与自然界之间的关系。可以说,国际经营是影响范围最广、涉及关系最多、最难调节和控制的经济活动,因此,跨国公司伦理也是一种涵盖范围最广、涉及关系最多的道德要求。跨国公司伦理是一种跨越了企业的环境因素、行业关系、内部因素、行为界面和心理因素的多元价值体系,它超越道德说教和一般的规范管理,是对于信念、利益的合理定位、选择和体验的过程。跨国公司伦理涉及微观层面、中观层面和宏观层面的诸多伦理问题，包含了企业伦理、经济伦理、社会伦理和国家伦理等多个层次，体现了全球普遍伦理、母国伦理和东道国伦理的多重特征。

3) 冲突性

对西方跨国公司来说，其伦理立场一般主张全球化而非本土化，在伦理标准上唯西方独尊，忽视东道国伦理差异，但在实际经营活动中又免不了"入乡随俗"，而且为了盈利，其在产品和营销等方面更加注重本土化。此外，由于跨国公司在招聘员工时便注意员工的伦理与价值观方面的取向，因此跨国公司伦理呈现出内部的一致性(员工之间达成高度共识)与外部冲突性(与其他利益相关者)的特征。

4) 可建构性

与全球伦理缺失固定主体不同，跨国公司伦理有其固定主体和载体，即其是自身伦理的承担者，它将伦理差异、冲突与融合容纳在一个组织内。此外，与国际社会的无政府状态相比，跨国公司内部的组织管理系统保证了其经营伦理的贯彻与推行。因此，在经济伦理的建构问题上，与全球伦理的原则性与理想性相比，跨国公司伦理具有很强的实践性和可建构性。

3. 国际管理中的伦理决策

1) 伦理相对论和伦理绝对论

文化相对论代表了人类学科学的哲学地位。所有的文化作为指导人们生活的手段都是合理的并且是可行的。也就是说，人们怎样衡量对与错、美与丑、好与坏都取决于人们的文化标准和价值观。

在企业伦理中也存在着类似的概念，被称为伦理相对论。伦理相对论意味着跨国管理者认为每一个社会的伦理都是合理的，是合乎伦理的。例如，一国的人们认为助人自杀等是不道德的，那么对他们来说这在伦理上就是错误的。从另一个角度来讲，如果另一个国家的人们认为助人自杀在道德上讲是正确的，那么对他们而言，这就不是不道德的。对跨国公司来说，伦理的相对论意味着管理人员只应仅仅遵循其经营所在国的伦理观念。例如，如果贿赂在一国是可接受的一种经营的手段，那么，即使这种行为在母国是非法的，跨国公司依然可以依照当地的规则行事。

与伦理相对论相对应的是伦理绝对论。伦理绝对论的核心思想是存在着不受文化和国界影响的基本的道德准则。例如，所有的文化都有禁止杀人、起码是杀自己人的法规。

对于跨国企业而言，无论是遵循伦理相对论还是伦理绝对论，都存在实际的困难。一些伦理学家认为，文化的相对论作为进行无偏向人类学研究的一个必要条件，并不适用于伦理学。例如，唐纳德森认为，跨国公司应具有高于伦理相对论的道德责任。他提到，在极端的情况下，伦理相对论会转变为"方便相对论"。

方便相对论是指公司以文化差异为借口，利用伦理相对论的逻辑，以他们随心所欲的方式行事。唐纳德森列举了发展中国家雇用童工的例子。在一些地区，仅有7岁的孩子为了微薄的工资而工作，生产最终为跨国公司所使用的产品。

极端的伦理绝对论也有其陷阱，因为确认绝对伦理的前提是让所有的人都来遵循这种导致种族主义和被唐纳德森称为文化帝国主义的东西。也就是说，那些自认为通晓正确的和符合伦理行为方式的管理者都很容易将外国文化的道德体系视为低级的或不道德的。特别是当跨国公司规模巨大，资金力量雄厚并且子公司分布在发展中国家时，就更危险。

2) 国际管理者的个人伦理决策

管理者的首要责任是考虑一个决策对于公司是否具有商业意义，这被称为经济分析。在经济分析中，最重要的是搞清什么是公司赢利的最佳决策。但是，如果单纯用利润指标来指导伦理决策，那么，除公司的所有者之外，管理者很少会考虑其决策对其他人的影响。有些人认为，这根本就不符合伦理，因为如果只由市场来控制其行为，企业可能会从事一些欺诈或危险的行径。

考虑公司决策的商业影响之后，跨国管理者必须考虑其行为的法律和伦理方面的后果。图11-5(跨国管理中进行伦理决策的决策点)给出了一个决策流程图，它囊括了跨国管理者在面对伦理决策时应该考虑的利润之外的一些问题。

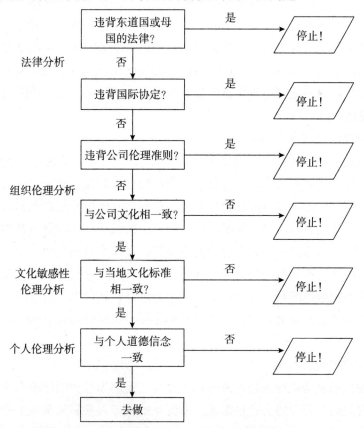

图11-5 跨国管理中进行伦理决策的决策点

在对伦理问题的法律分析中，管理人员只关注是否符合其公司经营所在国家的法律，或者在必要的情况下也关注是否符合母国的法律要求。如果法律对某事未明令禁止，那便是符合伦理的。将单纯的经济分析与法律分析结合在一起，管理者就能在法律条文约束下寻求获得利润的最大化。从这种意义上说，法律为公司和人们的竞争提供了"游戏规则"。由于不同的国家有不同的法律体系，所以，如果其母国并不要求遵循其法律的话，对伦理问题只采用法律分析的跨国管理者就可以在每个国家法律范围内行动自如。比如诺贝尔奖获得者米尔顿·弗里德曼等一些学者就坚持，在公平的自由竞争这一游戏规则下的利润最大化就是企业主要的伦理责任。许多跨国管理者同时也相信，法律分析不仅包括检测一种行为或它的结果是否符合母国和东道国的法律标准，而且包括按国际标准进行的比照。

4. 跨国公司商业伦理和道德规范的约束

跨国公司作为世界经济的参与者，也作为国际贸易、金融、投资等经济活动的主要角色，经济行为的高度社会性，使跨国公司必须面对复杂的多元文化环境和多元文化下的员工，必须处理好复杂的伦理关系，处理好这些关系的途径就是自觉遵循商业伦理和道德规范，尽管伦理道德规范对跨国公司不具有强制性的约束，但是，跨国公司又必须遵守，所以把这种力量称为伦理太极，一方面表示伦理道德规范对跨国公司的软约束，另一方面也表示跨国公司如能自觉遵守伦理道德规范，就如同拥有了太极力，"四两拨千斤"，对市场、对社会的影响和公司形象的树立，都具有不可替代的作用。伦理太极对跨国公司社会责任的约束主要表现在公共商业伦理规范、行业伦理道德规范和公司自身的伦理道德规范，分别从不同的角度和深度对跨国公司行为进行约束，具体论述如下。

1) 公共商业伦理规范的约束

商业伦理是任何商业组织或生产机构，以合法手段从事盈利时，所应该遵守的伦理准则，它包括企业的生产组织与管理、营销理念与行为、竞争方式与手段、与利益相关者的利益分配等诸多方面的伦理规范。伦理规范的中心是商业良心与商业主体道德。商业良心就是指跨国公司开展全球化经营中的诚实信用的行为准则；先义后利的、以义制利的经营理念；互利互惠的商业原则；贵和宽容的公司哲学。而商业主体道德则是指跨国公司在处理与消费者、其他经营者以及所有利益相关者关系时，遵循一定的市场秩序和道德准则，对自己的商业行为进行自我约束。可以看出，商业伦理对跨国公司行为的软性约束，有着十分重要的作用，跨国公司只有通过社会责任来自觉接受商业伦理的软约束。

2) 行业道德规范的约束

行业道德规范就是由行业组织或专业协会为了提高本行业的道德水平，而制定的本行业的伦理规范。行业协会往往都是由本行业的伦理人员和从业人员参加的协会，协会要求任何一个参加该组织的个人都必须遵循协会制定的伦理规范。行业规范包括：主要的道德要求，如活动方针、道德品格、工作规范等；具体业务领域的道德规范，如研究与开发道德规范、管理道德规范、价格道德规范、营销道德规范等；违反道德规范的处理规定。行业道德规范对跨国公司的行为也在一定程度上给予较为严格的约束，一般来讲任何跨国公司在全球范围内投资经营，都要加入相应的行业协会，自觉接受行业的道德规范的约束。在美国、欧洲等发达国家都有各行业的行业协会，如美国市场营销协会等。

3) 公司道德规范的约束

公司道德规范就是指企业员工的道德守则和行为规范，从可操作的角度来看，它体现了公司的核心价值观、企业特色和伦理管理。公司道德规范约束的主要对象是公司员工，他们是企业的直接利益相关者。在企业管理控制中，常常要制定各种较为严格的规章制度，现代跨国公司在制定这些规章制度的时候，充分考虑了员工的人性化和个性化，充分取得员工的认同，做到既发挥其潜能，又能调动其主动性和创造性。这种包含着对员工人格尊重的道德规范，不仅有利于公司的文化建设、强化公司人性化管理，而且，对公司行为也起着一定的约束作用。当然，这种约束仍然不具有强制性，只对跨国公司的管理行为起着软约束的作用。

上述伦理规范尽管内容各有不同，对跨国公司行为的约束各有侧重，但是，三种规范的本身却是一致的。一般来讲，公共商业伦理和道德规范是统领跨国公司行为的总纲，而行业道德规范则是对跨国公司行为的具体要求，公司道德规范原则上在前两种道德规范的指导下，对跨国公司员工，包括核心员工和外围员工的具体价值观和行为方式进行伦理规定。所以说，三种道德规范本身并不矛盾，伦理标准是相同的。同时，三种道德规范对跨国公司行为加以约束的目的也是一致的，就是都强调跨国公司的社会责任，即对整个公司行为、行业要求以及公司管理的具体行为承担相应的伦理责任。

11.3.3 跨国公司在东道国的社会责任

1.跨国公司应在东道国承担更多直接社会责任

跨国公司的特殊性和作用决定了它应在东道国承担更直接、更广泛的社会责任。更准确地说，从跨国公司的特殊性及其在世界经济中(尤其是在发展中国家的经济发展中)日益增长的作用出发，它们应在东道国承担更直接、更广泛的社会责任。

(1) 跨国公司到东道国投资，凭借其垄断优势和竞争优势，能够抢占东道国更多、更优良的诸如人力、资本、物资等社会资源，从而比其在母国投资能够获取更多的超额利润，经济学上称之为"租"。而这些资源的稀释往往成为制约东道国国内企业发展的"瓶颈"因素。但是跨国公司更多代表的是母国的利益，而非东道国的利益。基于这点，东道国政府在和跨国公司谈判的过程中，可以要求其从超额利润中拿出一部分，对东道国作出适当的补偿。而实际上，跨国企业在东道国承担更多的社会责任就是补偿的一种形式，如捐助教育事业和其他慈善事业等。所以，无论从经济还是从企业伦理与责任的角度，获得了高收益和高市场份额的跨国公司，都应该更主动地给予东道国社会回报。

(2) 跨国公司作为经济全球化的载体在全球进行投资，某种程度上既游离于母国的控制之外，又不受东道国的控制。经济全球化赋予跨国公司在全球发展壮大的机会，同样，跨国公司有义务为全球的共同发展和繁荣承担更多的社会责任。以拥有一百多年历史、在许多国家有汽车生产业务的通用公司为例，该公司董事长约翰·史密斯在2001年APEC工商领导人峰会上所作的"全球经济中企业的责任"演讲中指出，跨国公司的责任是一个没有国界的话题，随着全球化的趋势，任何企业公民的一举一动都处在世人的关注下。任何跨国公司在增加居民收入、改善工作条件、促进环境保护及提升教育和生活水平等方面，都应该承担更多的社会责任，努力成为一名"优秀的企业公民"。

(3) 跨国公司到东道国投资，某种程度上会对东道国的国家主权、地区文化和自然环境等造成影响，这也要求跨国公司通过承担更多的社会责任作出相应的补偿。在国家主权方面，跨国公司会增加东道国政府的管理难度，因为跨国公司享受超国民待遇而很少受东道国政府的控制，这会削弱东道国的政策、尤其是货币政策和汇率政策的效果，还对东道国的经济安全带来影响。在地区文化影响上，有两面性。一方面，越来越多的跨国公司到东道国投资可以促进文化交流，繁荣地区文化；但另一方面，我们不能忽视，大量的跨国公司投资东道国对地区文化产生的"稀释"和"搅拌"作用，长而久之，这种潜移默化的侵蚀作用会削弱东道国文化的根基。在环境方面，跨国公司在东道国很多的项目是在其母国环境标准制约下不能生产的，通过投资，也一并把环境问题转嫁给了东道国，这对东道国人民的人身安全和经济的可持续发展都会带来不良影响。此时，有理由要求跨国公司采取积极的姿态作出适当的补偿。

(4) 经济全球化遵循的规则与秩序并未完全摆脱以往不公正、不平等的国际经济旧秩序阴影。在不合理的国际分工格局下，发展中国家处于弱势地位，经济、贸易、金融和技术实力明显集中在那些跨国公司母国的少数发达国家手中。跨国公司在争夺世界市场的过程中具有垄断优势和竞争优势，而广大发展中国家所能得到的利益仍旧十分有限，结果是跨国公司母国获取了蛋糕中较大的一块，留给东道国的只是相当小的一部分。同时，全球化下南北差距越来越大，产生的主要原因就是跨国公司到发展中国家投资并利用不合理国际分工格局，基于此，发展中国家有理由要求跨国公司承担更多的社会责任。此外，发展中国家大多处于向市场经济转轨时期，存在着市场机制不健全、行政效率低下和法律制度不完善等制度性缺陷，经济往往易于波动或不稳定，因此，对跨国公司实行多领域开放，也意味着要承受更大的风险。鉴于此，发展中东道国也有理由要求跨国公司承担更多的社会责任。

2. 跨国公司在东道国的社会责任

1) 跨国公司在东道国的生产经营原则

跨国公司的社会责任包括在特定时期内东道国赋予该公司的经济、法律、道德及人道主义的期望。跨国公司、国际民间社会和东道国政府之间的争论经常集中在人权、环境和劳工权利等少数几个问题上，但这远不是问题的全部。跨国公司的社会责任还延伸到它在东道国的配套企业，而要求跨国公司承担更大社会责任的通常是那些在不能或尚未澄清法律责任的领域中发生的具有外部性的事件，这些外部性可能影响到各种利益相关者，例如产生的环境问题。

目前各国基本认同的跨国公司在东道国的生产经营原则包括以下几个。

第一，最低道德标准，即不能有意从事具有直接危害的活动；第二，跨国公司从事生产经营应当为东道国带来利益而不是损害；第三，尊重东道国雇员、消费者和其他人的人权；第四，遵守东道国的法律规范，尊重当地的文化和价值观；第五，与东道国合作，推动公正背景机制的发展和实施。

2) 跨国公司在东道国应履行的社会责任

基于这5项原则，跨国公司应当尊重当地文化习俗、合法经营、确保产品安全、公开信息披露、遵循环境标准、遵照劳工标准、反对腐败、禁用童工、支持技术转移、维护公平竞争和商业诚信等，这些均是其应该承担的社会责任。这些社会责任可以概括为跨国公司运营于其中的5种关键领域：经济领域、政治领域、技术领域、社会文化领域和自然领域。

(1) 经济领域要求跨国公司针对东道国的市场量力采取行动，合法经营、公平竞争，促进经济增长、增加社会财富。同时，跨国公司要根据当地的规定、竞争条件和营利需要，严格执行最低工资标准和提供额外收入的最高责任约束。

(2) 政治领域要求跨国公司遵纪守法，支持政府的号召和政策，与东道国的经济和社会发展目标相协调。在发展中国家和经济转轨国家制度环境不完善和社会经济状况运行不稳定的情况下，跨国公司应对东道国的经济安全与稳定负有特殊的社会责任。处于转换中的经济必然面临不稳定的巨大压力，最易受到来自包括跨国公司在内的外部力量的冲击，当这种冲击危及社会经济稳定和国家安全的时候，东道国和跨国公司本身的利益都会受到影响。因而，在管理机制、社会指导和保护机制尚未达到充分有效之前，跨国公司应充分理解和积极配合东道国政府采取的各种旨在稳定经济和维护国家安全的宏观政策，应通过自我调节来保证不妨害东道国的社会经济和国民利益，采取负责任的方式去行动，而不能不顾东道国利益去寻求对社会构成伤害的剥削利润。尤其是在经济高度外向型的东道国，在国际收支失衡、汇率不稳定、高通货膨胀和经济波动剧烈的情况下，跨国公司应与政府积极配合、谨慎行动、稳健经营，设法避免和杜绝任何不利于宏观经济稳定的投机行为。必须强调的是，承担更多的社会责任并不意味着跨国公司在东道国拥有额外的政治权利，即跨国公司不能因此而拥有任何类似于东道国政府和公民进行社会和政治选择的权利，东道国的政治主权神圣不可侵犯；同样，东道国的经济主权也必须得到保护，随着跨国公司经济影响的增大，不可避免地会影响当地政府的经济决策和调控能力，东道国对此应有所防范。

(3) 技术领域要求跨国公司在发展中的东道国应更多地致力于技术扩散、技术转移和技术知识传播，积极参与当地的信息、科技和教育基础设施项目，加大在东道国的研发投入，促进技术本地化、研发本地化和配套产品本地化。跨国公司在发展中国家应当更多地致力于技术知识的传播，积极参与当地的信息、科技和教育基础设施项目。研究表明，技术知识和信息对经济增长的贡献率越来越高，一国对新知识的获取、采用和改进能力已成为经济增长的决定因素，而这种能力正是广大发展中国家所缺乏的，缩小发展中国家同发达国家的技术差距已经成为关系未来全球繁荣的国际性社会问题，对此，跨国公司责无旁贷。我们应当明确两点：一是不能过分夸大那些在成本和程序上极易传播的、社会外在效应巨大的而又为跨国公司所控制的一般性工业技术和普及性技术的私有物品性。事实上，很多被私人企业所掌握的知识和信息本身就具有明显的公共和半公共物品性质，从某种意义上说，跨国公司需要更多地致力于技术扩散，这也是技术社会性的要求。二是与跨国公司在东道国竭力掘取技术和智力资源的行为相比，其在东道国的技术战略是过于保守的。在发展中国家，跨国公司普遍存在对关键技术进行过程控制、较少投入研究与开发的现象，从而导致了所谓的"依赖性工业化"。因此，跨国公司有责任以更多的技术贡献来改变这一深层次的社会问题，应通过利润和技术当地化措施，加大在东道国的研究与开发投入，应从有效的专业化协作角度支持东道国的国产化计划。

(4) 文化领域要求跨国公司尊重当地文化习俗，尊重当地的信仰和价值观，维护宗教自由。只要当地文化习俗不侵犯人权和不违背道德，跨国公司必须严格遵守当地法规和联合国及国际劳工组织等制定的国际规范，恪守非歧视原则，禁止基于种族、性别、宗教或文化差别而实施歧视。

(5) 自然领域要求跨国公司的生产经营不得以牺牲东道国的生态环境为代价，积极支持和帮助发展中东道国实行可持续发展战略。跨国公司应对改善东道国的环境质量承担更多的责任。联合国的一项研究表明，跨国公司在对占全球温室气体排放量80%的地区的环境有很大影响，它们是氯氟碳的主要生产者和消费者，广泛地参与了许多污染严重和危害性大的行业的活动，仅此一项理由，就足以要求跨国公司有更多的环境投入。况且，跨国公司在财力和技术方面拥有治理环境的独特优势，东道国理所当然地提高了对作为客人的跨国公司在治理环境方面的期望值。为弥补环境污染过错、保持发展中国家的可持续发展，跨国公司要以强烈的公共责任感，加速制定公司保护环境和自然资源等方面的规划，在公司内部建立起严格可行的环境监督与实施程序；作为行业领袖，跨国公司应努力通过技术转让、技术培训和提供联合废物处理服务等渠道，帮助和督促其关联公司、供应商、分包商和受让者履行环保责任；跨国公司有责任在环保方面与当地政府和社团保持密切合作，支持环境保护运动。当然，为给跨国公司履行环保责任创造有利条件，应努力通过多层次的国际合作，逐步建立起统一的环保国际标准。

3. 强化跨国公司社会责任的主要措施

1) 买家主导型的商品链

跨国公司推行公司社会责任主要是通过"买家主导型的商品链"来进行的。商品链是指"一个由劳动和生产过程构成的网络，其最终结果表现为产品"。而"买家主导型的商品链"主要是指由大型零售商和贸易公司占主导地位，在发展中国家完成商品生产的供应网络。这类商品链在服装、制鞋、玩具以及家庭用品等劳动密集型的产业最为典型。跨国公司通过层层转包建立的全球生产网络，涉及的商品供应链很长也很复杂。像耐克、锐步、阿迪达斯、摩托罗拉、索尼这样的跨国公司处于这个复杂供应链的顶部，它们用订单掌握着处于各国、各地区的生产商和代理商，而整个供应链各个连接点上的生产商则控制着散布在世界各地的生产工厂的生产线和工人。所占的市场机会与资源不同，作为买家的大型零售商及贸易公司与作为卖家的厂商在交易中的谈判地位也是极不平衡的。大型零售商及贸易公司控制着产品的设计、营销和品牌，从而有权向厂商提出有关产品的价格、质量，甚至工厂安全、健康、环保及劳工政策等要求，而面对强大的市场竞争，发展中国家的厂商通常处于不利的谈判地位。买家和卖家之间不均衡的权力结构，使跨国公司有权力通过对商品供应链的控制，以生产守则的形式从实质上规范卖家(承包商、供应商、转包商)与工人之间的劳资关系，从而使卖家公司成为生产守则实施的义务主体，并促使那些与跨国公司没有法律上的雇佣关系但却从事跨国公司品牌生产活动的工人及他们生活条件符合生产守则的劳工政策标准。

2) 生产守则认证

日前，全球著名的玩具反斗城公司要求与该公司有业务往来的全部5000家供应商(其中大多数在中国)，都要通过SA8000认证。据说，这个具体关于工作条件及工人权利等社会责任的认证制度，目前在珠三角地区的供应商中反应相当强烈，尤其是牵涉其中占大多数的民营企业。SA8000标准是全球第一个可用于第三方认证的社会责任国际标准，旨在通过有道德的采购活动改善全球工人的工作条件，最终创造公平而体面的工作条件。其实，早在1999年，一些经营出口贸易的民营供应商已经发现，跨国买家到工厂参观时，不看设备、不看招待好坏，却往员工食堂、洗手间和宿舍里钻，因为他们很注重员工身心安全是否被忽视，以及厂区是否环保和产品安全能否有保障。

11.4 公共事务管理工具

11.4.1 跨国公司公共事务管理及其工具

1. 跨国公司公共事务管理概述

在国际经营活动中，跨国公司常常要面对外部的利益相关者(利益集团)。根据许多调查得出的关于跨国公司对外关系的理论有以下几种。

1) 被动适应战略

跨国公司要考虑东道国的政治、法律、经济和文化条件。其假设是，企业把技术、资本和知识移往东道国时会有风险，所以企业必须适应东道国的环境，相关研究的中心议题是，为跨国公司收集和整理合作目标国的政治变化信息、政治风险，以及平衡不同国家间的政治风险。

2) 积极影响战略

实行积极影响战略的前提是跨国公司有很大权力。根据弗农(Vernon)所作的调查，跨国公司由于其规模和经济上的地位，以及从本国政府得到的支持，所以可以在所在国优先实现其利益。许多反全球主义者宣称，跨国公司会削弱东道国的主权，导致竞争激烈、社会福利减少和生态环境恶化。

3) 依存理论

跨国公司和东道国并非只有冲突和矛盾，在更多情况下二者是相互依存的关系。所以二者都能在一个互动的过程中实现双赢，实现各自不同的利益。跨国公司和东道国处于一个在目标上、战略上和工具上相互适应的学习过程中。从依存理论能得出以下结论：①跨国公司与东道国和本国的不同社会、政治利益集团互相作用，互相影响，这些集团的利益截然不同，甚至互相冲突。在公共事务管理框架内必须选择适合的分析工具，区分、认识这些利益集团，弄清目标设定，并且检验其对企业政策的影响力。②对跨国公司来说，重要的环境条件，不是那些偶然事件和自然法则，而是利益集团对企业采取的有意识、有目的的措施和施加的影响，所以跨国公司不能被动接受和忍耐，而是要在公共事务框架内以适合的工具施加有利的影响。

公共事务管理的重要任务是设计和塑造跨国公司与外部社会、政治利益集团之间的关系。其目标在于，有效控制和运用与利益集团之间潜在的、隐藏的或外显的冲突，考虑和影响利益集团的要求，尽可能地发展跨国公司的竞争优势。

2. 公共事务管理工具

1) 业务守则

业务守则对企业决策和员工行为来说是最重要的价值判断原则，因为业务守则大多涉及伦理准则，在英美文献中也称为伦理惯例。作为内化的规范，业务守则的目标是，协调配合分散的企业单元的决策和行动，在与社会政治要求和利益集团打交道时，确保企业统一的基本观点。

为了实现这一功能，业务守则必须满足以下要求：业务守则的表达必须是简洁、精辟和可操作的；为了作出正确的判断，不允许隐瞒目标冲突，必须让企业里的所有人意识到冲突的存在；业务守则必须与最重要的社会政治要求和问题明确相关；业务守则不能包括无法实现的要求。

2) 自愿承担某些义务

自愿承担某些业务是公共事务管理的另一个工具。例如，虽然某些工艺符合东道国的法律规定，但子公司还是放弃使用对环境有害的生产工艺。此外，尽管大规模解雇过剩员工可以提高企业效率，但子公司并购他国企业时仍然要保障原企业员工的工作岗位。

自愿承担某些义务既可作为被动式适应战略，也可以作为主动式发展战略。在被动式的战略框架内，跨国企业应该设身处地地为特定的利益集团着想，考虑其重要的、容易影响其情绪的社会政治要求，以期创造良好的信誉和形象。跨国企业主动放弃一些权利，有助于实现其他企业目标。自愿承担义务的做法主要适用于那些在乎金钱的利益集团。

在主动式发展战略框架内，跨国企业并不把社会政治要求视为实现其利润的障碍，而是把实现利润目标作为实现利益集团要求的前提条件。实施此战略的跨国企业相信，通过自愿承担义务，会从那些以社会和生态为导向的市场伙伴那里取得经济上的回报。

3) 公关活动

公关活动的目标在于，提高企业及其产品的知名度，为企业政策解释和辩护，以及维护企业在公众中的形象。公关活动主要包括召开新闻发布会、发广告、互联网上刊登网页、款待政府成员、在工作报告中赞赏所在国的特别之处等。

为了在公众中建立并长期维护企业的正面形象，必须要有长远眼光，而且须以信任关系为基础，从而实施一系列传播战略。企业要确定互相作用的核心信息载体和形态特征，例如，运用统一的主题、理念、字形、语言形式、行为准则等，亦即企业形象识别。同时也必须为传播战略的表达与实行而创造必要的组织和人事前提。特别重要的是，要及早掌握、传播重要信息，并让企业员工深刻领会到，企业在东道国的形象更加依赖于企业及其员工的行为，而不仅是有意为之的公关活动。

跨国公司在国外不仅要遵循企业的政策目标，所在国各方面还要督促其遵循国民经济的、社会的和生态方面的目标，因为其行为的受关注程度要远远超过东道国本国的企业，其子公司在许多国家要面对民族主义的态度和情绪上的负面反应，因此其子公司必须首先取得当地的信任。

如果个别国家出于历史上和政治上的原因对某些来自特定国家的企业心存不满，那么将对企业的公关活动构成重大挑战。例如，伊朗对美国怀有的反对情绪、中东欧原社会主义国家的企业对西欧和美国一直很反感，以及日本企业在中国遇到的一系列问题。虽然德国企业在大多数东道国享有正面形象，但是在中东欧国家却也遭遇诟病。跨国企业的子公司只有长期不懈的与来自同一个国家的其他企业共同推动公关活动，并且得到来源国政府的支持才可能消除这种负面的来源国效应。另一种减少负面效应的方法是，企业有意识地放弃媒体的关注。例如，德国企业在俄罗斯的子公司在公关活动上保持极度低调，从而避免了当地黑手党的勒索。

4) 赞助

赞助是指在财务上、物质上和人力上支持体育活动、文化和社会福利领域的人员、组织和项目。例如，资助运动员、运动会、展览会、音乐会、剧院以及医疗、教育或环保等机构。一种特殊形式建立基金以资助公益事业与无创捐献或出于税收原因的捐献不同，赞助是需要回报的。例如，公共集会以赞助的名字冠名。赞助的中心目标在于，证明企业承担社会责任以改善企业在公众心目中的形象，并且把受赞助人员或组织的形象移至企业身上。

在美国、英国、法国、日本等国家，企业赞助活动很重要，也很普遍；在德国，则相反，企业赞助活动的范围不大。在英、美、法、日等国，公众期望在当地开展业务活动的外国企业能在公关活动上多多赞助。另外，在发展中国家和转型国家，公众也期望外国企业在运动、文化、社会福利等领域提供赞助。

与公关活动相似，赞助只有在系统化运作，并整合到企业传播政策中时才能实现其目标。同时，必须确保受赞助者认同企业以及赞助活动在社会上的公信力。

5) 游说活动

企业公关活动主要针对间接利益集团，如协会、科学家或居民，运用的工具是传媒；游说活动主要针对政治决策载体，如政府、议会、政治家或行政当局。游说活动的目的在于，以有利于企业的方式，对政策形成过程施加影响，对法律、行政法规、行政规章或计划的通过产生作用。游说的措施包括：通过撰写专题报告、呈文的方式提出要求，或者由专家委员会参与合作。限制企业运作空间的法律被通过后，企业可以发动公民投票，也可以支持其实施。

由于拥有法律和经济政策上的权利，国家行政机关、政府官员、委员会和相关机构会对企业的社会政治环境产生重大影响。因此必须通过利益代表，与以上决策载体经常保持接触，在遇到跨企业的要求时，必须利用相关企业协会或行业协会的关系。

在使用游说工具时通常会遇到一个问题：难以把握游说活动与贿赂、操纵所在国政府之间的界限。尤其是发展中国家，那些对游说工具应用自如的外国企业，常常要面临谴责，公众往往指控它们对东道国滥用经济权利，从而损害所在国其他利益集团的利益。

6) 协商

在作出重大企业决策政策时，跨国企业应通过与当地利益集团协商，将其社会政治要求纳入考虑之中。协商又可划分为非制度化协商和制度化协商两种。非制度化协商的形式有听取科学家、居民或民间团体和临时对话圈(圆桌会议)的意见。制度化协商的一种形式是聘请重要利益集团的代表进入咨询委员会或管理委员会。这两种协商的共同之处在于,参与协商的利益集团虽然享有知情权和建议权,但是均没有共同决策权。

协商的目标在于,通过沟通理解,解决潜在的和现有的矛盾。哈勃慕斯的沟通行为理论认为,符合道德标准的行为不是仅仅通过行为规范就能实现的,更需要通过就目标和矛盾进行谈判的对话来达成。

7) 参与

流传最广泛的制度化协商是当地利益集团参与企业政策的决策。这种参与可分为人事参与和资本参与两种形式。在转型国家和发展中国家,当地重要利益集团(如政府)的资本参与有助于减少政治风险。

8) 法律手段

在与利益集团打交道时最尖锐的形式是法律手段,但是使用这一工具在国际环境下要面对诸多司法困难和限制。除了成文法典的差异外,法律手段的效能取决于实际的可执行性、司法公正以及是否对国内外企业一视同仁等因素。另一个问题是审理程序耗时太长。

所以跨国企业常常把与利益集团的矛盾冲突呈递至仲裁法庭或机构,而不是交给正规法院处理。跨国企业可以选择东道国的仲裁法庭或机构,也可以选择国际仲裁法庭,如设在巴黎的国际商会仲裁法庭。适用的法律可采取国内法或者联合国国际贸易法律委员会的仲裁法庭章程。仲裁的优势在于,审理时间短、成本低、选择法律的弹性空间大。在怀疑当地仲裁的公正时,可以协商选择国外的仲裁机构。

因为文化方面的原因,在许多国家运用法律手段较为困难。如在日本等东亚国家和地区,如果对簿公堂会导致业务关系破裂。因为在这些国家,面子文化盛行,法律所起作用不大。从长远来看,在这些国家遇到问题时有必要寻求一种较为温和的解决方法,而不宜动辄诉诸法庭。

11.4.2　跨国公司公共事务管理战略

1.跨国企业公共事务管理战略的类型

跨国企业公共事务管理战略包括以下几种类型。

1) 国际化公共事务管理战略

按照国际化公共事务管理战略,子公司仅限于实现、落实母公司拟定的战略,母公司既不能对东道国利益集团做系统分析,又不能在进行企业政策决策时将其考虑在内。

轻视社会政治要求及利益集团的企业往往是那些在国际业务活动无足轻重的企业和活动仅限于无关紧要领域的企业。但随着与社会公众接触的增多,与当地利益集团冲突的数量和尖锐程度都会显著增加。

2) 多国化公共事务管理战略

多国化公共事务管理战略的出发点在于，国外子公司的成效不仅取决于能否很好地适应当地市场的需要，还要依赖于把当地社会政治利益集团的目标纳入考虑和决策范围。国外子公司应系统地利用公共事务管理工具，并且与当地重要的利益集团建立紧密关系。因为领导岗位主要由当地人占据，他们与东道国关系密切，也会由此大大减少与当地社会政治集团间发生冲突的可能性。

多国化公共事务管理战略对那些子公司处于环境复杂、异质国家中的跨国公司较为合适。但是由于该战略十分强调以所在国为导向，这会加大跨国界组织学习以及各公司单元间联系的难度。

3) 全球化公共事务管理战略

在全球化公共事务管理框架中，由母公司而不是子公司负责公共事务管理。特别是对从事化工、生物、烟草以及原材料等行业的跨国公司而言，这些行业对社会保障政策和环保政策较为敏感，往往需要建立一个中央参谋部门，以制定和执行标准化的公共事务管理战略，这些战略对世界范围内的公司单元都有约束力。国外子公司并不十分了解各东道国的重要要求，与重要利益集团的关系也并不密切。

全球化公共事务管理战略对于处理超国家组织，如联合国、欧盟、经济合作与发展组织的关系特别合适，因为其组织和权限高度集中。另外，在应对全球范围内制定和执行全球统一的战略的要求也较为可行。而实施这一战略时，企业与媒体、民间组织、环保组织或教会等松散型利益集团的关系就比较紧张。同时，世界范围内公共事务管理工具标准化也难以让企业及早认识到不同的社会政治要求，并且也不能在企业进行政策决策时将其考虑在内。

4) 跨国化公共事务管理战略

跨国化战略的中心目标在于，能够同时利用国家间差别、规模效应及联合优势。企业不能把各东道国不同的政治、经济、文化、社会、法律等条件视为对企业的约束，而是要有意识地利用这些差异，以形成自己的竞争优势。然而这也就是说，某一国利益集团的活动和要求不仅会对位于该国的子公司产影响，也为因为跨国公司各单元间联系密切，从而对位于其他国家的子公司产生影响。按跨国化理念经营的公司在应对利益集团及其社会政治要求时，应显示出较高的灵活性，这也是跨国化公共事务管理战略所要求的。

2. 跨国化公共事务管理的特征

1) 分散式的协调

跨国公司不仅要面对国内型利益集团，还要面对国际型利益集团。它们不仅关注各个东道国的各子公司，还关注跨国企业整体的行为，并且试图施加影响。经济全球化也使得许多社会政治要求不再局限于单个国家而是趋于全球化。

如果将来对全球企业责任的要求能真正得以贯彻执行，将可以把司法管辖权转移至对被侵略人最有利的地方。只有当母公司能承担举证责任，切实证明唯有子公司应承担责任时，母公司才不需要承担责任。

当不可能对全球企业责任立法时，如果企业与国内社会政治利益集团发生冲突，就不能通过相应的法律形式用资金流等工具限制一个国家。由于各国之间的密切联系，这些冲突会使企业在其他国家的行动产生影响。

鉴于以上风险，中央集权化的公共事务管理工具不能及早让企业发现与各国不同的社会要求，也不能建立与处理与重要社会政治利益集团的关系。因此，必须把公共事务管理工具的责任分摊给各地区的企业单元，因为它们身处当地，在选择培训方面能够有效地执行任务。公共事务管理的分散化可以通过合适的人事协调工具，如跨国界工作组和团队加以补充，由于社会政治要求带有强烈的道德色彩，有必要发展出一套具有差异化的、能够因地制宜的企业伦理。

2) 差异化的企业伦理

企业伦理在企业与社会政治型利益集团打交道时十分重要。企业伦理概念的基本假设是，企业对市场的操控能力在经济全球化的背景下显得力不从心，不足以让企业更好地应对利益集团的道德要求。所以，必须按形势需要运用法律工具和通过自觉承担义务来补充法律工具的不足，以解决道德冲突。

因为没有普遍适用的人类价值观，企业伦理概念在实践上有诸多困难，所以跨国公司要面对很多问题。

鉴于人类价值观和规范的多元性和独特性，有必要划分一下伦理原则的三个层面。伦理原则的普遍性分层，如图11-6所示。

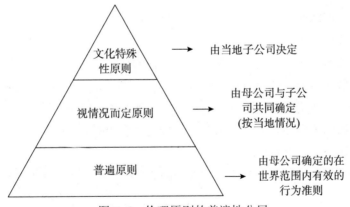

图11-6 伦理原则的普遍性分层

第一个层面是普遍原则。1984年通过的《世界人权宣言》和《欧洲人权公约》确立了一些原则，如生存权和身体不受侵害权、平等自由权或自决权等。普遍原则是世界范围内适用的，也就是说，只要企业在任何一个国家违反这些原则就应该被视为不道德。

第二个层面是视情况而定原则。即按照各种特定条件作出判断。环保问题即其中一例。在西方国家，优先保护环境是理所当然的。例如在德国，西门子公司在黑森州修建的一座核电站遭到环保政党和组织的反对，从建立之日就未付诸使用。而在卖给中国时又遭到德国执政联盟中绿党的反对，最后"胎死腹中"。而对于中国来说经济发展急需能源，因此这座核电站对中国来说是利大于弊的。所以跨国公司在处理类似情况时应根据发展中国家的情况作出判断。另外还要经过检验，视跨国公司能否致力于改善所在国的长期发展潜力，如采用恰当措施保护环境，提高当地的环保意识，帮助当地实现可持续发展，从而维护人类生存环境，消除不平等、不公正的现象作出积极的贡献。

第三个层次是文化特殊性原则。也就是说，在某个文化里视为正当的价值观，在另一个文化却被视为不道德。一个例子是印度教拒绝吃牛肉，而伊斯兰教拒绝吃猪肉。

根据普遍性的差异，伦理原则对公共事务有不同的意义。普遍原则是在企业行为法规中已确定的指导原则，对分散在世界各地的企业管用的行为和决策来说是有约束力的。如果违背这些原则是不能容忍的。而视情况而定原则却不能事先确定，也不能用规定行为准则的方式来处理，只能由母公司和涉及的子公司按特定情况共同作出判断，从而避免事后可能面临的上司的责备。另外，只有通过与所有重要利益集团保持沟通对话，才能确保企业的政策决策、在伦理上的一致性。文化特殊性原则必须交由各子公司和员工掌握。这就需要在异国文化条件下工作的总部派遣人员要保持高度敏感性，并且真正做到感情移入。但不管是以上哪个层面，公共事务管理的核心任务都在于，使企业家能根据恰当的价值观清楚如何作出决策。

📖 本章思考题

1. 如何理解跨国公司的母子关系管理？

2. 跨国公司的法律存在形式包括哪些？

3. 社会责任运动主要体现在哪几个方面？

4. 谈谈对跨国公司社会责任的两个重要指标的认识。

5. 如何理解跨国公司社会责任的范围？

6. 跨国公司商业伦理和道德规范的约束包括哪些？

7. 为什么跨国公司在东道国应承担更直接的社会责任？

8. 强化跨国公司社会责任的主要手段有哪些？

9. 跨国公司如何在公共事务管理中选择战略？

●案例●

重庆"沃尔玛事件"引起的思考

(1) 2011年8月24日，重庆工商部门接到群众举报，称沃尔玛超市沙坪坝区凤天店用普通冷鲜肉假冒"绿色食品"认证的"绿色"猪肉销售。8月25日10时，重庆市沙坪坝区、大渡口区、渝北区等6个工商分局同时采取行动，对沃尔玛公司在主城区的8家超市进行了突击检查。在沙坪坝凤天店、大渡口松青路店、渝北舟家坝店等三家超市，发现有代售的"绿色"猪肉，随机执法人员对三家超市销售的"绿色"猪肉进行清点，并调取查阅了沃尔玛超市内部信息系统中"猪肉"类商品的电子进销货记录。

经过对比，执法人员发现，仅2011年1月至8月，沙坪坝凤天店、大渡口松青路店已售和待售的"绿色"猪肉分别高出同期进货量791.2公斤、365.29公斤，渝北冉家坝店在2011年8月14日"绿色"猪肉库存量为零，且没有再次进货的情况下，柜台上仍有22.5公斤"绿色"猪肉待售。据此，执法人员初步推断三家超市涉嫌销售假冒"绿色食品"认证的猪肉1178.99公斤。

(2) 闹得沸沸扬扬的沃尔玛重庆"假绿色猪肉"事件，终于在2513家门店的重新营业中宣告结束。由于重新开业后，部分商品安排了折扣，前来消费的市民比往常有所增加。不过，因问题猪肉导致停业后，开业第一天，沃尔玛暂时未供应绿色猪肉。

为了重新换回消费者的信任，重庆沃尔玛这次"痛改前非"。沃尔玛表示，在过去的15天中，沃尔玛中国总部派出了由多个部门共六十多人组成的专项工作小组在重庆领导整改工作。

在工商部门的指导下，重庆沃尔玛进一步完善产品质量检查体系，严格执行公司规定的食品收货和质量检查标准，特别是针对生鲜食品。在监督环节，建立监督机制，强化无公害绿色农产品管理。对取得无公害农产品、绿色食品、有机产品认证的肉类，按规定包装收货，再进行销售。

中国连锁经营协会会长郭戈平指出，"今年Tesco、家乐福、麦德龙、沃尔玛四大全球零售巨头相继对中国区'一把手'进行了更换。这或许是一种巧合，但是巧合的背后，也许是一种共识，即对中国零售市场的一种敏锐的共识"。中国的零售商正面临着竞争过度激烈、人才稳定性差、成本增长过快、增长方式亟待转变等问题。郭戈平说："中国零售业的发展进入了一个多元时代，也到了一个特殊的阶段，零售业的规则、格局和生态都需要重新来审视和建立。"

(3) "猪肉"事件发生以后，重庆市政府和工商、质检等部门联合行动，一方面，综合采用民事、行政、刑事手段，打击沃尔玛的违法行为，如市政府推行的食品安全"连坐制"，加大对跨国企业违法行为的监管。另一方面，重庆市政府又从建立长效制度机制入手，通过财税政策优惠、创新制度运行模式等方式，最大限度地减少流通环节，以及从降低销售成本等方面减轻企业负担，拓展其盈利空间，避免其动制假售假的"歪脑筋"。

案例分析

1. 试分析跨国公司在承担社会责任与其经营活动之间的关系。

2. 通过分析得知，沃尔玛在"重庆事件"中所采取的改善条件措施并不充分，试分析沃尔玛还需要采取哪些其他措施？

3. 重庆市的做法体现了跨国公司社会责任的哪些思想？

参考文献

[1] 马述忠，廖红. 跨国公司管理[M]. 3版. 北京：北京大学出版社，2013.

[2] 许晖. 跨国公司管理[M]. 北京：中国人民大学出版社，2011.

[3] 方虹. 跨国公司管理[M]. 北京：首都经济贸易大学出版社，2006.

[4] 曹洪军. 跨国公司管理[M]. 北京：科学出版社，2006.

[5] 梁镇，郝清民，刘安. 跨国公司管理[M]. 北京：中国铁道出版社，2006.

[6] 原毅军. 跨国公司管理[M]. 大连：大连理工大学出版社，2006.

[7] 马述忠，廖红. 跨国公司管理[M]. 北京：北京大学出版社，2007.

[8] 金润圭. 跨国公司管理[M]. 北京：中国人民大学出版社，2005.

[9] 蒋瑛. 跨国公司管理[M]. 成都：四川大学出版社，2006.

[10] 丁宁. 企业战略管理[M]. 北京：清华大学出版社，北京交通大学出版社，2005.

[11] 伊普. 全球战略[M]. 程卫平，译. 北京：中国人民大学出版社，2005.

[12] 毛蕴诗. 跨国公司战略竞争与国际直接投资[M]. 广州：中山大学出版社，2001.

[13] 赵德志. 利益相关者：企业管理的新概念[J]. 辽宁大学学报，2002(5)：144-147.

[14] 辛杰. 利益相关者视角下的企业社会责任研究——以山东省1400家企业问卷调查为例[J]. 山东大学学报，2009(1)：120-126.

[15] 黄勇. 浅谈利益相关者及其关系管理[J]. 经济与管理，2004(4)：43-44.

[16] 吴光芸. 利益相关者合作视野下跨国公司社会责任的强化[J]. 广西经济管理干部学院学报，2008(4)：13-16，21.

[17] 吕亚洁，耿新. 浅议利益相关者管理[J]. 湖北成人教育学院学报，2005(3)：65-66.

[18] 贾生华，陈宏辉. 利益相关者管理：新经济时代的管理哲学[J]. 软科学，2003(1)：39-42，46.

[19] 易志高. 跨国公司与东道国政府间的竞合博弈分析[J]. 唯实，2007(5)：58-61.

[20] 袁晓燕. 跨国公司与东道国政府的博弈分析[J]. 生产力研究，2007(14)：75-78.

[21] 冼国明，李诚邦. 跨国公司与东道国政府关系之研究[J]. 南开学报，2004(5)：11-18.

[22] 王丽敏. 我国资本逃逸的界定、原因与对策研究[J]. 经济师，2006(2)：75-77.

[23] 王涛. 跨国公司与东道国政府的关系——讨价还价、控制与合作[J]. 理论导刊，2007(10)：121-123.

[24] 张倩. 论中国的资本外逃与外商直接投资[D]. 对外经济贸易大学，2006.

[25] 李娜. 利益相关者理论在跨国公司管理体系中的应用[D]. 对外经济贸易大学，2005.

[26] 吴焕香. 跨国公司战略联盟绩效研究[D]. 山东大学，2006.

[27] 张辉. 跨国公司战略联盟的相关问题研究[D]. 中国海洋大学，2006.

[28] 周晓农. 绿色营销内涵与要素探析[J]. 贵阳学院学报，2006(2).

[29] 陈文汉. 国际市场营销[M]. 北京：清华大学出版社，2013.

[30] 邹昭晞，李志新. 跨国公司管理[M]. 北京：清华大学出版社，2013.

[31] 柴庆春. 国际物流管理[M]. 北京：北京大学出版社，

[32] 韩福荣. 跨国公司管理[M]. 北京：北京工业大学出版社，2006.

[33] 邱立成. 跨国公司人力资源管理[M]. 天津：天津教育出版社，2006.

[34] 姜秀珍. 跨国公司人力资源管理[M]. 上海：上海交通大学出版社，2008.

[35] 陈向东，魏拴成. 当代跨国公司管理[M]. 北京：机械工业出版社，2007.

[36] 马丁·希尔伯. 跨国人力资源管理[M]. 北京：中央编译出版社，2005.

[37] 莫妮·泰耶. 跨国管理理论与实践[M]. 北京：中国社会科学出版社，2006.

[38] [美]约翰·B. 库仑. 跨国公司管理战略要径[M]. 孔雁，译. 北京：清华大学出版社，2007.

[39] [美]霍尔特，维吉顿. 跨国管理[M]. 王晓龙，史锐，译. 北京：清华大学出版社，2005.

[40] [美]海伦·德雷斯凯. 国际管理[M]. 赵曙明，译. 北京：机械工业出版社，2008.

[41] 张鸣，王茜. 财务管理学[M]. 上海：上海财经大学出版社，2013.

[42] 阎海峰. 跨国公司网络组织[M]. 上海：复旦大学出版社，2007.

[43] 拉里·A. 萨默瓦，理查德·E. 波特. 跨国文化传播[M]. 北京：中国人民大学出版社，2004.

[44] 艾里丝·瓦尔纳，琳达·比默. 跨国文化沟通[M]. 北京：机械工业出版社，2006.

[45] 海伦·德雷斯凯. 国际管理[M]. 北京：机械工业出版社，2008.

[46] 包铭心，陈小悦，莫礼训，菲利普·M. 罗森茨韦格. 国际管理教程与案例[M]. 北京：机械工业出版社，1999.

[47] 薛求知. 当代跨国公司新理论[M]. 上海：复旦大学出版社，2007.

[48] 唐晓华，王伟光. 现代国际化经营[M]. 北京. 经济管理出版社，2006.

[49] 孙键敏，徐世勇. 企业沟通[M]. 北京：清华大学出版社，2005.

[50] 阿尔温德·V. 帕达克，拉比·S. 巴贾特，罗杰·J. 卡什拉克，等. 国际管理[M]. 北京：机械工业出版社，2006.

[51] 张静河. 跨国文化管理[M]. 合肥：安徽科学技术出版社，2002.

[52] 尼格尔·霍尔顿. 跨国文化管理[M]. 北京：中国人民大学出版社，2006.

[53] 薛求知，阎海峰. 跨国公司全球学习：新角度审视跨国公司[J]. 南开管理评论，2001(2)：36-39，69.

[54] 朱筠生. 跨文化管理：碰撞中的协同[M]. 广州：广东出版社，2000.

[55] 陈至发. 跨国战略联盟企业文化协同管理[M]. 北京：中国经济出版社，2004.